Bernd Birgmeier
Sozialpädagogisches Coaching – Metamodell und Konzept

Bernd Birgmeier

Sozialpädagogisches Coaching – Metamodell und Konzept

Der Autor

Bernd Birgmeier, Dr. phil. habil. ist außerplanmäßiger Professor für Sozialpädagogik und Sozialer Arbeit an der Katholischen Universität Eichstätt-Ingolstadt.

Dieses Buch ist erhältlich als:
ISBN 978-3-7799-3853-8 Print
ISBN 978-3-7799-4956-5 E-Book (PDF)

1. Auflage 2021

in der Verlagsgruppe Beltz · Weinheim Basel
Werderstraße 10, 69469 Weinheim

Herstellung: Ulrike Poppel
Satz: Datagrafix, Berlin
Druck und Bindung: Beltz Grafische Betriebe, Bad Langensalza
Printed in Germany

Weitere Informationen zu unseren Autor_innen und Titeln finden Sie unter: www.beltz.de

Inhaltsverzeichnis

Präambel – Einleitendes und Inhaltliches zum „dritten Streich“ des sozialpädagogischen Coachings

Coaching blickt auf eine äußerst erfolgreiche Entwicklungsgeschichte zurück. Was einst ausschließlich in Bereichen des Sports und – daraus entlehnt – in der Wirtschaft und im (Top) Management explorierte, ist heute – als *Coaching* – in nahezu allen personenbezogenen Dienstleistungssektoren beheimatet. Der rasante Aufstieg und die nach wie vor ungebrochene Popularität von Coaching hängt sicherlich nicht nur damit zusammen, dass sich die scientific community seit einigen Jahren nun vermehrt um die Professionalisierung der Coaching-Praxis und um die Fundierung einer genuinen Coaching-Forschung bemüht. Vielmehr wird mittlerweile auch allgemein anerkannt, dass ein *Coaching-Wissen* nicht allein durch einige wenige Disziplinen erzeugt werden kann, sondern jede Disziplin ihr je eigenes Wissen zu generieren hat, um die so wichtige Frage beantworten zu können, warum ein Coaching in einem wirtschaftlichen oder sozialen oder psychologischen oder organisationalen etc. Kontext anders konturiert werden muss als in vergleichbaren anderen Coaching-Praxen (vgl. dazu u. a. Birgmeier 2011a; d).

Mit Blick auf die Tatsache also, dass wir es im Coaching mit einer in der Regel sehr komplexen, äußerst heterogenen Vielfalt unterschiedlicher sozialer Phänomene und Situationen zu tun haben, greift der Bezug auf *einen* Wissenskorpus aus *einer* Leitdisziplin zu kurz, weshalb wir uns heute an unterschiedlichen Disziplinen bzw. Erkenntnisquellen zu orientieren haben, wenn wir nach den zentralen theoretischen Wissensbezügen und Wissensgrundlagen von Coaching suchen. Mittlerweile für Coaching „klassisch“ geworden ist der Rückbezug auf Erkenntnisse und Forschung aus der Psychologie (samt ihrer Teil- und Regionaldisziplinen wie z. B. der klinischen Psychologie, der Persönlichkeitspsychologie, der Arbeits- und Organisationspsychologie, der Sozialpsychologie, der Humanistischen Psychologie etc.), der Erziehungs- und Bildungswissenschaft, der Philosophie, der Soziologie, den Sportwissenschaften und den Wirtschafts- und Managementwissenschaften. Die *Sozialpädagogik* oder die *Soziale Arbeit* als wichtige Wissenslieferanten und -quellen zum Coaching sucht man in der einschlägigen Fachliteratur jedoch meist vergebens.[1]

1 Der Begriff „Soziale Arbeit“ wird in diesem Buch verwendet als das gemeinsame Handlungs-, Praxis-, Tätigkeitsfeld von Sozialpädagogik und Sozialarbeit. Er repräsentiert also – subsumtionstheoretisch – den Oberbegriff, in dem die Profession Soziale Arbeit im Gesamten repräsentiert wird. Die Sozialpädagogik und die Sozialarbeitswissenschaft als wissenschaftliche Disziplinen können von ihrer historisch unterschiedlichen Genese und

Bereits 2006 habe ich in einem ersten Buch mit dem Titel *Coaching und Soziale Arbeit. Grundlagen einer Theorie sozialpädagogischen Coachings* versucht, ein Panorama zu skizzieren, in dem einerseits die Gründe für die Zurückhaltung seitens der Sozialpädagogik und Sozialen Arbeit im Umgang mit dem Thema „Coaching" angegeben wurden. Andererseits sollten in dieser Schrift – mit Hilfe von Begriffs- und Vergleichsanalysen – all jene, im „klassischen" Coaching verwendeten Themen identifiziert werden, die seit jeher auch als genuin „sozialpädagogische" gelten, um hierüber die hohe Kompatibilität von Coaching und Sozialpädagogik / Sozialer Arbeit aufzuzeigen und Grundlagen zu schaffen, Coaching *auch* als ein neues Teilgebiet sozialpädagogischer Theorie und Praxis anzudenken und zu diskutieren. Im Kern ging es dabei darum, zunächst einmal das „klassische" Business- und Management Coaching in seinen Grundzügen und in den verschiedensten Begriffsverwendungen vorzustellen und die – damals wichtigsten – Coaching-Ansätze und -Konzepte mit sozialpädagogischen/sozialarbeitswissenschaftlichen Denk- und Handlungslogiken zu vergleichen. Daran anschließend wurden erste Konturen einer *Theorie sozialpädagogischen Coachings* herausgearbeitet, die auf einer dezidiert handlungswissenschaftlich fundierten Sozialpädagogik / Sozialen Arbeit in ihrer Verwobenheit mit interdisziplinären Handlungstheorien und mit philosophisch-anthropologischen Versatzstücken fußten. *Dieses war der erste Streich ...*

Und der zweite ... folgte vier Jahre später (2010) mit dem Buch *Sozialpädagogisches Coaching. Theoretische und konzeptionelle Grundlagen und Perspektiven für Soziale Berufe*, in dem – eng angelehnt an *Coaching und Soziale Arbeit* (2006) – nicht nur eine nunmehr konkretere Positionsbestimmung von Coaching und (bzw. in der) Sozialpädagogik gewagt wurde, sondern es wurde darin auch ein sozialpädagogisches Coaching-Prozessmodell dargelegt, das den (möglichen) Verlauf eines sozialpädagogischen Coachings in der Praxis zu skizzieren beabsichtigte – und dies sowohl theoretisch als auch praktisch in Form eines umfassend dokumentierten Erfahrungsberichtes.

Es mag gut sein, dass sich so manche LeserInnen nach diesem *zweiten Streich*, die Kompatibilisierungsbemühungen von Coaching und Sozialpädagogik /

---

von ihren Gegenstands- und Objektbereichen durchaus auch differenziert werden. Daher werden im Nachfolgenden die Begriffe „Sozialpädagogik" und „Sozialarbeitswissenschaft" dann verwendet, wenn damit genuin auf spezifisch theoretische und/oder historiographische Kontexte eben der „Sozialpädagogik" oder der „Sozialarbeitswissenschaft" als zwei unterscheidbare wissenschaftliche Disziplinen zurückgegriffen werden soll. Die in vorliegendem Text häufig verwendete Formulierung „Sozialpädagogik / Soziale Arbeit" will darauf hinweisen, dass es besonders aus der Sozialpädagogik als wissenschaftliche Disziplin eine ganze Reihe wichtiger Forschungsbefunde und Theorien für das (sozialpädagogische) Coaching gibt, und dass diese in ihrer jeweiligen Spezifität in den Subsumtionsbegriff der „Sozialen Arbeit" – hier vornehmlich in ihrer Gestalt als Profession gemeint – einfließen (vgl. dazu insb. Birgmeier & Mührel 2017).

Sozialer Arbeit weiterzutreiben, – frei nach *Wilhelm Busch* – gedacht haben: *„Gott sei Dank! Nun ist's vorbei – mit der Übeltäterei"*. Besonders jenen akademischen Kreisen, die den Alleinvertretungsanspruch auf Coaching in ihren Heimatdisziplinen und -professionen festzumachen versuchten und solchen, die – nach wie vor – eindeutig als Scharlatane, Gurus und Trittbrettfahrer im lukrativen Beratungs(un)wesen unterwegs sind (vgl. Lindner 2011; Kanning 2020), sind die in beiden Büchern erläuterten Belege und Nachweise von „Symbiosen" von Coaching und Sozialpädagogik / Sozialer Arbeit sicherlich nicht ganz so gut bekommen, zumal dadurch auch der Coaching-Fokus auf eine bis dato vorwiegend elitäre Klientel ebenso in Frage gestellt wurde, wie auch der von der populären Coaching-Szene oftmals plakatierte Innovationscharakter von Coaching im personenbezogenen Dienstleistungssektor. Man möge sich nur vorstellen, wie es sich anfühlen muss, wenn sich hoch dekorierte Business- und Management-Coachs plötzlich – und überspitzt formuliert – als „Business-/Management-SozialpädagogInnen/SozialarbeiterInnen" ertappt fühlen, weil sie sich nach der Lektüre beider Bände letztendlich doch eingestehen müssen, dass – jenseits ihres rein fachlichen Know-hows und geschickter Marketingstrategien – der Großteil der Expertise für das Coaching aus der Sozialpädagogik / Sozialen Arbeit stammt, Coaching also dezidiert als ein Teilgebiet der Sozialpädagogik / Sozialen Arbeit bestimmt werden kann.

Schon immer waren SozialpädagogInnen/SozialarbeiterInnen nach heutiger Lesart partiell als *Coach* in ihren jeweiligen Praxen aktiv[2]. Sie haben diese besondere Helfer-Rolle bloß nicht als solche identifizieren können. Erst die Professionalisierungsbemühungen im „klassischen" Coaching haben diese Belege – zwischen den Zeilen – erbracht. Mit einem Quantum Ironie ließe sich – aus der sozialpädagogischen Brille besehen – auch feststellen, dass sich die Business- und Management-Welt auf ihrer Suche nach Koordinaten zur Begründung und Konzipierung eines „neuen" Beratungsformats – irrtümlich, unwissend und sicherlich vollkommen unbeabsichtigt (und aus der Sicht der Sozialpädagogik / Sozialen Arbeit: glücklicherweise) – in jenen Theorie- und Praxis-Claims wiedergefunden hat, die längst schon von der Sozialpädagogik / Sozialen Arbeit *theoretisch* wie auch *praktisch* besetzt, bestellt und höchst erfolgreich „beerntet" wurden … und nun so tun, als hätten sie das Rad neu erfunden. Positiv und etwas weniger disziplin- und professionspolitisch formuliert ließe sich auch der Befund anbringen: die Begeisterung und die Euphorie der Business- und Management-Berater oder auch manch belesener „Beratungs-Gurus" beim Suchen und Finden der vielen Kostbarkeiten auf den eigentlich von der Sozialpädagogik /

---

2 „Partiell" deshalb, weil das sozialpädagogische Coaching nicht – wie das klassische Coaching – auf eine Verbesserung der beruflichen Leistungsfähigkeit von Klienten abzielt, sondern – weitaus allgemeiner angelegt – auf die Entdeckung und Förderungen von Fähigkeiten des Gesprächspartners.

Sozialen Arbeit besetzten Claims ist ein deutlicher Beleg dafür, was die Sozialpädagogik und die Soziale Arbeit alles Wertvolles an *Wissen* und *Können* zu bieten haben, wenn es – wie beim Coaching ja auch – um die Hilfe für Menschen in krisenhaften (Lebens-/Berufs-)Situationen geht. Die „*Übeltat*" existiert eigentlich also nicht auf Seiten jener, die daran erinnern wollen, wie *sozialpädagogisch* denn viele aktuelle Coaching-Ansätze und -Diskurse im Managementsektor sind, sondern bei denen, die die Kerngedanken der Sozialpädagogik / Sozialen Arbeit als *Coaching* (auch für Manager und Führungskräfte) neu zu vermarkten trachten.

Anlass also genug, einen *dritten Streich* zu wagen, der – in einem dritten Buch – womöglich noch deutlicher aufzeigen kann, wie *sozialpädagogisch* Coaching doch mittlerweile ist bzw. mit welchen Besonderheiten ein sozialpädagogisches Coaching im Konzert der verschiedensten Coaching-Konzeptionen aufwarten kann.

Dieser *dritte Streich* sollte eigentlich so gar nicht stattfinden. Vielmehr sollten auf Anfrage des Verlags für die ersten beiden Bücher jeweils Neuauflagen erarbeitet werden. Im rekapitulierenden Vergleich der beiden o. g. Bücher aus 2006 und 2010 mit dem aktuellen Status quo der jüngsten Coaching-Diskurse wurde jedoch schnell klar, dass Überarbeitungen zu Neuauflagen sehr aufwändig werden würden oder anders formuliert: dass ob der rasanten Entwicklungen im Coaching, der – nach wie vor – immensen Publikationslust der an Coaching Interessierten und der sich zunehmend forcierenden Coaching-Forschung ein neues Buch mehr Sinn macht als zwei separate, überarbeitete und aktualisierte Neuauflagen.

Das vorliegende Buch greift zwar einiges aus den beiden e. g. Büchern auf, weshalb so manche Inhalte, Teilabsätze und Kapitel daraus auch in vorliegendem Band ihren Platz wiederfinden. Es will aber weit mehr als in den beiden anderen Büchern auch die Sozialpädagogik in ihren neueren Entwicklungen – und aus der Lesart des Autors – integrieren. Vieles also, was ich seit dem Erscheinen der beiden Bände aus 2006 und 2010 einerseits zum Coaching, andererseits zur Sozialpädagogik und zur Sozialen Arbeit geschrieben habe, findet – synthetisiert im Konzept eines sozialpädagogischen Coachings – in vorliegendem Band also hier in vielen Kapiteln seine erneute Verwendung, wodurch in erster Linie das Ziel verfolgt werden will, die (sozialpädagogischen) Basics im „klassischen" Coaching noch einmal zu untermauern und darauf aufbauend eine vollkommen neue Perspektive auf die metamodelltheoretischen Spezifika im (sozialpädagogischen) Coaching vorzuschlagen.

Um die Diskussions- und Argumentationskontexte aus meinen bisher publizierten Konzepten zum sozialpädagogischen Coaching nachvollziehen und um – daran anschließend – auch den *dritten Streich* besser einordnen zu können, werden in nachfolgend beschriebenen Kurzportraits die wesentlichen Inhalte der beiden in 2006 und 2010 publizierten Bücher noch einmal kurz zusammengefasst.

Essenzen aus dem „ersten Streich" – Coaching und Soziale Arbeit (2006)

In drei großen Hauptkapiteln wurde versucht, den Stand des Stellenwerts von Coaching für die Soziale Arbeit abzubilden. Ein Buch, wie es *Christopher Rauen* später resümierte, mit dem eine Lücke im Coaching-Diskurs geschlossen wurde, da hierdurch die Kompatibilität von Coaching und Sozialer Arbeit aufgezeigt und Coaching als spezifisches Teilgebiet sozialpädagogischer (Beratungs-)Theorie und (Beratungs-)Praxis ausgewiesen werden konnte (vgl. www.coaching-newsletter.de/archiv/2006/2006_05.htm#2 [23.01.2020]).

Ein *erstes Kapitel* diente – einführend – dazu, einen umfassenden Überblick über den einstigen Status quo der Entwicklung von Coaching und verschiedenster Diskurse in der an Coaching interessierten Fachszene zu geben. Um einen verständlichen Einstieg in die Materie zu schaffen, wurden die historischen Entwicklungslinien von Coaching, die damals bekanntesten Coaching-Ansätze sowie die Anlässe, die Funktionen und Ziele von Coaching dargestellt. Neben philosophisch-anthropologischen Vorschlägen zur Begründung professioneller Coaching-Konzepte wurden darüber hinaus auch Kompetenzfelder und Anforderungsprofile professioneller Coachs, die breite Palette von Interventionen und Methoden im Coaching sowie unterschiedliche Phasenmodelle in den Blickpunkt gerückt, die den Ablauf eines Coaching-Prozesses beschreiben. Einen besonderen Stellenwert in diesem einführenden Kapitel nahm eine detaillierte Darstellung über den Stand des Diskurses um einen einheitlichen Begriff von Coaching im Zeitraum zwischen 1990 bis 2005 ein. Die Auseinandersetzung mit den höchst diffusen Definitionsvarianten offenbarte nicht nur unterschiedliche Problemebenen, die sich hinter der Erfolgsformel *Coaching* verbargen, sondern sie lieferte auch die Basis einer inhaltlichen Festlegung für die darauffolgende Diskussion um Konturen eines sog. *sozialpädagogischen Coachings*, mit denen die Schnittmengen und die Gemeinsamkeiten zwischen beiden Denk- und Handlungsansätzen skizziert werden konnte.

In Bezug auf die im ersten Kapitel dargestellten Auffassungen über ein „klassisches" (d.h. vorwiegend für Führungskräfte und Manager in ihrer Berufs- und Führungsrolle im „Business" und im Wirtschaftssektor angebotenen) Coaching im Sinne der um *Christopher Rauen, Astrid Schreyögg, Werner Vogelauer, Uwe Böning* etc. gruppierten Vertreter einer „ersten Generation" im Coaching (vgl. dazu u.a. Stelter 2014; 2016a), nahm das *zweite Kapitel* spezifische Bestimmungsstücke des Coachings (als Personalentwicklungsinstrument) näher unter die Lupe, um potenzielle Problemebenen im (damaligen) Coaching-Diskurs zu extrahieren, die einem einheitlichen Coaching-Gesamtkonzept im Wege zu stehen schienen. Daraus wurde deutlich, dass das Begriffschaos und die Definitionsproblematik nicht nur die Fragen nach dem eigentlichen Wesen des Coachings zeitigten, sondern vor allem eine Aufklärung darüber erzwangen, ob es sich beim

Coaching nun (nur) um eine neue Methode handelt oder um ein Professionalisierungsmodell, d.h. um ein aus anderen Dienstleistungssektoren extrahiertes Denk- und Handlungsfeld, das auf dem Weg ist, eine autonome Profession zu werden. Aus diesem diskursiven Hintergrund heraus wurde in diesem *zweiten Kapitel* zunächst die Version des Coachings als eine Methode diskutiert und die damit zusammenhängenden Kriterien in Abgrenzung zu Verfahren, Techniken, Konzepten etc. betrachtet. Eine Analyse und Diskussion von Coaching als Arbeitsfeld und als Methode sozialpädagogischen Handelns *in* professionellen Handlungsfeldern bot den Brückenschlag zur zweiten Version, nämlich Coaching als eigenständiges Professionalisierungsmodell zu verstehen, das sich in den Kanon bereits bekannter und bewährter Professionen *neben* der Sozialpädagogik, Supervision oder Therapie einzureihen beabsichtigt(e). Um die Frage zu diskutieren, ob Coaching als eine Profession anerkannt werden könnte, wurden zunächst – bevorzugt aus Anleihen aus dem sozialpädagogischen Professionalisierungsdiskurs – die Merkmale und Kennzeichen einer Profession eruiert und kritisch bewertet. Im Anschluss daran wurde in engem Bezug auf das bisher Dargestellte schließlich auf eines der zentralsten Kriterien von Professionalisierung eingegangen: die *Verwissenschaftlichung*. So eindringlich die Statements vieler Coaching-Experten und -Autoren auch sind, Coaching wissenschaftlich zu fundieren und auf anthropologischen und erkenntnistheoretischen Fundamenten zu bauen, so strittig ist oftmals deren Auffassung von Wissenschaftlichkeit. Auf der Basis zentraler wissenschafts- und erkenntnistheoretischer Befunde wurde – einerseits – der Blick auf die Sozialpädagogik und deren Status quo als Wissenschaft gerichtet, um zu überprüfen, inwiefern deren Wissenschaftsprogramm auch für die Professionalisierung von Coaching relevant sein könnte. Andererseits wurden ebenso auch Bausteine gelegt, den Begriff und das (meta-modelltheoretisch inspirierte) Konzept eines sozialpädagogischen Coachings – als neu zu entwerfende professionelle und disziplinäre Denk- und Handlungs-Folie im Schnittpunkt zwischen Coaching und Sozialpädagogik – auszuformulieren. Dieses (wissenschaftliche) Neuland galt es erkenntnistheoretisch und methodologisch zu fundieren und die interdisziplinären theoretischen Hintergründe eines sozialpädagogischen Coachings insbesondere aus der Perspektive der Handlungswissenschaften auszuloten.

Fasst man die Sozialpädagogik gleichsam als eine dieser Handlungswissenschaften auf, die sich insbesondere dem spezifischen Objektbereich: *Menschen in Sinn- und Handlungskrisen und in erschwerten Lebenssituationen und -lagen* widmet, so entspricht dies dem philosophisch-anthropologisch begründbaren Gegenstandsinteresse des Coachings (vgl. dazu auch Sperling et al. 2018, 325ff.). Wenn das zentrale Interesse von Coaching in der Überbrückung, Überwindung und ressourcen-gestützten Aufarbeitung eines widerfahrenen Leids (Schreyögg 1999) sowie von Handlungshindernissen, -störungen und -inkompetenzen liegen soll, so bilden unterschiedliche Handlungstheorien und -philosophien (vgl. Birgmeier 2003; 2007; 2014) die tragenden Säulen auch für eine *Theorie sozialpädagogischen Coachings*. Problem- und Krisensituationen, erschwerte Lebenslagen, Veränderungsintentionen, kritische Lebensereignisse, Freud und Leid (vgl. Schreyögg 1999), das Erleben von Sinn- und Handlungsdefiziten (vgl. Schmidt 1998; Vogelauer 2000), kurz: sämtliche, für die Sozialpädagogik relevanten Gegenstands- und Problembereiche sind aber auch stets verbunden mit psychischen, emotional-affektiven und seelischen Belastungen, wodurch sich ein sozialpädagogisches Coaching auch mittels ausgewählter, der Thematik entsprechender psychologischer und psychotherapeutischer sowie spezifischer Supervisions-Ansätze zu fundieren und zu begründen hat. Im *dritten Kapitel* wurden daher die nicht nur für die Sozialpädagogik, sondern vor allem auch für das Coaching zentralen disziplinären und professionellen Bezugskategorien der Psychotherapie und der Supervision vorgestellt und beschrieben. Nicht zuletzt deshalb, um die Unterschiede und Gemeinsamkeiten zwischen Sozialpädagogik, Supervision, (Psycho-)Therapie und Coaching darzulegen. Vor allem die Selbstmanagement-Therapie (Kanfer, Reinecker & Schmelzer 2000) und ausgewählte, vorwiegend aus der (kognitiven) Verhaltenstherapie stammende Theorien und Ansätze sowie die verhaltenstherapeutische Supervision (Schmelzer 1997), versprechen auch für den Theorierahmen eines sozialpädagogischen Coachings interessante Erklärungs- und Verstehenszusammenhänge im Blick auf diverse bio-psycho-soziale Probleme zu geben, unter denen AdressatInnen einer Sozialpädagogik – die sich eines spezifischen, auf sie zugeschnittenen, transdisziplinär begründbaren Coachings als Methode und als Haltung bedient – leiden. Im Vordergrund stand hier die inhaltlich-theoretische Fundierung eines sozialpädagogischen Coachings, das den Anspruch erhebt, im Blick auf die Klientel professions-, adressaten- und schulenübergreifend zu sein. Mit dem theoretischen Rahmen sollte im letzten Abschnitt dieses Kapitels schließlich ein Gerüst für die Anwendung und Umsetzung, für die Praxis sozialpädagogischen Coachings konturiert werden, ohne dabei die Befunde aus der Supervision und der (Selbstmanagement-)Therapie auszusparen. Der Anwendungsbezug, die Methoden, Verfahren und die Techniken zur praktischen Intervention eines sozialpädagogischen Coachings und die Relevanz des Bezugs auf den Transfer theoretischer Erkenntnisse in die Praxis wurden abschließend in einem Prozessmodell für die Coaching-Praxis dargestellt.

Kurzinhalt des „zweiten Streichs“ – *Sozialpädagogisches Coaching* (2010)

In diesem Buch wurden in drei Hauptkapiteln alle wichtigen theoretischen und konzeptionellen Grundlagen und Perspektiven des Coachings zusammengetragen und ein eigenständiges Modell des sozialpädagogischen Coachings mit einem eigenen theoretischen und wissenschaftlichen Hintergrund – einschließlich eines Prozessmodells – (weiter)entwickelt.

In *Kapitel I* ging es zunächst einmal um eine allgemeine Übersicht über all das, was sich hinter der Programm-Formel „Coaching“ in den letzten Jahren auf unterschiedlichen Diskursebenen zugetragen hat. Trotz der relativ kurzen und überschaubaren Geschichte dieser Beratungsform existierten bis ins erste Jahrzehnt des neuen Jahrtausends derart viele unterschiedliche Vorstellungen, Ansätze, Konzepte, Begriffsbestimmungsversuche und Lesarten von Coaching, dass es – von einigen ernsthaft bemühten, schulenunabhängigen Coaching-Communities und verschiedenster Coaching-Verbände einmal abgesehen – nicht mehr möglich war, von *dem* Coaching zu sprechen, sondern allenfalls von einem Sammelsurium an Meinungen und Positionen, mit denen weit mehr Fragen als Antworten zu Tage kamen. Anlass genug, in einem ersten Überblick all jene Fragen anzugehen, die die damalige Coaching-Szene vor dem Hintergrund der Hypothese, Coaching sei bereits „vertieft“ professionalisiert beschäftigten, um daraus explizit diejenigen Themenhorizonte herauszulösen, mit denen eine konkrete Annäherung an einen dezidiert sozialpädagogischen Blick auf das Coaching gewagt werden sollten.

Kapitel II fokussierte im Anschluss an eine in der Schnittmenge von Sozialpädagogik und Coaching liegende Bestimmung eines sozialpädagogischen Coachings das Konzept für ein Raster zum Prozess und zur (möglichen) Struktur eines sozialpädagogischen Coachings in der Praxis. Selbst wenn dieses Prozessmodell in vielen Dingen große Ähnlichkeiten mit den „klassischen“ Coaching-Prozessmodellen offenbart, werden einige Besonderheiten deutlich, die über die gängigen Praxismodell-Konzepte hinausgehen und diese konkretisieren. Das sozialpädagogische Coaching-Prozessmodell sieht sich daher nicht als Konkurrenz zu den bereits bewährten und gängigen Konzeptmodellen für unterschiedliche Coaching-Praxen, sondern allenfalls als Vorschlag zur Spezifizierung und Ergänzung derselben – und zwar dort, wo offensichtlich noch zu schließende Lücken erkennbar werden, wie bspw. in Fragen des Beziehungsaufbaus, der Diagnosen und Analysen, der Fokussierung des Verhaltens und der Persönlichkeit des Klienten, der Zentralität von Zielen (und deren Begründung) sowie der notwendigen Unterscheidung aller Coaching-Prozesse in Vor-, Kern- und Endphasen und den darin enthaltenen mikro-, meso- und makrostrukturellen Perspektivitäten.

Das *Kapitel III* war schließlich der ausführlichen Beschreibung und Dokumentation eines spezifischen Projektes zum sozialpädagogischen Coaching für Gruppenleiter in einer Non-Profit-Organisation gewidmet und schilderte die Erfahrungen, die dabei gesammelt wurden. Dieses Projekt, das ursprünglich und in erster Linie als Maßnahme zur Personalentwicklung der Führungskräfte in dieser Institution konzipiert und umgesetzt wurde, bot dabei die Basis für darauffolgende Einzelcoachings, von denen ein solches Einzelcoaching am konkreten Fallbeispiel einer Gruppenleiterin (*Frau T.*) vorgestellt wurde. Mit diesem

Fallbeispiel aus dem Sozialmanagement werden sämtliche Schritte des sozialpädagogischen Coachings in der Praxis vollzogen und das in Kapitel II beschriebene Konzept des Prozessmodells quasi vom Kopf auf die Beine gestellt, ehe – last but not least – in einer ausführlichen Schlussbemerkung weitere Möglichkeiten und Anwendungsbereiche eines adressatenübergreifenden, spezifischen Coachings aufgezeigt und Vorüberlegungen zu einem Coaching für Kinder (und Jugendliche bzw. Schüler) gewagt wurden, das als Vision für weiterführende Konturierungen eines sozialpädagogischen Coachings (neben anderen potenziellen Einsatzfeldern und Verortungsvorschlägen eines Coachings im sozialen Bereich) zur Diskussion gestellt wurde.

Dieses war der *zweite Streich*, dem – mit dem Herausgeberband *Coachingwissen* (2009/2011a) in zwei Auflagen – ein kleines Zwischenspiel folgte; geleitet von der Absicht, gemeinsam mit einigen der führenden Coaching-Experten aus Deutschland, Österreich und der Schweiz Fragen nach den Möglichkeiten und Grenzen einer theoretischen und wissenschaftlichen Grundlegung für Coaching zu diskutieren. Das Ziel dieses Sammelbandes lag einerseits darin aufzuzeigen, welche wissenschaftlichen Erkenntnisse und theoretischen Bezüge zur Identitätsfindung, Professionalisierung und Qualitätsentwicklung von professionellem Coaching beitragen könnten, andererseits sollte damit auch eine Diskussionsgrundlage geschaffen werden, mit der sich sowohl Wissenschaftler als auch Praktiker unterschiedlicher akademischer Herkunft und disziplinärer Zugehörigkeit zur Lage, Bedeutung und Funktion wissenschaftlicher Erkenntnisse und Theorien im Coaching äußern konnten. Letztlich – und vor allem – ging es dabei auch um die Absicht und Hoffnung, Coaching als eigenständige, innovative Beratungsform weiterzuentwickeln und einen Beitrag zur Professionalisierung (bzw. Professionsbildung) sowie zur Fundierung einer genuinen Coaching-Forschung zu leisten.

Inhalt des vorliegenden Bandes

Vorliegendes Buch – der *dritte Streich* also – ist als Versuch zu sehen, eine Neuvermessung der Koordinaten von Coaching und Sozialpädagogik / Sozialer Arbeit bzw. von Coaching *in* bzw. von Coaching *aus* der Sozialpädagogik / Sozialen Arbeit zu wagen und die Frage anzugehen, ob und inwieweit wir – wenn wir vom *Coaching* sprechen – dabei nicht zugleich auch von zentralen Bestimmungsstücken der Sozialpädagogik / Sozialen Arbeit ausgehen dürfen. Eng angelehnt an den beiden ersten Monographien wird also in diesem dritten Band versucht, den Faden der Diskussionen und der Überlegungen zu einem sozialpädagogischen Coaching neu aufzunehmen und das Thema „Coaching" im Kontext der Sozialpädagogik / Sozialen Arbeit in zwei großen Hauptsektoren – a) einem einführenden, allgemeinen Teil, der sich vordergründig um die Historiographie, die

Klärung des Begriffs und des Verhältnisses von Coaching zu anderen personenbezogenen Dienstleistungsformen bemüht, und b) einen spezifischen Teil, der sich dezidiert metamodelltheoretischen Skizzierungen und Konzeptbausteinen eines sozialpädagogischen Coachings widmet – ein Stück weiterzudenken.[3]

Teil I dient der Darlegung allgemeiner Bestimmungsstücke zum „Coaching". Nach einer problemerläuternden und das Erkenntnisleitende Interesse vorliegenden Buches einleitenden Vorbemerkung und dem Versuch, den gegenwärtigen „Standort" und die Relevanz von Coaching als sozialpädagogisches Thema in der sozialpädagogischen und sozialarbeitswissenschaftlichen Diskussion sowie in der Praxis der Sozialen Arbeit zu bestimmen (Kapitel 1), werden historiographisch die verschiedensten Phasen in der Entwicklung von Coaching – hier vornehmlich in seinem „klassischen" Gewand als Business- und Management-Coaching – ebenso nachgezeichnet wie die „Generationen" der Coaching-Experten, die sich bisher um die Konturierung und Professionalisierung von Coaching bemüh(t)en (Kapitel 2). Es folgt ein Überblick über die – nach wie vor höchst heterogen geführte – Debatte zum Coaching-Begriff und zur Differenzierung von Coaching hinsichtlich seiner adressatenspezifischen Intentionen und Vorgehensweisen, um die Unterschiede und Gemeinsamkeiten eines Business- bzw. Management-Coachings mit der Idee, den Inhalten, dem Verständnis und dem Konzept eines sozialpädagogischen Coachings vergleichen und eine (vorläufige) Arbeitsdefinition des sozialpädagogischen Coachings entwerfen zu können (Kapitel 3). Eine Analyse zur Frage, ob Coaching in seiner fachlichen Dimension nun eher in einer (psycho-)therapeutisch „aufgeweichten" und entpathologisierten Tradition in den Beratungswissenschaften zu verorten ist oder ob es sich möglicherweise (seit jeher?) auch als Teilgebiet der Sozialpädagogik / Sozialen Arbeit identifizieren lässt, die – als pädagogische bzw. bildungswissenschaftliche Querschnittsdisziplin und Multiprofession – schon immer eine enge (disziplinäre wie auch professionelle) Partnerschaft mit der Psychologie (und ihren Regionaldisziplinen), mit der (Psycho-)Therapie und den Beratungswissenschaften

3 Einerseits gibt es in den beiden in 2006 und 2010 publizierten Büchern separate Textstellen, die noch immer als „aktuell" gelten können und somit in dieses Buch eingeflossen sind; andere, nicht mehr aktuelle Textstellen aus beiden Büchern wurden selbstredend hier in diesem Buch nicht berücksichtigt. Im Verlaufe der letzten zehn Jahre sind meine Überlegungen zu Coaching im Allgemeinen, zur Sozialpädagogik / Sozialen Arbeit und zum sozialpädagogischen Coaching im Speziellen weiter gereift und haben ihren Ausdruck in verschiedensten Publikationen zum Coaching einerseits, zur Sozialpädagogik / Sozialen Arbeit andererseits gefunden. Da so manches in meinen Publikationen wiederholt werden muss, um neue Argumente in diesem Buch zu begründen und zu kontextualisieren, fließen einige Textpassagen aus diesen Publikationen in dieses Buch mit ein und werden hier wiederverwendet und als Zitationen kenntlich gemacht und mit Hinweisen auf erweiterte, gekürzte, überarbeitete Fassungen bereits erschienener Werke bzw. auf Vorabveröffentlichungen nachgewiesen. Im Besonderen handelt es sich dabei um jene Publikationen, die im Literaturverzeichnis unter meinem Namen abgebildet sind.

pflegt, ist dem Interesse gewidmet, das Verhältnis zwischen therapeutischem, beraterischem und sozialpädagogisch-coachendem Handeln abzubilden und das Besondere eines dezidiert sozialpädagogischen Blicks auf das Coaching herauszufiltern, der nötig ist, um auch ein metamodelltheoretisch fundiertes, spezifisches sozialpädagogisches Coaching-Konzept entwerfen zu können (Kapitel 4).

All diese allgemeinen Bestimmungsstücke zum Coaching und erste Annäherungen auch an ein sozialpädagogisches Coaching berücksichtigend fokussiert anschließend *Teil II* die notwendigen Voraussetzungen (und auch Vorschläge) für eine metamodelltheoretische Konzeption eines sozialpädagogischen Coachings. Zu diesem Zweck wird zunächst ein Vergleich der „Wissensstrukturen" von Coaching (nach *Astrid Schreyögg*) mit dem Modell der „Wissenssorten" für ein Coaching (nach *Ferdinand Buer*) angestrengt, die beide für sich – und in Kombination – wichtige Kriterien für die Entwicklung von Rahmenmodellen für spezifische Coaching-Konzeptionen wie z. B. auch dem Konzept eines sozialpädagogischen Coachings abgeben (Kapitel 1). Das bedeutet: Um in einem Rahmenmodell abbilden zu können, was von seriösen Coaching-Konzeptionen – auch vom Konzept eines sozialpädagogischen Coachings – überhaupt erwartet werden darf, ist es nicht nur von Relevanz, die „Wissenssorten" *Philosophie, Wissenschaft* und *Erfahrung* (Buer 2015) als Referenzen und Bezugspunkte zu beachten, sondern ebenso – und sehr ähnlich – auch jene „Wissensstrukturen" (Schreyögg 2011), die auf verschiedenen Ebenen besondere Formen des Wissens, wie z. B. ein anthropologisches, allgemeiner: ein philosophisch-anthropologisches (Kapitel 2), ein erkenntnistheoretisches (Kapitel 3), ein disziplin- bzw. fachtheoretisches (Kapitel 4) sowie ein praxeologisches – oder: handlungstheoretisches (Kapitel 5) – Wissen zur Begründung und Legitimation spezifischer Beratungs- bzw. Coaching-Ansätze – wie der des sozialpädagogischen Coachings – einfordern. Mit einer dezidiert „sozialpädagogischen Brille" werden hier also sowohl die in beiden Metamodellen (zu Wissenssorten und zu Wissensstrukturen) empfohlenen modelltheoretischen Aspekte erläutert, die auch für die Konturierung eines Metamodells für ein sozialpädagogisches Coaching relevant sein könnten. Überdies wird ein kurzer Ein- und Überblick über die gegenwärtige Coaching-Forschung gegeben, weil das Thema „Forschung" schließlich alle anderen metamodelltheoretischen Wissensformen, -sorten und -domänen (Kapitel 2 bis 5) betrifft und kontinuierlich erweitert; und es werden die Potenziale einer genuin sozialpädagogischen Coaching-Forschung andiskutiert (Kapitel 6). Im Gesamt gesehen zeigt *Teil II* auf, dass gerade die Sozialpädagogik / Soziale Arbeit mit ihren Menschenbildannahmen, ihren erkenntnistheoretischen Präferenzen und ihren (handlungs-)theoretischen Fundamenten eine breite Vielfalt an Angeboten für die metamodelltheoretisch inspirierte Konzeption eines dezidiert sozialpädagogischen Coachings bereithält und wichtige Impulse für die künftige (auch: sozialpädagogisch inspirierte) Coaching-Forschung gibt, mit der das Vorhaben, Coaching als Gegenstand der Sozialpädagogik zu verankern, vorangetrieben werden kann (Kapitel 7).

Teil I: Einführendes – Allgemeines zum Coaching

1. Coaching und Sozialpädagogik / Soziale Arbeit – der Versuch einer Standortbestimmung

1.1. Einleitende Vorbemerkungen – *was* und *wo* ist Coaching in der Sozialpädagogik / Sozialen Arbeit?

Die Suche nach dem Standort, oder besser: den *möglichen* Standorten, auf denen sich *Coaching* und *Sozialpädagogik / Soziale Arbeit* gemeinsam begegnen, ist der Intention geschuldet, einige wenige Impulse anzubieten, Brücken zwischen diesen beiden großen Themengebieten zu schlagen. D.h.: Brücken, auf denen sich Coaching und Sozialpädagogik / Soziale Arbeit in ihren Gemeinsamkeiten und Synthesen zusammenfinden. Da es sich hierbei jedoch nur um eine erste exemplarische Auswahl an diskutablen Themenüberschneidungen handeln kann, sind noch genügend Spielräume und Potenziale für die zukünftige Forschung vorhanden, um noch weitaus mehr Konvergenzen zu entdecken, an denen der Symbiose-Appetit von Coaching und Sozialpädagogik/Sozialer Arbeit gestillt werden kann. Denn wir befinden uns erst am Anfang eines sehr verheißungsvollen Entwicklungsweges, auf dem sich die Ideen, die Themen und die Ansätze von Coaching und Sozialpädagogik / Sozialer Arbeit – sowohl in der Theorie als auch in der Praxis – immer stärker ineinander verschränken werden. So eine Eingangsthese im Blick auf die Gegenwart und die Zukunft von Coaching in der Sozialpädagogik und Sozialen Arbeit.

Um diese These zu erhärten, sind jedoch noch einige Voraussetzungen zu klären. Eine der wohl wichtigsten Voraussetzungen, um gemeinsame Standorte deutlich machen zu können, liegt zunächst darin, einen etwas genaueren Blick auf das zu werfen, was unter den Begriffen „Coaching" und „Soziale Arbeit" konkret zu verstehen ist. Denn die *Verständnisse* zu den Begriffen eröffnen auch Möglichkeiten zur Bestimmung von *Verhältnissen*, die diese Begriffe zueinander pflegen. Die erste zentrale Frage lautet demnach: Was ist Coaching?

Diejenigen, die sich diese Frage zum ersten Mal stellen, können a) entweder in der Fachliteratur nachrecherchieren (die mittlerweile in einer kaum zu überblickenden Fülle vorliegt), oder: sie können – b) – einen erfahrenen, etablierten Coach fragen (auch davon gibt es nicht wenige), oder: sie können – c) – versuchen, sich mit Hilfe von Internet-Suchmaschinen aufklären zu lassen. Allen, die stichhaltige Fachinformationen suchen, seien die ersten beiden Optionen empfohlen. Und jenen, die das Abenteuer suchen – ein Abenteuer durchaus mit Unterhaltungswert – die dritte. „Unterhaltungswert" deshalb, weil das, was sich unter dem Suchbegriff „Coaching" alles im Internet finden lässt – vorsichtig formuliert – teilweise schon etwas abenteuerlich wirkt, zumal dort so sonderbare Coaching-Arten auftauchen, wie z. B. ein Weißwurst-, Astro-, Figur-, Crash-, Diamant-, Lama-, Schöne-Aussichten-, Jakobsweg-, Aufräum- oder ein Bioenergiedorf-Coaching.

Mit Blick auf diese doch recht merkwürdig klingenden, mutierten *Coaching-Arten* mag sich für manchen wohl der Eindruck erhärten,

a) dass – wie es *Sonja Radatz* (2018) in ihrem Konzept eines sog. „relationalen Coachings" vorschlägt – prinzipiell *jeder* coachen kann (Berater, Führungskräfte, Therapeuten, Eltern, Lehrer, Partner, Ärzte, Anwälte, Nachbarn, Freunde etc.) und dass die e. g. Personenkreise, salopp formuliert, „coachend" das tun, was sie wollen. Sie – die Autorin – glaube nicht daran, „dass es die ‚richtige' Vorgangsweise, die ‚richtige' Methodik im Coaching" gebe; daher dürften angehende Coachs ihres Erachtens „ihren ganz persönlichen Coaching-Stil und ihre ganz persönlichen Techniken und Methoden … erfinden und aus[…]gestalten" (Radatz 2018, o. S.; Abruf: 09.03.2020). Es gelte also, um es kurz zu machen, – angelehnt an *Steve de Shazer* – mehr von dem zu machen, was funktioniert, was also Klienten zufrieden stellt;
b) dass – wie es *Erik Lindner* (2011) in seinem Buch beschreibt – ein *Coaching-Wahn* ausgebrochen zu sein scheint; ein Coaching-Wahn, der vor allem dadurch zustande kommt, weil sich das Thema *Coaching* noch immer in der sog. populistischen Phase befindet und es deshalb „(i)n der florierenden Coaching-Branche … von Individualisten (wimmelt, B. B.), die mit den unterschiedlichsten Versprechungen und Methoden auf Kundenfang gehen" (2011, Klappentext). Mit dabei, so Lindner weiter, „sind immer auch Scharlatane, Schaumschläger, Einflüsterer und Paradiesvögel. Manche von ihnen kosten viel und richten doch nur Schaden an, andere wiederum verstehen es, ihre Klienten durch die richtigen Fragen und kluge Analysen beruflich oder privat einen Schritt voranzubringen. Doch wie kann man die einen von den anderen unterscheiden?" (ebd.).

Eine wahrlich gute Frage! Wie also lässt sich der Unterschied feststellen zwischen seriösen, professionellen, wirkungsvollen und wissenschaftlich gestützten Coaching-Ansätzen und -Konzepten, und den vielen, doch ziemlich abenteuerlichen Coaching-Etikettierungen, die im Internet oder in anderen öffentlich zugänglichen Foren angeboten werden. Möglicherweise – so eine erste, spekulative Annäherung an diese Frage – lässt sich die (überflüssige) Spreu vom (kostbaren) Weizen trennen, indem man

1. sog. *Scharlataneriestudien* in Auftrag gibt, wie die berühmte Scharlataneriestudie des bekannten Organisationssoziologen *Stefan Kühl* von 2005 (DGSV)?
2. die (Evaluations-)*Forschung* zum Coaching intensiviert, um z. B. die *Wirkung* von Coaching zu untersuchen?
3. *verbindliche Qualitätsstandards* festsetzt?

4. den *Coaching-Begriff* standardisiert?
5. die *Aus- und Weiterbildung* zum professionellen Coach akademisiert, wissenschaftlich fundiert und professionsbezogen spezialisiert?
6. *Berufs-Verbände* gründet, wie z.B. den DBVC (Deutscher Bundesverband für Coaching, 2004); den BSO (Berufsverband für Supervision, Organisationsberatung und Coaching, 1976), den EASC (European Association of Supervision and Coaching, 1994), den ICF (International Coach Federation, 2003) oder den SCA (Swiss Coaching Association, 2002)?
7. die *Coaching-Arten* noch viel deutlicher nach ihren jeweiligen Intentionen, Anlässen, Wirkfaktoren, Reichweiten und Schweregraden differenziert?
8. die *Methoden, Techniken* und *Tools* im Coaching auf den Prüfstand stellt und nach Indikationen/Gegenindikationen systematisiert?
9. die *Kompetenzkriterien* „professioneller" Coachs konkret bestimmt?
10. die Kriterien für ein solides *Coaching-Konzept* festlegt?
11. Coaching einfach als – eine in ein „modernes Kleid" verpackte – *Supervision* festlegt?
12. *ethische* Richtlinien und *Verhaltens-Kodizes* für Coachs aufstellt?
13. *„Erfolgskriterien"* einzelner Coaching-Arten festlegt und hierarchisiert? Oder indem man
14. die Arten und Formen der *Hilfe*, die so manches Coaching verspricht, deutlich ausdifferenziert?

Gerade die zuletzt benannten beiden Kriterien haben es in sich. Denn: *Erfolg* und *Hilfe* bzw. Erfolg *durch* Hilfe versprechen alle Coaching-Varianten! Es kommt jedoch immer darauf an, *in welchem Bereich* seiner Lebenswelt ein Coaching-Klient eine Hilfe erhält, um *„erfolgreicher"* zu werden, *in welchem Bereich* also etwas *besser gelingen* soll als zuvor. So macht es in der Tat doch noch einen kleinen Unterschied, ob es mir nach einem Weißwurst-Coaching der „Wurstakademie" (vgl. www.wurstakademie.com) *besser gelingt*, eine Weißwurst nach traditionell „bayerischer Art" zu essen, oder ob mir nach einem Back-Coaching der Marmorkuchen besser, d.h. möglicherweise schmackhafter gelingen mag. Oder aber – so ein dritter Versuch einer Antwort –, ob der Erfolg durch die Hilfe von einem professionellen Coach dann festgestellt werden kann, wenn es Klienten nach einem Coaching gelingt, möglicherweise besser mit ihren sozialen Rollen zurecht zu kommen, oder gar eine klarere Vorstellung über ihre Lebensziele zu haben, sich selbst besser verstehen und steuern zu können, versteckte Potenziale und Ressourcen zu entdecken und zu nutzen, selbstgesteckte Ziele durch vernünftige Entscheidungen und neue Handlungsmuster umzusetzen, seine emotionalen Themen verstehen und besser in den Griff zu bekommen, relevante Sinn- und Werteaspekte für die persönliche Weiterentwicklung und Lebensplanung identifizieren zu können, Krisensituationen anzunehmen und die Chancen zur Weiterentwicklung in diesen zu erkennen oder – ganz allgemein – ... ihr

Leben – und die vielen Anforderungen darin – *besser bewältigen* zu können.[4] „Bewältigung" – ein Paradigma, das spätestens seit *Lothar Böhnisch* (2012) in der Sozialpädagogik durchaus bekannt sein dürfte und das – ebenso wie der Begriff der „Lebenswelt" (Thiersch) – nur in seiner Vielheit zu verstehen ist, denn: Menschen leben nicht nur in *einer* Lebenswelt und wollen die darin verborgenen (Lebens-)Themen und Herausforderungen „bewältigen", sondern sie leben vor dem Hintergrund vielerlei Rollen, die sie spielen (müssen) und Sinnhorizonte, die für sie subjektiv wichtig zu erfüllen sind, immer in mehreren Lebenswelten, die es zu navigieren, zu systematisieren, zu meistern oder – mit Böhnisch – eben zu „bewältigen" gilt.

Um es kurz zu machen: Die eingangs mit *Erik Lindner* gestellte Frage danach, wie man *die einen* (die Paradiesvögel) von *den anderen* (den professionellen Coachs) unterscheiden kann, lässt sich sicherlich plausibel auch dann beantworten, wenn man die Sozialpädagogik / Soziale Arbeit um ihre Expertise zur Frage bittet, was denn die Kriterien eines professionellen und seriösen, eines – im wahrsten Sinne des Wortes: *guten* – Coachings sein könnten. Das heißt, dass man aus der Perspektive der Sozialpädagogik / Sozialen Arbeit nach Möglichkeiten sucht, die Relevanz und den Standort von *Coaching in der Sozialpädagogik / Sozialen Arbeit* zu bestimmen.[5]

Damit ist dem Auftrag all jener Professionen, die sich als „personenorientierte Dienstleister" verstehen und sich mit dem innovativen Thema *Coaching* befassen, zu folgen, im Begriffsdschungel verschiedenster Coaching-Etikettierungen zumindest auf jene Aspekte genauer einzugehen, die angeben, welche sozialpädagogische *Bedeutung* Coaching hat (haben könnte), welche *Eigenschaften* Coaching in der Sozialpädagogik / Sozialen Arbeit zugeschrieben werden und in welcher *Beziehung* (Relation) beide sog. „helfenden" Berufe zueinander stehen (vgl. Wansing 2011, 61; Schwarz 2011, 68ff.; Birgmeier 2016, 97-101).

Neben den Eigenschaften, Relationen und Bedeutungen, die für Coaching und die Sozialpädagogik / Soziale Arbeit extrahiert werden können, gäbe es – so ein *erster* Zugang auf die eingangs gestellte Frage – die Möglichkeit, über *historiographische* Entwicklungslinien nach Gemeinsamkeiten von Coaching und Sozialpädagogik / Sozialer Arbeit zu suchen. Was also verrät die Geschichte von *Coaching* über Ähnlichkeiten zur Sozialpädagogik / Sozialen Arbeit? Gibt es aus der gemeinsamen Historiographie beider personenbezogenen Beratungsformen vielleicht Hinweise darauf, dass die Coaching-Idee ursprünglich eigentlich aus

4 Der pädagogische Begriff der „Hilfe" lässt sich mit Fromm (2015, 36) ganz allgemein fassen als eine „Unterstützung einer anderen Person", mit dem Ziel, dieser Person „in einer Situation, in der sie zu einer für sie und ihre relevante Umwelt befriedigenden Lebensführung nicht oder nur eingeschränkt in der Lage ist, zu einer subjektiv möglichst befriedigenderen, selbstgestalteteren und selbstbestimmteren Lebensführung zu verhelfen".

5 Nachfolgendes wurde ausführlich bereits in Birgmeier (2016) dargelegt und wird hier – leicht verändert – wiedergegeben.

der Sozialpädagogik / Sozialen Arbeit abstammt? Hinweise darauf, dass vielleicht so etwas wie ein gemeinsamer „genetischer Beratungs-Code" von Coaching und Sozialpädagogik / Sozialer Arbeit existiert, wenn sich schon populäre „Business Coachs" zu der Aussage hinreißen lassen: „Coaching ist für mich ein helfender Beruf" (vgl. Hüseyin Özdemir 2012)?

Aus der Perspektive jener, die sich länger schon die Frage stellen, ob Coaching ob der vielen Ähnlichkeiten nicht doch ein „Kind" der Sozialpädagogik / Sozialen Arbeit ist, ist die Aussage Özdemirs wie eine Offenbarung. Denn *Hilfe* und *helfendes Handeln* zählen seit jeher zu *den* zentralen Grundbegriffen, Aufgaben, Zielen und Funktionsbereichen jeglicher sozialpädagogischen und sozialarbeiterischen Denk- und Handlungslogiken (vgl. Birgmeier 2016, 95). Bereits der Blick in die Geschichte der Sozialpädagogik und Sozialen Arbeit offenbart, dass es hier gleichermaßen um eine Geschichte der Hilfe, Förderung, Unterstützung und Begleitung von Menschen geht und dass der Hilfebegriff in diesem Fachgebiet in allen Varianten als Anknüpfungspunkt der Selbstverständigung der Disziplin und Profession dient (vgl. Gängler 2011, 611; vgl. auch C.W. Müller 2013; Birgmeier 2016, 96).

> „Der Begriff des *Helfens* ist somit seit jeher nicht nur das Aushängeschild disziplin- und professionsbezogener Akademisierungsprozesse von sozialen Berufen und auch nicht nur der Gegenstand weitreichender Überlegungen zur besseren Systematisierung von Techniken, Konzepten und Methoden der Sozialen Arbeit (vgl. Galuske 2011a). Vielmehr bildet er auch die Basis für die Bestimmung der Funktionen Sozialer Arbeit (vgl. Böllert 2011, 436ff.), für die Weiterentwicklung von Professionalisierungsprozessen (vgl. Becker-Lenz et al. 2009) und für die Bildung unterschiedlichster Theorieansätze und -konzepte der Sozialpädagogik und Sozialarbeit" (Birgmeier 2016, 96).

Die Theoriegeschichte der Sozialen Arbeit zeigt, dass solche Ansätze oder Konzepte zu einer „Theorie der Hilfe" insbesondere bereits in der Schrift *Soziale Diagnose* von *Alice Salomon* (1926) thematisiert wurden, aber auch in der *Grundlegung zur Sozialpädagogik* von *Herman Nohl* (1929), in der *Theorie der Fürsorge* von *Hans Scherpner* (1962), in der Darlegung *Soziale Hilfe als Funktionssystem der Gesellschaft* (1994) von *Dirk Baecker* sowie in *Silvia Staub-Bernasconis* Theorie zu einer *Sozialen Arbeit als Handlungswissenschaft* (2007), um nur einige wenige zu benennen (vgl. Birgmeier 2016, 96; Fußnote 1).

Eine *zweite* Möglichkeit, den gemeinsamen Standort von Coaching und Sozialpädagogik / Sozialer Arbeit zu identifizieren, liegt vermeintlich darin, gemeinsame Interessen oder gemeinsame Ziele, Themen, professionelle Rollenmuster und Funktionen näher zu fokussieren und die Frage anzugehen, worum es im Coaching und in der Sozialpädagogik / Sozialen Arbeit gleichermaßen zu gehen hat. Oder man überprüft – *drittens* – die Kompatibilität beider, indem man die sogenannten „wissensstrukturellen" Basics von Coaching aus den vielfältigen

Theorien der Sozialen Arbeit abzugleichen und abzuleiten versucht. Dies geleitet von der Frage: Welche Theorieansätze bieten besonders viele Anknüpfungspunkte für ein sozialpädagogisches Coaching in Sozialer Arbeit? Vielleicht der bedürfnisorientierte Ansatz (von *Ilse Arlt*), der systemisch-prozessuale oder der handlungswissenschaftliche Ansatz (von *Silvia Staub-Bernasconi, Peter Sommerfeld* oder *Werner Obrecht*) oder der systemisch-konstruktivistische Ansatz (von *Heiko Kleve*), der Lebenswelt- und Lebensbewältigungsansatz (von *Hans Thiersch, Lothar Böhnisch*), der Dienstleistungsansatz (von *Thomas Rauschenbach*), der sog. „Capability-Ansatz" bzw. der Ansatz daseinsmächtiger Lebensführung (*Dieter Röh*), der Subjekttheoretische Ansatz (*Michael Winkler, Eric Mührel*), oder der Ansatz von *Wolf Rainer Wendt*, der die „Soziale Arbeit der Lebensgestaltung" in den Fokus seiner Überlegungen stellt, um nur einige wenige Theorien zu nennen, die möglicherweise auch für eine spezifische Coaching-Theorie „kompatibel" sein könnten (vgl. Birgmeier & Mührel 2017; vgl. auch Lambers 2018; 2019; 2020).

Neben den Theorien könnte man ebenso gut auch die beratungswissenschaftlichen Kontexte sowie die Methoden der Sozialen Arbeit auf ihre Nähe zu Coaching hin überprüfen. Dies entspräche einer *vierten* und einer *fünften* Möglichkeit eines Kompatibilitätschecks von Coaching und Sozialpädagogik / Sozialer Arbeit. Eine interessante Frage hierzu wäre z. B.: Welchen Beratungsfeldern, -ansätzen und -disziplinen steht ein beratungswissenschaftlich fundiertes Coaching in Sozialpädagogik / Sozialer Arbeit besonders nahe? Beratungs*feldern*, wie z. B. die Erziehungs-, Familien-, Paar-, Ehe-, Gesundheits-, Schuldner-, Sucht-, Arbeitslosen- Beratung? Und Beratungs*ansätzen* wie etwa einer psychoanalytisch, kognitiv-behavioristisch, konstruktivistisch orientierten oder einer ressourcenorientierten, lebensweltorientierten, lösungsorientierten, Klienten zentrierten, systemischen Beratung u. a.? (vgl. dazu u. a. Nestmann, Engel & Sickendieck 2007; 2013).

Ebenso interessante Fragen ließen sich – wie bereits angedeutet – an die klassischen Methoden der Sozialen Arbeit adressieren (vgl. dazu Galuske 2011b). So z. B. jene, ob Coaching in der sozialberuflichen Praxis nichts anderes ist als eine spezifische, innovative Form der Sozialen Einzel(fall)hilfe, der sozialpädagogischen Beratung (vgl. Thiersch 2007) oder der Supervision? Oder vielleicht ist es auch ein bisschen was von allem – eklektisch und integrativ?

Möglicherweise gibt es auch noch andere Kriterien, das Thema *Coaching* stärker als bisher in die Kontexte der Sozialen Arbeit einzubinden und potenzielle, vornehmlich professionspolitisch motivierte Grenzen zwischen beiden zu erweichen. Deshalb ist auf eine weitere Option der Annäherung hinzuweisen, von der anzunehmen ist, dass gerade sie das Zusammenspiel beider mehr als nur deutlich machen kann. Diese weitere Möglichkeit betrifft die Verortung von Coaching in dezidiert professionsspezifische Kontexte, sozialberufliche Wirklichkeiten und Praxissysteme und die daran geknüpfte Spezifizierung verschiedener Coaching-Ansätze in verschiedenen Praxis-, Handlungs- und Arbeitsfeldern der Sozialen

Arbeit, eng gekoppelt an deren Arbeitsfeldtheorien (vgl. Lambers 2018). Fragen hierzu könnten etwa lauten: In welchen Praxissystemen ist die Soziale Arbeit überwiegend beratend tätig? Ist es nicht auch denkbar, möglich, vielleicht sogar notwendig, dass Professionelle in diesen Praxisfeldern auch Coaching anbieten, ein Coaching für eine spezifische Klientel mit ebenso spezifischen Themen und Problemen?

Ein Blick auf aktuelle Entwicklungstendenzen der Sozialen Arbeit als Profession Soziale Arbeit provoziert ein eindeutiges *„Ja!"* als Antwort auf diese Fragen. Denn die gesellschaftlichen Modernisierungsprozesse führen einerseits zu einer sog. „Sozialpädagogisierung" aller Lebensalter und zu einer Ausweitung der Aufgaben der Sozialen Arbeit. Andererseits führt die moderne Gesellschaft ebenso auch zu einer institutionellen Ausdifferenzierung sozialer Dienste und zum Entstehen völlig neuer Arbeitsfelder und Zielgruppen (vgl. Bieker & Floerecke 2011; Richter, Klein & Landhäußer 2018). Alle diese Entwicklungen erfordern nicht nur ein erweitertes und modernes Professionalisierungsverständnis der Sozialen Arbeit, sondern ebenso auch ein Umdenken, Überdenken und Neudenken ihrer Methoden und Problemlösungsinstrumente.

Solcherart Modernisierungsprozesse übertragen sich selbstverständlich auch auf die einzelnen Arbeitsfelder, die die Profession *Soziale Arbeit* repräsentiert. Im Einzelnen sind damit die großen Berufsbereiche gemeint, die das Gesamte der sozialberuflichen Praxis, also das berufliche Handlungssystem bzw. den Ort der Akteure und Adressaten der Sozialen Arbeit ausmachen (vgl. dazu Birgmeier & Mührel 2017). Allen voran – traditionell – die *Kinder-, Jugend- und Familienhilfe*. Hier wäre z. B. zu fragen: Reichen die bisherigen Methoden der Jugendarbeit noch aus, um Antworten auf bestehende Probleme in der Jugendphase zu finden? Probleme wie u. a. Jugendarbeitslosigkeit, größer werdende soziale Ungleichheit, Probleme der Gewaltbereitschaft Jugendlicher, Fragen der Integration, Inklusion, Ausländerfeindlichkeit, Rechtsextremismus u. v. a. m.

Ähnliche Fragen könnte man auch an die *Jugendberufshilfe* oder an die *Schulsozialarbeit* stellen, wie z. B.: Reichen die bisherigen Methoden und sozialprofessionellen Konzepte noch aus, um Jugendliche für die Arbeitswelt fit zu machen, um integrationshemmende Qualifikations- und Sozialisationsdefizite zu beseitigen, um die Kooperation und Kommunikation in den Sozialräumen *Schule* und *Beruf* zu optimieren, um Selbsthilfe-, Leistungs- und Entscheidungspotenziale zu stärken? Oder könnte man vielleicht mit einem ganz spezifischen Coaching diese Probleme und neue Probleme aus der gesellschaftlichen Moderne besser, erfolgreicher, effizienter, effektiver und v. a. personenbezogener, subjektiver und auf die Vorstellungen und Erwartungen des Einzelnen gerichtet lösen?

Auch andere Praxisfelder in Sozialpädagogik und Sozialer Arbeit sind von solchen Fragen betroffen. So z. B. die *Altenhilfe*, Soziale Arbeit mit *Frauen*, mit von *Armut* Betroffenen, *Wohnungslose, Migranten, Straffällige*, Soziale Arbeit im

Gesundheitswesen etc. Für all diese Bereiche gilt es zu überlegen, ob und wenn ja: *wie* dort ein Coaching für die spezifischen Zielgruppen in diesen Arbeitsfeldern aussehen könnte, *wie* es in diesen unterschiedlichen Berufsfeldern implementiert und konzipiert werden könnte. Denn wenn ganz allgemein davon ausgegangen werden kann, dass Coaching in der Sozialen Arbeit ein *spezifisches* Coaching in den ebenso *spezifischen* Praxisfeldern Sozialer Arbeit meint – ein Coaching also, das als *spezifische* Form der Beratung, Begleitung, Unterstützung für Menschen mit ihren *spezifischen* Anliegen, Themen und Problemen von SozialpädagogInnen/SozialarbeiterInnen aus unterschiedlichen Arbeitsfeldern mit ihrer *spezifischen* (Arbeitsfeld-)Erfahrung und einer *spezifischen* Feld-, Fach-, Ethik-, Methoden-, Handlungs- und v. a. Haltungskompetenz angeboten werden könnte –, dann erhalten die Begriffe der Profession, der Professionalität und der Professionsbezogenheit ein ganz besonderes Gewicht im Bemühen, eine Standortbestimmung von Coaching in der Sozialen Arbeit herzuleiten.

Ein erstes Resümee kann daher nur lauten: Eine Bestimmung der gemeinsamen Standorte von Coaching und Sozialer Arbeit kann dann gelingen, wenn wir *Coaching* im Kontext der Sozialen Arbeit als wissenschaftlich gestützte Profession betrachten und damit: im Kontext dessen, was Professionalität einerseits und Professionsbezogenheit andererseits zum Ausdruck bringen möchten. Vor dem Hintergrund dieser Verortung – oder besser: dieser Standort(e)bestimmung – lassen sich auch einzelne Kriterien für ein professionelles Coaching in den Arbeitsfeldern der Sozialen Arbeit für Zielgruppen und Adressaten aus diesen Arbeitsfelder konkretisieren. So ist ein solches, professionelles spezifisches Coaching u. a. pragmatisch, wissenschaftlich und transdisziplinär fundiert, ethisch, humanistisch, ziel-, handlungs-, personen-, (lebens-)leistungs-, prozess-, lösungs-, ressourcenorientiert, potenzialfokussiert und Lebensweltorientiert, um nur einige wenige sozialpädagogische Parameter eines sozialpädagogischen Coachings anzudeuten (vgl. dazu ausführlich Birgmeier 2006).

Wie eingangs bereits erwähnt, deutet vieles darauf hin, dass wir uns noch immer erst am Beginn eines sehr verheißungsvollen Weges befinden, den Coaching und die Soziale Arbeit gemeinsam gehen werden. Der Blick auf die bisherige Coaching-Praxis der Sozialen Arbeit und auf das, was gerade die Pioniere des Coachings in Sozialpädagogik und Sozialer Arbeit leisten, z. B. mit einem Berufsintegrations-Coaching, einem Familien-Coaching, einem Eingliederungs-Coaching, einem Coaching von gefährdeten Jugendlichen u. a., lässt hoffen, dass sich in Zukunft sicher noch viele weitere Möglichkeiten entdecken lassen, die Einheit von Coaching und Sozialer Arbeit noch deutlicher hervorheben zu können. In diesem Sinne: nur Mut zum Entdecken neuer Coaching-Potenziale in der Geschichte, der Theorie, Praxis, Forschung und Ausbildung sozialer Berufe und zum Entwickeln einer innovativen, kreativen und modernen Architektur der Brücken, die sich zwischen beiden großen Themen spannen lassen.

1.2. Erste „Fundstücke" zu einem Coaching in der Sozialpädagogik / Sozialen Arbeit

Vor dem Hintergrund dieser grundlegenden Annahmen und des Appells zum Entdecken der Potenziale, die sich im Coaching *und* in der Sozialpädagogik / Sozialen Arbeit verbergen mögen, sind zielführende Überlegungen anzustrengen, die insbesondere den Stand der Coaching-Theorie, v.a. jedoch den der Coaching-Praxis in den sozialpädagogischen Berufs-, Handlungs- und Arbeitsfeldern betreffen und die der Frage nachgehen, ob und inwieweit eine theoretische Fundierung sowie eine praktische Anwendung/Ausübung von Coaching in Sozialpädagogik / Sozialer Arbeit als neue und innovative Form des „Helfens" bereits vorzufinden ist. Diese Frage lässt sich aufgrund mangelnder empirischer Belege bisher nur schwer beantworten. Zwar existieren mittlerweile bereits vereinzelte Studien und Publikationen darüber,

- Coaching als neues Personalentwicklungsinstrument in Sozialorganisationen zu diskutieren (Lerche et al. 2001),
- Coaching als „neuen Ansatz" für die Soziale Arbeit ins Gespräch zu bringen (Müller-Commichau 2002; Böhmer 2004),
- den Case Manager als Coach sozialer Lernprozesse auszuweisen (Löcherbach 2003),
- Coaching als Grundform pädagogischer Beratung zu bestimmen (Hartmann 2004),
- eine Ausbildungs- und Trainingskonzeption zum Coach in pädagogischen und sozialen Arbeitsfeldern anzubieten (Pallasch & Petersen 2005),
- die Unterschiede und Gemeinsamkeiten von Coaching und Sozialer Arbeit zu extrahieren (Birgmeier 2006),
- Coaching als eine bezugswissenschaftliche Methode und Technik in die Soziale Arbeit zu implementieren (Erath 2006),
- Coaching im Blick auf seine Implikationen für die Soziale Arbeit zu untersuchen (Groddeck 2008),
- Besonderheiten des „Lerncoachings" darzulegen (Pallasch & Hameyer 2008),
- Coaching als Methode biografischer Selbstreflexion zur Entwicklung von Genderkompetenz anzuwenden (Graff 2008),
- Spezifitäten von Praxisforschung und Beratung im Sozial- und Bildungsbereich aufzudecken (Krall et al. 2008),
- den Bedarf von Coaching für Führungskräfte in der Sozialen Arbeit zu ermitteln (Krczizek & Kühl 2008),
- Coaching als „Handlungsmodalität" sozialpädagogischer Praxis zu verorten (Buchkremer 2009),

- ein „gesundheitspädagogisches Coaching" für Beschäftigte und Klienten sozialer Dienste und Einrichtungen anzudenken (Stummbaum & Birgmeier 2009),
- Grundlagen einer Theorie sozialpädagogischen Coachings zu zeichnen (Birgmeier 2010),
- Coaching als besondere Form der Personalarbeit in Organisationen der Sozialen Arbeit zu diskutieren (Friedrich 2011),
- Coaching neben Supervision und Organisationsberatung als spezifische Reflexionsarbeit in pädagogischen Handlungsfeldern zu bestimmen (Göhlich 2011),
- Coaching und Supervision als besondere Formen der Reflexion im methodischen Handeln in der Sozialen Arbeit zu verankern (Stimmer 2012),
- Coaching in das „Arbeitsfeld" Soziale Arbeit einzubetten (Loebbert 2013a),
- Evaluationsstudien zum „Jugendcoaching" anzustrengen (Steiner et al. 2013),
- zu fragen, welche Wirkungen ein Führungskräfte-Coaching in der Sozialen Arbeit zeitigt (Kühl 2014),
- Coaching für Leitungen von Beratungsstellen zu etablieren (Siebold 2015),
- Coaching als handlungstheoretisch fundiertes Beratungsformat für die Soziale Arbeit fruchtbar zu machen (Widulle 2015),
- Coaching als zeitlich begrenzte Beratungsform der Sozialen Arbeit zu definieren (Lackner 2015),
- der Frage nachzugehen, wie mit Coaching Depressionen von jungen Langzeitarbeitslosen reduziert werden können (Schmidt & Mußlich 2016),
- ein Coaching in Bildungskontexten zu konturieren (Pool Maag & Baumhoer-Marti 2016),
- ein Potenzial-Coaching mit Kindern und Jugendlichen zu konzipieren (Schinzilarz 2016),
- Coaching gerade auch für Klienten und Adressaten der Sozialen Arbeit anzubieten (Wegener 2016a, b),
- Supervision als Coaching für helfende Berufe zu begründen (Loebbert 2016b),
- Konturen zu zeichnen, wie durch systemisches Coaching die Arbeitsintegration für junge Menschen gelingen kann (Flückiger 2016),
- Coaching fernab der Elite zu verorten (Zechner 2016),
- Coaching mit Jugendlichen beim Übergang von der Schule in die Ausbildung anzubieten (Wiethoff 2016),
- Coaching als vielversprechendes Beratungsformat in Sozialer Arbeit zu etablieren (Hänseler & Wegener 2017),
- Coaching mit dem Lebenslagen-Konzept zusammenzuführen (Wegener 2017),
- Coaching zur kommunalen Integration von Flüchtlingen anzubieten (Aumüller 2018),
- Coaching als „Methode" und „Verfahren" in der Sozialen Arbeit zu bestimmen (Belardi 2019),

- das Thema „Geduld“ als Ressource und als Gegenstand eines gesundheitsfördernden, (sozial-)pädagogischen Coachings zu untersuchen (Siebert-Blaesing 2021), und darüber,
- eine Philosophie und Ethik im sozialpädagogischen Coaching zu umreißen (Birgmeier 2021).

Doch jenseits dieser ersten, wenigen Versuche zur Bestimmung des Stellenwerts von Coaching *in* Sozialer Arbeit / *für* Soziale Arbeit und deutlich erkennbarer Indizien dafür, dass besonders nachwachsende Generationen von SozialpädagogInnen und SozialarbeiterInnen Coaching für sich und ihr Handlungsportfolio „neu“ entdecken und die Akademisierung von Coaching in sozialen Berufsfeldern (v.a. in der Beratung) zusehends expandiert, ist die Befundlage zur theoriegeleiteten Grundlagenforschung und zu empirischen Forschungsarbeiten zu Coaching in der Sozialpädagogik und Sozialen Arbeit eher ernüchternd. Hier besteht (noch) großer Nachholbedarf, um auf die immer drängender werdende Notwendigkeit des Einbezugs von Coaching in sozialpädagogische Themenfelder hinzuweisen und die Sozialpädagogik / Soziale Arbeit als eine Coaching-kompatible Beratungsform verorten zu können (vgl. Birgmeier 2011c, 166 ff.; Birgmeier 2016, 102).

Ungeachtet dieses Mangels an Forschung schwebt der „Geist“ des Coachings jedoch – meist unbemerkt – gerade in der sozialpädagogischen Praxis mit. Alleine schon die klassischen sozialpädagogischen Handlungskonzepte der Ressourcen- und der Lösungsorientierung oder des Empowerments, oder sozialpädagogische „Handlungsmodalitäten“ des Beratens, Unterstützens, Begleitens, Förderns und Forderns (vgl. Buchkremer 2009, 356 ff., 373 ff.) sowie zentrale Handlungsmethoden der Sozialen Arbeit, wie etwa die soziale Einzel(fall)hilfe, die sozialpädagogische Beratung, themenzentrierte Interaktion oder klientenzentrierte Gesprächsführung in den Blick genommen, lassen die (spekulative) Vermutung reifen, dass in den sozialen und helfenden Berufsfeldern weit mehr „gecoacht“ wird als von den Akteuren geahnt, mithin die Relationen zwischen Coaching und Sozialer Arbeit weitaus enger sind, als von den jeweiligen Akteuren in ihrer jeweiligen Praxis des helfenden und beraterischen Handelns vielfach wahrgenommen wird (vgl. Birgmeier 2016, 103).

> „Und wenn sich ohnehin eine ganze Reihe an ‚sozialpädagogischen Extrakten‘ … in vielen bekannten und etablierten Coaching-Ansätzen wiederfinden lassen und das enge Verhältnis zwischen Coaching und Sozialer Arbeit tatsächlich auch gesehen werden will, so darf angenommen werden: Die Praxis der Sozialen Arbeit insbesondere in ihren vielfältigen Beratungssegmenten scheint weitaus stärker durchdrungen mit dem, was hinlänglich als ‚Coaching‘ etikettiert wird, bzw. mit dem, was einem Coaching alles an Bedeutungen und Eigenschaften zugeschrieben wird“ (Birgmeier 2016, 103).

Selbst wenn hypothetisch davon ausgegangen werden darf, dass so manche beratende Sozialpädagogin in manchen Praxissituationen und im Kontext ihrer Aufgaben und Funktionen entsprechend dem jeweiligen Arbeits- und Handlungsfeld partiell auch die Rolle einer *coachenden* Sozialpädagogin einnimmt, „praktisch" also das Coaching längst Einzug in die Soziale Arbeit genommen hat, so lässt sich eine genuin sozialpädagogische Coaching-Forschung bestenfalls als *Liebe auf den zweiten Blick* (Birgmeier 2011c, 165) umschreiben. Bisher haben sich die sozialen Berufe eher zögerlich an das Coaching-Thema herangewagt, zu elitär schien der Beigeschmack, der mit so manchem populären Ansatz eines Business-, Wirtschafts- oder Management Coachings mit transportiert wurde, zu eng zugeschnitten schien ebenfalls die auserlesene Klientel, die einstmals – in der „ersten" Coaching-Generation – vornehmlich aus Top-Managern bestand, und zu sehr auf rein berufliche Probleme und auf eine Steigerung der „Arbeitsleistungen" hin fokussiert schienen die Methoden, „Tools" und Techniken abgestimmt, mit denen der „klassische" Coaching-Klient – Manager, Freiberufler, Führungskräfte u. ä. (vgl. Schreyögg 1999; 2007) – erreicht werden sollte.

Solcherart Zuschreibungsprozesse einer innovativen Beratungsform passen selbstredend nicht unbedingt ideal in das Berufsbild der Sozialen Arbeit, das deutlich andere historische, soziale und kognitive Identitätsfindungsprozesse hinter sich gebracht hat und – zumindest in ihrer „klassischen" Lesart – ebenso deutliche Unterschiede in den Zielgruppen, Methoden und Finanzierungsmöglichkeiten aufweist (vgl. dazu u. a. Birgmeier 2006).

Erst im Zuge der Popularisierung, Professionalisierung und Spezifizierung seit 2000 haben sich die Spektren und Anwendungsgebiete von Coaching derart immens erweitert, dass auch die Sozialpädagogik und die Soziale Arbeit allmählich auf diese neue personenorientierte Beratungsform aufmerksam wurden. Der besonders in jüngster Zeit zu beobachtende Einbezug von Coaching in sozialpädagogische und sozialarbeiterische Trägerstrukturen, Managementbereiche, Arbeitsfelder und Zielgruppen (vgl. dazu u. a. Chassé & von Wensierski 2008; Bieker & Floerecke 2011) verweist nicht nur auf die enge Verwandtschaft zwischen Coaching und Supervision, die seit jeher als ureigene personen- und arbeitsfeldspezifische Methode der Sozialen Arbeit geführt wird und durchaus als „Spezialistin für personenbezogene Beratung" gilt (Kühl 2005; These 6; vgl. auch Kühl 2008; Iser 2011; Galuske 2013). Vielmehr wird mittlerweile auch von vielen Coaches aus der „klassischen" Coaching-Szene bestätigt, dass Coaching gegenwärtig vermehrt im Non-Profit-Bereich, Supervision im Profit-Bereich agiere und dass beide Beratungsformen auch zum Zwecke der Persönlichkeits- und nicht (nur) der Personal- oder Organisationsentwicklung, also für berufliche *und* private Themen und Rollenanforderungen eingesetzt werden (vgl. u. a. Martens-Schmid 2007; Birgmeier & Schmidt 2010; Kuhl & Strehlau 2011; Schmidt-Lellek 2011), wodurch neuerdings nicht mehr nur rein berufsbezogene Probleme und Weiterentwicklungsvorhaben zum Anlass derart spezifischer personenbezogener Beratung werden, sondern professionsübergreifende Themen, die – philosophisch-anthropologisch und analytisch-philosophisch hergeleitet – den „ganzen Menschen" in all seinen Lebensrollen, -umständen und -kontexten betreffen (vgl. Birgmeier 2011f, 18 ff.).

Gerade durch diesen Bezug auf den „ganzen Menschen" in seiner Personalität und Subjektivität, und durch eine professionelle Haltung seitens der Berater, den ganzen Menschen – eben – *ganzheitlich*, in all seinen Dimensionen, zu betrachten, kann Coaching als spezifische Beratungs-, Unterstützungs- und Begleitungsmethode auch in Arbeits-, Berufs-, Praxis- und Handlungsfeldern Sozialer Arbeit eine sinnvolle und am einzelnen Adressaten orientierte Hilfe anbieten, zumal ein Coaching für/in Soziale(r) Arbeit weitaus näher an und in den konkreten Lebenswelten und in sämtlichen Lebensbereichen von Adressaten/Zielgruppen stattfindet als vergleichbare andere Beratungsformen, die jeweils nur *eine* Lebensweltfunktion bzw. Rolle thematisieren (vgl. Birgmeier 2010, 46 ff.). Dabei geht es insbesondere darum, Adressatinnen dabei zu helfen, „Antworten auf Fragen zu finden, die mit Situationen, Umständen oder Gelegenheiten" (Lackner 2015, 55) ihrer Alltags- und Lebenswelt zu tun haben, konkret: Antworten auf Fragen, die auf eine (Alltags-)Situation bezogen sind, in die die KlientInnen „involviert" sind. Das bedeutet:

> „Die Anliegen seitens des KlientInnensystems können verschiedene sein, eines haben sie jedoch gemeinsam: sie betreffen eine bestimmte Alltagssituation in verschiedenen Arbeits- und Lebensbereichen und die Involviertheit der zu beratenden Person(en) in dieser. Aus dieser Involviertheit ergeben sich Themen und Fragestellungen an die Beratungssituation" (Lackner 2015, 55).

Im Rückgriff auf diese theoretische Basis, auf das der Sozialpädagogik und Sozialen Arbeit so vertraute Modell der „Person in der Situation" und auch im Kontext der vielfältigen Anforderungen, die die „zweite, reflexive Moderne" (Otto & Thiersch 2011, V) für den Menschen mitbringt, lässt sich auch ein Coaching in den Arbeits-, Tätigkeits-, Handlungs-, Praxis- und Berufsfeldern der Sozialen Arbeit in den Grundstrukturen der alltagstheoretischen, lebenswelt(en)orientierten sozialpädagogischen Beratung verorten. Der Tradition sozialpädagogischen Handelns entsprechend nimmt diese spezifische Beratung in Anspruch, Alltagsprobleme präventiv, akut bewältigend oder rehabilitativ unverkürzt und professionell anzugehen (vgl. Nestmann & Sickendiek 2011, 112).[6] Und sie sieht

6 Was in der Fachliteratur konkret mit „Beratung" gemeint ist, wird höchst unterschiedlich diskutiert. Nach gängigen Definitionen wird der Berater als Experte beschrieben, der – im wahrsten Sinne des Wortes – dem Ratsuchenden einen Rat zu einem bestimmten Thema gibt; Berater werden also dann herangezogen, „wenn man eine konkrete Lösung für ein Problem sucht oder Tipps zu einem bestimmten Thema" (Barczynski 2018; o. S.). Darüber jedoch, was dabei als „bestimmtes Thema" gelten soll, lässt sich trefflich streiten. So macht

ihre Kernaufgabe darin, gemeinsam mit dem Gesprächs- bzw. Beratungspartner all jene von ihm unmittelbar erlebten sozialen Situationen, (kritischen) Lebenslagen und Handlungsanforderungen zu eruieren, zu erforschen, zu reflektieren, gegebenenfalls auch umzudeuten und in Handlungsoptionen umzusetzen, die eine Besserung des Wohlbefindens, eine Stärkung der Selbstmanagementfähigkeiten, eine Förderung von Selbstreflexionskompetenz und des Selbst-Verstehens und – in der Summe dieser Faktoren – eine gelingende(re) Lebensführung und -bewältigung von Ratsuchenden in die Wege leiten können (vgl. Birgmeier 2011c, 166f.; Birgmeier 2016, 105f.). So betrachtet ist ein Coaching im Kontext der beratungswissenschaftlich fundierten Sozialpädagogik / Sozialen Arbeit immer auch zu verstehen als „ein Angebot für gemeinsames Nachdenken, Überlegen, Resümieren und Schlussfolgern" bzw. als „eine Gelegenheit des Kennenlernens, Ausprobierens und Übens neuer, bis dato unbekannter Handlungs- und Verhaltensweisen" (Lackner 2015, 55f.).

Ein weiterer, ebenso wichtiger Anknüpfungspunkt für die Annahme der Notwendigkeit, dass die Sozialpädagogik / Soziale Arbeit das Thema „Coaching" weitaus deutlicher als bisher in das Repertoire ihrer personenbezogenen Handlungsmethoden mit einzuflechten hat, besteht in den handlungswissenschaftlichen Fundamenten, auf denen beide helfenden Beratungsformate fußen (vgl. Birgmeier, Loebbert & Wegener 2012, 33). *Handlungswissenschaften* erforschen nämlich nicht nur die (biografisch bedingten) Lebenslagen, Lebensführungspraktiken und Lebensbewältigungsmechanismen ihrer jeweiligen Zielgruppen, sondern sie richten ihren Blick ebenso auch auf Situationen und Lebensumstände, -verhältnisse und -lagen von Menschen, deren bisherige, bewährte und durch Routinen gestützte Handlungsrepertoires nicht mehr greifen und die hierdurch in eine zeitweilige Handlungskrise geraten können, die letztlich zum Ruf nach professioneller Unterstützung, Begleitung und Beratung führt – orientiert an der Hoffnung, zumindest schrittweise die „Handlungsfähigkeit" ihrer Adressaten

---

es einen deutlichen Unterschied, ob das „Thema" etwa die Erreichung konkreter Unternehmensziele oder diverse wirtschaftliche oder „leistungsbezogene" Aspekte betrifft, wie z.B. im Business Coaching; oder ob es in der Beratung auch um Themen gehen soll, die bspw. die Selbst(für)sorge (vgl. dazu u.a. Dietrich et al. 2020), Humanität, Selbsterkenntnis, -entwicklung, -reflexion, Mit- und Zwischenmenschlichkeit, Anerkennung von Lebensleistungen, Sinn- und Wertfragen etc. umfassen. Das „bestimmte Thema" der Beratung kann sich also durchaus auch auf den Menschen als ganzheitliches Wesen fokussieren, das eine umfassende Kenntnis des Beraters zur Anthropologie, Philosophie und Ethik voraussetzt und nicht nur eine bestimmte Fachkompetenz oder ein Expertenwissen. Trotz dieser fließenden Übergänge zwischen den Formaten Beratung und Coaching, favorisiert das sozialpädagogische Coaching den Begriff der „Inspiration" anstelle des Beratungsbegriffs; der *sozialpädagogische Coach* ist – wenn man so will – Experte zu Fragen nach dem Menschen und der Menschlichkeit; und er berät den Klienten nicht (nur), er will ihn vordergründig dazu inspirieren, sich gemeinsam auf die (selbst-)reflexive Suche nach Hilfen zur Selbsthilfe zu begeben.

wieder herstellen zu können (vgl. auch Otto & Ziegler 2010; Birgmeier 2011e; Birgmeier 2016, 106).

Es lässt sich bisher nur erahnen, wie eminent wichtig diese auf *Handlungsbefähigung* bezogene Maxime der personenbezogenen Beratung und Unterstützung für ein Coaching im Kontext der Sozialen Arbeit sein könnte. Da zum gegenwärtigen Zeitpunkt spezifisch ausformulierte, metamodelltheoretische und spezifische Wissensstrukturen berücksichtigende Coaching-Konzepte fehlen, mit deren Hilfe ein Coaching als Methode oder als „Haltung" in unterschiedlichen Arbeits- und Praxisfeldern Sozialer Arbeit etabliert werden könnte (Birgmeier 2016, 106), besteht somit noch immer ein großer Bedarf an konzeptorientierter Grundlagenforschung, angewandter Forschung und Evaluationsforschung zur Frage, wie sich ein Coaching als direkt interventionsbezogene Methode z. B. für Adressat/innen der Jugendhilfe, der Kulturarbeit, der Jugendberufshilfe, der Schulsozialarbeit, der Resozialisierung und Rehabilitation, der ambulanten Erziehungs- und Altenhilfen, der Erziehungs- und Familienberatung, des Gesundheitswesens, der Behinderten- und Straffälligenhilfe usw. (vgl. Bieker 2011, 13 ff.; Farrenberg & Schulz 2020) konzipieren und implementieren ließe und worin das Spezifische eines Coachings im Sozialen (u. a. für Manager und Führungsverantwortliche in den Trägern, Organisationen, Verbänden und Institutionen Sozialer Arbeit, für Adressaten der Sozialen Arbeit u. a.) identifiziert werden kann (Birgmeier 2016, 107).

Aktuelle Tendenzen bestätigen, dass sich Coaching in vielerlei Handlungsfeldern im Aufwärtstrend befindet. Viele namhafte Experten bescheinigen dieser Beratungsform vielfältige positive Entwicklungschancen, vor allem auch deshalb, weil sich die Schnittmengen zwischen Supervision und Management Coaching stetig erweitern. Deshalb wird Coaching in Zukunft sicherlich nicht nur als personenbezogenes Beratungsformat für (Sozial-)Manager und Führungskräfte in öffentlichen und privaten Trägern der Sozialen Arbeit immer wichtiger werden (vgl. Bieker 2011, 19 ff.), sondern vor allem auch für die unterschiedlichen Ziel- und Adressatengruppen in der Sozialen Arbeit selbst. Insbesondere für jene Klientel, die Krisensituationen und erschwerte Lebens- und individuelle Problemlagen zu meistern haben, könnte ein Coaching in den Handlungsfeldern der Sozialen Arbeit eine ergänzende, spezifische Hilfe(methode) zur Selbsthilfe bedeuten, mit der soziale Benachteiligungen abgebaut, Bildungs- und Entwicklungsprozesse initiiert und Lebensbewältigungskompetenzen gefördert werden können. Daher hat nicht nur die beratungswissenschaftlich fundierte Soziale Arbeit im Allgemeinen, sondern auch ein Coaching *in* Sozialer Arbeit im Speziellen die Aufgabe zu verfolgen, „Subjekte und Lebenswelten, die mit ihren eigenen Ressourcen Lebenskrisen und Verunsicherungen nicht oder kaum aufzufangen vermögen, zu unterstützen" (Thole 2012, 54) und darauf hinzuwirken, dass für diese Menschen gesellschaftlich anerkannte, selbstbestimmte, selbstverantwortete und gelingende(re) Wege durch das Leben wieder möglich und auch angegangen werden können (Birgmeier 2016, 108 f.).

Auf der Basis einer solchen „Lesart“ einer *modernen* und *humanistisch* geprägten Sozialen Arbeit, die zuvörderst auf Selbsthilfepotenziale, Ressourcen und Stärken ihrer AdressatInnen baut, und die Fragen nach der gelingenden Lebensführung und -bewältigung ebenso stellt wie jene nach den Möglichkeiten der Förderung des Selbstmanagements, des Lernens, der Selbstreflexion und der Handlungsbefähigung, und die sich aus der Hoffnung speist, dass jeder Mensch Potenziale in sich trägt, die zum Gelingen der individuellen Lebensbewältigung und Lebensführung beitragen können (vgl. Röh 2011, 103 ff.), lässt sich auch ein Coaching als spezifische Form der Beratung, Begleitung und Unterstützung von Personen in ausgewählten sozialpädagogischen und sozialarbeiterischen Arbeits-, Handlungs-, Praxis-, Berufs- und Aufgabenfeldern konzipieren, wenn es dort um Menschen gehen soll, die durch konkret bestimmbare, subjektive Sinn- und Handlungskrisen in Gefahr sind zu scheitern und die aufgrund erschwerter Lebenssituationen, -umstände und Lebenslagen nicht mehr (bzw. noch nicht) in der Lage sind, ihr Leben zu führen (vgl. Birgmeier 2011c, 166 f.; Birgmeier 2016, 109).

All diese konzeptuellen Überlegungen berücksichtigend könnte es sich sehr lohnen, die Bemühungen der Überprüfung, Analyse und Beantwortung der Frage weiterzubetreiben, ob und inwieweit Coaching in den genuinen, arbeitsfeldtypischen und Altersphasen übergreifenden Bereichen der Praxis Sozialer Arbeit implementiert werden könnte, oder welches Beratungs- und Interventionswissen einerseits, welches handlungsspezifische Wissen andererseits für diesen Coaching-Ansatz zu schaffen wäre, oder auch, wie sich ein derart spezifisches Coaching als professionelles Beratungs-, Unterstützungs- und Begleitungshandeln mit Kindern, Jugendlichen, Familien, Arbeits- und Wohnungslosen, Behinderten, Migranten, Senioren, Pflegebedürftigen, mit Menschen mit gesundheitlichen Beeinträchtigungen oder für die Arbeit mit Angehörigen oder Ehrenamtlichen konzeptuell schärfen und weiterentwickeln ließe (vgl. dazu u. a. Chassé & von Wensierski 2008; Bieker & Floerecke 2011; Birgmeier 2016, 110; Farrenberg & Schulz 2020).

Das vorliegende Buch ist daher als Versuch zu sehen, eine Neuvermessung der Koordinaten von Coaching und Sozialpädagogik / Sozialer Arbeit bzw. von Coaching in der Sozialpädagogik / Sozialen Arbeit zu wagen und wiederholt (nach 2006 und 2010) die Frage anzugehen, ob und inwieweit wir – wenn wir vom Coaching sprechen – nicht zugleich auch von zentralen Bestimmungsstücken der Sozialpädagogik / Sozialen Arbeit ausgehen dürfen. Darüber hinaus werden metamodelltheoretische Konturen gezeichnet, mit denen Konzepte zum sozialpädagogischen Coaching (für verschiedenste Handlungsfelder) erarbeitet werden können.

2. Historiographie – Phasen der Entwicklung von Coaching im Überblick

Wer zur Chiffre „Coaching“ einen genealogischen oder einen historiographischen Zugang wählt, tut dies nicht nur aus einem retrospektiven, sondern insbesondere aus einem prospektiven Erkenntnisinteresse heraus. Denn die Geschichte ist diejenige Vergangenheit, die deutlich mit Gegenwart und Zukunft zusammenhängt (Birgmeier 2012, 13). So dient jegliches genealogisch-historische Denken – auch jenes zur Entwicklungsgeschichte von Coaching – dem Fortschritt und der Weiterentwicklung des jeweils in Frage stehenden Themenbereiches, indem es – wie es *Odo Marquard* ausdrückt (2001) – Zukunft mit Herkunft in Verbindung bringt. *Herkunft* im Sinne Marquards meint dabei freilich in erster Linie nicht nur die Geschichte im Allgemeinen, also zu verstehen als Geschichte im Sinne eines objektiven Geschehens (*res gestae*); sie bezieht sich im Besonderen auch auf die „Geschichten“, in denen sich die Akteure des historischen Denkens über die partikularen Entwicklungen in der Vergangenheit verständigt haben und bis in die Gegenwart hinein verständigen, das heißt, sie bezieht sich auch auf die deutlich subjektiv gefärbten Erzählungen und Rekonstruktionen des Geschehenen (*memoria rerum gestarum*) (vgl. Jaeger 2011; Birgmeier 2012, 13).

Entwicklungslinien und Genesen von *Coaching* derart geschichtlich, also mittels Erzählungen und Rekonstruktionen, aufarbeiten zu wollen bedeutet demnach selbstverständlich auch, dass dies ein durchaus subjektiv gefärbtes Unterfangen ist, obgleich es sich doch bemüht, dezidiert einen objektiven Sachverhalt diskurstheoretisch zu beschreiben. Aufgrund dieser Ambivalenz im historischen Denken sei an dieser Stelle der Hinweis gegeben, dass das nachfolgende Kapitel zur *Historiographie* und zu den *Phasen der Entwicklung von Coaching* nicht *die* (eine) Geschichte darstellt, sondern allenfalls nur einen Teil der (vielen) Geschichten umfassen kann, die andere Autoren mit anderer subjektiver Färbung und anderem akademischen Werdegang wohl auch anders erzählen würden. Alleine schon deshalb kann mit dem Begriff der *Historiographie* – dies sei hier selbstkritisch vermerkt – kein homogenes Programm zum historischen Denken und kein eindeutig und abschließend zu bestimmendes Gesamt von (historischen) Fakten vorgegeben werden (vgl. Birgmeier 2012, 14).

Coaching als Begriff hat in den letzten vier Jahrzehnten eine Reihe von Wandlungen erfahren. Ähnlich wie in der Ofen-Metapher von Wittgenstein, mit der die Schwierigkeit beklagt wird, bei einem Ofen konkret bestimmen zu wollen, wann denn die Kälte aufhöre und die Hitze beginne, stehen auch für Coaching – als „Containerbegriff“ (vgl. Geißler 2011, 95) – je nach fachlicher Herkunft und motivationalem Interesse der einzelnen AutorInnen unendlich viele Begriffsbestimmungsvariationen zur Auswahl, die – abgesehen von den Bemühungen einzelner Coaching-Verbände, einen einheitlichen Begriffsrahmen zu spannen – ein eher chaotisches Bild zeichnen. Dieses Begriffschaos hängt sicherlich mit der historiographischen Entwicklung von Coaching zusammen und mit den jeweiligen professionspolitischen Interessen, die manche Coaching-Experten verfolgen. Daher ist es, um eine annähernd verlässliche Orientierung im Begriffsdschungel zu erhalten, sicherlich dienlich, einen Blick auf dessen Entstehungsgeschichte zu werfen.

Auch wenn – der wissenschaftlichen Redlichkeit folgend – darauf hingewiesen werden muss, dass Retrospektiven dieser Art freilich nicht den Anspruch auf Allgemeingültigkeit erfüllen können, da sie das Ergebnis subjektiver Interpretationen und Perspektiven darstellen und darüber hinaus manche Entwicklungslinien erst im Zuge dieser Post-hoc-Betrachtung deutlich werden oder just im Moment der historischen Analyse entstehen (vgl. Schmelzer 1997, 13), und weil sich – überdies – historiographische Überblicke dort als umso schwieriger entpuppen, wo sie sich der unmittelbaren Gegenwart annähern, in der es faktisch unmöglich ist, kurzfristige Modeerscheinungen und Trends von Entwicklungen mit bleibendem, nachhaltigen Wert zu differenzieren (vgl. ebd.), soll im Nachfolgenden – subjektive Interpretationsabsichten sowie eine Bewertung des publizierten Literaturbestandes (vorerst) außen vorgelassen und eng angelehnt an *Birgmeier* (2006) – der Versuch gewagt werden, zumindest einige wichtige Etappen im Entwicklungsprozess von Coaching abzubilden.

2.1. Frühe Entwicklungslinien des Coachings und der (Be-)Deutungen des Coaching-Begriffs

Obgleich aus vielen entwicklungsgeschichtlichen Abhandlungen zum Coaching zu entnehmen ist, dass die personenbezogene, im Instruktions- und Trainingssinn verwendete Bedeutung des Coaching-Begriffs erstmals in verschiedensten Bereichen des Sports verwandt wurde, schlägt der begriffshistorische Rückbezug einzig auf den sportlichen Bereich für eine Bestimmung heutigen Coaching-Verständnisses fehl, denn der Begriff des Coachings

> „ist ungarischen Ursprungs und bezeichnet dort als ‚*kocsi (szekér)*' ein ‚(Gefährt) aus Kocs', dem Ort, an dem die erste Kutsche gebaut wurde. 1866 wurde er auf Eisenbahnwaggons angewandt, aber schon vorher, nämlich seit ca. 1830 wurde er zum Bestandteil des Universitäts-Slangs in Oxford als Bezeichnung für einen Tutor oder Repetitor, der Studenten durch das Examen brachte. Erst 1861 gab es Coaches im sportlichen Sinne des Wortes, hier machte der Begriff – wie bekannt – erstmals Karriere" (Levold 2003, 65; vgl. Birgmeier 2006, 30; Weingärtner 2014).

Das Bild der *Kutsche* vermittelt dabei einen sehr wesentlichen Kern von Coaching, der bis heute eine hohe inhaltliche Bedeutung hat. So soll die Kutsche als Metapher einen „kuscheligen“ Ort symbolisieren, „an dem ein Mensch alle seine Gefühle, Fragen oder Sorgen ausbreiten kann“ (Schreyögg 1999, 7) und sie kann durchaus auch als ein imaginatives Hilfs- oder Beförderungsmittel fungieren, „um sich auf den Weg zu machen und ein Ziel zu erreichen“ (Fischer-Epe 2012, 16; vgl. Weingärtner 2014). In Bezug auf diese weit ins 19. Jahrhundert zurückreichende Begriffsverwendung werden zweierlei Bedeutungsinhalte mittransportiert. Einmal, dass die Schwerpunkte des Coachings seit jeher wohl nicht nur im Trainieren körperlicher Fitness lagen, sondern eher in der Entwicklung der Persönlichkeit des Sportlers und im Training des mentalen Bewältigens von besonderen Wettkampfsituationen. Und zweitens, dass die Idee des Coachings ganz sicher kein Kind unserer Zeit ist. Auch *Thomas Webers* mahnt dazu an, sich nicht vom Eindruck täuschen zu lassen, Coaching sei ein recht junges, innovatives Beratungsformat. Denn wenn man vom Label „Coaching“ abstrahiere, so Webers (2015, 4), dann könne die Genese des Konzepts bis weit in die Vergangenheit zurückverfolgt werden. So lasse sich u. a. auch die von *Sokrates* entwickelte Methode der Mäeutik (geistige Geburtshilfe) und das damit verbundene Prinzip des *Dialogs* als Erkenntnismittel ebenso in die Ur-Idee von Coaching einordnen wie das in *Diogenes von Sinopes* Schriften deutlich werdende konsultatorisch zu verstehende Moment des Lenkens oder Beratens vom Menschen (vgl. Webers 2015, 4). Auch im Hinduismus und in der jüdisch-christlichen Tradition lassen sich erste Vorläufer der heutigen Coaching-Idee finden (vgl. ebd.).

Vor allem in der angloamerikanischen Managementliteratur in den *1950er Jahren* sind frühe Wurzeln des Coaching-Begriffs erkennbar. Da das Coaching in jenem Zeitraum in erster Linie als Begriff verwendet wurde, der die Verantwortung von Vorgesetzten für die berufliche Entwicklung ihrer Untergebenen umschließen sollte, lässt sich diese Lesart von Coaching aus heutiger Sicht eher als eine Sonderform des Mentoring bestimmen. Im Kontext dieser frühen Begriffsauffassung ging es – im Coaching wie auch im Mentoring – inhaltlich „vorrangig um sachliche Fragen des ‚job skill development‘, persönliche Fragen oder Probleme wurden eher als Störung im psychotherapeutischen Sinne konzipiert“ (Levold 2003, 66; Birgmeier 2006, 30).

Seit den *1960ern* wandelte sich das Bild, die Inhalte und die Zieldimensionen des Coachings enorm. In jenem Zeitraum wurde der Coach besonders im Leistungssport nicht nur in seiner Rolle als Antreiber und Zügler eines Gespanns vor der Kutsche betrachtet, sondern als psychologisch versierter Trainer, Motivator, Begleiter und Mentor von Adressatengruppen, denen es neben der Gewinnung körperlicher Fitness vor allem um eine Erweiterung und Entwicklung ihrer mentalen Fähigkeiten ging, um Einstellungen bzw. Einstellungsänderungen und um einen adäquaten Umgang mit Emotionen (vgl. Weingärtner 2014). Diese Modernisierungen der ursprünglichen Coaching-Idee und die Ausweitungen auf alternative Handlungsfelder und Zielgruppen können nicht nur als die Geburtsstunde von Coaching als fachliche und mentale, vorwiegend psychologisch unterfütterte Betreuung von Personen mit hohen Leistungserwartungen betrachtet werden, sondern ebenso auch als Wegmarke, an der verschiedenste Vorläufer der Coaching-Idee identifiziert werden können. So gelten neben *Virginia Satir* (1959), *Abraham Maslow*, der 1962 erste Workshops zur Humanistischen Psychologie (im Esalen-Institut in Big Sur, Kalifornien) und 1968 eine für die Entwicklung des Coachings fundamentale „Psychologie des Seins" entwickelte, und *Carl Rogers* (1972), vor allem *Timothy Gallwey* in der sportpsychologischen Literatur („The inner Game of Tennis", 1974) seit den 1970er Jahren als wichtige Nestoren des Coachings (vgl. Draht 2012, 34).

Mit den Schriften Gallweys, dem es v.a. darum ging, innere motivationale Unstimmigkeiten seiner Klienten auszugleichen und deren motivationale Energie vollkommen auf die sportliche Leistung zu konzentrieren, sind *seit den 1970er Jahren* zum ersten Mal Spuren eines an managementorientierten Gesichtspunkten angelehnten personenspezifischen Coachings für Führungskräfte zu entdecken. Besonders die verschiedenen neuen Konzepte der Leistungsförderung für Sportler führten zu einem großen Interesse an der Übertragung sportbezogener Coaching-Prozesse auf das Management von Wirtschaftsunternehmen. Und so sprang um 1970 herum der Funke der Coaching-Idee und ihrer Erfolge auf die Bereiche des Business-Managements über. Nach *Siegfried Greif* lassen sich hier auch wichtige Galionsfiguren aus der „ersten Generation" von Coaching-Pionieren ausmachen: „Die Pioniere" – zunächst *Sir John Whitmore*, später, im deutschsprachigen Raum *Wolfgang Looss* und *Astrid Schreyögg* – „haben die ersten konzeptionellen Antworten auf die intensivierte Nachfrage nach individueller Selbstreflexion und Selbstveränderung im Diskurs miteinander sowie auf der Grundlage ihrer praktischen Erfahrungen und der damals aktuellen wissenschaftlichen Positionen und Praxiskonzepte entwickelt" (Greif 2014, 309).

Insbesondere *John Whitmore* setzte seit den *1980er Jahren* die psychologische Diskussion darüber in Gang, wie die professionellen Erfolge von Führungskräften durch das Prinzip Coaching gesteigert werden können. In Anbetracht dieser Entwicklungstendenzen und bedingt durch weitreichende gesellschaftliche Veränderungen und Umbrüche, wie bspw. die Pluralisierung der Lebenslagen, der Zerfall und die rapide Veränderung von Werten, Einstellungen und Verhaltensweisen in sämtlichen Lebensbereichen und anderen gesamtgesellschaftlichen Trends, ist der Ursprung von Coaching als ein Personalentwicklungsinstrument und als eine Beratungs- und Begleitungsform für Top-Manager durch externe Berater im deutschsprachigen Raum konkret in den 1980er Jahren festzumachen (vgl. Rauen 2003, 1; Draht 2012, 43). Als „Anfänge einer neuen Idee", so Draht (2012, 43) beschritt Coaching *Mitte der 1980er Jahre* einen Weg, der insbesondere von psychologisch, d.h. vor allem kommunikationstheoretisch, systemisch und gruppendynamisch geprägten Beratern, Trainern und

Organisationsentwicklern dominiert wurde. Zentrale Themen in dieser „Pionierphase" des Coachings in Deutschland waren also nicht nur Probleme und Konflikte auf der Top-Managementebene, sondern auch persönliche Belange wie Eheprobleme oder die eigene Wirkung auf andere Personen (vgl. Böning & Fritschle 2005). Die Kernintention von Coaching nach diesem Verständnis lag dabei insbesondere darin, dem Betroffenen seine Wahrnehmungs-, Verhaltens- und Kommunikationsmuster bewusst(er) zu machen und Reflexionen anzuleiten, mit denen die gesamte Palette verschiedenster Rollen (privat und beruflich – auch im Blick auf etwaige Rollenkonflikte) analysiert werden wollte (vgl. Birgmeier 2006, 31).

Warum Coaching gerade *seit den 1980er Jahren* in Deutschland so eine rasante Entwicklung und eine große Popularität erfuhr, wird – retrospektiv besehen – sehr heterogen diskutiert. Während manche behaupten, Coaching sei nur deshalb zu einem überaus populären Modelabel geworden, weil insbesondere seit den 1980er Jahren rasant ansteigende Publikationszahlen zum Thema „Coaching" zu beobachten sind, sehen Andere hingegen „einige Koinzidenzen" (Webers 2015, 3) in der Popularität von Coaching insbesondere darin, dass es ab Ende der 1970er Jahre (sowohl in den USA als auch in Europa) einen „Psycho-Boom" gegeben hat, der – jenseits der Domänen institutionalisierter Psychotherapie – kurze Zeit später auch zu einer Popularisierung psychotherapeutischer Methoden beigetragen habe (v. a. auch in der Sozialen Arbeit; vgl. dazu Galuske 2011a; Galuske & Müller 2012). Kein Wunder also, dass Coaching gerade in seiner populistischen Phase in der Arena des Psychobooms zu finden ist, in der es – frei nach der Maxime des *Anything goes* (Feyerabend 1983) – nichts geben durfte, was es nicht geben kann. Andererseits habe – die Entwicklung von Coaching in den USA und Europa gleichermaßen mitbedacht – auch die Ausbreitung des Coachings vom Sport auf den Business-Bereich und die verändernden wirtschaftlichen Rahmenbedingungen einiges zur Popularität dieses „individuelle(re)n Beratungsformats" beigetragen (Webers 2015, 3).

Ende der 1980er bis *Mitte der 1990er Jahre* lässt sich eine weitere *Phase der systematischen Personalentwicklung* in der Entwicklungsgeschichte des Coachings identifizieren, die jedoch in erster Linie nicht von externen Coaching-Experten, sondern von internen Führungskräfte- und Personalentwicklern initiiert wurde, um sich nicht nur von der scheinbaren „Konkurrenz von außerhalb" in Bezug auf Themen und Anlässe spezifischer (auch „Coaching" genannter) Beratung abzugrenzen, sondern auch deshalb, um die Themenführerschaft exklusiver Beratungsbereiche und Beratungsfelder (einschließlich ihrer Klientel bzw. Kunden) zu beanspruchen (vgl. Birgmeier 2006, 31). Um professionspolitisch motivierte Reputations- und Grabenkämpfe mit externen Beratungsprofis zu verhindern, definierten in der Folgezeit die Personalentwickler in ihren Organisationen, Betrieben und Unternehmen ihre eigenen Coaching-Themen und Vorgehensweisen. Ihr Fokus lag dabei auf Personen der mittleren und unteren

Führungsebenen. Eines ihrer Hauptanliegen bestand dabei darin, Coaching systematisch zum „entwicklungsorientierten Führen durch die Vorgesetzten im Rahmen einer allgemeinen systematischen Personalentwicklung einzusetzen" (Böning 2000, 23; vgl. auch Weingärtner 2014). Wichtige Galionsfiguren für diese Phase der Entwicklung von Coaching im deutschsprachigen Raum waren in diesem Jahrzehnt u.a. *Uwe Böning* (1984), *Wolfgang Looss* (1986), *Eberhard Hauser* (1987), *Eckard König* (1989), *Bärbel Schwertfeger* (1989) und *Bernd Schmid* (1990) (vgl. Draht 2012, 38-39).

Besonders *Wolfgang Looss* ist aus dieser Riege der „Coaching-Pioniere" der ersten Generation hervorzuheben, der seine erste Publikation über Coaching 1986 im *Manager Magazin* publizierte und darin nicht nur ein Coaching-Konzept beschrieb, das insbesondere auf den Verhaltenselementen des Zuhörens und Zusehens, Nachfragens, Unterstützens, Erklärens und Informierens beruhte und das einem eher konstruktivistisch-systemischen Grundkonzept Rechnung trug (vgl. Greif 2014, 299), sondern – später, wie in einem Interview hervorgeht – Coaching auch „außerhalb von Wirtschaft" ansiedeln und es als eine Möglichkeit begreifen wollte, „ab und an ‚in die Reha' zu gehen", also an einen „Zufluchtsort, an dem ein Top-Manager mal in Ruhe reflektieren kann" (Looss 1/2008, Coaching Magazin, 26.02.2008; abgerufen am: 12.04.2020).

Im Anschluss an erste deutschsprachige Publikationen der ersten Coaching-Generation begann *Anfang der 1990er Jahre* in Deutschland eine *Phase der Differenzierung*, in der Coaching „zu einem festen Bestandteil systematischer Personalentwicklung für Führungskräfte" (Schreyögg 2015a, 111) und zum Ausdruck einer allgemeinen und vertieften, psychologisch ausgerichteten Beratungsmethodik wurde. Coaching, so Schreyögg (2015a, 111), „richtete sich hier primär aufs Topmanagement, und es mutierte zu Beginn der 90er Jahre zu einer Beratungsform, die hier primär durch externe Berater praktiziert wurde. Zentrale Themen waren nun die Wahrnehmungs-, Verhaltens- und Kommunikationsmuster von Führungskräften". *Astrid Schreyögg* lässt sich hier, so *Siegfried Greif*, als die Coaching-Pionierin der ersten Coaching-Generation hervorheben. Sie ist „die Coaching-Pionierin mit den stärksten systematischen Bezügen zur Literatur und Denkweisen aus der Wissenschaft" (2014, 299). Ihr erstes, bahnbrechendes Buch über Coaching ist eine konzeptionelle, praktische, vor allem jedoch wissenschaftliche Grundlegung (vgl. ebd.), wodurch sie sich von den beiden anderen Pionieren der ersten Coaching-Generation (Whitmore und Looss) unterscheidet.

Obgleich die *Differenzierungsphase* seit den 1990er Jahren in Deutschland auch zu einer Systematisierung von Coaching – und v.a. Astrid Schreyöggs und die Verdienste anderer Coaching-„Klassiker" mitbedacht: auch zu einer vermehrten Hinwendung zu wissenschaftlichen Grundlagen im Coaching – führte, mit der die speziellen Anlässe, Vorgehensweisen, theoretischen Hintergründe, anthropologischen und erkenntnistheoretischen Vorannahmen von Coaching, aber auch die Kompetenzanforderungen „professioneller" Coachs identifiziert werden konnten, verbreiteten sich die Anwendungsgebiete und eingesetzten Methoden im Übergang zur *populistischen Phase* seit *Mitte der 1995er Jahre* explosionsartig. So verwundert es auch nicht, dass in der populären Literatur und auf den verschiedentlichsten Dienstleistungsportalen unter dem Begriff *Coaching* eine Vielfalt von Begriffen wie bspw. Führungs-, Mitarbeiter-, Karriere-, Persönlichkeits-, Fach-Coaching, aber auch solch exotische Begriffe wie Self-Coaching, Crash-Coaching, Hunde-, Bioenergiedorf-, EDV-Coaching bzw. SM-Coaching, Zen-Coaching, Flugangst-, Dance- oder Astro-Coaching erscheinen (vgl. Vogelauer 2000, 15; Böning & Fritschle 2005, 18 f.; Birgmeier 2006, 31 f.). Derart von einer „Begriffsbenutzungs-Springflut" (Weingärtner 2014, 25) heimgesucht, werden nun unter dem Begriff *Coaching* nahezu alle nur denkbaren – seriösen wie unseriösen – Formen von Beratung, Training, Weiterbildung etc. von Anbietern jeglicher Art angepriesen und neu vermarktet.

Diese Umstände, dass sich unter dem Begriff des Coachings in jenem Zeitraum „neben platter Trittbrettfahrerei auch etliche ernst zu nehmende Maßnahmen" (Schreyögg 2015a, 111) finden lassen, machten es in der Folge nicht einfacher, eine allgemeine und verbindliche Definition für das Wesen und das Spezifikum des Coachings festzulegen. So wurden zum einen lediglich „Um-Etikettierungen" von klassischen Beratungs- oder Trainingsmaßnahmen vorgenommen und bekannte Verfahren, die bis dato im Training oder bei vergleichbaren „Helferrollen" zur Anwendung kamen, unter der Bezeichnung *Coaching* einfach neu in Szene gesetzt. Oder es entstanden dubiose und teilweise naive Neuentwicklungen, die meist nur ein Sammelsurium aus beliebig zusammengemixten „Tools", Tipps oder Techniken darstellten und keinerlei wissenschaftlich fundiertes Konzept aufweisen konnten (vgl. Birgmeier 2006, 32).

Die *seit den 1990er Jahren* anhaltende Phase der „Popularisierung von Coaching" (vgl. Draht 2012) trägt zwar weiter dazu bei, Coaching als spezifische Form der Beratung auf dem Dienstleistungssektor zu etablieren; gleichwohl steigen parallel zur Expansion immer auch die Gefahren eines Missbrauchs des Begriffs. Dies liegt einerseits darin, dass der Begriff rechtlich noch immer nicht geschützt ist. Jeder, der in irgendeiner Weise also seine Dienste als Berater, Mentor, Begleiter oder sonst wie beratend anbietet, dürfte sich demnach *Coach* nennen. Andererseits sind auch noch immer keine verbindlichen Qualitätsstandards und sonstigen professionellen Zugangskriterien festgelegt worden, um das Coaching „sauber" zu halten, zu professionalisieren und von populistischen, pseudowissenschaftlichen (oder ideologischen) Selbstattributen unterscheiden zu können, die mit dem eigentlichen Coaching nichts zu tun haben (vgl. Birgmeier 2006).

In Bezug auf diese Kriterien, die zu einer eindeutigen Profilierung und Identitätsfindung von Coaching beitragen sollen, ist eine, aus den Problemen der populistischen Phase entstandene, weitere Entwicklungsphase des Coachings zu attestieren; eine *seit 2000* zu beobachtende siebte Phase, die die *„vertiefte Professionalisierung"* im Coaching zum Ausdruck bringen will (vgl. Böning &

Fritschle 2005, 22ff.) und – so Greif (2014) – eine „zweite Generation" an Coaching-Pionieren, die sog. „Praktiker", hervorgebracht hat. „Die zweite Generation hat den expansiven Aufbruch und die Professionalisierung mit Verbandsgründungen, akkreditierten Ausbildungen, Kongressen und Fachzeitschriften gestaltet" (Greif 2014, 309). Zu den Merkmalen einer „vertieften" Professionalisierung zählen nach Böning & Fritschle (2005, 23ff.), dass

- die Betreuung von Spitzensportler mittlerweile zu einer Selbstverständlichkeit geworden sei;
- ein mentales Training für Hochleistungssportler heute fest im Trainingsplan verankert sei;
- Führungskräfte in Wirtschaft und Politik die hilfreiche Wirkung von Coaching erlebt hätten;
- in DAX-Unternehmen und vielen deutschen Großbetrieben Coaching durchgeführt werde;
- in vielen Unternehmen der Aufbau von Coaching-Pools begonnen habe;
- wissenschaftlich über Coaching geforscht werde, vor allem über Studien und Dissertationen, „die Handlungskonzepte in der Praxis untersuchen" (Böning & Fritschle 2005, 24);
- die Coaching-Ausbildung ein neues, sehr viel mehr spezifiziertes Stadium erreicht habe;
- die Transparenz in Form von Tagungen und Kongressen im Feld zunehmen würde, in denen nach Anregungen gesucht wird, wie die bisherige Praxis weiterentwickelt werden kann;
- seit 2003 mehrere Coaching-Verbände ins Leben gerufen worden seien, die sich mit Inhalts- und Methodikaspekten, Qualitätsfragen, Zertifizierungen etc. auseinandersetzten (vgl. Birgmeier 2006, 32ff.; 2011).

Sämtliche dieser eben genannten Entwicklungsmerkmale in dieser 7. Phase scheinen zwar eine spezifische Exklusivität von Coaching im Vergleich zu anderen Beratungsformen wie bspw. der Supervision deutlich zu machen. Doch gleichzeitig führen solche Spezifikationen und Hoffnungen auf das Er- und Begründen von Alleinstellungsmerkmalen im Dienstleistungssektor zwangsweise auch zur Kritik seitens der (bereits bestehenden) Nachbar-Professionen, die ihre Claims längst gesichert und abgegrenzt haben und sich vor „fremden Übergriffen" oder vor „Kolonialisierungsstrategien" bzw. „Okkupationen" der Neuankömmlinge auf „Kutschen" schützen wollen (vgl. Birgmeier 2003; 2006). Dies berührt nun weniger die *Sachdimension*, die sich primär dafür interessiert, welche normativen, motivationalen und kognitiven Kompetenzfelder einer bestimmten Berufsrolle zukommen müssen, damit das der jeweiligen Berufstätigkeit zugrundeliegende gesellschaftliche, soziale oder individuelle Problem auch bewältigt werden kann, sondern vielmehr die *Sozialdimension*, die sich primär von der

Abbildung 1: Frühe Entwicklungsphasen des Coachings (vgl. Böning 2000, 20; Birgmeier 2006, 33)

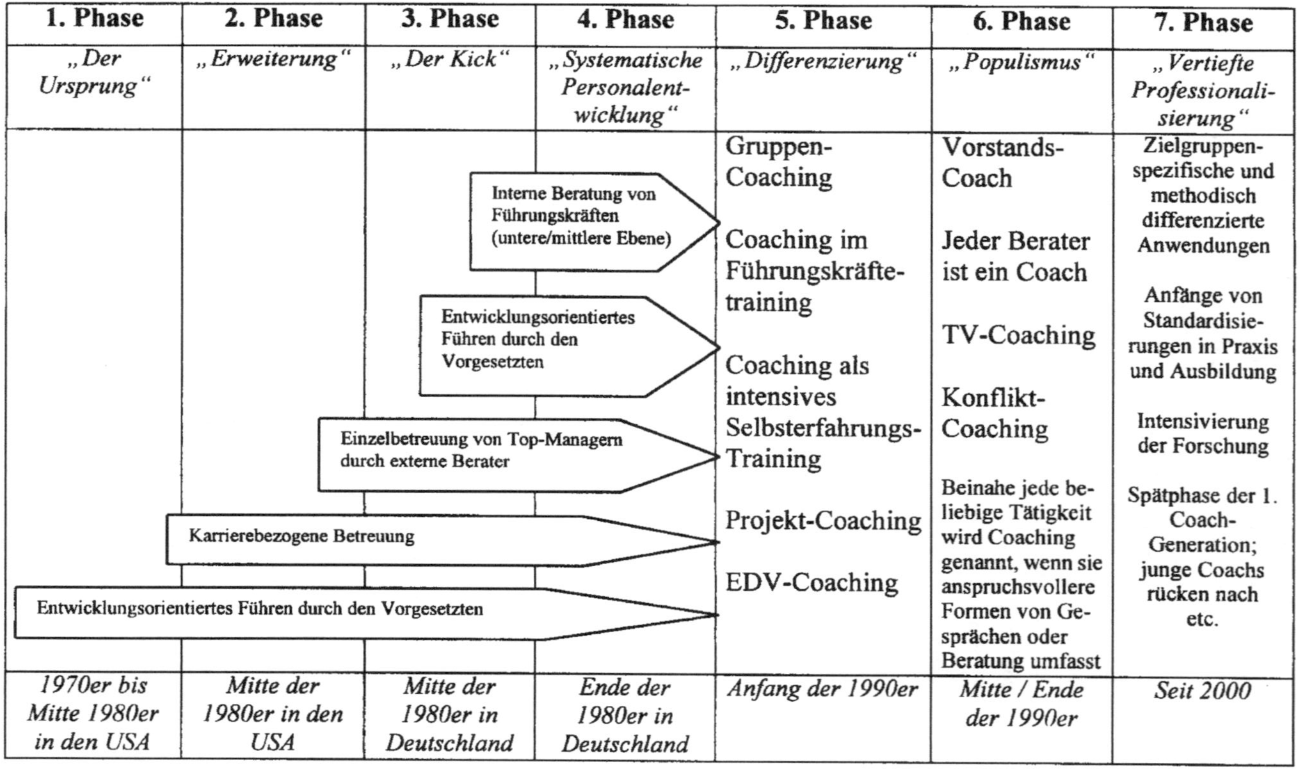

1. Phase	2. Phase	3. Phase	4. Phase	5. Phase	6. Phase	7. Phase
„Der Ursprung"	*„Erweiterung"*	*„Der Kick"*	*„Systematische Personalentwicklung"*	*„Differenzierung"*	*„Populismus"*	*„Vertiefte Professionalisierung"*
			Interne Beratung von Führungskräften (untere/mittlere Ebene) →	Gruppen-Coaching	Vorstands-Coach	Zielgruppenspezifische und methodisch differenzierte Anwendungen
			Entwicklungsorientiertes Führen durch den Vorgesetzten →	Coaching im Führungskräftetraining	Jeder Berater ist ein Coach	Anfänge von Standardisierungen in Praxis und Ausbildung
		Einzelbetreuung von Top-Managern durch externe Berater →		Coaching als intensives Selbsterfahrungs-Training	TV-Coaching	Intensivierung der Forschung
	Karrierebezogene Betreuung →			Projekt-Coaching	Konflikt-Coaching	Spätphase der 1. Coach-Generation; junge Coachs rücken nach etc.
Entwicklungsorientiertes Führen durch den Vorgesetzten →				EDV-Coaching	Beinahe jede beliebige Tätigkeit wird Coaching genannt, wenn sie anspruchsvollere Formen von Gesprächen oder Beratung umfasst	
1970er bis Mitte 1980er in den USA	*Mitte der 1980er in den USA*	*Mitte der 1980er in Deutschland*	*Ende der 1980er in Deutschland*	*Anfang der 1990er*	*Mitte / Ende der 1990er*	*Seit 2000*

machttheoretischen Frage angetrieben fühlt, mit welchen Mitteln und unter welchen Umständen es eine Berufsgruppe schafft, sich ein – mehr oder weniger – exklusives Kompetenzmonopol anzueignen (vgl. Birgmeier & Schmidt 2010, 688 ff.). Und so wird die Frage der „Professionsbildung" oder der Professionalisierung von Coaching zu einer Frage der Professions-*Politik* und damit – einerseits – zu einer Verhandlungssache, ob Nachbar-Professionen nun in Opposition oder in eine Koalition mit Coaching gehen wollen, andererseits zu einer Definitionsfrage, wenn jeder einzelne Anbieter mit seiner individuellen Coaching-Idee auf den Markt drängt und seine jeweils eigene Philosophie des Begriffs verkauft.

2.2. Entwicklungen seit der Jahrtausendwende

Ein Großteil dessen, was in der 7. Phase in der Coaching-Historiographie als *vertieft* professionell deklariert wird, entpuppte sich bei genauem, retrospektiven Hinsehen jedoch meist nur als geschickte Strategie „zur Herstellung eines individuell besseren Marktzugangs" (Kühl 2005, 24; 70. These). So blieb es nicht aus, dass in dieser Phase auch äußerst fragwürdige und teilweise zutiefst unqualifizierte Verständnisse zur Professionalität bzw. Professionalisierung geäußert wurden, die keine „vertiefte Professionalisierung" forcieren konnten, sondern allenfalls Effekte einer „mangelnden Professionalisierung" (ebd. 2005, 22 ff.) enttarnten. Insbesondere deshalb wurde – im Anschluss an die 7. Phase und angelehnt an Birgmeier (2011b, 421 ff.) – kurze Zeit später die Notwendigkeit einer neuen Phase 8 in der Entwicklungsgeschichte von Coaching eingeläutet, die sich mit dem Titel *„(Professionalisierungs-)Kritik"* – im Blick u. a. auf die Kühl'schen Thesen – umschreiben lässt und mit der die Bedeutungsgehalte der „Professionalität" in den Blickpunkt wissenschaftlicher Durchdringung der Coaching-Ansätze fokussiert werden wollten. „Professionalität" und Professionalisierung ist aus wissenschaftlicher Perspektive besehen stets gebunden an spezifische Rahmenbedingungen, Prozesse und Aspekte, mit denen unterschiedlichste Qualitätsansprüche im Wissen, im Können und in der Verantwortung des einzelnen Coachs eingefordert werden müssen. Bei einer „vertieften" Professionalisierung geht es also nicht um professionspolitische Strategien besserer Marktzugänge und um elaborierte Marketingstrategien, vielmehr muss es einer *neuen* Profession – wie dem Coaching – darum gehen, über eine wissenschaftliche und philosophisch-ethische Fundierung professionellen Wissens und Könnens und einer daraus deutlich abgrenzbaren, gemeinschaftlichen Branchen-Qualität ihre Ansprüche auf Autonomie zu begründen (vgl. Birgmeier 2011b, 423).

Mit diesen kritischen Vorannahmen ist zugleich auch der Übergang von Phase 8 in eine neue, gegenwärtige Phase 9 auszumachen, in der es gerade um die wissenschaftliche Fundierung professionellen Wissens und Könnens, kurz: um die Konturierung einer genuinen Coaching-Forschung geht. Mit anderen

Worten: die von Böning & Fritschle (2005) bereits im Rahmen der „vertieften Professionalisierung“ (Phase 7) angeführte „Intensivierung der Forschung“ hat tatsächlich erst vor kurzem, vor allem im Anschluss und in der Folge der Professionalisierungskritik (Phase 8) begonnen und sie sucht und findet – besonders im Blick auf die offenen Fragen aus allen vorhergehenden Phasen – eine ganze Reihe an forschungs- und klärungsrelevanten Themen, die auf dem Weg zu einer eigenständigen Beratungs- bzw. Coaching-Wissenschaft geklärt werden müssen. Diese aktuelle Phase 9 in der Entwicklungsgeschichte von Coaching ließe sich am Trefflichsten etwa mit dem Begriff *coaching research* umschreiben (vgl. Birgmeier 2011b, 422).

Der Blick auf die jüngsten Entwicklungstendenzen im Coaching-Diskurs zeigt eindrucksvoll[7], dass wir mit dem verstärkten Bemühen um eine dezidierte Coaching-Forschung (Phase 9) immer weiter in die Richtung der Bestimmung und Vernetzung von *coaching sciences* gehen, die alsbald eine neue „Phase 10“ markieren sollte und die, angekoppelt an eine „Phase 11“, auch die *coaching ethics*, also die ethisch-moralischen Voraussetzungen „professionellen“ Coachings als feste Säulen in der Entwicklungsgeschichte des Coachings markieren. Der Eintritt in diese Phasen kennzeichnet jedoch nicht eine eigene, eine neue Etappe, die das Coaching in seiner historiographischen Entwicklung zu bestehen und – irgendwann einmal – zu überwinden hat; vielmehr ist das Vorhaben der Bündelung einer scientific community, die unterschiedliche Fragen zum Coaching erforscht, ein permanentes Projekt, das als Folge auf die Professionalisierungsfrage (die sich angesichts der teilweise höchst bedauerlichen Auswüchse in der populistischen Phase aufgedrängt hat) unlängst auch unter den Stichworten der Ethik, der Moral und der Verantwortung/Verantwortbarkeit im personenbezogenen Dienstleistungsmarkt angestoßen wurde und so lange andauert, so lange es Coaching geben wird. Das bedeutet: der Populismus im Coaching wird die seriöse Coaching-Szene auch in Zukunft dazu zwingen, Fragen der wissenschaftsethischen und forschungsbasierten Professionalisierung und Professionsbildung in den Vordergrund zu stellen, um hierüber die Spreu vom Weizen im Feld dessen zu trennen, was sich heutzutage alles *Coaching* nennt und zukünftig nennen darf. Und da Professionalisierung nicht zu denken ist ohne Verwissenschaftlichung, ohne ethische Richtlinien und Codizes und ohne Forschung und ohne Kritik (als wissenschaftliche Grundhaltung), befinden wir uns gegenwärtig nicht in *neuen* Entwicklungsphasen, sondern inmitten eines Prozesses zum Zwecke der bedingungslosen Versachlichung des Coachings und damit aber auch im Auftrag, diverse markt- und statuspolitische Mechanismen, die sich im Zuge des Populismus auf dem Coaching-Feld vielfach so ungehindert entwickeln konnten, mit Hilfe einschlägiger, seriöser Forschung, neutraler Wissenschaft und ethisch-moralischer Verhaltenscodizes in ihre Schranken zu verweisen (vgl. dazu

7 – wie schon in Birgmeier (2011b) ausführlich dargelegt –

Birgmeier 2009; Birgmeier & Schmidt 2010). Aus diesem Grunde ist – nach wie vor – höchste Vorsicht geboten mit der Annahme, Coaching vorschnell als „vertieft“ professionalisiert (als ursprünglich so bezeichnete Phase 7 in der Entwicklung von Coaching) zu deklarieren, denn die wissenschaftliche Forschung zum Thema „Coaching“ steht weitgehend erst am Anfang (vgl. Webers 2015, 12).

Abbildung 2: Aktuelle Entwicklungslinien im Coaching (aus: Birgmeier 2011b, 430)

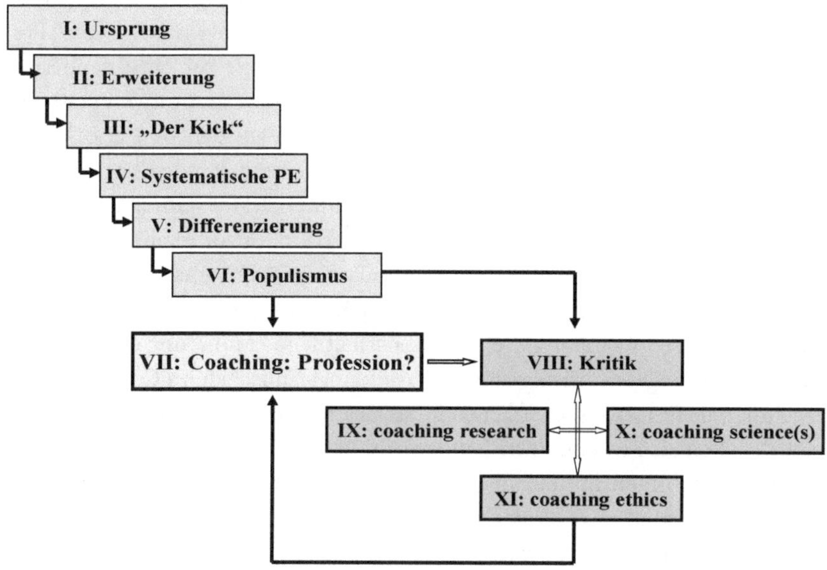

Die Entwicklung von Coaching *ab Mitte 2000*, in der die sog. „zweite Generation“ von Coaching-Experten die Bühne betrat (vgl. Greif 2014, 301 ff.), nimmt u.a. auch *Astrid Schreyögg* unter die Lupe. Sie attestiert, dass sich insbesondere in jenem Zeitraum, der sicherlich noch in die Phase 7 der „vertieften Professionalisierung“ fällt (vgl. Böning 2005; vgl. dazu auch Birgmeier 2011b, 430; Draht 2012), zunehmend auch solche Coaching-Anwendungen beobachten lassen, „die das Feld des bis dato üblichen Executive Coachings durch neue Erscheinungsformen anreichern“ (2015, 112). So ist beispielsweise unter dem Label *Life Coaching* (Buer & Schmidt-Lellek 2008; Schmidt-Lellek & Buer 2011; Schmidt-Lellek 2011; Schreyögg 2015b) die Idee und das Konzept entstanden, „Coaching nicht nur für unmittelbare Arbeitsthemen von Fach- und Führungskräften zu nutzen, sondern auch ihre sonstige Lebenswelt einzubeziehen“ (Schreyögg 2015a, 112). Überdies sei zu beobachten, dass Coaching „zunehmend mit anderen Formaten kombiniert wurde wie etwa mit Trainings oder mit der Organisationsberatung“ (ebd.). In jenem Jahrzehnt – so Schreyögg (2015a, 112) – „drängten immer mehr und immer unterschiedlichere Berufsgruppen in die Coachingszene“.

Anfangs dominierten Psychologen, später traten vermehrt Managementwissenschaftler, Betriebswirte und Ökonomen auf, während bis heute „eine bunte Mixtur aus Pädagogen, Philosophen, Soziologen, Juristen, Volkswirten, Medizinern usw. zu finden ist". So wundert es auch nicht, wenn sich zur Jahrtausendwende eine Gründungswelle von Coaching-Verbänden abzeichnete, zumal dies als ein „sichtbares Zeichen einer beginnenden Professionalisierung" zu sehen sei (Greif 2014, 302).

Derart über verschiedenste Coaching-Verbandsarbeit professionspolitisch motiviert,[8] wird jedoch auch – als eines der wesentlichen Kriterien von „Professionalisierung" – der Ruf nach einer verstärkten Wissenschaftsorientierung und genuinen Coaching-Forschung lauter. Coaching als innovative Beratungsform und unterschiedliche Coaching-Konzeptionen wurden nun also – auch wegen des aus der populistischen Phase noch immer anhaltenden Vorwurfs von Scharlatanerie im Coaching (vgl. Kühl 2005; Lindner 2011; Kanning 2020) – verstärkt auf den Seziertisch der Wissenschaft gelegt, um – so die damit verbundene Hoffnung – die (unseriöse) Spreu vom (seriösen) Weizen anhand verbindlicher wissenschaftlicher Kriterien extrahieren zu können – Kriterien, die auch richtungsweisend sein könnten für eine wissenschaftliche Fundierung und der Qualitätsüberprüfung der mannigfaltigen Ausbildungslandschaft im Coaching. „Mit der Zunahme des wissenschaftlichen Interesses am Coaching", so Siegfried Greif, „entwickelten sich in einzelnen Ländern Initiativen von Wissenschaftler/innen und Praktiker/innen mit einem ausgeprägt forschungsorientierten Programm" (2014, 303). Vor allem das von *Dianne Stober* und *Anthony Grant* (2006) entwickelte Programm des sog. *Evidence Based Coaching* darf hier als gelungenes Exempel dafür angesehen werden, Coaching mit einer empirischen und theoretischen Wissensbasis zu untermauern. „Evidenzbasiertes Coaching zielt nicht nur darauf ab, die Wirksamkeit von Coaching und einzelner Methoden zu überprüfen. Im Kern geht es … darum, Evidenzen aus der Forschung zur Optimierung der Anwendung und Ergebnisse von Coaching zu nutzen" (Greif 2014, 303).

Eine vertiefte bzw. eine „gute" Professionsentwicklung, so Schreyögg, habe demnach nicht nur mit einer verstärkten Verwissenschaftlichung und (u. a. evidenzbasierter) Forschung zum Coaching zu tun, sondern auch damit, die aktuell so „wenig prägnante Gleichsetzung, Annäherung oder Überschneidung der beiden Formate" (2015a, 113) – gemeint sind: Coaching und Supervision – zu diskutieren. Die Nähe bzw. Distanz beider „Beratungsformate" erhitzt seit jeher die Gemüter in beiden Fachkreisen und wird bis dato äußerst unterschiedlich debattiert (vgl. dazu auch Kühl 2008; Loebbert 2016b, 6; Barczynski 2018). Dies mehr als nur zu Recht, denn noch immer kursieren verschiedenste „Lesarten" im Blick auf das Verhältnis beider Beratungsformen. Bereits ein Rückblick auf die

8 Eine Übersicht über die unterschiedlichen Coaching-Verbände ist u. a. einzusehen unter: https://www.coaching-report.de/coaching-markt/coaching-verbaende.html

sog. *Differenzierungsphase* in den 1990er Jahren offenbart, dass viele Autoren der Überzeugung waren, Coaching sei kein eigenständiges, eindeutig von der Supervision abgrenzbares Beratungsformat, da „Supervision als Handlungskonzept in den helfenden Berufen alles abdeckt, was auch im Coaching betrieben wird" (Fallner & Pohl 2001, 35).

Coaching ließe sich so bezüglich seiner Systematik und Methodik also durchaus als „Ableger" der Supervision betrachten, der im Gegensatz zur Supervision in den letzten Jahren jedoch ein weitaus höheres Image für Menschen mit einem hohen Image erreicht hat. Das einzige, was beide scheinbar voneinander zu trennen scheint, seien also sprachkulturelle Grenzen, weil der Begriff der Supervision im Kontext von Management und Unternehmung bis Anfang des neuen Jahrhunderts noch nicht anschlussfähig gewesen sei (vgl. Looss 1991, 41). Beide – so die Lehrmeinung – gehörten idealerweise zusammen, zumal es sich bei Supervision und Coaching lediglich um zwei unterschiedliche Sichtweisen auf den gleichen Prozess handeln würde: Während Supervision dazu diene, sich einen komplexen Überblick zu verschaffen, übernehme Coaching die konsequente Arbeit an den so gefundenen Zielen (vgl. Fallner & Pohl 2001). Ähnlich auch *Rene Reichel* & *Reinhold Rabenstein*, die darauf verweisen, dass durch die steigende Aufmerksamkeit auf Führung und Führungskräfte in den letzten Jahren Supervision auch unter dem Begriff *Coaching* bekannt geworden sei, und somit die Begriffe Supervision *und* Coaching identisch gesetzt werden könnten (2001, 9).

Jedoch wurde diese nahe Verwandtschaft zwischen Coaching und Supervision in der Frühphase der „vertieften Professionalisierung" nicht von allen begrüßt. Manche sahen einer „feindlichen Übernahme" bewährter sozialpädagogischer Methoden wie die der Supervision durch die neuaufstrebende Omnipotenz im beratenden Wirtschaftssektor, versehen mit dem Titel „Coaching", sehr kritisch entgegen. Die Kritik richtete sich dabei auch auf die finanziellen Verlockungen „und die Gefahr, dass Supervision mehr durch ihre sekundäre materielle Verstärkung als durch fachlich ausgewiesene Effekte bestimmt" werde (Schmelzer 1997, 2; vgl. auch Birgmeier 2006).

2.3. Aktuelle Entwicklungstendenzen – die „dritte Generation"

Und wie sieht es aktuell aus? Haben sich die Fronten zwischen beiden, professionspolitisch motivierten „Lagern" geklärt oder ist die Fachwelt noch immer auf der Suche nach einer Beantwortung der Frage nach den kognitiven (Inhalte), sozialdimensionalen (Professionspolitik) und historischen (Genealogie) Gemeinsamkeiten bzw. Alleinstellungsmerkmalen? Schreyögg beklagt nach wie vor eine „aktuelle Diffusität der beiden Formate" (2015a, 113) Supervision und Coaching und behauptet, dass „viele Autoren, die sich ursprünglich mit Supervision beschäftigt haben, heute in das Lager der Coaches ‚übergelaufen' sind" (ebd.). Während in den Arbeitsfeldern der Sozialen Arbeit und der Psychotherapie – begrifflich zumindest – noch immer die Supervision vorherrsche, „wird in sonstigen Kontexten“, v.a. in wirtschaftsnahen Arbeitsfeldern, zunehmend Coaching angefragt (vgl. Schreyögg 2015a, 113). Dies liegt nicht nur an der „Ästhetisierung des Managements“ (Neuberger 1994; zit.n. Schreyögg 2015a, 114), mit dem wirtschaftlich erfolgreiche Menschen heutzutage eher bewundert werden und nicht mehr – wie früher – als anstößig gelten, sondern auch daran, dass vielen der Coaching-Begriff attraktiver und möglicherweise auch zeitgemäßer erscheint und dass Coaching – im Vergleich zur Supervision – auch „pragmatischer“ angewandt werde, „d.h. die einschlägigen Ausbildungen sind kürzer, seine Anwendungsmöglichkeiten sind feldbezogen breiter, dabei weniger auf den sozialen Bereich festgelegt“ (2015a, 113). Kurzum: Während die einen Supervision als das „weitergehende Format“ auffassen, sehen andere im Coaching das „umfassendere Gefäß“ (Loebbert 2016b, 6).

Polemisch betrachtet ließe sich ein Unterschied auch darin attestieren, dass Coaching in seinem Gewand als Business- oder Management-Beratung eher als kapitalistisch-monetär fokussierte und Supervision als emanzipatorische Dienstleistung zu versehen sei (vgl. Kühl 2008, 16, vgl. auch Loebbert 2016b, 7). Beiden gemein sei jedoch der „Aspekt der Reflexion“ (Webers 2015, 6) bzw. die „Reflexivität“, die als primäre Fähigkeit einer professionellen Haltung im Beratungsgewerbe allumfassend eingefordert wird (vgl. Moldaschl 2001; 2010; vgl. auch Loebbert 2016b, 7). Heute, so Webers (2015, 6), arbeiten viele Berater sowohl als Coach als auch als Supervisor – gleichgültig, ob man nun Coaching als besondere Form der Supervision ansieht oder Supervision als Coaching verstehen will (vgl. dazu auch Loebbert 2016b, 6ff.). Selbst die Deutsche Gesellschaft für Supervision (DGSv) erklärte unlängst in einer Stellungnahme („Das Ende eines unerklärlichen Unterschieds“) den Unterschied einseitig für obsolet (Webers 2015, 6).

Gleichwohl gibt es auch Stimmen, die vorschlagen, beide Formate nicht zu verwischen, sondern v.a. mit Blick auf die unterschiedlichen Entwicklungsgeschichten und Zielgruppen die Differenzen „in fachlicher Hinsicht eher zu vertiefen“ (Schreyögg 2015a, 114). So stehe die Supervision seit jeher „begrifflich traditionell für die Beratung von Psychotherapeuten und Sozialarbeitern, die ihre Klientenarbeit verbessern oder vielleicht zum Zwecke der Qualitätssicherung nur reflektieren wollen“, wohingegen Coaching „seit seinem Ursprung für die Beratung von Fach- und Führungskräften in unterschiedlichen Organisationstypen (stehe; B.B.), die ihre organisatorischen Steuerungsfunktionen verbessern oder reflektieren wollen“ (Schreyögg 2015a, 115). Der Supervision gehe es damit vorrangig um die „Förderung von Interaktionen zwischen Professionellen und Klienten in einem mehr oder weniger formalisierten Kontext“, während Coaching den Fokus darauf richte, „wie gut ein Professioneller eine organisatorische

Einheit in menschlicher wie auch in wirtschaftlicher Hinsicht steuern kann" (ebd.). Daraus werden auch die verschiedensten Qualifikationsanforderungen von Supervisoren und Coachs deutlich: der Supervisor benötige „im Kern klinisch-psychologische Kompetenzen, während der Coach solche aus der Arbeits- und Organisationspsychologie, angereichert mit grundlegendem Managementwissen, benötigt" (Schreyögg 2015a, 115).

Michael Loebbert spricht dagegen von einer „Versöhnung von Coaching und Supervision im deutschsprachigen Raum" (2016b, 7), die nun, nach der Klärung so mancher Irritationen, die u. a. im Anschluss an *Stefan Kühls* „Scharlatanerie-studie" (2005) entstanden sind, zu beobachten sei. Diese Versöhnung finde v. a. deshalb statt, weil Supervision als eine „Form von Coaching", genauer: als eine persönliche Prozessberatung von Menschen in „Leistungsprozessen helfender Berufe" (Loebbert 2016b, 8) zu verstehen sei. Eine so definierte Supervision – so Loebbert – unterstütze Helfende, in ihrer Tätigkeit noch wirksamer zu werden. „Am Begriff der Supervision im Praxisfeld helfender Tätigkeiten festzuhalten, bedeutet, die besonderen Herausforderungen für Helfende, insbesondere psychodynamische und organisationale Merkmale helfender Beziehungen und Leistungen, deutlicher adressieren zu können als mit einem eher generischen Verständnis von Coaching als Supervision" (ebd.).

Aktuell sprechen die Experten von der *dritten Generation*, die das Coaching-Feld und die Coaching-Debatten dominiert und die vor vielfältigen neuen Herausforderungen steht (vgl. dazu Stelter & Böning 2019). Doch worin bestehen die neuen zukünftigen Herausforderungen für eine dritte Generation konkret? Zur Beantwortung dieser Frage stehen – so *Siegfried Greif* (2014, 309) – zwei Alternativvorschläge im Raum. Ein erster, geäußert von der *Harvard Business School* (2013), fordert von der dritten Generation, ihren Beitrag zur Weiterentwicklung des Coachings darin zu verorten, frühere Coaching-Methoden durch verhaltenswissenschaftliche Methoden abzulösen. Der zweite Vorschlag von *Reinhard Stelter* (2016a; 2018) propagiert die Entwicklung und Etablierung mehr reflexionsfördernder, narrativer Methoden als Generationsaufgabe. Während die „erste Generation" von Coachs ein Coaching präferierte, das eng an Zielen ausgerichtet war, die „zweite Generation" demgegenüber vom Ideal getragen wurde, „mehr auf den möglichen Stärken der Coaching-Partner aufzubauen und Lösungen zu finden, die in bestimmten Kontexten zu suchen sind, die die Coachingpartner entweder erlebt haben oder die in reflektierenden und untersuchenden Gedankenspielen die bisherige Sichtweise der Coachingpartner erweitern sollen" (Stelter 2018, 536), kennzeichnet sich die „dritte Generation" dadurch aus, sich als mitreflektierender Partner im Coaching-Dialog zu verstehen – einem Dialog, der – so Stelter (ebd.) – so oft als nur möglich auf die Sinn- und Werteebene zu heben sei, um dadurch über ein gemeinsames Reflektieren für den Coaching-Partner Sinn schaffen und Sinn finden zu können.

„Ein zentrales Ziel dieses Coachingdialogs ist es, die Reflexionsfähigkeit der Coachingpartner zu stärken. Er oder sie soll lernen, Hyperkomplexität zu akzeptieren. Daneben dient die Ausrichtung auf das persönliche und soziale Sinnschaffen oder Sinnfinden – ein Prozess, der die unterschiedlichen Lebenskontexte der Coachingpartner einbezieht – dazu, den individuellen Horizont zu erweitern" (Stelter 2018, 536).

Reinhard Stelter (2016b, xi) ist überzeugt davon, dass Coaching und andere verwandte Dialogprozesse auch weiterhin eine wichtige, wenn nicht sogar steigende Bedeutung in unserer Gesellschaft haben werden; und dies nicht nur im Management-, Wirtschafts- und Organisationsbereich, sondern auch in vielen anderen Bereichen unserer Gesellschaft. Stelter glaubt, dass soziale Systeme und die Gesellschaft insgesamt gekennzeichnet sind „von einer immer größeren Komplexität und einer sich immer stärker beschleunigenden Entwicklung, die eindeutige Antworten auf anfallende Probleme zunehmend schwieriger machen". Daher seien auch neue, innovative Dialogformen nötig, „die Menschen im Miteinander und in Praxisgemeinschaften in die Lage versetzten, Wege zur Lösung komplexer Fragestellungen zu finden. Coaching ist eine dieser Dialogformen" (Stelter 2016b, xi) – eine Dialogform, „die sich in den kommenden Jahren besonders in den Bereichen Gesundheit, Wellness, Vorbeugung und Rehabilitation weiterentwickeln wird, aber auch im *Sozial-* und *Erziehungsbereich* wird Coaching nachdrücklich an Bedeutung gewinnen" (Stelter 2016b, xiv; vgl. auch Stelter & Böning 2019; Herv. d. A.).

Siegfried Greif hingegen glaubt nicht, dass es nur diese beiden Zukunftsoptionen der von Stelter beschriebenen dritten Generation gäbe. Vielmehr würde er „eher darauf setzen, dass die Ungewissheit der Zukunft und das allgemein beschleunigte gesellschaftliche und organisationale Änderungstempo die Vielfalt der Coachinganlässe und -themen exponentiell erhöhen wird" (2014, 309). Überdies werde sich Coaching weiter spezialisieren, neue Zielgruppen mit unterschiedlichen Themen und Kontexten erschließen. Künftige Coaching-Profis seien dabei „gut beraten, wenn sie spezialisierte Coachingkonzepte bei dieser Vielfalt nicht nur aus ihrem individuellen Erfahrungswissen heraus konstruieren, sondern vorhandenes wissenschaftliches Fachwissen integrieren" (Greif 2014, 309).

Auch ich bin der Überzeugung, dass sich die „dritte Generation" durch diese beiden von *Reinhard Stelter* gewagten Prognosen nicht hinreichend skizzieren lässt. Vielmehr plädiere ich – aus der Perspektive einer potenziell im Entstehen begriffenen, zentral: sozialpädagogisch inspirierten Spezialvariante der dritten oder gar einer neuen, einer „vierten Generation" – für ein weit mehr als bisher der *Integration* von Wissensformen und -sorten geschuldetes Coaching-Verständnis, das Coaching – in stark vereinfachter Kurzform – genuin als eine spezifische Haltung demarkiert, die – auf philosophisch-anthropologischen und ethischen Grundlagen sowie auf sozialpädagogischen Denk- und Handlungslogiken basierend – in der mit- und zwischenmenschlichen Begegnung zwischen dem Coach und seinem Coaching-Partner zum Tragen kommt und mit Hilfe derer (Selbst-)Reflexionen zur gelingende(re)n Lebensführung und Lebensbewältigung von KlientInnen jeglicher Couleur – „von der Wiege bis zur Bahre" – angestoßen werden können (vgl. dazu auch Birgmeier & Mührel 2013, 77 ff.; Birgmeier 2021). Dazu ist es jedoch erforderlich, den Coaching-Begriff zu schärfen, der einer *sozialpädagogischen Coaching-Generation* in ihrem Denken und Handeln als Grundlage dienen kann, bzw. zu überprüfen, inwieweit vorliegende Definitions-Varianten möglicherweise Anhaltspunkte liefern könn(t)en, einen relativ verbindlichen Arbeitsbegriff eines (*sozialpädagogischen*) Coachings auszuformulieren, der zur Konzipierung metamodelltheoretischer Rahmungen für Coaching in der Sozialpädagogik / Sozialen Arbeit zugrunde zu legen ist.

3. Coaching – Definitionen

Antworten auf die grundsätzliche Frage, weshalb und warum Coaching im Konzert anderer und vergleichbarer Beratungsformate in den letzten Jahren einen derartigen „Siegeszug" (vgl. Böning 2000) verbuchen konnte bzw., anders formuliert, worin die Gründe und Ursachen für die Erfolgsgeschichte von Coaching liegen, sehen viele AutorInnen in der rasanten Veränderung immer komplexer, diffuser und heterogener werdender (Lebens-)Welten und – damit einhergehend – in vielfältigen Erscheinungen „existenzieller Unsicherheit" (Loebbert 2017, 163). Coaching wird als ein spezifischer Zugang auf die besonderen Herausforderungen der hyperkomplexen Spät- und Postmodernen Gesellschaften gesehen (vgl. Greif 2014, 296) und sei deshalb vonnöten, weil in den heutigen Gesellschaften die Komplexität und die Ungewissheit bei Entscheidungen enorm zugenommen habe und sich das Individuum ohne Unterstützung in einer sich ständig verändernden Welt alleingelassen und orientierungslos fühle (vgl. Greif 2014, 296).

Soziale Systeme und die Gesellschaft im Allgemeinen sind – so Stelter (2016b, xi) – „gekennzeichnet von einer immer größeren Komplexität und einer sich immer stärker beschleunigenden Entwicklung, die eindeutige Antworten auf anfallende Probleme zunehmend schwieriger machen" (vgl. dazu auch Surzykiewicz et al. 2021). Gerade deshalb seien neue Dialogformen wie das Coaching nötig, um Menschen im Miteinander in die Lage zu versetzen, „Wege zur Lösung komplexer Fragestellungen zu finden" (ebd.), bzw. um die „beschleunigten Prozesse der Individualisierung, der sozialen Komplexitätssteigerung und einem übergreifenden Bedeutungszuwachs der extrafunktionalen, personenbezogenen Kompetenzen in der Arbeitswelt" (Fietze 2015, 18) so zueinander in ein „gesundes" Verhältnis zu bringen, dass Menschen all diese heterogenen Herausforderungen noch bewältigen können.

> „Durch die gesellschaftlichen Rahmenbedingungen sind die Ansprüche an die Selbstorganisation und die Selbstführung der Individuen so sehr gestiegen, dass sich angesichts des darin angelegten Krisenpotenzials für die Arbeitsfähigkeit und autonome Lebensführung der Individuen inzwischen eine gesellschaftlich generalisierte Krisenerwartung herauszubilden scheint. Zur Bearbeitung dieses Krisenpotenzials hat sich während der letzten drei Jahrzehnte ebenso eine verallgemeinerbare Bewältigungsstrategie in Form neuer professioneller, personenbezogener und prozessorientierter Beratungsangebote entwickelt. Es hat den Anschein, als würde Coaching für diese Problemlage zwar nicht de jure, aber praktisch eine zunehmend gesellschaftlich anerkannte professionelle Zuständigkeit zugeschrieben" (Fietze 2015, 18).

Auch *Uwe Böning* proklamiert die Wichtigkeit von Coaching als innovative Beratungsform, weil es in einer „hochkomplexen, komplizierten und sich rasend schnell verändernden Welt“ (2015, 5) um eine „Stabilisierung des Selbstwerts des Individuums auf der Suche nach Selbstverwirklichung“ (ebd.) gehe. Angelehnt an die wachsende Unübersichtlichkeit in unserer Welt und an den rasanten Wandel im Leben, müsse sich der Mensch in einer „thermodynamischen Welt“ darauf einstellen, „dass das Leben in und mit dauerhaften instabilen, turbulenten, unkalkulierbaren Umwelten zum ganz normalen Alltag gehört“ (Volk 2002, 219). Da diese Thermodynamik und die dadurch entstehende Unordnung immer auch für die „kognitive Welt“ Gültigkeit beanspruche, benötige es Coaching, das als professioneller Beratungsprozess das berufliche Potenzial des Klienten optimieren will (vgl. ebd.; vgl. Birgmeier 2006, 42).

Akronyme wie bspw. *VUCA* (Volatility, Uncertainty, Complexity und Ambiguity) machen die Runde und werden gerade für das Coaching als Legitimationsgrundlage herangezogen, um festzulegen, dass Coaching möglicherweise *das* „Instrument der Komplexitätsbewältigung unter den Bedingungen der Postmoderne“ (Böning 2015, 63) schlechthin sei. *Volatilität* (Flüchtigkeit) als Inbegriff der sich ständig verändernden, instabilen Welt, *Uncertainty* (Ungewissheit, Unsicherheit) als Merkmal dafür, dass Veränderungen stets unvorhersehbarer werden und Erfahrungen und Wissen immer mehr an Gültigkeit und Relevanz verlieren, *Complexity* (Komplexität) als Kennzeichen für eine immer vielschichtiger werdende und schwerer zu verstehende Welt und *Ambiguity* (Mehrdeutigkeit) als Begriff für das Schwinden des Eindeutigen und des exakt Bestimmbaren stehen – um die historiographisch hergeleitete Metapher der „Kutsche“ für Coaching zu bemühen – für mindestens vier wilde Pferde, das „Gespann“, das es zu zähmen gilt für sämtliche Kutschen, in denen sich Menschen heutzutage oft erstaunt, überrascht, überfordert und hilflos wieder finden (vgl. dazu auch Surzykiewicz et al. 2021).

Ein Szenario, das der Sozialpädagogik / Sozialen Arbeit wahrlich nicht unbekannt ist (vgl. Birgmeier 2021b). Steht sie doch seit jeher als verlässliche Instanz im Umgang mit individuellen Krisen und mit „gesellschaftlichen Veränderungen“ (Otto & Thiersch 2011, V) jeglicher Art; v. a. jener, die in der sog. zweiten, reflexiven Moderne die Gesellschaften prägen. Diese zweite, reflexive Moderne ist bestimmt

> „durch unterschiedliche, teils widersprüchliche, teils sich bestärkende oder auch blockierende Tendenzen. Sie ist geprägt durch demografischen Wandel und ökologische Probleme, die Umstrukturierungen von Gesellschaft und Leben im Zeichen der Globalisierung und den immensen Zuwachs an Wissen und Informationstechnologien. Sie ist zugleich bestimmt durch die neue Bedeutung des Ökonomischen in seiner Koalition mit dem Neoliberalismus und dem Neokonservatismus und durch die Entstehung neuer Lebenslagen der Verelendung und Exklusion. Und sie ist ebenso geprägt

durch die Vielfältigkeit und Offenheit in der Pluralisierung der Lebenslagen und der Individualisierung der Lebensführung, durch die Entgrenzung von Gesellschafts- und Lebensmustern. Es geht somit um eine neue Bestimmung von Selbstzuständigkeit und Zwang, von Gerechtigkeit und Solidarität, von Leistung und Konkurrenz" (Otto & Thiersch 2011, V; Birgmeier 2012, 138).

Exakt diese Tendenzen, so *Hans-Uwe Otto* und *Hans Thiersch*, „bestimmen die Rahmenbedingungen und die internen Diskussionen zur Theorieentwicklung und Praxisgestaltung der Sozialen Arbeit" (ebd.) – ja, sie entsprechen dem eigentlichsten Kern und Wesen dieses Fachgebietes, der seit jeher „klassischen" Funktionen jeglichen sozialpädagogischen und sozialarbeiterischen Denkens und Handelns, zwischen Gesellschaft und Individuum „vermitteln" zu wollen (vgl. dazu auch Hamburger 2012). Auch *Werner Schefold* (2012, 1124) bestätigt, dass der gesellschaftliche Wandel und dessen Folgen schon immer zum Themen- und Aufgabengebiet der Sozialen Arbeit zählen:

> „Die ständige Auseinandersetzung mit dem Wandel der Gesellschaft, vor allem soweit er die Lebenslagen, Lebensgeschichten und Perspektiven von Kindern und Jugendlichen berührt … unterscheidet Sozialpädagogik von anderen pädagogischen Disziplinen, die stärker introvertiert ‚ihre' Institutionen und Diskursgeschichte bearbeiten. Sozialpädagogische Forschung hat damit immer einen zumindest doppelten Blick: auf Soziale Arbeit und deren Binnenstrukturen wie auf relevante Sachverhalte, die den Rahmenbedingungen ‚außerhalb' zuzurechnen sind. Diese umfassen vor allem die AdressatInnen in ihren Lebenslagen und Biografien, so auch z. B. biografisch ‚vorgängige' Formen von Hilfen und die alltäglichen ‚Hilfesysteme' von Familien und Organisationen."

Ebenso heben auch *Thomas Rauschenbach* und *Ivo Züchner* die gesellschaftliche Funktion der Sozialen Arbeit hervor, die seit den 1970er Jahren als „sanfter Kontrolleur" ein Instrument der bürgerlich-kapitalistisch verfassten Gesellschaft sei, „die die (unterdrückte) Arbeiterschaft und die gesellschaftlich Ausgegrenzten – und damit letzten Endes die sozialen Verhältnisse" (2012, 164) zu „befrieden" intendiere. Auch im Lebenswelt-Ansatz von *Hans Thiersch* sind viele gesellschaftsbezogene und -kritische Momente enthalten, die als Reaktion auf die „neue Unübersichtlichkeit" (Habermas 1985) in zunehmend deutlicher werdenden Individualisierungs- und Pluralisierungsverhältnissen der Lebenswelten sowie der „Dramatisierung der Arbeits- und Lebensverhältnisse" der Menschen gesehen werden können (vgl. Thiersch, Grunwald & Köngeter 2012, 179 f.). Eine „(l)ebensweltorientierte Soziale Arbeit sieht die AdressatInnen in ihrem Leben bestimmt durch die Auseinandersetzungen mit ihren alltäglichen Lebensverhältnissen: Sie sieht die AdressatInnen in ihren Problemen und Ressourcen, in ihren Freiheiten und Einschränkungen" (Grunwald & Thiersch 2011, 854). Und

„sie sieht sie – vor dem Hintergrund der materiellen und politischen Bedingungen – in ihren Anstrengungen, Raum, Zeit und soziale Beziehungen zu gestalten" (ebd.). Im Mittelpunkt der Lebensweltorientierung steht daher die Stärkung der Lebensräume und der sozialen Bezüge der AdressatInnen und ihrer Ressourcen und (Selbst-)Hilfemöglichkeiten, um ihnen so einen gelingenden Alltag zu ermöglichen bzw. um deren Anspruch auf ein gerechteres und gelingenderes Leben realisieren helfen zu können (vgl. Grunwald & Thiersch 2011, 855).

Und schließlich betont auch *Silvia Staub-Bernasconi* die beiden Kernfunktionen der Sozialen Arbeit, die sie einerseits aus einer individuellen, andererseits aus einer gesellschaftlichen Perspektive eruiert. So sei die Soziale Arbeit aus der individuellen Perspektive „vorwiegend für das Wohlergehen, die Entwicklung und Selbstverwirklichung von Individuen zuständig" (2012, 276); ihre gesellschaftliche Funktion fülle sie hingegen damit aus, dass sie sich „um die Wiederherstellung von integrations- und funktionsfähigen Individuen im Familien-, Bildungs-, Wirtschafts- und Rechtssystem" (ebd.) bemühe. Es gehe ihr unter Berücksichtigung beider Perspektiven also darum,

> „Menschen zu befähigen, ihre Bedürfnisse wieder so weit wie möglich und soweit zumutbar aus eigener Kraft, d.h. dank unterstützten Lernprozessen zu befriedigen. Und es geht zum andern darum, darauf hinzuarbeiten, dass institutionalisierte, menschenverachtende soziale Regeln und Werte von sozialen Systemen in menschen- und bedürfnisgerechte Regeln und Werte – kurz, dass behindernde Machtstrukturen in begrenzende Machtstrukturen transformiert werden" (ebd.).

Wenn diese gesellschaftlichen Gründe und Ursachen allesamt also bereits durch die Sozialpädagogik / Sozialen Arbeit inhaltlich, theoretisch wie praktisch abgedeckt werden, ist zu fragen: wozu noch zusätzlich Coaching? Oder anders gefragt: wie lässt sich dieser schillernde Begriff überhaupt deuten und was für Eigenschaften werden ihm zugeschrieben?

Eine hinreichende Antwort auf diese Fragen zu geben, ist schier unmöglich. Denn durch die häufige und oft unreflektierte Verwendung in verschiedensten Zusammenhängen verliert der Coaching-Begriff seine „kommunikativ inhaltliche Bedeutung" (Dallüge 2015, 87). Mit diesem Schicksal steht der Coaching-Begriff jedoch nicht allein. Ähnlich ergeht/erging es solchen Begriffen wie z.B. Liebe, Macht, Sinn, Organisation etc. „Verblüffenderweise führt dieses Phänomen nicht dazu, dass der Begriff nicht mehr verwendet wird, eher im Gegenteil" (ebd.). Und so erfährt der Begriff „Coaching" (bzw. widerfährt ihm) eine Popularität, die seinesgleichen sucht. Um dennoch den Versuch zu wagen zu ergründen, was mit dem Phänomen *Coaching* begrifflich in Verbindung gebracht wird und ihm eine „sozialpädagogische Seele" nachzuweisen, mit der das sozialpädagogische Coaching wirken und ein metamodelltheoretischer, konzeptueller Rahmen des sozialpädagogischen Coachings aufgespannt werden soll, empfiehlt es sich, einige Definitionsvariationen einiger populärer Akteure im Coaching-Diskurs zu Rate zu ziehen.

3.1. Coaching als spezifische Form der Beratung und der Reflexion?

Zunächst einmal erscheint es als hinlänglich gegebene und von der Scientific Community allgemein geteilte Tatsache, dass Coaching etwas mit *Beratung* zu tun hat, konkreter: dass Coaching als besondere Form oder Art oder Ansatz der Beratung bzw. als ein spezifisches Beratungsfeld geführt wird. Wie es die Geschichte zeigt, steht der Begriff *Coaching* vorwiegend „für die Beratung von Fach- und Führungskräften in unterschiedlichen Organisationstypen, die ihre organisatorischen Steuerungsfunktionen verbessern oder reflektieren wollen" (Schreyögg 2015a, 115). Überdies lässt sich – im Kontext der Beratung – Coaching auch verstehen als:

- „eine auf den Leistungs- und Handlungsprozess von Personen bezogene *Beratung*" (Loebbert 2016, 204) bzw. als eine „persönliche Prozessberatung" (ebd., 207),
- eine „*Beratung*, die Unterstützung bieten soll in allen Aspekten persönlicher Entwicklung, sei es beruflich oder auch privat" (Schüler 2015, 158),
- „intensive und systematische Förderung ergebnisorientierter Problem- und Selbstreflexionen sowie *Beratung* von Personen oder Gruppen zur Verbesserung der Erreichung selbstkongruenter Ziele oder zur bewussten Selbstveränderung und Selbstentwicklung" (Greif 2008, 49; vgl. Webers 2015, 2, Böning 2015, 8) oder als
- „professionelle *Beratung*, Begleitung und Unterstützung von Personen mit Führungs-/Steuerungsfunktionen und von Experten in Unternehmen/Organisationen" (DBVC 2014).

Darüber hinaus ist Coaching – so die Coaching-Pioniere *Wolfgang Looss* und *Christopher Rauen* (2004, 117; zit. n. v. Schumann 2014, 4) – die „in Form einer Beratungsbeziehung realisierte individuelle Einzelberatung, Begleitung und Unterstützung von Personen mit Führungs- bzw. Managementfunktionen", mit dem Ziel, Menschen bei der Bewältigung der Aufgaben in der beruflichen Rolle zu helfen. Ähnlich auch *Marion Fischer-Epe* (2003, 21; zit. n. v. Schumann 2014, 4), für die das Coaching für Fragestellungen zur Verfügung stehe, „die die berufliche Aufgabe und Rolle sowie die Persönlichkeit des Klienten betreffen" und die unter dem Begriff *Coaching* eine „Kombination aus individueller Beratung, persönlichem Feedback und praxisorientiertem Training" verstanden wissen will.

Von *Beratung* lässt sich – ganz allgemein und arbeitsfeldneutral betrachtet – immer dann sprechen, wenn es sich dabei um einen Interaktionsprozess zwischen einem Berater und einem Klienten handelt, „bei dem es um die Bearbeitung von Problemen und Fragestellungen des Klienten geht und eine Problemlösung angestrebt wird" (Schneider & Kauffeld 2011, 190). Eine inhaltlich sehr ähnliche Definition mit dem Fokus auf den Prozess, die Lösungsorientierung sowie die Personzentrierung legt auch *Uwe Fahr* vor; ihm zufolge ist Coaching eine „*eine prozess- und lösungsorientierte sowie personzentrierte Beratung, in der gemeinsam mit den Ratsuchenden an konkreten sozialen Situationen gearbeitet* wird. Dabei finden die Klienten Lösungen für ihre Probleme selbst" (2017, 7; Herv. i.O.). Im Unterschied zur klassischen Beratung bestehe – so *Beate Fietze* (2015, 12) – beim Coaching die Beratung jedoch nicht in der Informationsweitergabe oder in der Anwendung eines extern beigebrachten Wissens, sondern vielmehr „in der Entwicklung der Expertise im Beratungsgeschehen selbst, in dem der reflexive Selbstbezug des Klienten – auf seine Intentionen, Wahrnehmungen oder Handlungen – systematisch angeregt und berücksichtigt wird".

Insbesondere in *Siegfried Greifs* Definitionsvorschlägen zum Coaching ist das Moment des „reflexiven Selbstbezugs" bzw. der „Selbstreflexion" gesondert hervorgehoben. Ihm zu Folge ist Coaching eine „intensive und systematische Förderung ergebnisorientierter Problem- und Selbstreflexion sowie Beratung von Personen oder Gruppen zur Verbesserung der Erreichung selbstkongruenter Ziele oder zur bewussten Selbstveränderung und Selbstentwicklung" (2008, 59; zit. n. Loebbert 2016, 204; vgl. auch Birgmeier 2010; Hanke & Boehnke 2018). Ganz ähnlich auch *Uwe Böning*, der Coaching als eine „Steigerung der individuellen Selbstreflexion durch einen professionellen Dialog" (2015, VI) definiert.

Gemein ist all diesen eben genannten Begriffs-Varianten die Annahme, dass es sich beim Coaching um eine (Einzel-)Beratung für „psychisch stabile Menschen" (Draht 2012, 16) handelt. Es werden im Coaching zwar – so *Karsten Draht* – Modelle, Haltungen und Techniken angewandt, „die eigentlich ursprünglich für die Behandlung psychisch Kranker entwickelt wurden"; gleichwohl fokussiere Coaching auf „stabile, leistungsbereite Menschen …, die sich weiterentwickeln möchten. Der Fokus liegt beim Coaching daher nicht auf einer psychischen Störung, sondern auf der Flexibilisierung von Verhaltensmustern, der Weiterentwicklung von Persönlichkeit und dem Ausbau von Leistungsfähigkeit und Resilienz" (2012, 16).

Ein ebenso breiter Konsens in Fachkreisen bestehe nach *Karin von Schumann* (2014, 4) darüber hinaus darin, Coaching dezidiert als „Hilfe zur Selbsthilfe" zu erachten. „Coach und Coachee begegnen sich auf Augenhöhe und im Rahmen einer gleichwertigen Beziehung. Der Coach ist Prozessbegleiter mit entsprechender Methodenkompetenz. Die Fachkompetenz wie auch die Selbstverantwortung für die Umsetzung im Coaching erarbeiteter Inhalte liegen bei der gecoachten Führungskraft" (ebd.). Auch einer der Pioniere im deutschsprachigen Coaching-Diskurs – *Edgar Schein* – betont, dass es sich beim Coaching als Prozessberatung weniger um eine Methode, sondern vielmehr um eine

„Philosophie des Helfens“ (Schein 2003, 13; zit. n. Schreyögg 2015c, 248) handle. Damit fordert er für die Beratungsbeziehung eine „Position der praktischen Philosophie/Ethik, die in einer Subjekt-Subjekt-Relation besteht“ (ebd. 2015, 248).

3.2. „Life“ oder „Business“ oder ...? – Anwendungsfelder von Coaching

Wenn heutzutage von *Coaching* die Rede ist, das – wie eben ausgeführt – stets eine beratungsorientierte Hilfe und Unterstützung für „psychisch stabile Menschen“ (Draht 2012, 16) fokussiert, so ist zu differenzieren zwischen unterschiedlichen Formen bzw. „Meta-Anwendungsfeldern“ (Böning & Kegel 2015, 147). „Klassisch“ ist zunächst einmal das sog. *Business-* bzw. das *Management-*Coaching. Insofern ein Coaching in einem Business-Kontext stattfindet, wird es als „Business Coaching“ bzw. auch als „Exekutive Coaching“ bezeichnet, „abhängig von der hierarchischen Verortung des Klienten im Unternehmen“ (Draht 2012, 16). Mit Böning (2015, 10) kann Business Coaching verstanden werden als ein

> „professionell systematisierter, dialoggesteuerter, ziel- und ergebnisorientierter Selbstreflexions- und Selbstmanagement-Prozess, der zu persönlichem Wachstum und Potenzialentwicklungen des Coaching-Partners auf verschiedenen Handlungs- und Erlebnisebenen führen kann: Sie beziehen sich auf Kognitionen, Emotionen und das faktische Verhalten und können sich in der Wirkung auf die eigene Person und/oder die relevante soziale Umwelt auswirken.“

Das *Business Coaching* findet nicht nur qua Definition im Arbeitskontext statt (vgl. Kotte et al. 2015, 31), sondern es gilt überdies auch als Oberbegriff für a) das *Leadership Coaching* (Coaching für Führungskräfte aus dem Wirtschaftsbereich), b) das *Workplace Coaching* (Coaching für „Mitarbeiter in Wirtschaftsunternehmen, die keine Führungsposition haben“; vgl. Böning & Kegel 2015, 39) und c) das sog. *Managerial Coaching*, meist bekannt auch unter dem Begriff des *Führungskräfte-*Coachings bzw. des coaching based Leadership. Das *Management Coaching* hingegen lässt sich nach *Matthias Meifert et al.* (2012, 17) begrifflich fassen als ein personen- und funktionsbezogenes Coaching, mit dem „Managern bei der kurz- und langfristigen Gestaltung und Bewältigung ihrer gegenwärtigen oder zukünftigen Führungs- und Managementaufgaben im Kontext von Unternehmen bzw. Organisationen“ unterstützt werden sollen.

Eine neben dem Business- bzw. dem Management-Coaching gleichermaßen populäre Form des Coachings, mit dem nicht genuin arbeitsbezogene und berufliche, sondern persönlichkeitsbezogene Fragestellungen im Raum stehen, ist das sog. *Life* Coaching (vgl. dazu Schmidt-Lellek 2015a, 132). Dieser – insbesondere von *Christoph Schmidt-Lellek* und *Ferdinand Buer* entwickelte – Begriff für ein spezifisches Coaching-Konzept wird i. d. R. für jene Coachings reserviert, die sich persönlichen Themen von Klienten widmen und in privaten Handlungsmilieus stattfinden; im Fokus hier steht eine vertrauliche, prozessorientierte Einzelberatung in einem privaten, nicht-beruflichen Kontext; der Lebenskontext also, um den es hier geht, ist das Privatleben des Klienten (vgl. Draht 2012, 16).

Oftmals auch mit dem Label *Personal*-Coaching oder „psychologischer Beratung" versehen, lässt sich von Life Coaching dann sprechen, „wenn die Themen der Beratung auch Partnerschaft, Familie, Work-Life-Balance und Ähnliches umfassen" (Migge 2005, 102). Ein *Life* Coaching zielt nicht nur darauf, „Menschen durch die Begegnung mit dem Coach von aktuellen Bedrängnissen zu befreien", vielmehr will es auch „ermutigende Perspektiven eröffnen" (Schreyögg 2015b, 374), folglich positive Erfahrungen verstärken, negative korrigieren. Letztlich – so Schreyögg – bestehe ein zentrales Ziel des Life Coachings „in der Förderung eines glücklichen, gelingenden Lebens" (ebd.).

Unter den Oberbegriff des *Life Coachings* lassen sich auch a) das *Gesundheits*-Coaching, b) das Coaching im *Bildungskontext* und c) ein Coaching für *private Lebensthemen* zuordnen (vgl. Böning & Kegel 2015, 102 ff.). Das Gesundheits-Coaching fokussiert dabei „deutlich die körperliche und psychische Gesundheit bzw. die Erhaltung des allgemeinen Wohlbefindens" (ebd. 105), das Coaching im Bildungskontext orientiert sich hingegen an Themen, die dem Bildungsbereich zugeordnet werden können und im „Coaching für private Lebensthemen" lassen sich all jene Coachings bündeln, die zwar auch zum Life Coaching zählen, die jedoch nicht dezidiert gesundheits- oder bildungsbezogen sind (vgl. Böning & Kegel 2015, 135).

Ein weiteres, von *Uwe Böning* & *Claudia Kegel* (2015) identifiziertes „Meta-Anwendungsfeld" von Coaching ist das sog. *Coaching im Non-Profit-Bereich*, mit den Subformen: a) Coaching in staatlichen/kommunalen Verwaltungen/Einrichtungen, b) Coaching im Militär, c) Coaching in Wohltätigkeitsorganisationen, d) Coaching in der Sozialen Arbeit und e) dem Politik-Coaching. Und schließlich, gleichermaßen – schon aufgrund der Historiographie des ursprünglichen Coaching-Ideengutes – „klassisch" geworden, identifizieren die beiden Autoren eine vierte Coaching-Form, namentlich das *Sport*-Coaching.

Demgegenüber differenzieren *Robert Wegener, Michael Loebbert* und *Agnès Fritze* (2016) folgende sechs große Coaching-Praxisfelder: Business- bzw. Führungskräfte-Coaching, Gesundheits- und Wellness Coaching, Coaching in der Politik, Coaching für WissenschaftlerInnen, Coaching im Kontext der Sozialen Arbeit und Sport-Coaching. Und *Karsten Draht* unterscheidet zwischen fünf Verwendungskontexten zum Coaching, dem Coaching allgemein, einem Business-, einem Life-, einem Fake Coaching – als unspezifische „Veredelung aller Arten von Dienstleistungen durch das angehängte Wort ‚Coaching' mit dem Ziel der Attraktivitätssteigerung des Angebots" (2012, 16) – und der Lebensberatung, die er als „(v)ertrauliche, konfliktspezifische Form der Unterstützung in einem privaten Kontext durch einen Berater mit helfender Absicht in der Regel ohne Bezahlung" (ebd.) bestimmt.

3.3. Definitionsvarianten von Coaching im Überblick – exemplarische Vorschläge

Um das Spektrum zwischen den verschiedensten „Bedeutungsgehalten" von Coaching in den vielfach ausdifferenzierten Anwendungsfeldern auszuloten, werden im Nachfolgenden illustrativ und ohne Anspruch auf Vollständigkeit eine Reihe verschiedenster Begriffsfassungen aufgeführt, die von AutorInnen aus allen drei Coaching-Generationen mit unterschiedlichen Gesinnungen und akademischer Herkunft exemplarisch vorgeschlagen werden. Eine solche Aufreihung versucht dabei insbesondere drei Ziele zu realisieren: einerseits besteht das Zentralanliegen eines solchen aufzählenden Vorgehens zunächst einmal darin, einen umfassenden Eindruck dessen zu vermitteln, wie heterogen und divergent die Ansätze tatsächlich sind. Zum anderen kann bereits eine bloße Aufzählung an Definitionsvarianten eine Erhellung dessen beitragen, wie theorieabhängig, perspektivenrelativ und schulenbezogen die Begriffsbestimmungen jeweils gefasst werden. Last but not least bringt die nachfolgende Auflistung von Definitionen – drittens – den Vorteil mit sich, den Blick auf Abgrenzungsversuche und -probleme hinsichtlich anderer, verwandter Arbeitsfelder, Professionen, Aktivitäten oder Methoden (wie beispielsweise der Supervision oder der Psychotherapie) zu lenken (vgl. dazu Birgmeier 2006, 36-37). Was also ist Coaching?

Karsten Drath vertritt in seinem Buch *Coaching und seine Wurzeln* (2012, 16) Coaching als eine vertrauliche, prozessorientierte Einzelberatung von psychisch stabilen Menschen, die „unter Anwendung von Modellen und Interventionen psychotherapeutischer Herkunft in einem bestimmten Lebenskontext durch eine externe Person stattfindet". Wenn es sich beim Lebenskontext um das Privatleben handelt, werde hier von *Life Coaching* gesprochen, wenn das Coaching demgegenüber in einem Business-Kontext stattfindet, so lasse es sich als *Business* oder *Executive Coaching* bezeichnen (vgl. Draht 2012, 16). Gleichgültig, um welche der benannten beiden Varianten von Coaching es geht, wichtig sei zu beachten, dass der Fokus beim Coaching nicht auf einer psychischen Störung liege, sondern „auf der Flexibilisierung von Verhaltensmustern, der Weiterentwicklung von Persönlichkeit und dem Ausbau von Leistungsfähigkeit und Resilienz" (ebd.).

Siegfried Greif (2008, 59) definiert Coaching als „eine intensive und systematische Förderung ergebnisorientierter Problem- und Selbstreflexion sowie Beratung von Personen oder Gruppen zur Verbesserung der Erreichung selbstkongruenter Ziele oder zur bewussten Selbstveränderung und Selbstentwicklung" (Greif 2008, 59; zit. n. Loebbert 2016, 207; Böning 2015, 8). Coaching ist – so der Autor (2014, 296) – „eine Antwort auf die besonderen Herausforderungen der hyperkomplexen Spät- und Postmodernen Gesellschaften". Nicht nur, um besser mit neuen Ängsten umgehen zu können, sondern auch durch die Zunahme der Reflexivität des Selbst, brauchen und nutzen die Individuen und Institutionen vermehrt Psychotherapie und Coaching oder andere persönliche Beratungsmethoden.

Für *Beate Fietze* (2015, 12) ist das Besondere im Coaching darin auszumachen, dass es bei diesem Beratungsformat nicht – wie im „klassischen Beratungsverständnis der transitiven Expertenberatung" – um die Informationsweitergabe oder Anwendung extern beigebrachten Wissens gehe, sondern um die „Entwicklung von Expertise im Beratungsgeschehen selbst, in dem der reflexive Selbstbezug des Klienten – auf seine Intentionen, Wahrnehmungen oder Handlungen – systematisch angeregt und berücksichtigt wird" (2015, 12).

Nach *Astrid Schreyögg* (2015, 115) steht Coaching „seit seinem Ursprung für die Beratung von Fach- und Führungskräften in unterschiedlichen Organisationstypen, die ihre organisatorischen Steuerungsfunktionen verbessern oder reflektieren wollen". Sie ist der Ansicht, dass „Coaching ... im allgemeinen als besondere Form der Unterstützung von Management, Sozialmanagement oder dem Sich-Managen von Freiberuflern beschrieben" (1999, 17) werden kann, das besonders das Selbstmanagement dieser spezifischen Klientel befördern will. Im Gegensatz zu sämtlichen sonstigen Begriffsverwendungen versucht Schreyögg, Coaching explizit als „professionelle Form der Managementberatung" (ebd., 7) zu verorten. Indem Führungskräfte „unter vier Augen" oder in einer Kleingruppe alle für sie aktuell relevanten Fragestellungen mit einem professionellen Coach verhandeln, diene Coaching einerseits als „*Maßnahme der Personalentwicklung*, die sich perfekt auf die Belange des einzelnen zuschneiden lässt" (ebd., 8), andererseits als „*Dialogform über ‚Freud und Leid' im Beruf*, denn hier erhalten alle beruflichen Krisenerscheinungen, aber auch alle Bedürfnisse nach beruflicher Fortentwicklung den ihnen gebührenden Raum" (ebd.; Herv. i. O.). Der häufigste und naheliegendste Anlass für ein Coaching ist für Astrid Schreyögg (1999, 72) demnach eine *Krise*. „Sie kann als individuelle Krise die berufliche Leistungsfähigkeit einzelner mildern, Gefühle von ‚Überrolltsein' erzeugen oder sogar mehr oder weniger gravierende psychische und/oder somatische Beschwerden verursachen" (ebd.; vgl. Birgmeier 2006, 37; vgl. dazu auch Sperling et al. 2018, 325 ff.).

Als ein Beratungsverfahren, „in dem Fragestellungen der Arbeitswelt" thematisiert werden, sieht *Christoph Schmidt-Lellek* (2015a, 119) die Kernfunktion von Coaching. Bei Coaching sei „von einer symmetrischen Beziehungsdefinition" auszugehen, in der sich die Gesprächspartner „auf Augenhöhe" begegnen und der Klient eine stabile Selbststeuerungsfähigkeit aufweist (Schmidt-Lellek 2015a, 121). Überdies sei Coaching „eine Chance zu produktiver Konfliktbewältigung mit einer doppelten Orientierung an arbeitsbezogenen und an persönlichkeitsbezogenen Fragestellungen" (ebd.).

In *Christoph Schmidt-Lelleks*, gemeinsam mit *Ferdinand Buer* entwickelten Ansatz eines „Life Coachings" werden hingegen jene Themen beraten, die der Förderung eines glücklichen, gelingenden Lebens dienlich sind. Das Life Coaching, so Schreyögg (2015b, 374), intendiert nicht nur darauf, aktuelle Bedrängnisse oder Probleme beim Coaching-Partner klären zu helfen, vielmehr will es auch ermutigende Perspektiven eröffnen. „Das heißt, positive Erfahrungen sollen verstärkt, negative korrigiert werden" (ebd.).

Auch für *Ulrich Schüler* (2015, 158) ist Coaching „Beratung, die Unterstützung bieten soll in allen Aspekten persönlicher Entwicklung, sei es beruflich oder auch privat. Letzteres spiegelt sich dann auch in den Begriffen ‚Life Coaching' oder ‚Work-Life-Balance' wider" (ebd.).

Eine mittlerweile als „klassisch" zu bezeichnete Definition von Einzelcoaching liefern *Wolfgang Looss* und *Christopher Rauen* (2005, 117). Für beide Experten ist Coaching „die in Form einer Beratungsbeziehung realisierte individuelle Einzelberatung, Begleitung und Unterstützung von Personen mit Führungs- bzw. Managementfunktionen. Formales Ziel ist es, bei der Bewältigung der Aufgaben der beruflichen Rolle zu helfen" (Looss & Rauen 2005, 117; zit. n. v. Schumann 2014, 4). Die „vielbeschworene Hilfe zur Selbsthilfe" sei „dabei das Mittel der Wahl, das durch Beratung auf der Prozessebene und Schaffung von lernfördernden Bedingungen ermöglicht werden soll" (Looss & Rauen 2005, 157; zit. n. Böning 2015, 8).

Maren Fischer-Epe (2003, 21) versteht unter Coaching eine Kombination aus individueller Beratung, aus persönlichem Feedback und aus praxisorientiertem Training. Im Coaching – so Fischer-Epe – „werden Fragestellungen behandelt, die die berufliche Aufgabe und Rolle sowie die Persönlichkeit des Klienten betreffen. [...] Es geht immer gleichzeitig um zwei Perspektiven: Person und Rolle. Der Coach versucht, mit dem Klienten Lösungen zu finden, die den Rollenanforderungen gerecht werden und gleichzeitig zur Person passen" (Fischer-Epe 2003, 21; zit. n. v. Schuhmann 2013, 4).

Ein weiteres Charakteristikum professionellen Coachings sei – so *Karin von Schuhmann* (2014, 4) – die Annahme, dass es sich bei Coaching stets um eine „Hilfe zur Selbsthilfe" handle; der Coach und sein Coaching-Partner „begegnen sich auf Augenhöhe und im Rahmen einer gleichwertigen Beziehung. Der Coach ist Prozessbegleiter mit entsprechender Methodenkompetenz. Die Fachkompetenz wie auch die Selbstverantwortung für die Umsetzung im Coaching erarbeiteter Inhalte liegen bei der gecoachten Führungskraft" (ebd.).

Uwe Fahr (2017, 7; Herv. i. O.) definiert Coaching wie folgt: „Coaching ist *eine prozess- und lösungsorientierte sowie personzentrierte Beratung, in der gemeinsam mit den Ratsuchenden an konkreten sozialen Situationen gearbeitet* wird". Dabei finden die Klienten Lösungen für ihre Probleme selbst. Das bedeutet: „Die Fachlichkeit des Coaches besteht in erster Linie darin, die aus der gemeinsamen Arbeit erwachsende tragfähige Beziehung dazu zu nutzen, den Klient auf die blinden Flecken und das nur begrenzt Eingestandene aufmerksam zu machen und so persönliche Entwicklungen zu ermöglichen“ (ebd.).

Nach *Robert Wegener et al.* (2018, 15) lässt sich Coaching begrifflich fassen als „personenorientierte Form der Beratung“, dessen übergeordnetes Ziel darin bestehe, „private und berufliche Leistungs- und Handlungsziele zu identifizieren und zu erreichen“ (ebd.). „Auf der Basis von (Selbst-)Reflexion und orientiert an den Ressourcen und Stärken des Coachees werden zielführende Entwicklungs- und Veränderungsprozesse initiiert und professionell begleitet. Als übergeordnete Problemstellung, die mit Coaching adressiert wird, geht es immer auch darum, individuelle Selbststeuerung im Kontext von rapide sich verändernden und komplexer werdenden Gesellschaften zu verbessern“ (Wegener et al. 2018, 15).

In der Absicht, einen übergreifenden Kanon repräsentativer Kriterien für das Coaching zu benennen, stellen *Dianne Stober* und *Anthony Grant* (2006, 2-4) eine theorieübergreifende „Nature of Coaching“ mit folgenden konstituierenden Merkmalen dar: 1. Eine gleichberechtigte Arbeitsbeziehung zwischen dem Coach und dem Klient (Augenhöhe-Prinzip), 2. Lösungs- statt Problemorientierung, 3. der Coach als Experte für Entwicklungsprozesse anstelle für inhaltliche Fragestellungen, 4. der Fokus auf Personen ohne psychische Störungen (Abgrenzung zur Psychotherapie), 5. die Betonung eines gemeinsamen Zielvereinbarungsprozesses, 6. Leistungssteigerung, Persönlichkeitsentwicklung und Zielerreichung als zentrale Leitmotive und 7. eine Unterstützung des Klienten bei selbstgesteuerten Lernprozessen (Stober & Grant 2006, 2 ff., zit. n. Lindart 2016, 32).

Nach *Michael Loebbert* (2016) ist Coaching eine „persönliche Prozessberatung“ (ebd. 207) bzw. „*eine auf den Leistungs- und Handlungsprozess von Personen bezogene Form der Beratung*“ (ebd. 204; Herv. i. O.). Coaching – so Loebbert – prozessiere „den Unterschied von Erfolg und Nichterfolg des Handelns von Klienten (Hilfesuchenden)“. Mit diesem pragmatischen Ansatz am „Handeln des Klienten, in seinem persönlichen Anliegen erfolgreich zu sein“, gehe Coaching über andere Ansätze der Prozessberatung hinaus, denn es würden nicht nur Lernen und Verbesserung im Coaching angepeilt, „sondern es wird auch die Auseinandersetzung über Maßstäbe und Werte, was es für den Klienten heißt, in seinem Anliegen erfolgreich zu sein, oder was der Zweck der angestrebten Selbsthilfe ist, geführt“ (ebd. 208). Dabei verfolgt der Coach immer die Absicht (intentional), „mit seinem Handeln zum Handlungserfolg seiner Klientinnen und Klienten beizutragen“ (2016, 207).

Wolfgang Looss, einer der Coaching-Pioniere im deutschsprachigen Raum, begreift Coaching als „eine individuelle Beratungsform für Führungskräfte bei personenbezogenen Problemen im Rahmen der Berufsrolle“. Es beruhe „auf dem Lernpotenzial, das die dialogische Situation auf der Basis einer neutralen und klar vereinbarten Beziehung bereitstellt“ (1991, 139; zit. n. Böning 2015, 8).

Der *Deutsche Bundesverband Coaching e. V.* (DBVC) fasst sein Coaching-Verständnis wie folgt zusammen:

„Coaching ist die professionelle Beratung, Begleitung und Unterstützung von Personen mit Führungs-/Steuerungsfunktionen und von Experten in Unternehmen/Organisationen. Zielsetzung von Coaching ist die Weiterentwicklung von individuellen oder kollektiven Lern- und Leistungsprozessen bzgl. primär beruflicher Anliegen. Als ergebnis- und lösungsorientierte Beratungsform dient Coaching der Steigerung und dem Erhalt der Leistungsfähigkeit. Als ein auf individuelle Bedürfnisse abgestimmter Beratungsprozess unterstützt ein Coaching die Verbesserung der beruflichen Situation und das Gestalten von Rollen unter anspruchsvollen Bedingungen. Durch die Optimierung der menschlichen Potenziale soll die wertschöpfende und zukunftsgerichtete Entwicklung des Unternehmens/der Organisation gefördert werden. Inhaltlich ist Coaching eine Kombination aus individueller Unterstützung zur Bewältigung verschiedener Anliegen und persönlicher Beratung. In einer solchen Beratung wird der Klient angeregt, eigene Lösungen zu entwickeln. Der Coach ermöglicht das Erkennen von Problemursachen und dient daher zur Identifikation und Lösung der zum Problem führenden Prozesse. Der Klient lernt so im Idealfall, seine Probleme eigenständig zu lösen, sein Verhalten/seine Einstellungen weiterzuentwickeln und effektive Ergebnisse zu erreichen. Ein grundsätzliches Merkmal des professionellen Coachings ist die Förderung der Selbstreflexion und -wahrnehmung und die selbstgesteuerte Erweiterung bzw. Verbesserung der Möglichkeiten des Klienten bzgl. Wahrnehmung, Erleben und Verhalten“ (DBVC 2014).

Erik Lippmann (2013, 23) definiert Coaching als eine „professionelle Form individueller Beratung im beruflichen Kontext“ mit dem Fokus auf das Spannungsfeld Person – Rolle(n) – Organisation, in der vom Kundensystem definierte Anliegen heraus- bzw. bearbeitet werden, in der entsprechende Ziele definiert werden, für und bei deren Erreichung das Kundensystem generell darin unterstützt wird, z. B. auf der Basis einer tragfähigen, kooperativen, für beide Seiten sinnhaft und „zieldienlich“ erlebten Beratungsbeziehung, durch einen Berater mit für die Anliegen erforderlichen Beratungs-, evtl. Sach- und Feldkompetenzen, der auf der Basis eines Coaching-Konzepts agiert, das den Beratungsprozess, die eigene Rolle und das jeweilige Vorgehen transparent und „zieldienlich“ gestaltet (vgl. ebd.).

Coaching – so *Uwe Böning* (2015, 5) – „meint bei aller wuchernden Anwendung auf Themen, Gegenstände und die jeweils konkreten Vorgehensweisen im Kern immer den selbstreflexiven wie selbstkritischen Dialog zwischen einem Coachee (bzw. Coaching-Partner) und einem Coach“. Coaching sei somit immer zu verstehen als eine „Steigerung der individuellen Selbstreflexion durch einen professionellen Dialog“ (2015, VI). Es konzentriere sich „auf die Entwicklung und Verbesserung der Orientierung, der Selbsterkenntnis, des persönlichen Verhaltens und der Leistung von Menschen“. Dabei gehe es „in einer hochkomplexen, komplizierten und sich rasend schnell verändernden Welt um eine Stabilisierung des Selbstwerts des Individuums auf der Suche nach Selbstverwirklichung“ (Böning 2015, 5). Coaches – so Böning (2015) – ergänzend

> „sind keine Seelsorger, weder die der Vergangenheit noch die der Gegenwart, wenn auch in manchen Fällen so etwas Ähnliches: Sie trösten, aber sie versprechen keine religionsgebundene Erlösung. Sie versprechen auch keine Gnade im Namen Gottes oder einer anderen transzendenten Größe. Ihr Nutzen ist ein weltlicher, ein zusammen mit den Coaching-Partnern geschaffener Nutzen. Sie sind keine Beichtväter, auch wenn sie manche Geheimnisse erfahren, denn sie vergeben niemandem etwas, da dieser andere nicht in ihrer Schuld steht. Coaches sind auch keine Gurus oder Schamanen, da sie keine Götter oder Halbgötter anrufen oder sich als solche ausgeben. Und sie sind keine Hofnarren, auch wenn sie so manchem König unangenehme Wahrheiten sagen (müssen), weil sie auf Augenhöhe ihre Arbeit machen und einem demokratischen Zeitalter angehören, in dem sie nicht von einem Hof gejagt werden können, weil es diese Höfe nicht mehr gibt. Sind sie aber nicht vielleicht so etwas wie Weisheitslehrer? Ja …" (Böning 2015, 88).

Nach *Uwe Böning* hat Coaching daher eine humanistische Dimension. „Humanismus heißt zuerst und grundlegend: Den Menschen betreffend. Humanität ist ein wichtiger Parallelbegriff, der nichtsdestoweniger nicht das Gleiche meint, denn Humanismus hat nichts mit Menschlichkeit im Sinne von Solidarität oder Nächstenliebe zu tun. Die Humanwissenschaften – Medizin, Psychologie, Anthropologie – studieren den Menschen in seiner physischen und psychischen Dimension, aber humanistisch sind sie nicht" (2015, 54). Es ist „ein – vielleicht *das* – Instrument der Komplexitätsbewältigung unter den Bedingungen der Postmoderne, und es wird gerade in dem Bereich nachgefragt, in dem sich der Impakt der technologischen Entwicklung am heftigsten auswirkt: im Business" (ebd. 2015, 63).

> „Coaching will Freiräume schaffen für das klärende Gespräch zwischen freien, selbstbestimmten Individuen. Nicht Seelenführung und nicht Therapie ist angesagt: Der Coach ist weder Guru noch Arzt, sondern kompetenter Dialogpartner in einer sich immer schneller drehenden Welt. Muss hier extra betont werden, dass Kompetenz selbstverständlich Fachkompetenz einschließt? Als Berater wird vom Coach erwartet, dass er weiß, wovon sein Klient spricht, und im Business-Coaching bedeutet das natürlich, dass der Coach selbst eine Ahnung vom Business haben sollte, mit dem es sein Klient tagtäglich zu tun hat" (ebd.).

Thomas Dallüge (2015, 87) will Coaching als ein „Kommunikationssystem" verstanden wissen und plädiert dafür, die „Omnipotenz-Anmaßungen" von Coaching kritisch zu sehen: „‚Schuster bleib bei deinen Leisten' kann hier nur bedeuten: Coach, bleibe bei der Gestaltung von Kommunikationssituationen, in denen die einzelne Person mit ihren Wünschen und Bedarfen und Erlebenswelten im Vordergrund steht. Finger weg von der Arbeit an Sozialstrukturen. Wir würden auch nur sehr ungern einen HNO-Arzt einen chirurgischen Eingriff am Rückenmark oder am Gehirn machen lassen" (Dallüge 2015, 102).

Auch nach *Reinhard Stelter* ist der Begriff von Coaching mittlerweile sehr verschlissen (vgl. Stelter & Böning 2019). Daher möchte er mit der „dritten Generation" im Coaching einen Traum „von einer besseren Kommunikation zwischen Menschen" teilen, „einen Traum von Verständnis und Mitgefühl füreinander, einen Traum davon, dass wir uns selbst und einander durch fruchtbare und transformative Gespräche entwickeln können" (2019, 142). Ein Coaching der dritten Generation „setzt den Fokus nachdrücklich auf gemeinsames Sinnschaffen, auf Wertereflexion und auf eine narrative Praxis, die beide oder alle Dialogteilnehmer in einen Prozess gegenseitiger Bereicherung einbezieht" (Stelter & Böning 2019, VI). Das Miteinander-Reflektieren im Coaching diene dabei in erster Linie dazu, die „Kunst des Verweilens in neuer Weise zu entfalten" (ebd.). Die Kunst des Verweilens im Dialog sei – so Stelter – „die Voraussetzung dafür, dass wir uns wohlfühlen – für unsere Lebensqualität, die Entwicklung unserer Identität", aber auch für das Suchen und Finden des „Selbst", der Identität – gerade in Letzterem enttarnen Stelter & Böning die zentrale Herausforderung unserer Zeit (vgl. ebd. 2019, 25 ff.)

Als eine dezidiert philosophische Beratung, in der es vordergründig um Selbsterkenntnis und um Selbstsorge seitens des Coaching-Partners geht, definiert *Thomas Stölzel* (2015a, 167 ff.) sein Verständnis von Coaching. Seiner Ansicht nach ist das Philosophieren für Coaching deshalb so wichtig, weil es hierdurch möglich sei, die Bereitschaft beim Coaching-Partner zu wecken, *„sich um die eigenen Weisheitsmöglichkeiten zu kümmern.* Es geht dabei um eine produktive Selbstbeziehung, in welcher das eigene Potenzial ernstgenommen und verantwortungsbewusst für sich wie für andere entwickelt und ausgestaltet wird" (2015a, 170; Herv. i. O.).

Ähnlich wiederum auch *Astrid Schreyögg* (2015c, 248), für die ein „Coaching als personenorientierte Beratung" in Anlehnung an Schein (2003) weniger eine Methode als vielmehr eine „Philosophie des Helfens" (Schein 2003, 13) zum Ausdruck bringt, für die insbesondere praktisch-philosophische bzw. ethische Hintergründe eine ebenso wichtige Rolle spielen wie die Subjekt-Subjekt-Relation in der Beratungsbeziehung.

Und schließlich sind – dezidiert aus der Perspektive der Sozialpädagogik / Sozialen Arbeit – auch erste Konturen einer Bestimmung eines sog. sozialpädagogischen Coachings erkennbar. So ließe sich – etwas provokativ – eine (professionspolitisch unterlegte) Kurzformel von Coaching damit umreißen, dass Coaching (bei näherem Hinsehen) so etwas sei wie eine *Sozialpädagogik für Manager, Business-Experten und Führungskräfte*, falls man wesentliche Bestimmungsextrakte aus den vorangegangenen Definitionsvarianten aus der „sozialpädagogischen Brille" (und das ganze Leben, nicht nur den Beruf fokussierend) zusammenführen möchte und den Adressaten eines derartigen Coachings unterstellt, dass sie sich als ganzheitliche Wesen verstehen, deren (Entwicklungs-)Interessen auch das „ganze Leben" (nicht nur das berufliche) umfassen. Ein (*sozialpädagogisches*)

Coaching als eine „besondere Dienstleistung" (Greif 2015, 62) und als ein besonderes „Kommunikationssystem" (Dallüge 2015, 87) in/aus der Sozialpädagogik / Sozialen Arbeit diente somit – in seiner humanistischen Dimension, die den ganzen Menschen (insbesondere in Krisensituationen; vgl. Schreyögg 2003) betrifft (vgl. Böning 2015) – als ethisch motivierte (sowie auch an Tugenden angelehnte) Weisheitslehre (vgl. Böning 2015, 88; Stölzel 2015a, 167) und als „mitmenschliche Begegnung" (Stelter & Böning 2019) und „Haltung" im Dienste der Identitätsfindung, der Selbsterkenntnis und der Selbstsorge (vgl. Stölzel 215a, 167 f.) des Klienten, der „Hilfe zur Selbsthilfe" (v. Schuhmann 2013, 4; Looss & Rauen 2005, 157) und der „Weiterentwicklung von Persönlichkeit" (Draht 2012, 16; vgl. auch Fahr 2017, 7) von Menschen jeglichen Lebensalters, die – jenseits von rein beruflichen Problemsituationen – im Erleben von Krisen auf der „Suche nach Selbstverwirklichung" (Böning 2015, 5) sind und persönlichkeitsbezogene Fragestellungen, wie etwa Intentionen, Wahrnehmungen, Handlungen (vgl. Fietze 2015, 12), das eigene Erleben und Verhalten (DBVC 2014) oder auch Sinn, Werte und das „Selbst" lösungs- (und nicht: problem-)orientiert (selbst-)reflexiv (er-)klären und verstehen wollen (vgl. dazu u. a. Wegener et al. 2018, 15; Stelter & Böning 2019), um ein – relativ – glückliches und gelingendes Leben (vgl. Schmidt-Lellek 2015a, 119) führen zu können.

Alternativ dazu ließe sich die ursprüngliche „Idee" eines sozialpädagogischen Coachings durch *Bernd Birgmeier* (2016, 109) aber auch wie folgt zusammenfassen:

> „Auf der Basis dieser Lesart einer modernen Sozialen Arbeit, die auf Ressourcen und Stärken ihrer Adressaten baut, Fragen der Lebensbewältigung und -führung, des Selbstmanagements, des Lernens und der Handlungsbefähigung rekrutiert und – wie im Coaching auch – die Hoffnung auf eine gelingende(re) Lebensbewältigung und Lebensführung teilt (vgl. Röh 2011, 103 ff.), lässt sich auch ein Coaching als spezifische Form der Beratung, Begleitung und Unterstützung von Personen in ausgewählten sozialpädagogischen und sozialarbeiterischen Arbeits-, Handlungs-, Praxis-, Berufs- und Aufgabenfeldern weiterentwickeln, indem sich dieses um Menschen bemüht, die durch konkret bestimmbare *Sinn-* und *Handlungskrisen* in Gefahr sind zu scheitern und die aufgrund erschwerter Situationen und Lebenslagen nicht mehr (bzw. noch nicht) in der Lage sind, ihr Leben selbstständig und selbstbestimmt zu führen .... Mit der besonderen Fokussierung auf *Sinn* und *Handeln* verpflichtet sich auch dieser spezifische Coaching-Ansatz dem Rückgriff auf Menschenbildannahmen, die es ermöglichen, der ... ‚Ganzheitlichkeit des Menschen' Rechnung zu tragen, wie es beispielsweise in den (philosophisch-)anthropologischen Modellen des Menschen als ‚flexiblem Vielfachwesen' (Lenk 2010) oder im Ansatz des sogenannten ‚complex man' (vgl. Lippmann & Ullmann-Jungfer 2011, 271 ff.) und im Konzept eines ‚Life Coachings' (Schmidt-Lellek 2011, 325 ff.) zum Ausdruck kommt" (Birgmeier 2016, 109).

Diese unterschiedlichen Definitionsvariationen und -vorschläge zum Coaching im Allgemeinen und zu einem sozialpädagogischen Coaching im Speziellen offenbaren die Schnittmengen ebenso wie die Differenzen, mit denen die jeweiligen AutorInnen „ihr" Coaching zu bestimmen versuchen. Die lange gehegte Hoffnung, einen einheitlichen, verbindlichen Rahmen für eine „Standarddefinition" von Coaching spannen zu können, der auch als Grundlage für ein sozialpädagogisches Coaching dienen könnte, ist ob der Heterogenitäten in den akademischen Herkünften, Motivationen und Interessen der einzelnen Coaching-Experten, aber auch wegen der mittlerweile immensen Ausdifferenzierung in verschiedene Coaching-Praxisfelder (vgl. dazu u. a. Wegener et al. 2016), der disziplinären Eigenheiten und methodologischen Präferenzen in den diversen Wissenschaftsdisziplinen, die Coaching erforschen, sowie wegen der methodischen Nähe zu vergleichbaren Beratungsformaten wohl kaum aufrechtzuerhalten. Coaching wird demnach ein „Oberbegriff" oder ein „Sammelbegriff" (vgl. Geißler 2011) für eine Vielzahl verschiedenster Zugänge, Ansätze und Konzepte bleiben, ähnlich wie wir es bereits von der Therapie, der Beratung und der Sozialen Arbeit kennen.

Da es weder *das* Coaching noch *die* Therapie oder *die* Beratung geben kann, sondern allenfalls spezifische Blicke und Forschungsperspektiven *auf* das Coaching, *auf* die Therapie und *auf* die Beratung, die stets davon abhängen, wer für wen zu welchem Zweck warum und in welcher Art und Weise jemand *therapiert, berät* oder *coacht*, bzw. wer durch seine Qualifikation überhaupt berechtigt ist, zu therapieren, zu beraten oder zu coachen, ist zumindest einzufordern, dass jeder spezifische Coaching-Ansatz seine disziplinär-professionsbezogenen, wissensstrukturellen Rückbezüge offenlegt und eine Bestimmung der Verhältnisse zu vergleichbaren Professionen, „Helferrollen" oder „beratenden Hilfeleistungen" (vgl. v. Sassen & Vogelauer 2000, 33 ff.) unternimmt. Auch ein Konzept zur Entwicklung eines sozialpädagogischen Coachings unterliegt dementsprechend der Pflicht, sich gegenüber der Beratung, insbesondere aber gegenüber der allgegenwärtigen „Therapeutisierung" (kritisch) zu positionieren (vgl. dazu u. a. Anhorn & Balzereit 2016), und Gemeinsamkeiten, aber v. a. auch die Unterschiede zwischen therapeutischem, beraterischem und sozialpädagogischem Handeln offenzulegen, um das Proprium des „Sozialpädagogischen" im Therapeutischen und Beraterischen zu extrahieren.

4. „Therapeutisierung“ von Coaching, Beratung und Sozialer Arbeit?

Auch wenn – oder auch: *weil* – die vielfältigen Varianten zum Coaching-Begriff nicht unbedingt zu einer klaren und eindeutigen Definition führen und wir – mit Böning (2015, 88) – festhalten dürfen, dass Coachs zumindest keine Seelsorger, Beichtväter, Gurus, Schamanen oder Hofnarren sein sollten, ist die Popularität von Coaching nach wie vor groß. Ganz allgemein betrachtet lässt sich gegenwärtig eine deutlich expandierende Nachfrage an allerlei Formen der Beratung, (Psycho-)Therapie und des Coachings attestieren. Dieser Nachfrageboom ist jedoch nicht nur damit zu begründen, dass persönliche, familiäre oder berufliche Krisensituationen oder auch globale Beschwernisse (wie es das aktuelle Beispiel der Corona-Pandemie samt ihrer leidvollen Aus- und Nebenwirkungen zeigt) – im Vergleich zu früher – immer mehr zuzunehmen scheinen; vielmehr steht dieser Trend auch für ganz allgemeine Veränderungen in Puncto „gesellschaftlicher (Selbst-)Subjektivierung“ (v. Kardorff 2016, 288), die – angetrieben von der zweiten Welle der Therapeutisierungskritik – neue Subjektivierungspraxen in Richtung „Selbstführung“ und dem „beratenem“ Selbst zu Tage bringt. Immer mehr „Normale“, so v. Kardorff (2016, 289) nähmen

> „Angebote aus dem breiten Spektrum des PSY-Komplexes an. Dabei handelt es sich aber nicht mehr vorrangig um das Ergebnis einer Pathologisierung der Normalen, ‚normaler‘ Entwicklungsprobleme oder Krisen bei kritischen Statuspassagen, sondern um Angebote, die das Wachstum der Person, eine Steigerung von Leistungsfähigkeit, vollkommenere Selbstverwirklichung, Stressresistenz, verbessertes Beziehungsmanagement und höhere soziale Kompetenzen versprechen“.

In den gegenwärtigen Tendenzen einer „Therapeutisierung des Normalen“ werde – so v. Kardorff (2016, 287) ergänzend – Therapie „zu einem mehr oder weniger verpflichtenden Angebot beständiger (Selbst-)Verbesserung“.

> „Viele Angebote richten sich tendenziell an jede/-n, die/der die angestrebten Perfektionsideale noch nicht erreicht hat: nicht mehr Pathologisierung der Normalen, sondern Therapie und Beratung für Alle als Hilfe zur Selbstführung und zur persönlichen Weiterentwicklung sind die Parameter einer abstrakten Flexibilisierung … Norm und Versprechen transformieren sich im gesellschaftlichen Diskurs zu einer Zielmatrix, deren Verfolgung einerseits zum moralischen Imperativ wird und sich dann in zentralen gesellschaftlich positiv konnotierten Begriffen wie Selbsthilfe, Selbstverantwortung, Selbstwirksamkeit, autonome Handlungsfähigkeit äußert; zum

> anderen knüpft es an ebenfalls gesellschaftlich hochgradig konsensfähige *pragmatische Motive* zur Verbesserung der individuellen Lebenschancen im Kontext einer meritokratischen Konkurrenzgesellschaft an. In diesem Sinne schreibt sich die Therapeutisierung des Alltags in einen re-moralisierenden Diskurs ein, der mangelnde Veränderungsbereitschaft und fehlende Motivation zum Anlass einer tendenziell verpflichtenden Inanspruchnahme psychosozialer und psychiatrischer Angebote macht" (v. Kardorff 2016, 287).

Für *Ernst von Kardorff* (2016, 265) sind es fünf Entwicklungsstränge, mit denen die Ausweitung psychologischer Beratung und Lebenshilfe durch „Normale" begründet werden können. Da ist – *erstens* – die „Zusammenführung klassisch psychologischer Therapien und Beratungsformen mit einem Arsenal erweiterter Techniken, wie z. B. neuropsychologischen Formen der Selbstkontrolle, Neuroenhancement zur Steigerung von Konzentrations- und Leistungsfähigkeit oder zur Stimmungsaufhellung mit Hilfe moderner Psychopharmaka, Coachings zur optimierten Lebens- und Karriereplanung oder zu einer der Berufswelt angepassten Work-Life-Balance, Trainings zum Zeitmanagement und zur Stressvermeidung, Techniken körperbezogener Selbstformung usw."; darüber hinaus stehen – *zweitens* – „heute nicht mehr allein Behandlung, Kontrolle und Korrektion psychischer Störungen im Vordergrund als vielmehr Aspekte positiver Selbstveränderung und Selbstführung der Normalen"; *drittens* „wird eine befriedigende Selbstformung im Rahmen von Selbstverantwortung etwa als Verpflichtung zur gesunden Lebensführung zunehmend moralisiert und zugleich mit dem Versprechen auf psychische Gewinne (z. B. Spaß an der Bewegung, verbessertes Körpergefühl) verknüpft"; *viertens* zeige sich, dass Angebote zur Selbstoptimierung besonders in „aufstiegsorientierten Milieus sowie bei den Mittelschichten" auf große Resonanz treffen, also auf jene, „die ihren Statuserhalt durch den gesellschaftlichen Wandel bedroht sehen"; und schließlich deute sich – *fünftens* –, so v. Kardorff, gegenwärtig ebenso auch eine „Art „Selbsttherapeutisierung" im gesellschaftlichen Alltag an" (2016, 265); das bedeutet, dass die Empfänglichkeit für und die Nutzung von vielerlei therapeutisierenden Angeboten „zu allen Fragen der Lebensgestaltung, bio-psycho-sozialer Gesundheit und der Krisenbewältigung … deutlich gestiegen" (ebd.) ist und besonders die „Generation des WEB 2.0" die vielfältigen Beratungs-, Therapieangebote und virtuellen Selbsthilfegruppen und -foren in breitem Umfang nutze (vgl. von Kardorff 2016, 265).

Dass in dieser Gemengelage verschiedenster personenbezogener Dienstleistungsformate nicht selten auch die Unterschiede zwischen den einzelnen personenbezogenen Beratungsformen verschwimmen, liegt auf der Hand. Umso wichtiger, zumindest den Versuch zu unternehmen zu extrahieren, welche Unterschiede und Gemeinsamkeiten zwischen und in den einzelnen Begriffen auszumachen sind.

4.1. Coaching und (Psycho-)Therapie

Selbst wenn viele der im Coaching verwendeten Methoden aus dem psychotherapeutischen Kontext stammen, ist es, so *Erik Lippmann* (2013, 36), sinnvoll, Coaching von Psychotherapie scharf voneinander zu trennen. Grundsätzlich ist demzufolge zuallererst festzuhalten, dass Coaching kein Heilberuf ist und somit für die Behandlung psychischer Störungen ausdrücklich ausgeschlossen ist (vgl. Möller 2018, 467). Psychotherapie – so Draht (2012, 55) – versucht, „kranke oder leidende Persönlichkeitsanteile zu heilen". Als „bewusster, geplanter, interaktioneller Prozess zur Beeinflussung von Verhaltensstörungen und Leidenszuständen [...] mittels lehrbarer Techniken auf der Basis einer Theorie des normalen und pathologischen Verhaltens" (Strotzka 1975, 4; zit. n. Gahleitner & Pauls 2012, 369) hat sie die Minimalisierung von Symptomen und/oder eine Änderung von Strukturen der Persönlichkeit zum Ziel (vgl. ebd. 2012, 369), oder anders formuliert: das Hauptziel der Psychotherapie – die jenen Teilbereich der klinischen Psychologie umfasst, „der sich auf der Grundlage der gesamten wissenschaftlichen Psychologie mit der psychologischen Therapie von Menschen befasst, die unter definierten psychischen Störungen leiden" (Wittchen & Hoyer 2011, 4) – ist die Befreiung von Symptomen mit Krankheitswert und das (Wieder-)Erlangen psychischer Gesundheit (vgl. Lippmann 2013, 38).

Die Hauptunterschiede zwischen Psychotherapie und Coaching bestehen nach *Diane Stober* und *Anthony Grant* (2006, 24) somit vordergründig in den verschiedenen Zielen, die beide Dienstleistungsformate verfolgen. Die Therapie dient der Gesundung, Coaching dagegen der Förderung von Entscheidungen zwischen Handlungsalternativen zur eigenen Entwicklung (vgl. Greif et al. 2012, 378). Ähnlich auch *Christoph Schmidt-Lellek* (2015a, 119); ihm zufolge sei eine Abgrenzung von Coaching gegenüber der Psychotherapie inhaltlich und zieltheoretisch relativ einfach herzuleiten. So ist mit der Psychotherapie ein Heilverfahren gemeint, „in dem persönliche Probleme mit Krankheitswert behandelt werden", während Coaching als ein Beratungsverfahren bestimmt werden könne, „in dem Fragestellungen der Arbeitswelt thematisiert werden". Auch er verweist auf die Verschiedenartigkeit der Zieldimensionen in beiden Handlungsformen, wodurch sich eine plausible Unterscheidung begründen ließe. Das Ziel der Psychotherapie läge – so Schmidt-Lellek – in der Persönlichkeitsentwicklung, das des Coachings in der Personalentwicklung. Das bedeutet konkret: „Persönlichkeitsentwicklung betrifft die Person in ihrem ganzen Leben mit allen intimen, offenen und verdeckten, bewussten und unbewussten Erlebnisanteilen mit dem Ziel einer größtmöglichen Gesundung und Reifung der Persönlichkeit (Psychotherapie). Personalentwicklung betrifft die Person in ihren Arbeitsbezügen, also in ihren Rollen und Funktionen innerhalb einer Arbeitsorganisation mit dem Ziel einer größtmöglichen Arbeitseffektivität (Coaching)" (Schmidt-Lellek 2015a, 121).

Ebenfalls zeittheoretisch begründen auch *Boris Traue* und *Lisa Pfahl* (2016, 253) den Unterschied zwischen Coaching und Psychotherapie. Im Vergleich zur Psychoanalyse, die „als Erinnerungstechnik die Vergangenheit der Patienten vergegenwärtigt" (2016, 254) sei Coaching prinzipiell auf die Zukunft ausgerichtet. Mit anderen Worten:

> „Im Coaching … wird idealtypischerweise der Bestand an individuellen biographischen Ressourcen und Wünsche vermessen, um schließlich auf Grundlage dieser Bestandsaufnahme das Spektrum möglicher Handlungsoptionen zu erschließen, von denen schließlich erreichbare Möglichkeiten ausgewählt werden, die dann mit einer ‚Kunst des Zielens' in Angriff genommen werden. In den durch die Beratung angeleiteten und betreuten Selbstpraktiken werden also vor allem die möglichen Zukünfte des Individuums als Möglichkeitsraum imaginiert" (Traue & Pfahl 2016, 254).

Ebenso groß wie die eben dargestellten *Unterschiede* erscheinen auch die *Gemeinsamkeiten*, die sich zwischen dem Coaching und der Psychotherapie erkennen lassen. Nicht nur, dass die meisten der im Coaching angewendeten Methoden und Interventionsformen aus den verschiedensten Therapierichtungen stammen (vgl. Lippmann 2013, 38), deutet auf Schnittmengen zwischen beiden Handlungsformen hin; auch dort, wo es um das Selbstmanagement, die Persönlichkeitsentwicklung (bzw. die Persönlichkeitsbildung), die Selbstreflexion sowie die Selbsterfahrung, das Arbeiten mit Ressourcen und Stärken, die Beschäftigung mit den Erlebnissen des Klienten und – gestützt auf eine vertrauensvolle Beratungsbeziehung und auf der Basis professioneller kommunikativer Prozesse und Strukturen – um das Ziel der Verhaltenserweiterung bzw. -flexibilisierung beim Klienten sowie um subjektorientierte Problemlösungshilfen geht, dürfen wesentliche Elemente ausgemacht werden, die für Coaching und (Psycho-)Therapie gleichermaßen gelten (vgl. dazu Birgmeier 2006).

Weitere Gemeinsamkeiten von Coaching und Psychotherapie identifiziert Lippmann (2013, 38) in der Wahrnehmungs- und Verhaltenserweiterung bzw. Förderung des beim Kunden ‚gespeicherten' Potenzials für das gewünschte Ziel sowie in der Rolle des Beraters „als Prozessberater" und Experte für die Gestaltung des Beratungsprozesses. Auch in der Orientierung an den Zielen, „die mit der erlebbaren Eigenkompetenz der Beteiligten realisierbar sind" (Schmidt 2004, 34; zit. n. Lippmann 2013, 38), werden weitere Überschneidungsmerkmale zwischen Coaching und Psychotherapie deutlich.

Überschneidungen zwischen Coaching und Psychotherapie in der Praxis ergeben sich vor allem in solchen arbeitsfeldunabhängigen Settings und Szenen, in denen mit klärenden Fragen, Ermutigungen, Rückmeldungen (Feedback) sowie mit Konfrontationen mit den Folgen eigenen Verhaltens etc. gearbeitet wird. Beispielsweise bräuchte also ein Therapeut, der als Coach tätig werden möchte, somit keine neue Methode, sondern Kenntnisse über ein neues Arbeitsgebiet und „einen neuen Satz diagnostischer Instrumente, um herauszufinden, ob seine spezifischen Fähigkeiten in dem vorliegenden Fall hilfreich sind“ (Schmidbauer 2007, 8). Überhaupt, so *Alica Ryba*, stelle sich eine „dichotome Gegenüberstellung von Coaching und Therapie“ bei genauer Betrachtung als „unangemessen heraus“ (2018, 60). Unterschiedlichste Studien würden nicht nur belegen, dass die „Grenze zwischen den beiden Beratungsformen fließend ist“, sondern sie verweisen ebenso auch darauf, dass auch im Coaching nicht selten auch

> „Themen wie Burnout, Leistungsabfall aufgrund von Scheidung, hartnäckige Verhaltensmuster, die zum Beispiel Aufstiegsmöglichkeiten verhindern, usw. behandelt (werden; B. B.). Die Faktoren ‚Persönlichkeit‘ und Psyche spielen eine große Rolle, wenn es um das Fühlen, Denken und Handeln von Menschen im beruflichen und privaten Leben geht. Daher liegt der Schluss nahe, dass Coaching und Psychotherapie zwei Pole von Beratung mit einem enormen Überschneidungsbereich sind“ (Ryba 2018, 60).

Auch *Christoph Schmidt-Lellek* (2011) warnt davor, alle menschlichen Lebensprobleme um Grundthemen einzelnen Experten zuzuschreiben, die für die jeweils auftauchenden Probleme „zuständig“ seien, wie z. B.: den *Psychotherapeuten* für Konflikte und Störungen, die mit Liebe, Ehe, Sexualität, Familienbeziehungen, Freundschaft, einem mangelnden Selbstwertgefühl zu tun haben (einschließlich der ‚somatisierten‘ Ausdrucksformen solcher Konflikte) oder den *Coach* bei Problemen um die Arbeit, Leistungsfähigkeit, Beruf und Karriere (vgl. Schmidt-Lellek 2003, 228; 2011). Solche strengen Kategorisierungen würden alleine schon daran scheitern, weil sich die verschiedenen Themen- und Problembereiche gegenseitig durchdringen oder flankieren, jedoch keineswegs vollständig voneinander abgrenzbar sind (vgl. ebd.).

4.2. Beratung und (Psycho-)Therapie

Ebenso wie das Verhältnis zwischen Coaching und (Psycho-)Therapie ist – selbstverständlich auch aus dem Umstand heraus, dass Coaching als besondere Form der Beratung betrachtet werden kann – auch das Verhältnis zwischen Beratung und Therapie bis heute noch nicht eindeutig geklärt (vgl. dazu und für nachfolgende Ausführungen: Birgmeier 2010).[9] Ungeachtet des nach wie vor dringlichen Differenzierungsbedarfs zwischen beiden personenbezogenen Dienstleistungsformen, agieren beide „im Medium des strukturierten Gesprächs, der

9 Zu den Konzepten und Ansätzen zur pädagogischen Beratung bzw. zur Beratung in der Pädagogik, aus denen sich auch das sozialpädagogische Coaching als bildungs- und erziehungswissenschaftlich inspirierte Beratungsmodalität stützt, siehe insbesondere auch Gröning (2011), Bauer et al. (2012), Nittel (2016), Gieseke & Nittel (2016), Dewe & Winterling (2016), Beushausen (2020), Benedetti et al. (2020).

Freiwilligkeit und im Risiko der offenen Verhandlung“ (Thiersch 2007, 119). Dabei ist jedoch zwingend nach dem *Grad der Schwere des Problems* seitens des Klienten zu unterscheiden. Zur Beratung dürfen demzufolge ausschließlich solche Problemhorizonte zählen, bei denen davon ausgegangen werden kann, dass diese „primär bewältigt“ (Thiersch 2007, 119) werden können, „indem man sich orientiert an Nöten und Lösungen in der Gegenwart, und sich auf die verfügbaren oder aktivierbaren individuellen, sozialen oder materiellen Ressourcen bezieht – Beratung also als Sachorientierung und Beziehungsklärung“ versteht (ebd.). Therapeutische Interventionen werden im Gegensatz dazu dort notwendig, wo Menschen nicht mehr im Stande sind, ihr Leben – beruflich wie auch privat – selbstregulativ, selbstbestimmt und selbstständig zu organisieren und zu „managen“ (vgl. Birgmeier 2006; Birgmeier 2010, 75).

Mit diesen Unterscheidungsmerkmalen wird dem Grundgedanken entsprochen, dass beide Handlungsformen i.e.L. anhand der Grade der Schwere der Probleme seitens der Adressaten zu differenzieren sind und dass es die Beratung demzufolge mit Klienten zu tun hat, deren aktueller Problemhorizont ein „mittleres Maß“ nicht überschreiten darf, d.h.: dass bestimmte schwerwiegendere Probleme wie z.B. neurotische oder psychotische Störungen speziellen Professionen vorbehalten bleiben müssen, im beschriebenen Fall den PsychotherapeutInnen (Galuske 2013, 135), und dass sich die Sozialpädagogik nicht in Therapie auflösen lässt (vgl. ebd.; vgl. dazu auch Wolf 2020). So gilt – ganz allgemein und ebenso auch in Bezug auf den Versuch einer Verhältnisbestimmung zwischen Coaching und Psychotherapie – der Leitsatz: Beratung und sämtliche Teilformen davon, wie bspw. das Coaching, sind Medien des *Helfens*, Therapie dagegen gilt wegen der klinisch-psychologisch diagnostizierbaren Symptomatiken mit Krankheitswert als Medium des *Heilens*. Beraterische Hilfen sind also ausschließlich dort angezeigt, wo die Schwierigkeiten, Lebensführungs- und Lebensbewältigungsthemen des Klienten ein mittleres Maß nicht überschreiten, wo das zu beratende Individuum wenigstens noch so selbstregulationsfähig ist, dass es die aus der Beratung resultierenden (Problem-)Lösungsansätze in selbstmotivierte, absichtliche und zielorientierte Handlungsschritte umsetzen kann (vgl. Frommann, Schramm & Thiersch 1976, 718; Ried 2017, 473).

Entlang dieser ersten Zuständigkeits- und Verantwortungszuschreibungen der einzelnen Handlungsformen in Abhängigkeit zu den jeweiligen „Schweregraden“ existieren jedoch noch einige Besonderheiten, die es – besonders in der Kategorisierung der Handlungsmodelle zwischen *Heilung* und *Hilfe* – mit zu bedenken und auch kritisch zu hinterfragen gilt. Wenn das gemeinsame Ziel von Beratung und Therapie beispielsweise in einer Modifikation des Verhaltens von Personen festgemacht wird, wäre dann nicht auch das Verhältnis zwischen *Heilung* und *Hilfe* neu zu bestimmen, etwa durch eine Antwort auf die Frage: legitimiert sich die Psychotherapie tatsächlich noch immer primär über *Heilung* von Störungen mit Krankheitswert oder ist sie in vielen Fällen nicht auch eine in

Lebensweltkontexte einzubindende, offen eklektische Orientierungs-, Planungs- und Entscheidungs-*Hilfe* (vgl. Nestmann et al. 2004, 37)?

Im Vergleich zur weit verbreiteten Annahme einer Divergenz zwischen Beratung und Therapie, hat sich im Rahmen neuerer Grundlagenforschungen mittlerweile ein moderneres, mehr auf die Verbundenheit, Komplementarität, Synergie und Reziprozität abzielendes Verständnis in der Unterscheidung beider Professionstypen entwickelt. Der Stand aktueller Forschung erlaubt es diesbezüglich festzuhalten, dass die Grenzziehungen zwischen Beratung und Psychotherapie mehr und mehr zerfließen, besonders dann, wenn wir die jeweilige „Praxis" beider betrachten. Besonders auf der „Handlungsebene", so Nestmann et al. (2004, 36), sei eine große Nähe zwischen Beratung und (Psycho-)Therapie zu entdecken, sodass beide „in der konkreten Erscheinungsform phasenweise deckungsgleich werden" und für Außenstehende „damit in einer aktuellen Beobachtersituation der Unterschied zwischen ... einer Kurzzeittherapie und einer lösungsorientierten Beratung nicht identifizierbar" ist (vgl. ebd.; Birgmeier 2010, 24 ff.).

Konvergenzen zwischen der Beratung und der (Psycho-)Therapie lassen sich einerseits dort identifizieren, wo die Beratung ein identifizierbarer Teil von Psychotherapie und die Psychotherapie ein identifizierbarer Teil von Beratung ist, andererseits aber auch in jenen Prozess-Variablen, in denen beide Formate ihre jeweiligen Aufgaben und Funktionen parallel, vernetzt und kooperativ erfüllen. Überdies können Beratung und Psychotherapie gezielt aufeinander verweisen, z. B. „kann Beratung den Weg zur Psychotherapie öffnen, bahnen und begleiten oder Psychotherapie vorbereiten. Sie können sich flankieren, z. B. durch psychosoziale Beratungsangebote für Angehörige und Netzwerkmitglieder von Patienten oder durch psychotherapeutische Behandlung einer bestimmten Person im Rahmen und im Laufe eines größeren systematischen Beratungszusammenhangs. Sie können sich folgen ... nach abgeschlossener therapeutischer Intensivintervention und zur Sicherung und Kontextualisierung des Therapieerfolgs. Sie können sich ergänzen" (Nestmann et al. 2004, 37). Und nicht zuletzt können mit der Beratung – einschließlich ihrer Methoden und ihrer Funktion der Lebensweltorientierung – auch alltägliche Stützsysteme und Ressourcen von Menschen *vor, während* und *nach* einer Psychotherapie aktiviert werden (vgl. Birgmeier 2010, 29).

Exkurs: Persönlichkeitsstil statt Persönlichkeitsstörung[10]

Um Missverständnissen vorzubeugen, ist an dieser Stelle eine Differenzierung zwischen den in der klinisch-psychologischen Krankheitslehre üblichen Klassifizierungen nach ICD oder DSM und anderer, nicht pathogener Typologisierungen

10 Der nachfolgende „Exkurs" wurde bereits in Birgmeier (2010, 29 f.) ausgeführt und wird hier verkürzt und aktualisiert wiedergegeben.

der Persönlichkeitsdiagnostik zu leisten. Denn ungeachtet der Tatsache, dass sich Coaching-Klienten insbesondere dadurch von Therapie-Klienten unterscheiden, dass erstere (noch) über ihre Selbstmanagement-Fähigkeiten verfügen, zweitere diese Fähigkeiten nicht mehr besitzen (vgl. Birgmeier 2006), sind Persönlichkeitsdiagnostiken oder Persönlichkeitsanalyse-Instrumente aus der Verhaltenstherapie auch für spezifizierte Varianten von Beratungskonzeptionen hilfreich, wenn sie denn auch jenseits klinisch-systematisierbarer Störungsbilder von Persönlichkeiten auf „normale" Menschen zur Erklärung und Beschreibung von Verhalten angewendet werden wollen. Die in der klinischen Psychologie dokumentierten Persönlichkeitsstörungen lassen sich demzufolge – solange sie noch nicht als krankhaft bezeichnet werden können – auch als „Persönlichkeitsstile" auffassen (vgl. Birgmeier 2010, 29).

Auf die Möglichkeiten eines offenen, nicht klinisch-psychologisch verwendbaren Vokabulars und auf das hinter dieser Differenzierung von Persönlichkeitsstörung versus Persönlichkeitsstil liegende Stigmatisierungsproblem hat vor allem *Peter Fiedler* (2000) verwiesen. In seiner Studie hält er fest, dass zu jeder Persönlichkeitsstörung ein Persönlichkeitsstil existiert, der die Tendenz zu Eigenschaften der Störung beschreibt, jedoch ohne Notwendigkeit einer pathologischen Diagnose bleibt (vgl. Fiedler & Herpertz 2016, 43 ff.). Der Hintergrund für diese Differenzierung ist aus der Tatsache abzuleiten, dass durch die klinische Diagnose „Persönlichkeitsstörung" eine Person *gestört* sein muss und folglich die „Person ‚Ursache' für Schwierigkeiten, die man mit ihr hat, und damit – etwas überspitzt gesagt – ‚Täter'" (Fiedler 2000, 22) sei. Wenn also auch im Kontext von Beratung und Coaching von Defiziten oder Problemen gesprochen wird, so sind damit nicht die mit der kategorialen Diagnostik in der Psychiatrie beschriebenen Klassifikationen aus der Störungsperspektive gemeint, sondern – angelehnt an Peter Fiedler (2000) – ein Begriff der *Persönlichkeit*, mit der jeder Mensch in seiner eigenen und unverwechselbaren Art und Weise zu denken, zu fühlen, wahrzunehmen und auf die Außenwelt zu reagieren betrachtet werden kann. In diesem, auch beratungswissenschaftlich inspirierten Sinne lässt sich *Persönlichkeit* definieren als eine eigenartige Konstellation von Gefühlen, Gedanken und Verhaltensweisen der einzelnen Person, die in ihrer individuellen Eigenart vom Subjekt als spezifischer Lebens- und Verhaltensstil im Laufe seiner Biografie und unter Einbezug sämtlicher seiner Erfahrungswerte gebildet wurde; erst dann also, wenn es dem Subjekt nicht mehr gelingen sollte, alternative Persönlichkeits*stile* herauszubilden oder bewährte Persönlichkeitsstile so zu verändern, zu korrigieren und an aktuelle Gegebenheiten anzupassen, können Persönlichkeits*störungen* entstehen, die dann wiederum klinisch-psychologisch (bzw. therapeutisch) behandelt werden müssen. Demnach sind psychotherapeutische Diagnostiken und Maßnahmen immer dann notwendig – und gehören in keinem Fall zur Aufgabe eines Coachings oder vergleichbarer Beratungsformate –, wenn die Selbstregulations- und die Selbstmanagementfähigkeiten des Klienten so stark beeinträchtigt sind, dass dieser sich nicht mehr alleine helfen kann und somit eine professionelle Unterstützung durch einen Facharzt mit klinisch-psychologischer Ausbildung notwendig wird (vgl. Rauen 2003; Birgmeier 2006; Birgmeier 2010, 30).

Tabelle 1: Selbstmanagement als Kernbegriff (vgl. Birgmeier 2006, 53; 2010, 30)

Pädagogik, Bildungs- und Erziehungswissenschaft	**Sozialpädagogik, Soziale Arbeit, Coaching, Beratung**	**Klinische Psychologie, Psychotherapie, Psychiatrie**
Entwicklung von Selbstmanagement-Fähigkeiten durch Erziehung/Bildung/Lernen	*Förderung* und *Entdeckung* von Selbstmanagement-Fähigkeiten in Krisen/Übergangssituationen	*Wiederherstellung* von Selbstmanagement-Fähigkeiten
Person-Werdung Persönlichkeitsentwicklung	*Persönlichkeitsentwicklung Bruchstellen/Abweichungen in der Person-Werdung*	*Persönlichkeitsabweichung Persönlichkeitsstörung*

Mit dem nicht-stigmatisierenden Begriff des *Persönlichkeitsstils* einer Person lassen sich auch Aussagen (und Diagnosen) zur Art und Weise des selbstmanagement-orientierten Verhaltens – als gemeinsamer Zentralbegriff von Pädagogik, Sozialpädagogik, Coaching, Beratung und Therapie gleichermaßen – machen, denn persönliche Stile prägen sowohl die Persönlichkeit als auch die Haltung, das Verhalten, die Entscheidungen und Handlungen sowie das Selbstmanagement der einzelnen Person (vgl. Tab. 1). Dementsprechend lässt sich die Pädagogik (bzw. das pädagogische Handeln) als Medium zur Entwicklung und Bildung der Persönlichkeit (oder eines subjektiven Persönlichkeits*stils*) beschreiben, weil sie individuelle Selbstmanagement-Fähigkeiten durch Erziehung, Bildung, Sozialisation, Enkulturation und Lernen initiiert.[11] Coaching, Sozialpädagogik, Soziale Arbeit und Beratung sind dagegen bei Bruchstellen und Abweichungen in der persönlichen Entwicklung und als Instrumente zur Förderung, Entdeckung und Bildung von Selbstmanagement-Fähigkeiten in (subjektiven Sinn- und Handlungs-)Krisen relevant, wohingegen die (Psycho-)Therapie bei Personen zur Anwendung kommt, die nicht (mehr) in der Lage sind, ihr Leben aus eigener Kraft befriedigend zu gestalten bzw. zu „managen" (vgl. Birgmeier 2006).

11 Nach Giesecke (2007, 29), hat jegliches pädagogische Handeln das Ziel, dem Menschen ein „Lernen" zu ermöglichen. Zu den Besonderheiten des „pädagogischen Handelns", auf die sich auch das sozialpädagogische Coaching in seinen bildungswissenschaftlichen Kontexten bezieht, siehe insbesondere Giesecke (2007), Hörster (2012), Fromm (2015), Krüger (2019).

4.3. Soziale Arbeit und (Psycho-)Therapie

Wie ist nun – nach all den Abgrenzungen und Verhältnisbestimmungen vergleichbarer Handlungsformate – das Verhältnis von Sozialpädagogik / Sozialer Arbeit und (Psycho-)Therapie zu bestimmen? Eine Analyse des Verhältnisses von Sozialer Arbeit und Therapie ist, so Anhorn & Balzereit (2016, 4, Fußnote), alleine schon deshalb hoch interessant und aufschlussreich im Blick auf die „aktuelle Verfassung, das dominante Selbstverständnis und mögliche Entwicklungstendenzen in der Sozialen Arbeit", wenn diese Frage mithilfe historisch-rekonstruktiver Analysen angegangen wird. So lässt sich historiographisch erschließen, dass die einst in den 1970er Jahren dominanten, vielfältigen Varianten psychoanalytisch inspirierter (Be-)Handlungsansätze in Sozialer Arbeit „sukzessive von Therapie-Modellen – vor allem kognitiv-behavioraler und systemischer Provenienz – verdrängt wurden" (ebd.), zumal diese, „durch die Bewegung der ‚Positiven Psychologie' und der ‚Positiven Therapie' noch einmal nachhaltig verstärkt" (Anhorn & Balzereit 2016, 5), mit ihrer Orientierung an Ressourcen, an Stärken und Lösungen sowie an Gegenwart und Zukunft sehr viel positiver konnotiert sind und den Blick auf das Gelingen, auf Möglichkeitsspielräume und Optionen und nicht auf das Scheitern oder die Probleme, auf Störungen oder gar Krankheitswerte alleine richten.

Tabelle 2: Sozialpädagogische und therapeutische Strukturmerkmale (vgl. Birgmeier 2006, 198; Galuske 2013)

Strukturmerkmale sozialpädagogischer und therapeutischer Interventionen	
Sozialpädagogik	**Therapie**
Ziel der Intervention	
Hilfe zur gelingenderen Lebensbewältigung	Hilfe zur gelingenderen Lebensbewältigung
Charakter der Probleme	
generalistisch; personenintentional; Komplexität von Alltagsproblemen	spezialistisch; personenintentional; Reduktion auf Schlüsselprobleme
Charakter der Intervention	
Einlassen auf Alltag (Strukturen der Netzwerke, alltägliche Bearbeitungsmuster und Ressourcen); flexible Formen der Interaktion und Problembearbeitung	Verfremdung von Alltag im konstruierten Setting; Reduktion durch Spezifik des therapeutischen Ansatzes
Klientel	
potenziell jeder Mensch mit (Alltags-)Problemen und (sozialen) Versorgungsinteressen	Personen mit „psychischen" Problemen; Selektion durch Charakter der Intervention; Mittelschichtsorientierung

Als eine deutlich historisch von der (Psycho-)Therapie – wie auch immer – geprägte, doch durchaus – wie in Tab. 2 ersichtlich – unterscheidbare Profession gilt auch heute der Befund einer zunehmenden Kompatibilität, zumindest jedoch einer engen Kooperation zwischen Sozialer Arbeit und Psychotherapie; dies insbesondere dann, wenn es um die Klinische Soziale Arbeit geht oder – ganz allgemein – um ein Verständnis von Sozialer Arbeit als „bio-psycho-soziale Hilfeleistung" (Gahleitner & Pauls 2012, 368). So ist es auch nicht verwunderlich, dass sich die Stimmen im Fachdiskurs mehren, die der Annahme folgen, dass die Sozialpädagogik / Soziale Arbeit weitaus größer und umfassender anzusehen sei als die (Psycho-)Therapie. Dies wird begründet mit dem Argument, dass in der Sozialen Arbeit über das Erleben und Verhalten hinaus auch zusätzlich das Verhalten in Verhältnissen thematisiert werde (vgl. Gahleitner & Pauls 2012, 369), dass Soziale Arbeit „wesentlich interessanter, vielfältiger, verantwortungsvoller, schwieriger – kurz: *anspruchsvoller* ist als Beratung und Therapie" (Herwig-Lempp & Kühling 2012, 51) sei und sie damit als „Königsdisziplin im psychosozialen Feld" (ebd.) angesehen werden könne und dass Psychotherapie allenfalls als „Spezialfall sozialer Beratung" (Crefeld 2002, 32; zit. n. Gahleitner & Pauls 2012, 370) und die klinisch orientierte Sozialarbeit mit ihrer gelungenen Interdependenz von Psychodynamik und Soziodynamik sogar „als Dach für soziale Beratung und Therapie" dienen könne (vgl. Crefeld 2002; Dörr 2002; Gahleitner & Pauls 2012, 370).

Diese Positionsbestimmung lässt sich dann bestätigen, wenn – mit Blick auf die lange Geschichte des „klinischen Modells Sozialer Arbeit" (May 2016, 725) – dieser solch hehre Aufgaben zugeschrieben werden wie etwa a) ein Modell *von* Wirklichkeit zu entwickeln, also Aussagen darüber zu treffen, „wie das soziale Ereignis, um das es geht, zu interpretieren ist" (ebd.) und b) ein Modell *für* Wirklichkeit zu entwerfen, d. h.: „es sagt, was zu tun ist – es ist also eine Art Handlungslehre" (ebd.). Überdies bemüht sich die klinische Sozialarbeit „um konstruktive Veränderungsimpulse für den Einzelnen im Kontext seiner Umfeld- und Lebensbedingungen und entwirft auf dieser Basis dialogische und kooperative Hilfeformen sowie geeignete Setting-Projekte zum Abbau sozial bedingter und sozial relevanter Belastungen, Krisen und Erkrankungen" (Gahleitner & Pauls 2012, 370). Und wenn ihr zudem auch noch attribuiert wird, dass sie dem Umstand Rechnung zu tragen habe, „dass jedes Individuum fortwährend vor der Aufgabe steht, auf dem Hintergrund seiner bisher entwickelten psychischen Struktur und seiner aktuellen psychosozialen Situation bedeutsame Veränderungen seiner Lebenslage psychisch zu verarbeiten (Pauls 2004, 122)" (Gahleitner & Pauls 2012, 371), so ist auch *Christoph Ried* darin zuzustimmen, den Nimbus des (Psycho-)Therapeutischen zu hinterfragen, da der Begriff der *Psychotherapie* seines Erachtens nicht mehr bezeichne als „nur die therapeutische Interaktion und deren Ambition" (2017, 330). Exakt deshalb sei – so Ried – ein klarer Trennungsstrich zwischen der Sozialpädagogik und der Therapie zu ziehen (vgl. dazu auch Wolf 2020). Während sich Therapie „immer auf einen für krank gehaltenen Patienten, d. h. auf die Heilung von ‚Störungen mit Krankheitswert'" (vgl. Schneider & Heidenreich 2011, 1665; Ried 2017, 472) beziehe, konzentriere sich eine „sozialpädagogische Beratung" darauf, eine Hilfe für psychisch gesunde Menschen zu leisten, die mit Orientierungs-, Entscheidungs- und Handlungsproblemen konfrontiert seien.

> „Somit lässt sich die Indikation für sozialpädagogische Beratung oder Therapie auch am Grad der Beeinträchtigung der Selbststeuerungsfähigkeiten des Adressaten ablesen: Sozialpädagogische Beratung kann dort stattfinden, wo die Bedürfnisse des Adressaten nicht pathologisch sind und seine Selbststeuerungsfähigkeiten noch ausreichen, um adäquate Strategien zur Befriedigung dieser Bedürfnisse zu verfolgen. Sie kann sich deshalb vollkommen auf die Gelingensvorstellungen und Wünsche des Gegenübers einlassen, kann vorbehaltlose Hilfe bei der Umsetzung von Lebensplänen des Gegenübers sein. Die therapeutische Situation erfordert hier deutlich mehr kritische Distanz des Akteurs, der immer wieder überprüfen muss, ob die Einstellungen und Bedürfnisse des Anderen nicht doch pathologische Aspekte aufweisen" (Ried 2017, 272).

In jedem Falle, so Ried (2017, 472), „wird mit der Beratung nicht ‚der Kranke' im Gegenüber, sondern das potenziell handlungs- und entscheidungsfähige Subjekt adressiert". Sozialpädagogik bedarf im Unterschied zur Therapie deshalb überhaupt keiner Vorstellung von Gesundheit oder Normalität, sondern einer Problembeschreibung aus der Perspektive des Klienten, d. h.: „Sobald sich der Sozialpädagoge in seinem Denken und Handeln über die Bedürfnislage des Klienten hinwegsetzt und primär daran interessiert ist, eine Krankheit des Klienten zu beheben, wird er unvermittelt zum Therapeuten, wechselt also die Handlungsform" (Ried 2017, 472). Überdies binde sich „das therapeutische Konzept von Gesundheit und Krankheit … an den Objektivismus der Diagnose", während sich die Sozialpädagogik auf die „Subjektivität menschlicher Erfahrung", genauer: jener des Adressaten binde (vgl. ebd.). Das bedeutet: während in der Therapie die leitende Orientierung der Intervention und die Zielorientierung an der „Objektivität des diagnostischen Katalogs" sowie am Expertenstatus des Therapeuten festgemacht wird, (Ried 2017, 479), bestimmt sich die „sozialpädagogische Beratung" dadurch, dass ausschließlich durch die Selbstauskunft des Adressaten über dessen Vorstellung von einem *gelingenden Sein* die Orientierungsleitlinie der Intervention vorgegeben werden kann und dass ausschließlich er, als Subjekt, die Ziele der Intervention bestimmt (vgl. ebd.). „Nur in der Sozialpädagogik darf der Adressat bei der Problembeschreibung sowie der Zielformulierung mitbestimmen. Nur die Sozialpädagogik unterstellt a priori den Subjektstatus und die Verantwortlichkeit des Adressaten. Die Therapie entlastet ihn davon" (Ried 2017, 479).

Der Subjektivität, dem Individuum, der Person, dem Adressaten den Vorrang und die Priorität aller intervenistischen, professionellen Zugänge einzuräumen ist Ried zu Folge eine der wichtigsten Merkmale nicht nur der Sozialpädagogik als Denk- und Handlungsform, sondern ebenso auch jener beratungswissenschaftlichen Konzepte, die explizit aus dieser Disziplin entwickelt werden und den Zusatz „sozialpädagogisch" legitimieren. Der Subjektivität, so Ried, „wird in der Sozialpädagogik durch die subjektive Problemdefinition des Klienten Rechnung getragen, die diesem geradezu abverlangt wird, während die in therapeutischen Zusammenhängen zum Einsatz kommenden diagnostischen Manuals (ICD, DSM) ja gerade versuchen, objektive Kriterien für die Unterscheidung von Gesundheit und Krankheit und damit für die Beurteilung therapeutischen Handlungsbedarfs zu formulieren. Wo sozialpädagogisch beraten und geholfen wird, sind die Empfindungen, Wünsche und Bedürfnisse des Klienten die gedankliche Leitlinie, wo therapiert wird, ist es die Diagnose des Experten" (2017, 472). Dem entsprechend ändere sich „beim Wechsel zwischen Sozialpädagogik und Therapie der Status des Adressaten von Klient zu Patient" (ebd.).

Das besondere Merkmal der Sozialpädagogik gegenüber der Psychotherapie oder anderer klinischer Modelle ist es deshalb, dass die Sozialpädagogik ihre Adressaten a priori als selbstbestimmungsfähige Subjekte betrachtet, denen eine autonome Definition der Ziele ihrer Lebensführung zugestanden werden muss. Demensprechend bezwecke die Sozialpädagogik „weder eine Höherbildung oder Vermenschlichung noch eine Heilung des Gegenübers, sondern seine Entwicklung hin zu einer Lebensführung, die dieser Mensch selbst als gelingend erfahren kann. Sozialpädagogik unterstützt die Rückkehr zu einer subjektiv erfüllenden, befriedigenden Lebensführung" (Ried 2017, 572).

In der zusammenfassenden Gesamtschau der letzten Kapitel wurde deutlich, dass sich Coaching in den letzten Jahrzehnten enorm weiterentwickelt und ausdifferenziert hat (Kap. 2). So wichtig solche Ausdifferenzierungen auch für die Darlegung der jeweiligen Spezifika von Coaching in verschiedensten Handlungsfeldern ist, so notwendig ist es auch, Begriffe, Inhalte und Ziele von Coaching systematisch für das jeweilige Coaching-Konzept abzuleiten und es sowohl als ein Steuerungsinstrument und als einen Teil der Qualitätsentwicklung für soziale Einrichtungen und Institutionen als auch als wissenschaftlich fundierte Praxis zu begründen (vgl. dazu Michel-Schwartze 2012; v. Spiegel 2013). Es reicht also nicht, nur jeweils eine Definition von Coaching vorzulegen, mit der das individuelle Interesse der Coaching-Anbieter beschrieben werden will und mit Hilfe derer sich der „Coach" auf dem Coaching-Markt seinen „Claim" abzustecken intendiert (vgl. Kap. 3). Vielmehr sind die verschiedensten Definitionsvarianten rückzukoppeln und einzubetten in ein Konzept, mit dem sich ein metamodelltheoretischer Rahmen abstecken lässt, der unter Berücksichtigung der Ähnlichkeiten und Unterschiede vergleichbarer „Beratungsformate" (Kap. 4) anthropologische, erkenntnistheoretische, theoretische und handlungstheoretische (bzw. praxeologische), aber auch philosophisch-ethische Referenzquellen abbilden kann. Im Anschluss an Teil I, in dem die allgemeinen Grundlagen und Grundfragen zum Coaching beschrieben wurden, sollen nun – in Teil II – Konkretionen zur Entwicklung eines solchen metamodelltheoretisch inspirierten Konzepts erörtert werden, um auch das sozialpädagogische Coaching in seinen Wissensformen, -arten und -strukturen hinreichend portraitieren zu können.

Teil II: Das Metamodell zur Entwicklung von Coaching-Konzepten – sozialpädagogisch kommentiert

1. Metamodelle für Coaching

1.1. Einleitende Vorbemerkungen

Während sich Coaching als Praxis im personenbezogenen Dienstleistungssektor in den letzten vier Jahrzehnten unter Berücksichtigung der Unterschiede und Gemeinsamkeiten zu anderen personenbezogenen Handlungsformen sehr erfolgreich etablieren konnte, spielen theoretische und wissenschaftliche Wissensbestände im Professionsbildungsprozess und in der Coaching-Forschung hierzulande bisher eher nur eine Nebenrolle. In meinem Beitrag *Coaching in Fußnoten* (2011) habe ich dieses Phänomen einst wie folgt zu umschreiben versucht:

> „Ein Blick aus den Fenstern des Elfenbeinturms hinab in die unerschöpflichen Gewässer menschlicher (Beratungs-)Praxen offenbart bisweilen ein höchst chaotisches Bild. Nicht nur, dass – aus diesen distanzierten Höhen – vieles etwas unscharf und verschwommen erscheint, und dadurch mit bloßem Auge nur äußerst schwer eindeutig zu *erkennen* ist, sondern auch die hektische Dynamik, die dort unten herrscht, wird wohl so manchem, der mit einer gewissen Distanz die Evolutionssprünge einzelner Gattungen personenbezogener (Beratungs-)Dienstleistungen beobachtet, schon etwas Kopfzerbrechen bereiten .... Denn alles dort unten *fließt* (Heraklit) ... und alles dort unten *coacht*! Wie, so mag sich der Wissenschaftler all diesen beratungsbezogenen *Verwässerungen* und heuristisch-semantischen *Verschwommenheiten* gegenüber fragen, kann er ob solcher ‚Un(be)greifbarkeiten' seinem eigentlichen Auftrag gerecht werden, ein exaktes *Wissen* – auch über die Vielfalt und die Wirklichkeit menschlicher *Praxen* – zu schaffen, zu sammeln und zu systematisieren, wenn der Untersuchungsgegenstand aufgrund seines *flüssigen* Aggregationszustandes einfach nicht stillhalten will?" (Birgmeier 2011g, 17; Herv. i. O.).

Ob sich heute, ca. zehn Jahre später, vieles zum Besseren gewendet hat, ist schwer zu beurteilen. Zwar existieren mittlerweile einige Bemühungen, die spezifischen Themen, Wirkungen, Methoden, Handlungsmaxime und Prozessvariablen im Coaching konkreter zu beschreiben und zu erklären, oftmals bleiben solche Ansätze jedoch hinter jenem Anspruch zurück, den einst *Astrid Schreyögg* formuliert hat, nämlich dass jede seriöse Coaching-Konzeption auf wissenschaftlichen und erkenntnistheoretischen Prämissen basieren sollte, aus dem sich das praktische Handeln auch sinnvoll und begründet ableiten lässt (vgl. Schreyögg 2011).[12]

12 Konzepte sind – mit Hiltrud v. Spiegel (2013, 251) zu verstehen als „Entwürfe von Handlungsplänen oder Programmen. Sie kombinieren Beschreibungswissen (Was ist der Fall?) mit Erklärungswissen (Warum ist dies so?), Wertwissen (Welche Zustände/Verhaltensweisen sind wünschenswert?) und Veränderungswissen (Wie kommen wir da hin?). Einige Konzepte beruhen auf empirischer Basis, da sie in der Praxis, z. B. in Modellvorhaben, er-

Fraglich bleibt ob dieser „Momentaufnahme" zum gegenwärtigen Stand des Coaching-Wissens unter anderem, welche wissenschaftlichen Disziplinen überhaupt mitreden und mitforschen können/sollten/dürfen, wenn es um die Beantwortung zentraler, Coaching relevanter Fragen geht. Nach Birgmeier (2011g, 27) sind es insbesondere die *analytische Philosophie* und die *philosophische Anthropologie* sowie die *Handlungsphilosophie*, denen für ein allgemeines, aber auch für ein sozialpädagogisches Coaching höchste Priorität in der Generierung eines Coaching-Wissens eingeräumt werden sollte, weil gerade jene disziplinären Fachgebiete u. a. den Fragen nachgehen, was der (zu beratende/zu coachende) Mensch *ist*, was den „ganzen Menschen" ausmacht, welche anthropologischen und ethischen Maßstäbe an ihn und die Kommunikation sowie an zwischenmenschliche Begegnungen anzulegen sind oder wie Handlungen angemessen zu interpretieren, zu verstehen und zu erklären seien (vgl. Straub & Werbik 1999, 9; Lenk 1989), wie das Handeln zu denken ist und ob Erkennen auch ein spezifisches Handeln ist und welche Formen von (unbeabsichtigten) Nebenfolgen Beratungen/Coachings jeglicher Art zeitigen (können) (vgl. dazu u. a. Heidbrink 2010; Schermuly 2019). Daneben ist die *Ethik* für die Entwicklung von Coaching-Konzeptionen überaus wichtig (vgl. Maaser 2015; Schweidler 2018; Birgmeier 2020; 2021); die Disziplin, die sich als normative Wissenschaft seit jeher um die Rechtfertigung von Entscheidungen und Handlungen (und auch der persönlichen Haltung von Beratern) vor dem Hintergrund allgemeiner Maßstäbe des „Guten" – wie immer diese auch bestimmt werden wollen – bemüht (vgl. dazu Oelkers & Feldhaus 2011). Ebenso sind m. E. auch die *Sozialwissenschaften* mit einzubeziehen, darin insbesondere die phänomenologische Soziologie, der symbolische Interaktionismus, Sozialtheorien, Systemtheorien und Rational-Choice-Theorien, mit denen der Mensch in sämtlichen sozialen und systemischen Kontexten hinreichend beschrieben wird; darüber hinaus auch die *Ökonomik* (im Konzert ihrer Bezugs- und Nachbarwissenschaften), die auch von solchen Situationen ausgeht, die aufgrund eingeschränkter oder mangelnder Ressourcen ein Handeln provozieren und daher erst dann von Handlungen gesprochen werden kann, wenn Beschränkungen vorhanden sind (Situationen der Knappheit an Ressourcen); selbstredend auch die *Pädagogik / Erziehungs- und Bildungswissenschaften*, die wichtige Erkenntnisse, Didaktiken und Handlungskonzeptionen zu Fragen nach Bildung und Lernen sowie nach den Beziehungsmustern im individualen und sozialen Kontext für Coaching zur Verfügung stellen, und insbesondere auch die *Psychologie* (im Konzert aller ihrer Regionaldisziplinen und v. a. der Psychotherapieforschung, der Humanistischen Psychologie und psychoanalytischer bzw. individualpsychologischer Ansätze), die die motivationalen, intentionalen, volitionalen, kognitiven Innenstrukturen von (zielorientierten) Handlungen und

---

probt und dann verallgemeinert wurden, andere wiederum bleiben auf der Ebene der gedanklichen Entwürfe" (Spiegel, H. v. 2013, 251)

die sozialen Kontexte der Bedingungen (und Folgen) von Handlungen analysiert (vgl. Kuhl 2001; Storch & Krause 2007; Achtziger & Gollwitzer 2006; Faude-Koivisto & Gollwitzer 2011; Birgmeier 2011h; 2020).

Fraglich ist überdies auch, auf welche Art des Wissens sich Coaching konkret zu stützen habe: auf ein a) *Disziplinwissen*, das nach den Kriterien der Wahrheit und Widerspruchsfreiheit ein wissenschaftliches Erklärungswissen zu einem spezifischen Gegenstands- oder Objektbereich repräsentiert, oder auf ein b) *Professionswissen*, mit dem handlungspraktische, arbeitsfeldspezifische Aufgaben, Funktionen zu den Handlungsweisen professioneller Akteure in sozialen/beraterischen/helfenden Berufen gesammelt werden, oder c) ein genuines *Praxiswissen*, das in zeitlich-räumlichen Situationen gewonnen wird, in Situationen also, in denen sich Adressaten und Professionelle jeweils befinden und in denen spezielle Techniken, Verfahren und Methoden angewendet werden, um Lösungen für Probleme bzw. Antworten für Fragen des Gesprächspartners – verantwortungsvoll – zu finden (vgl. Birgmeier & Mührel 2017, 58)? Oder genügt es, sich an sämtlichen Teil- bzw. Regionaldisziplinen zu orientieren, die die Philosophie – als Universalwissenschaft mit dem Anspruch, alle Fragen zu Menschen und seinem Sein und Tun beantworten zu können – anbietet?

Tabelle 3: Theoretische und praktische Philosophie (vgl. Birgmeier & Mührel 2017, 129)

	Theoretische Philosophie
Ontologie	= Lehre vom Seienden als Seienden
Naturphilosophie	= philosophische Lehre von der Natur im Gegensatz zu den empirischen Naturwissenschaften
Anthropologie	= philosophische Lehre vom Menschen im Unterschied zu den einzelwissenschaftlichen Anthropologien
Erkenntnistheorie	= philosophische Lehre von der Erkenntnis; besondere Bedeutung kommt hier der Transzendentalphilosophie (Kant) sowie der hermeneutischen Philosophie (= Theorie des Verstehens) zu
Logik	= Theorie der formalen Folgerichtigkeit des Denkens
Wissenschaftstheorie	= Theorie der Methode der Einzelwissenschaften
	Praktische Philosophie
Ethik	= Lehre vom moralisch relevanten Handeln und dessen Normen
Poietik	= Lehre vom Schaffen bzw. Hervorbringen; Philosophie der Technik/Kunst

Ein genuines *Coaching-Wissen* (vgl. u.a. Birgmeier 2011a) ist ob der interdisziplinären und multiprofessionellen Prominenz von Coaching, aber auch wegen der – wie vorhin gesehen – unübersichtlichen Vielfalt und Heterogenität von (arbeitsfeldabhängigen) Coaching-Definitionsvarianten und den ebenso uneinheitlichen Coaching-Funktionsbereichen nur sehr schwer zu systematisieren. Daher empfiehlt es sich, die Vielfalt verschiedenster Wissensformen, „Wissensstrukturen“

(Schreyögg 2011, 49ff.) und „Wissenssorten" (Buer 2015, 185ff.) im Coaching mit Hilfe von metamodelltheoretisch instruierten *Integrationsmodellen* zu entwickeln, um eine Konklusion verschiedenster Theorie- und Praxisansätze bzw. Denk- und Handlungslogiken zum Coaching zu gewährleisten (vgl. dazu auch Walter 2019).

1.2. Wissensstrukturen und/oder Wissenssorten?

Um in einem Rahmenmodell abbilden zu können, was von seriösen Coaching-Konzeptionen – auch vom Konzept eines sozialpädagogischen Coachings – überhaupt erwartet werden darf, ist es nicht nur von Relevanz, die „Wissenssorten" *Philosophie, Wissenschaft* und *Erfahrung* (Buer 2015) als Referenzen und Bezugspunkte zu beachten, sondern ebenso – und sehr ähnlich – auch jene „Wissensstrukturen" (Schreyögg 2011), die auf verschiedenen Ebenen besondere Formen des Wissens, wie z. B. ein anthropologisches, erkenntnistheoretisches, fachtheoretisches, praxeologisches (bzw. handlungstheoretisches) und methodisches Wissen zur Begründung und Legitimation spezifischer Beratungs- bzw. Coaching-Ansätze einfordern.

Astrid Schreyögg (2011, 50ff.) empfiehlt in ihrem Meta-Modell zur „Konstruktion von Handlungsmodellen" daher, folgende fünf Ebenen zu berücksichtigen, die mitzubedenken seien, um die *Wissensstrukturen* im Coaching hinreichend abbilden zu können:

- a) auf einer ersten „einer übergeordneten, einer *Meta-Ebene*, muss das Modell grundlegende anthropologische und erkenntnistheoretische Setzungen enthalten";
- b) „auf einer zweiten Ebene, der *Theorie-Ebene*, sind Theorien anzugeben, mit deren Hilfe sich Ist- und Soll-Zustände der für das Handlungsmodell relevanten Phänomene und Phänomenkonstellationen erfassen lassen";
- c) die „dritte Ebene sollte *grundlegende methodische Anweisungen* enthalten" (2011, 50), wie z. B. die Ziele des Modells, die Art und Weise der Rekonstruktion von Klienten-Themen in der Praxissituation, die (potenziellen) Wirkungsfaktoren, der zu empfehlende Interaktionsstil etc.; darüber hinaus sei
- d) auf der vierten Ebene des Modells die „*Praxeologie*" zu beschreiben, also einzelne methodische Maßnahmen und prozessuale Anweisungen zur methodischen Applizierung; und schließlich habe alles
- e) auf einer fünften Ebene „in *konkretes praktisches Handeln* von professionellen Akteuren" (ebd.) zu münden.[13]

13 Die dritte, vierte und fünfte Ebene (nach Schreyögg 2011) werden in vorliegendem Buch unter dem Begriff / Kapitel „Handlungstheorie" inhaltlich zusammengeführt.

Ferdinand Buer (2015) differenziert demgegenüber – wie oben bereits angedeutet – in sog. *Wissenssorten*, die für Beratung im Allgemeinen, für Coaching im Speziellen unterschiedliche, aber gleichermaßen wichtige Rollen zu spielen haben: das Orientierungs-, das Erklärungs- und das Erfahrungswissen.

Das *Orientierungswissen* als eine *erste* Wissenssorte biete, so Buer, „Antworten auf die Frage: Was soll ich tun? Es speist sich aus den Reflexionen der *Philosophie*, bei manchen aber auch aus dem Glauben einer *Religion*. ... Dieses Wissen zeigt sich in Überzeugungen und führt zu charakteristischen Haltungen dem Leben gegenüber (z. B. als Lebensbejahung oder Lebensverneinung)" (2011, 190). Die *Philosophie* fragt nach den Bedingungen der Möglichkeit der Erfahrungswirklichkeit im Ganzen. Insofern ist die Philosophie eine Universalwissenschaft, die von der alltäglichen Erfahrung, d. h. vom reflektierten Erleben ausgeht und Fragen an den Menschen und an das stellt, was er ist, was er tut, denkt und hofft (vgl. Birgmeier & Mührel 2017, 114; vgl. auch Schneider 2020). Gleichermaßen wichtig, wenn nicht sogar universeller als die Philosophie, ist die *Philosophische Anthropologie*; denn sie übersteigt mit ihren Fragen den Horizont sämtlicher Philosophien, sodass wir davon ausgehen müssen, dass die Probleme einer Philosophischen Anthropologie heute geradezu in den Mittelpunkt aller philosophischen Problematik getreten sind (vgl. Lenk 2010; Birgmeier 2014; Birgmeier & Mührel 2017, 116).

Die *zweite* Sorte des Wissens für Beratung/Coaching liefere, so Buer, das sog. *Erklärungswissen;* dieses bietet Antworten auf die Frage, wie man sich das erklärt, was einem begegnet. Dieses Wissen speist sich aus den Forschungsergebnissen der relevanten Wissenschaften und es zeigt sich überwiegend in Interpretationsfolien (Theorien, mentalen Modellen, Deutungsmustern, Konstruktionen ...), die helfen, Weltzusammenhänge zu verstehen bzw. zu erklären" (Buer 2015, 190 f.).

Und schließlich – als *dritte* Wissenssorte für Beratung/Coaching – expliziert Buer das sog. *Verfügungswissen*, das das Erfahrungs-, Format- und Verfahrenswissen umfasst und Antworten auf die Frage geben kann, wie man mit „dem Erkannten" (Buer 2015, 191) umgehen kann. „Es speist sich aus der Erfahrung der Praktiker/innen, die sie in der Anwendung von Verfahren (wie z. B. Psychodrama) in bestimmten Formaten (wie Supervision oder Coaching) machen" und es zeigt sich in „praxeologischen Handlungsmodellen, die das Können mehr oder weniger steuern" (Buer 2015, 191).

Auch in der Pädagogik bzw. in der Bildungs- und Erziehungswissenschaft sowie in der Sozialen Arbeit ist *Erfahrung* ein zentraler Begriff, zum einen gilt er

> „als in sinnlicher Wahrnehmung begründete Erkenntnisart, ‚die sich auf vorgegebene Tatsachen und Sachverhalte bezieht und diese als in einen Zusammenhang gehörig und von diesem her (obj.) erscheinend zur Vorstellung bringt' (Rombach 1971, 375). Zum anderen versteht man sie als zunächst ‚unausdrücklichen Weltzugang' (Koch 2008, 367), als eine Weise, ‚das Leben' kennenzulernen, was sich auf Seiten

des betroffenen Menschen als ‚individuelle Erfahrung' konkretisiert" (Morasch 2014, 549 ff.; vgl. dazu auch Schneider 2020).

So eindeutig das Erfahrungs-, Format- und Verfahrenswissen im *Verfügungswissen* auch beschrieben werden kann, so kompliziert ist es jedoch, den von Schreyögg (2011) genutzten Begriff der *Praxeologie* zu bestimmen. Mit *Wolfgang Preis* (2009) lässt sich *Praxeologie* zunächst einmal generell als eine „Wissenschaft von den Bedingungen der Leistungsfähigkeit der Handlungen" bezeichnen. Das Kompositum „Praxeologie" verweist dabei auf das Simplex *Praxis*, welches ein konkretes Tun bezeichnet, und das Simplex „Logos", das in diesem Kontext ein „vernunftbestimmtes Wissen" meint (vgl. ebd.). *Praxeologie* kann damit auch als angewandte Logik des Handelns verstanden werden, die die Gesetzmäßigkeiten des leistungsfähigen Handelns unter dem Gesichtspunkt der Adäquatheit der Mittel zur Erreichung eines bestimmten Zwecks und der Handlungsalternativen nach der „Logik der rationalen Wahl" untersucht (vgl. Preis 2009; Birgmeier & Mührel 2017, 119 f.). Darüber hinaus sei es wichtig – so Preis ergänzend –, zwischen einer methoden- und einer theoriegegründeten Praxeologie zu differenzieren: während „methodengegründete Praxeologien aus einem Praxiswissen entstanden sind, aus dem sich Theorien von zunehmender Komplexität entwickelt haben, welche wiederum in die Praxis zurückwirken, lassen sich theoriegegründete Praxeologien als eine theoriegeleitete, systematische Praxis bestimmen, in welcher Praxis und Theorie sich in reflektierter Weise forschungsgestützt durchdringen. Zwischenformen und Übergänge sind in unterschiedlichen Entwicklungsstadien von *Methoden* und *Verfahren* möglich" (Preis 2009, 157; Birgmeier & Mührel 2017, 119 f.).

Gleichwohl kann eine Praxeologie nicht alle Fragen nach dem *wie* und vor allem auch jene nach dem *warum* hinreichend beantworten, denn das *wie* fokussiert nicht nur die rein technisch-technologische Reihenfolge oder das Können im professionellen beraterischen Handeln, sondern es verweist zusätzlich auf eine Komponente, die in jedem Tun der Akteure im personenbezogenen Dienstleistungssektor einen zentralen Platz einnehmen muss: die Frage nach der *Ethik* und *Moral* und darüber auch die Frage nach der Verantwortung im Können (wie?) einerseits, aber auch im Wissen (warum?) andererseits. Mit der Frage nach der Verantwortung ist die *professionelle Haltung* der BeraterInnen angesprochen – und damit auch all jene Faktoren, die zur Ethik, als neben der Anthropologie ebenso wichtige Teildisziplin der „praktischen Philosophie", zählen (vgl. Bauman 1995; Schumacher 2013; Mührel 2019; Birgmeier & Mührel 2017, 120).

Im Vergleich und in der Kombination der *Wissensstrukturen* (Schreyögg 2011) und der *Wissenssorten* (Buer 2015) ergibt sich – zusammenfassend – folgendes Metamodell, das hilfreich sein könnte, um nicht nur spezifische Coaching-Ansätze und -Konzeptionen für unterschiedliche Handlungs- und Arbeitsfelder zu entwickeln, sondern auch das sog. sozialpädagogische Coaching (vgl. Birgmeier 2010) weiterzudenken und zu entwickeln:

Tabelle 4: Das Metamodell aus Wissenssorten und Wissensstrukturen

Wissensstruktur *(Astrid Schreyögg)*	**Wissenssorten** *(Ferdinand Buer)*	**Wissensformen**	**Wissensquellen**
	Haltung (Verantwortung) – *Praxis* – **Orientierungswissen**	**Philosophie** (Ethik, Spiritualität)	**Reflexion** Was soll ich tun?
Anthropologie **Erkenntnistheorie** **Theorien (interdisziplinär)**	**Wissen** – *Theorie* – **Erklärungswissen**	**Wissenschaften**	**Forschung** Wie erkläre ich das, was mir begegnet?
Praxeologie **Konkretes Handeln**	**Können** – *Poiesis* – **Verfügungswissen**	**Formate** und **Verfahren**	**Erfahrung** Wie gehe ich vor?

Im Kontext all dieser Vorannahmen zu einem (integrativen) *Metamodell* aus Wissenssorten und Wissensstrukturen, die auch für das Konzept eines sozialpädagogischen Coachings verbindlich sind, werden nachfolgend nun die zentralen Säulen für einen metamodelltheoretischen Entwurf ausführlich skizziert und in ihren Kernaussagen umfänglich dargestellt. Dabei spielen – wie eben beschrieben – philosophische und anthropologische Erkenntnisse, die hier im Konglomerat im Sinne einer *Philosophischen Anthropologie* (Kap. 2) dargelegt werden, eine ebenso wichtige Rolle, wie die *Erkenntnistheorie* (Kap. 3) sowie die *Theorie* (Kap. 4). Auf eine – von Schreyögg (2011) eingeforderte – *Praxeologie* wird für die metamodelltheoretische inspirierte Konzeption eines sozialpädagogischen Coachings nicht näher Bezug genommen, zumal a) der Begriff der „Praxeologie" nicht eindeutig geklärt ist und b) Annahmen und Angaben zu einem „konkreten Handeln" oder zu „Anweisungen", wie Schreyögg das „Praxeologische" definiert, meist in Rezeptologien oder Technologien oder sogar „Tools" münden, die weder der Würde der Klienten als jeweils einzigartige, individuelle Subjekte und Personen gerecht werden noch dem zentralen Aspekt einer Idee des sozialpädagogischen Coaching Rechnung tragen, mit Hilfe einer spezifischen, humanistischen, ethischen Haltung des (sozialpädagogischen) Coachs den Prozess und das Vorgehen im Coaching zu fundieren.[14]

14 In meinem Buch *Sozialpädagogisches Coaching* (2010) sind – aus der Perspektive eines handlungstheoretischen und handlungswissenschaftlich fundierten sozialpädagogischen Coachings – sämtliche Elemente für die Coaching-Praxis dargestellt, die das umschreiben, was Schreyögg (2011) unter „Praxeologie" sowie unter „methodischen Anweisungen" und „konkretes Handeln" (von Coachs) definiert. Allerdings geht das in diesem Buch (2010) skizzierte „Mehrebenen-Prozessmodell" weit über das hinaus, was als Praxeologie im Sinne Schreyöggs (miss-)verstanden werden kann. Für interessierte LeserInnen, die die von

Nicht die Methode oder ein bestimmtes Praxisverfahren soll das sozialpädagogisches Coaching prozessual unterfüttern, sondern die besondere Haltung des Coachs dem Coaching-Partner gegenüber. Es geht hier also nicht – wie in vielen Business- und Exekutive Coachings präferiert – um die Sammlung von Techniken, Verfahren oder Tools in einem „Methodenkoffer", aus dem sich der Coach je nach Coaching-Anlass und -Thema bedienen kann, sondern um Fragen nach der Art und Weise einer würdevollen, respektvollen und ethisch-fundierten Haltung des Umgangs des Coachs mit dem Coaching-Partner im mit- und zwischenmenschlichen *Einander-Begegnen* (vgl. dazu Stelter & Böning 2019; vgl. insbes. auch Birgmeier 2021). Anstelle einer „Praxeologie" wird daher die „*Handlungstheorie*" (Kapitel 5) – als besonderer Typus von Theorien – präferiert und nachfolgend kurz skizziert, weil darin – weniger technisch oder rezeptologisch oder poietisch – auf das Theorie-Praxis-Verständnis eingegangen wird und der Mensch vor dem Hintergrund verschiedenster handlungstheoretischer (allgemeiner *und* spezieller) Ansätze auch jenseits professioneller Kontexte im Gesamt, d.h. philosophisch-anthropologisch in seinen gesamten Lebensvollzügen *und* fachspezifisch-professionell aus der Perspektive spezifischer Professionen (und deren Aufgaben und Funktionen) betrachtet werden will (vgl. dazu u.a. Wildfeuer 2011; Birgmeier 2014).

Neben dieser Besonderheit eines meta-modelltheoretischen Konzeptentwurfs – kurz: Handlungstheorie *statt* Praxeologie – wird überdies für ein sozialpädagogisches Coaching-Metamodell zusätzlich noch eine weitere wichtige Säule aufgebaut: die Coaching-*Forschung* (Kapitel 6). Coaching-Forschung ist nicht nur *das* Element schlechthin, durch das ein Wissen (gleichgültig, ob nun in Form von Wissenssorten oder Wissensstrukturen) im/für Coaching generiert werden kann; vielmehr impliziert die Säule „Forschung" auch jene Kriterien, die für ein seriöses, professionelles Coaching unverzichtbar sind: das – durch Forschung – stetige Aktualisieren und Überprüfen des Wissens coachender Akteure und die Frage nach der Wirkung und Wirksamkeit einzelner Coaching-Ansätze und – damit verbunden – forschungsgeleitete Reflexionen zu den (un-)beabsichtigten (Neben-)Wirkungen im Coaching, die wiederum sehr wichtig sind für die entsprechende Haltung und die ethisch-moralischen Möglichkeiten, aber auch Grenzen praktischen Coachens.

Schreyögg (2011) für Metamodelle eingeforderte praxeologisch-methodische Ebene hier vermissen sollten, sei dieses Buch ergänzend zur Lektüre empfohlen, da es ausführlich sowohl auf phasenspezifische mikro- und makrostrukturelle Basisvariablen in der Coaching-Interaktion als auch auf die Praxis der Diagnostik, der Analyse, der Zielkategorisierung, der Methoden (und Methodenauswahl) sowie auf die Evaluation (Wirkungsmessung) eingeht und damit all das, was zur Konzipierung von Metamodellen zum Coaching im Anschluss an die Anthropologie, Erkenntnistheorie und Theorie berücksichtigt werden muss, in einer Gesamtschau zur „Praxis" offenlegt.

Sämtliche dieser Säulen bzw. Ebenen in einem meta-modelltheoretischen Entwurf werden anschließend zunächst allgemein, danach spezifisch aus einer dezidiert sozialpädagogischen Perspektive beschrieben, um darzulegen, welche wichtigen Wissensessenzen und -bestände gerade die Sozialpädagogik / Soziale Arbeit für ein professionelles Coaching (auch für ihre AdressatInnen und KlientInnen) zur Verfügung stellen kann.

2. Philosophische Anthropologie

Handlungsmodelle, mit deren Hilfe verschiedenste Wissensstrukturen für einen spezifischen Coaching-Ansatz integriert werden können, beginnen – so Schreyögg – bei „*normativen* Grundentscheidungen", also bei „anthropologischen und erkenntnistheoretischen Setzungen" (2011, 50; Herv. d. A.). Für die genuin anthropologischen Setzungen empfiehlt sie folgende Inhalte mit einzubeziehen: „(1) Das Verhältnis des Menschen zu Individualität und Sozialität, (2) zu seiner Subjekthaftigkeit und seiner Determiniertheit, (3) zu seinem Lebensganzen und zu seinen Entfaltungsmöglichkeiten und … (4) seinem Verhältnis gegenüber Institutionalisierungen und gegenüber Arbeit" (2011, 51).

Ein derart inhaltlich gesteckter anthropologischer Rahmen mag sicherlich hilfreich sein, Coaching in seiner spezifischen Lesart als professionelle Form der Managementberatung, konkret: als „Beratung von Fach- und Führungskräften in unterschiedlichen Organisationstypen, die ihre organisatorischen Steuerungsfunktionen verbessern oder reflektieren wollen" (Schreyögg 2015a, 115), zu begründen und ihm die beiden Kernfunktionen zuzuordnen, a) eine „innovative Maßnahme der Personalentwicklung" und b) eine „Dialogform über Freud und Leid im Beruf" (2007, 948) sein zu wollen. Dennoch ist – wollen wir das Adjektiv des „*normativen*" in Schreyöggs Empfehlung ernst nehmen – diese anthropologisch gesetzte Quadriga nicht für alle Konzeptionen eins zu eins übertragbar, v. a. nicht für jene Coaching-Ansätze, die sich – wie etwa auch das sozialpädagogische Coaching – jenseits von Personalentwicklungs- und Arbeitswelt-/Berufsbezogenen Themen (also der vierten der o. g. Prämisse) bewegen wollen.

2.1. Allgemeine Anthropologie

Der Mensch, so *Christoph Ried*, erscheint in einem Menschenbild – pars pro toto – als ein Wesen, „das in seinem Lebensvollzug wesentlich von dem jeweils beschriebenen Merkmal bestimmt ist" (2017, 122). Solcherart Bestimmungen können entweder normativer oder deskriptiver Art sein. Bereits bei *Ernst Cassirer* finden wir diese janusköpfige Bestimmungsformel anthropologischen Denkens in der Frage: „Was ist der Mensch? – eine Bestimmung des Seins und eine Bestimmung des Sollens" (ECN, 6, 6; zit. n. Ried 2017, 125). So könne eine „Lehre der Kenntnis des Menschen", systematisch abgefasst, entweder aus physiologischer oder aus pragmatischer Hinsicht entwickelt werden: „Die physiologische Menschenkenntniß geht auf die Erforschung dessen, was die Natur aus dem Menschen macht, die pragmatische auf das, was er als freihandelndes Wesen aus sich selber macht, oder machen kann und soll" (Cassirer, ApH, 119; zit. n. Ried 2017, 125).

Gleichwohl darf die *Allgemeine Anthropologie* nicht missverstanden werden als ontologisch verbürgte Lehre zum Menschen, es geht ihr vielmehr darum, die vorhandenen Menschenbilder als begriffliche Modelle zu reflektieren, um auch der Wissenschaft und der Forschung einen Zugang zu bieten, den Menschen in theoretische Überlegungen einordnen zu können. Daher sind „Menschenbilder" allenfalls Ergebnisse von Konstruktionsprozessen und „kein Abbild der ‚wahren' Natur des Menschen" (Ried 2017, 143). Der Gegenstand der Anthropologie ist demnach also nicht der Mensch, sondern das jeweils vorliegende „Menschenbild" (vgl. Ried 2017, 145), das in den einzelnen Wissenschaftsdisziplinen produziert oder verhärtet wird und wodurch Anthropologie ganz allgemein als „Begründungs- und Reflexionsinstanz von Menschenbildern" (Ried 2017, 147) gefasst werden kann.

Was also *ist* der Mensch nach den beschriebenen Merkmalen in Schreyöggs Meta-Modell? Ungeachtet der Tatsache, dass sich in Schreyöggs Publikationen zu ein und demselben Thema *Meta-Modell* unterschiedliche „anthropologische Setzungen" finden lassen[15] und das vierte, rein auf die Arbeitsrolle und berufliche Funktionen von Menschen bezogene (und meist durch das höchst fragwürdige Paradigma der beruflichen „Leistungssteigerung" von – dazu auch noch – „charismatischen" Coachs inspirierte) Wesensmerkmal einmal ausgeklammert, lässt sich der Mensch im Sinne ihrer meta-modelltheoretischen Überlegungen zunächst einmal als ein gleichermaßen *individuelles* und *soziales* Wesen bestimmen (vgl. Schreyögg 2011, 52), konkret: als ein „einmaliges, unverwechselbares Wesen", das „Handlungsfreiheit hat" und dessen „individuelles Sosein von Anbeginn aus gelebten Interaktionen mit anderen Menschen resultiert" (ebd.). Zum Zweiten sei er „gleichermaßen Subjekt und determiniertes Wesen" (Schreyögg 2011, 52). Als solches könne der Mensch „eigene Ziele bestimmen" und „sich für oder gegen das eine oder das andere Ziel … entscheiden" (ebd.). Als Subjekt, so Schreyögg weiter, könne „der Mensch auch prinzipiell eine exzentrische Position einnehmen (Plessner 1982), die es ihm erlaubt, seine eigene Lage und die Zusammenhänge, in denen er steht, zu durchschauen" (Schreyögg 2011, 52). Neben der in dieser anthropologischen Bestimmung favorisierten Setzung des Menschen als Wesen, das selbstbestimmt und (selbst-)reflektierend handelt, sei noch darauf hinzuweisen, dass das vom Menschen Geplante immer auch „durch die individuelle Lebenserfahrung … verunmöglicht werden" (ebd.) könne. Und schließlich sei ein drittes

15 In einer frühen Ausgabe ihres Klassikers mit dem Titel „Coaching" von 1999 beschreibt Astrid Schreyögg folgende vier anthropologischen Setzungen als verbindlich für die Konturierung eines Meta-Modells: 1. Der Mensch ist ein prinzipiell autonomes Wesen; 2. Der Mensch ist ein soziales Wesen, das immer auf Sozialität angewiesen ist; 3. Der Mensch ist ein sich potentiell lebenslang entfaltendes Wesen und „laufend mit der Verwirklichung" seines Selbst und seiner beruflichen Kompetenzen beschäftigt; 4. „Menschen sind durch formale Strukturen der Arbeitswelt verformbar und können an ihnen unter beträchtlichem Maße leiden" (Schreyögg 1999, 199).

Wesensmerkmal des Menschen darin auszumachen, dass er als ein „sich potentiell lebenslang entfaltendes Wesen" (Schreyögg 2011, 52) gesehen werden könne, als Wesen also, das in der Lage sei, lebenslang zu lernen und seine Potenziale „sein Leben lang immer umfassender entfalten kann" (ebd.).

Zu diesen anthropologischen Setzungen Schreyöggs ist Folgendes zu kommentieren: Dass es zu den zentralen Anthropika jedes Menschen gehört, ein Subjekt, ein individuelles, determiniertes und *soziales Wesen* sowie auch ein des lebenslangen Lernens fähiges und zur Selbstverwirklichung und Reflexion aufgerufenes Wesen zu sein, ist in den Reihen philosophisch-anthropologisch ausgewiesener Experten unbestreitbar. Gleichwohl darf bezweifelt werden, dass diese minimalistische Auswahl an anthropologischen Merkmalen zum Menschen genügt, um das umfängliche Wesen des Coaching-Klienten hinreichend beschreiben zu können. In Schreyöggs Konzept wird eher der „Kunde" beschrieben, der in einer ganz bestimmten Rolle (als Manager oder Führungskraft) steckt und mit dieser Rolle offensichtlich freud- und leidvolle Erfahrungen macht / gemacht hat, die eben dann auch der Gegenstand des „Dialogs" über „Freud und Leid im Beruf" (Schreyögg 2007, 948) sind. Überdies scheint Schreyöggs Menschenbild höchst einseitig auf *den* Manager oder *die* Führungskraft in Top-Positionen zugespitzt zu sein, die Mitarbeiter in den mittleren oder unteren Ebenen in (Wirtschafts-)Unternehmen spielen in ihrem Konzept eher eine untergeordnete Rolle. Doch gerade bei dieser Klientel wäre es interessant zu überprüfen, ob das von Schreyögg referierte anthropologische Merkmal der „Handlungsfreiheit" tatsächlich auch gegeben ist bzw. ob ein Manager in der unteren Ebene wirklich „eigene Ziele bestimmen" (Schreyögg 2011, 52) könne.

Solcherart Menschenbild-Annahmen sind sicherlich zielführend für eine Bestimmung des Rahmens klassischen Business- oder Management-Coachings, sie greifen jedoch zu kurz, wenn wir den Fokus auf die Ganzheitlichkeit des Menschen richten und v. a. auf jene, die von Führungskräften „geführt" werden oder die – noch allgemeiner – als Menschen ihr eigenes Leben „führen" müssen. Daher sind weitaus allgemeinere, aber auch spezifiziertere Menschenbilder in Meta-Modelle zum Coaching einzubeziehen, um dem Menschen – auch jenem, der *keine* manageriale Spitzenfunktion einnimmt – in einer Gesamtschau tatsächlich auch gerecht zu werden. Denn: wir *alle* sind Menschen! Der DAX-Vorstand ebenso wie der „Coach" oder der (einfache) Sachbearbeiter oder der straffällig gewordene Jugendliche. Es gilt also nicht nur danach zu fragen, was etwa den Manager *als* Menschen (oder umgekehrt: den Menschen *als* Manager) ausmacht, sondern es ist – philosophisch-anthropologisch – ganzheitlich zu eruieren, was auf den Menschen im Gesamt zutrifft, was *alle* Menschen ausmacht.

Um dieses – sicherlich – nicht ganz einfache Unterfangen auch nur annähernd realisieren zu können, ist zunächst einmal die Allgemeine Anthropologie zu befragen, welche Fundstücke zum Menschen sie bereithält, um in Meta-Modellen auch solche „anthropologischen Setzungen" zu veranlassen, die die

Ganzheitlichkeit des – besser: *jedes* – Menschen berücksichtigen. Die Allgemeine Anthropologie gilt als Königsdisziplin jeglicher Fragen zum Menschen, und sie eröffnet ein breites Spektrum unterschiedlichster Menschenbilder, die für Coaching in Theorie und Praxis grundlegend sind. Ausgehend von der Prämisse, dass wir es im Coaching immer mit dem „ganzen Menschen" zu tun haben (vgl. dazu Birgmeier 2011f, 18-20), der diesbezüglich auch in seiner Ganzheit zu betrachten und zu achten ist, ist dementsprechend auch ein Verständnis von Anthropologie zielführend, die – ganz allgemein formuliert – als Lehre bzw. als „Wissenschaft vom Menschen" (vgl. Noack 2002, 122) den Menschen als solchen und im Ganzen zu erfassen sucht. Mit dieser Zielsetzung ist die (Allgemeine) Anthropologie nicht nur eine dezidiert philosophische Disziplin (vgl. Lenk 2010, 39), sondern sie nimmt gleichermaßen auch den Rang einer zutiefst interdisziplinär angelegten, allgemeinen *Gesamtwissenschaft* ein, die all jene Bestimmungsmerkmale menschlichen Daseins und menschlicher Existenz in ihrer universalisierenden Gesamtheit zu umfassen trachtet, die aus den jeweiligen Teil- und Regionalanthropologien aller wissenschaftlichen Disziplinen stammen – jenseits aller Rollen und Funktionen, die einzelne Menschen in ihren ausschließlich beruflichen Lebenswelten einnehmen bzw. erfüllen sollen. Als *Allgemeine Anthropologie* obliegt der *Philosophischen Anthropologie* somit die schwierige Aufgabe, all jene monokausalen, teildisziplinären regionalanthropologischen Erkenntnisse zu einem größeren, multidimensionalen Gesamt einer Lehre vom Sein (und Werden) des Menschen, also zu einer Theorie des Menschseins, zusammenzuführen (vgl. Hamann 1993, 13; Birgmeier 2014, 95 f.).

Die ungeheure Vielfalt der philosophisch-anthropologischen Deutungen, Interpretationen und Beschreibungen zum Menschen führt schließlich dazu, dass die Philosophische Anthropologie nach *Hans Lenk* notwendigerweise eine „multifaktorielle" und „perspektivisch-pluralistische" Disziplin zu sein hat (2010, 41), die die anthropologischen Erkenntnisse der Humandisziplinen[16] in ihr Wissensrepertoire einzuflechten hat, damit sie ihrem auch integrationsdisziplinären Auftrag gerecht werden kann, den *Menschen* als das „flexible Vielfachwesen" überhaupt annähernd beschreiben zu können (vgl. Lenk 2010).

Obgleich sich demnach die Philosophische Anthropologie mit den Schwierigkeiten auseinandersetzen muss, die – *erstens* – darin bestehen, dass „menschliches Sein wegen der Unabgeschlossenheit und Offenheit des menschlichen

16 Nach dem Verständnis Lenks sind mit den sog. „Humanwissenschaften" nicht nur „die traditionellen Geisteswissenschaften (im Englischen ‚humanities' genannt) gemeint, sondern auch naturwissenschaftliche Humandisziplinen, wie z. B. die Allgemeine Biologie, die Ökologie, die Paläoanthropologie und die Humanbiologie, speziell etwa die Humangenetik (einschließlich neuerdings der Humansoziologie und Humanethologie)" (2010, 41; Birgmeier 2014, 106 f.). Insbesondere diese e. g. Naturwissenschaften haben sich – so Lenk – in den letzten Jahrzehnten „dramatisch entwickelt" und sie wirken „drastisch" auf aktuelle Skizzierungen zum Menschenbild ein (vgl. ebd.).

Wesens schwer und nie restlos zu erfassen ist“ (Hamann 1993, 13 f.), dass – *zweitens* – „ein gesicherter Maßstab fehlt, von dem her die Einzelbefunde der verschiedenen Wissenschaften interpretiert werden könnten“ (ebd.) und dass – *drittens* – „nicht alle Erkenntnisse auf ihren Wahrheitsgehalt hin überprüfbar sind“ (Hamann 1993, 13 f.; Herv. d. V.; Birgmeier 2014, 107), geht die *Philosophische Anthropologie* (als Königsdisziplin der Philosophie *und* der Anthropologie) das Wagnis ein, eine (systematische) Zusammenschau aller anthropologischen Einzelbefunde zu entwickeln, indem sie die in den verschiedensten Humanwissenschaften erkundeten anthropologischen Befunde in einem ganzheitlichen Zugriff zu erfassen und „in eine Art von systematischem Konzept zu bringen versucht“ (Lenk 2010, 40). Diesen Versuch unternimmt sie jedoch ohne den Anspruch, eine „Superdisziplin“ oder gar eine „Oberzensor-Wissenschaft“ (Lenk 2010, 43) sein zu wollen, „die den anderen Humanwissenschaften gleichsam in die Parade fährt und ihnen sagen würde, wie denn nun die Philosophie bzw. jede Einzelwissenschaft vom Menschen zu betreiben sei“ (ebd.; Birgmeier 2014, 107).

Im Zentrum des Erkenntnisinteresses einer Allgemeinen bzw. einer Philosophischen Anthropologie steht der Mensch und die Frage, wie dieser sein Leben „wirklich erfährt und erlebt“ (vgl. Kamlah 1973, 39). Die Lebenswelt zählt zur sog. „großen Welt“ (Marquard 1971, 365), die der Mensch hat, die er kennt, in der er ist und wird und in der er sich in seiner subjektiven Wirklichkeit *und* in der objektiven Realität *erlebt* und hierüber vielfältige Erfahrungen macht (vgl. dazu Kraus 2013, 21); und – so ließe sich hier ergänzen – die sich wiederum in verschiedenste kleinere Lebenswelten unterteilt, die rollen- und funktionsbezogen unterschiedliche Ressourcen und Quellen der Individualität offenbaren, gleichzeitig jedoch auch unterschiedliche Herausforderungen zeitigen, die zur Entwicklung und/oder Bewältigung anstehen.

Demzufolge müsste der Mensch sich – um nur einige wenige Aspekte philosophisch-anthropologischen Nachdenkens über sein eigentliches Wesen zu benennen – im Vergleich und in der Reflexion zu allgemein philosophisch-anthropologischen Befunden über das Mensch-Sein, über sein „Selbst“ und sein darin enthaltenes „Ich“ erfahren und erleben können u. a. als *instinktreduziert* und *fähig zur Kompensation*, um naturgegebene Defizite auszumerzen und sich über verschiedenste Arten von Anpassungsmechanismen selbst zu erhalten; als *Vernunft-* und *Triebwesen*; als *leibliches, intersubjektives, soziales* Wesen; als Wesen, das über die Fähigkeit des *Denkens* und des *Fühlens* verfügt; als *Kulturwesen*, das sich eine eigene Welt erschafft; als *physiologische Frühgeburt* (Portmann) und als *Mängelwesen* (Gehlen); als *Exzentriker*, um sich von seinen natürlichen Antrieben zu distanzieren und seine Lebensweise selbst schaffen und schöpferisch sich *selbst verwirklichen* zu können; als *intentionales* und *transzendentales* Wesen, das ein Bewusstsein und spezifische Bezüge zu Raum und Zeit zu entwickeln hat, um *indexikalisch* zu erfahren und zu erleben, was „ich“ ist und was „wir“ ist (vgl. Runggaldier 2011, 1156); als Wesen, das sein Selbst in die Zukunft hinein entwerfen und seine *Zukunft gestalten* muss (vgl. Noack 2002, 128); als Wesen, das *Absichten* entwickeln und *Entscheidungen* ableiten kann und das die Fähigkeit besitzt, alle *Erfahrungen zu übersteigen*; als Wesen, das sich *autopoietisch* und *reflexiv* selbst *konstruiert, sucht* und *schöpft*, d. h. es bringt sich und die Wirklichkeit in setzenden Akten selbst hervor, es erhält sich, ist ersthandelnd (vgl. Noack 2002, 124) und es *erfährt* und *erlebt* sich selbsthandelnd als *Zentrum seiner Welt*, in die es handelnd eingreift u. v. a. m. (vgl. dazu auch Runggaldier 2011, 1156; Birgmeier 2014, 99).

2.2. Pädagogische Anthropologie

Dass auch die Pädagogik bzw. die Bildungs- und Erziehungswissenschaft ein explizites oder implizites Menschenbild enthält, ist ob all dieser Vielfalt an philosophisch-anthropologischen Deutungs-Angeboten offensichtlich. Weitaus bedeutsamer wird dieser Sachverhalt, wenn uns bewusst wird,

> „dass genuin pädagogische Menschenbilder auch deskriptive und vor allem normative Vorstellungen darüber enthalten, wie Entwicklungen verlaufen bzw. verlaufen sollen oder auch, was eine humane Bestimmung ausmacht bzw. ausmachen soll. Pädagogischen Menschenbildern kommen im komplexen pädagogischen Geschehen Deutungs-, Orientierungs- und Legitimierungsfunktionen zu, weil sie Zuschreibungen ermöglichen, Erwartungen strukturieren und erzieherische Maßnahmen legitimieren" (Wulf & Zirfas 2014, 12).

Dies belegt auch ein Blick in die Geschichte, in der sich schon sehr früh auch eine „Institutionalisierung der pädagogisch-anthropologischen Frage" (Ried 2017, 232) in den Schriften vieler Klassiker der Pädagogik vollzog. Sie wird „gemeinhin mit den Namen und Schriften von Herman Nohl sowie Wilhelm Flitner verbunden und somit auf den Zeitraum um 1930 datiert" (ebd., 233). Insbesondere die Entwicklungen der Allgemeinen Anthropologie seit den 1950er Jahren ebneten die Basis für Überlegungen zu einer explizit Pädagogischen Anthropologie, die u. a. durch *Martinus Langeveld* (1956) und *Otto Friedrich Bollnow* (1965) im Rückgriff auf die Phänomenologie Husserls, Schelers, Heideggers, Diltheys, Plessners und Gehlens formuliert wurde und in der „Phänomene wie Begegnung, Geborgenheit, Ermahnung, Stimmung und Vertrauen" (Noack 2002, 122) in den Mittelpunkt pädagogisch-anthropologischer Annahmen zum Menschsein verortet wurden (vgl. Birgmeier 2014, 105). So etwa *Otto Friedrich Bollnow*, der konstatiert, dass jedes pädagogische System getragen sei

> „von einer ganz bestimmten Auffassung vom Menschen. Diese bildet die einheitliche Mitte, aus der alle Einzelzüge hervorgegangen sind und in der sie untereinander

> zusammenhängen. Darum ist dieses Bild vom Menschen der geeignete Schlüssel, hinter die Einzelheiten der pädagogischen Lehren zu dringen und sie gewissermaßen in ihrer ‚Stilreinheit', in der inneren Notwendigkeit ihres Zusammenhangs, zu begreifen" (Bollnow 1965, 15; zit. n. Ried 2017, 229).

Im Anschluss daran erfuhr die Anthropologie gerade in der Pädagogik eine Renaissance, sodass der Zeitraum zwischen 1955 bis 1975 als eine „Zeit der Besinnung auf die anthropologischen Grundlagen der Pädagogik" bezeichnet werden kann (vgl. Noack 2002, 122). Die Genese der Pädagogischen Anthropologie seit den 1950er Jahren fassen Wulf & Zirfas wie folgt zusammen:

> „In der Entwicklung der Pädagogischen Anthropologie lassen sich in der zweiten Hälfte des 20. Jahrhunderts zunächst drei Richtungen unterscheiden, die sich in der Auseinandersetzung mit der Philosophie und einigen Wissenschaften herausgebildet haben und unterschiedliche Beiträge zur Theorie Pädagogischer Anthropologie liefern. Dabei handelt es sich um (1) eine phänomenologische, (2) eine integrative und (3) eine philosophische Strömung. Seit den 90er Jahren entstand dann in intensiver Auseinandersetzung mit diesen Richtungen eine Historisch-Pädagogische Anthropologie" (2014, 30).

In jenem Zeitraum stand nicht nur die Integration anthropologischen Wissens im Zentrum pädagogischer Forschung, sondern auch die philosophische Grundlegung der Anthropologie für die Pädagogik ist als Indiz dafür zu sehen, dass die Anthropologie zu einer fundamentalen Betrachtungsweise der Erziehungswissenschaft werden sollte (vgl. Noack 2002, 122), wie es einst bereits Bollnow formuliert hat. Denn bei der anthropologischen Betrachtungsweise, so Bollnow, „handelt es sich nicht um eine neu zu begründende Disziplin, nicht um einen besonderen Zweig, der dann im Ganzen der Pädagogik eine besondere Aufgabe zu erfüllen hätte, sondern um eine die gesamte Pädagogik durchziehende Betrachtungsweise" (1965, 49; zit. n. Wulf & Zirfas 2014, 31). So lassen sich gegenwärtig verschiedene Konzepte extrahieren, aus denen die Pädagogische Anthropologie ihre fachspezifischen Konturen gewann, die in jüngster Zeit jedoch nur noch partiell weiterentwickelt wurden.

Nach *Christoph Wulf* (1994, 19 f.) sind folgende sieben verschiedene Positionen zur Systematisierung pädagogisch-anthropologischen Denkens zu differenzieren: „integrativ (A. Flitner, Roth, Liedtke), philosophisch-anthropologisch (Bollnow, Derbolav, Loch), phänomenologisch-daseinsanalytisch (Langeveld, Rang, Lassahn), dialogisch-reflexiv (Buber, Levinas, Adorno, Schaller, Klafki), implizit (Scheuerl), textural (Derrida, Foucault, Geertz) und plural-historisch (Gebauer, Kamper, Wulf, Mollenhauer, Lenzen)" (Ried 2017, 236). Sämtliche dieser pädagogisch-anthropologischen Positionen spiegeln nicht nur die Relevanz der Anthropologie für die Pädagogik, die Bildungs- und Erziehungswissenschaft sowie für die Sozialpädagogik / Soziale Arbeit wider (vgl. Birgmeier & Mührel 2017, 46 ff.), sondern sie verweisen bereits auf die immense „Vielfalt der Anthropologie" (Lenk 2010, 39 ff.), die sich aus ihren frühen historiographischen Entwicklungssträngen bis hin zur Gegenwart artikuliert.

Neuere Konzepte der Pädagogischen Anthropologie versuchen vier zentrale Aspekte anthropologischen Fragens zu bündeln. Sie unternehmen – *erstens* – den Versuch „pädagogische Bestimmungen des Menschen historisch zu identifizieren und aufzuklären im Bewusstsein davon, dass diese Bestimmungen sich stetig ändern" (Wulf & Zirfas 2014, 11); *zweitens*, „die Charakteristika des Menschen nicht ‚hinter', sondern nur ‚in' spezifischen disziplinären und kulturellen Ausprägungen zu finden und somit das Spezifische des Menschen in seinen kulturell sichtbaren Variabilitäten, Differenzen und Potentialitäten auszumachen" (ebd., 12); *drittens*: „vor dem Hintergrund heterogener und inkommensurabler anthropologischer Sprachspiele eine kritische Perspektive einzunehmen, die sich zwischen einer radikalen Normativität und einer radikalen Offenheit bewegt (denn die Anthropologie einer völligen Offenheit enthält *kaum* Möglichkeiten, inhumane (pädagogische) Praktiken zu kritisieren)" (ebd.), und die schließlich – *viertens* – versuchen, „eine Selbstbezüglichkeit mit zu reflektieren, die mit einer Selbstentzogenheit und Selbstfremdheit einhergeht (um somit ein Bewusstsein seiner eigenen theoretischen und methodischen *blinden* Flecken zu gewinnen)" (Wulf & Zirfas 2014, 12).

Gleichwohl greift jede Pädagogische Anthropologie in ihren allgemeinen und spezifischen Ausprägungen auf die sog. pädagogischen Grunddimensionen zurück, die sich als *vier Säulen* der Pädagogik in der Erziehung, Bildung, dem Lernen und der Sozialisation erstrecken (vgl. dazu insb. Gudjons & Traub 2016; Koller 2017; Zirfas 2018; Krüger 2019; Rieger-Ladich 2019). Diese für die Strukturierung einer Pädagogischen Anthropologie so zentralen pädagogischen Grunddimensionen, fußen jedoch nicht – wie es vielfach in anthropologischer Literatur zu ersehen ist – auf dem populären, philosophisch-anthropologischen Menschenbild des „Mängelwesens" Mensch, das sich erst etwa durch Erziehung, Bildung, Lernen und Sozialisation zu einem *ganzen* Menschen vervollständigen lässt. Vielmehr wird

> „in der Moderne … dieses anthropologische Defizitmodell zunehmend problematisch und tendenziell durch ein anthropologisches Aktivitätsmodell abgelöst, das die Entwicklungen und Handlungen des Menschen betont. Damit wird betont, dass der Mensch sich nicht zum Menschen, sondern *als* Mensch entwickelt. In diesem Sinne ist gegenüber dem bekannten Diktum von Immanuel Kant, dass der Mensch nur durch Erziehung zum Menschen werde, festzuhalten, dass der Mensch *als* Mensch erzogen wird. Und so kann man u. a. auch mit Janusz Korczak darauf aufmerksam machen, dass sich Kinder nicht erst zu Menschen entwickeln, sondern immer schon welche sind" (Wulf & Zirfas 2014, 14).

Daher ist der Mensch aus pädagogisch-anthropologischer Perspektive besehen zunächst einmal als ein „*Homo educandus*, ein erziehungsbedürftiges Lebewesen“ zu verstehen, wie es bereits historiographisch mit dem „‚animal‘ educandum“ (Langeveld 1951, 147), dem „homo educandus et educabilis“ (Flitner 1963, 218) bzw. dem Menschen als „educatus“ (Loch 1965, 165) im pädagogisch-anthropologischen Diskurs verbürgt ist (vgl. Ried 2017, 241); und er ist ein erziehungsfähiges Wesen, also ein *Homo educabilis*. „Auf diese beiden konstitutiven Momente ist die Pädagogische Anthropologie gegründet: Nur wenn der Mensch erziehungsbedürftig ist, *soll* er auch erzogen werden, und nur dann, wenn er erziehungsfähig ist, *kann* er auch erzogen werden“ (Wulf & Zirfas 2014, 14).

Im Konglomerat all dieser Vorüberlegungen lassen sich gegenwärtig folgende zentralen Prämissen einer Pädagogischen Anthropologie zusammenfassen: Der Mensch ist 1. ein erzieherisches Wesen, insofern er einerseits erzogen wird (d. h. ein erziehungsfähiges und erziehungsbedürftiges Wesen ist) und andererseits ein Wesen ist, das selbst erzieht. Überdies ist der Mensch 2. ein lernendes (lernfähiges und -bedürftiges) Wesen, 3. ein sich bildendes (bildungsfähiges und -bedürftiges) Wesen, 4. ein lehrendes, unterrichtendes Wesen und 5. ein sich sozialisierendes und kultivierendes Wesen (vgl. Wulf & Zirfas 2014, 701).

2.3. Sozialpädagogische Anthropologie

Wenn sich eine *Pädagogische Anthropologie*, so Wulf & Zirfas (2014, 701), nur „in kontinuierlicher Auseinandersetzung mit Erziehungswissenschaft und Anthropologie“ zu konstituieren vermag und nicht, wie es etwa *Margit Stein* (2009, 15) vorschlägt, in erster Linie „auf Menschenbilder der Bezugswissenschaften wie der Psychologie oder der Philosophie“ fußen sollte, so gilt auch für die pädagogische / erziehungs- und bildungswissenschaftliche Teildisziplin der Sozialpädagogik (vgl. dazu auch Birgmeier 2019), dass sie sich – einerseits – ebenso auch auf die Pädagogische Anthropologie berufen muss, um von dort aus zentrale Wissens- und Deutungshorizonte zum Menschen als genuin pädagogisches Wesen in ihren fachdisziplinären Heimathafen zu importieren. Andererseits ist sie, die Sozialpädagogik, jedoch auch angewiesen auf die Schaffung eigener anthropologischer Setzungen, um ihre Denk- und Handlungslogiken zum Menschen im Allgemeinen, zum Menschen als Adressaten, Klienten, Kunden der Sozialpädagogik / Sozialen Arbeit zu legitimieren.

Das Gesamt der Sozialen Arbeit enthält nicht nur solche Dimensionen, die den Forschungsgegenstand der Sozialpädagogik und Sozialarbeit betreffen, wie bspw. soziale Probleme, soziale Sachverhalte, soziale Verhältnisse und soziale Strukturen (Staub-Bernasconi) oder die Ermöglichung befriedigender Partizipation an sozialen und gesellschaftlichen Ressourcen (Effinger). Im Konglomerat von sozialpädagogischen und sozialarbeitswissenschaftlichen

Forschungsintentionen und -traditionen geht es der Sozialen Arbeit im Besonderen vor allem um:

- die wissenschaftliche Durchdringung von sozialen bzw. öffentlichen Problemen, sozialen Sachverhalten, sozialen Verhältnissen und sozialen Strukturen,
- Fragen nach der Ermöglichung befriedigender Partizipation an sozialen und gesellschaftlichen Ressourcen,
- Bildung und Befähigung,
- erschwerte Erziehungstatsachen,
- Fragen nach der Teilhabe und Teilnahme in sozialen Kontexten,
- personenspezifische Probleme und deren Erforschung,
- die Reflexion und Humanisierung von Lebenswelt(en), Lebensverhältnissen, -lagen sowie von Lebensumständen von Adressaten und Zielgruppen Sozialer Arbeit,
- das soziale Verhalten und um die individuelle, ethische, lösungs- und ressourcenorientierte Haltung ihrer Akteure,
- individuelle (Bewährungs-)Krisen, fehlende Sinnorientierung und soziale Handlungs(in)kompetenzen sowie
- die Aufgabe, Adressaten aller Lebensalter zu einer gelingenderen Lebensbewältigung (Böhnisch) und Lebensführung (Volz), neuerdings sogar – besonders in den Debatten um den sog. Capability Approach – um Menschen zu einem guten, gelingenden und glücklichen Leben zu verhelfen (vgl. Röh 2013; Mührel, Niemeyer & Werner 2016; Birgmeier & Mührel 2017, 34-36), bzw. eudaimogenetisch „gewendet"
- um die „Fokussierung auf die *Hervorbringung gelingenden Lebens*" – basierend einerseits „auf der anthropologischen Grundannahme des Menschen als verletzlichem und verletzungsmächtigem Wesen (Straub 2014) und zum anderen auf dem sogenannten eudaimonistischen Axiom, nach dem alle Menschen glücklich sein wollen (Zirfas 2014)" (Noack-Napoles 2020, 189).

Eine dezidiert *sozialpädagogische* Anthropologie ist dabei zu denken als eine „anthropologische Teildisziplin, die den Menschen mit der ‚sozialpädagogischen Brille' untersucht: Sie interessiert sich dafür, welche Seite des Menschen sich in sozialpädagogischen Hilfeprozessen offenbart" (Ried 2017, 310f.). Dabei bilden die verschiedensten Denkbewegungen, mit denen die Pädagogik bzw. die Bildungs- und Erziehungswissenschaft versucht, die Bedeutung von pädagogisch-inspirierten Menschenbildern zu systematisieren, „für die Sozialpädagogik eine Fundgrube von Anregungen" (Ried 2017, 311). So könne, um zumindest Konturen einer *Sozialpädagogischen Anthropologie* zeichnen zu können, die Sozialpädagogik ähnlich wie die Pädagogik / Erziehungs- und Bildungswissenschaft, – *erstens* – sowohl integrative wie auch philosophisch-systematische Menschenbilder für ihre genuinen Denk- und Handlungslogiken abstrahieren; *zweitens* könne auch sie zwischen einem normativen und einem deskriptiven Menschenbildbegriff differenzieren, um Seins- und Sollensansprüche in ihrer Theorie und auch Praxis voneinander zu extrahieren (vgl. Ried 2017, 313). Daneben ist noch ein weiterer, sehr wichtiger *dritter* Aspekt zu benennen, wenn es um Möglichkeiten einer Adaptation Allgemeiner und Pädagogischer Anthropologie in die Sozialpädagogik geht und die auch Richtungsweisend für eine Sozialpädagogische Anthropologie für ein Coaching sein muss. Dabei handelt es sich um den sozialpädagogischen Blick auf den ganzen Menschen; verschiedenste Konzepte der Sozialpädagogik, so Ried, „die in der Tradition der pädagogischen Bildungstheorie stehen, werden auf den Begriff des ‚ganzen' oder gar des ‚eigentlichen' Menschen nicht verzichten wollen" (2017, 313). Und schließlich ist noch auf einen *vierten* wichtigen Aspekt zur Ausformulierung und Konkretisierung einer Sozialpädagogischen Anthropologie hinzuweisen, die Ried in der sog. „wissenschaftssystematischen Reichweite von Menschenbildern" diskutiert wissen will. „Manche Menschenbilder", so Ried,

> „werden auch in der Sozialpädagogik … mit einem metatheoretischen Anspruch vorgetragen … So sind z. B. allgemeine Aussagen darüber denkbar, welche Menschen überhaupt zu Klienten der Sozialpädagogik werden können, wodurch dann a priori eingegrenzt wird, wie sozialpädagogische Hilfe überhaupt gedacht werden kann. Wenn diese Beschreibungen in der Disziplin allgemeinverbindlich akzeptiert werden, dann haben sie eine metatheoretische Geltung. Andere Menschenbilder sind hingegen spezifische Implikate ebenso spezifischer sozialpädagogischer Theorien und können deshalb keine umfassende Bedeutung für das Grundgerüst der sozialpädagogischen Theoriebildung reklamieren" (2017, 313).

Im Kontext all dieser potenziellen Schnittstellen zwischen pädagogischen und sozialpädagogischen Bemühungen zur Beschreibung von Menschenbildern ist jedoch die Frage zu stellen, ob es für die Konturierung einer *Sozialpädagogischen Anthropologie* tatsächlich ausreicht, das Kernthema pädagogischer Anthropologie, die Erziehungsbedingtheit, Erziehbarkeit und Erziehungsbedürftigkeit, kurz: auf das „Moment der Erziehung" von Menschen in die eigene disziplinäre Perspektive zu übertragen, oder in einer Frage formuliert: „(H)at die Sozialpädagogik andere Fragen an die Anthropologie als die nach den Möglichkeiten der Erziehung?" (Ried 2017, 315).

Selbstverständlich gibt es viele andere Themenbereiche der pädagogisch-anthropologischen Forschung, die sich dezidiert nicht auf Fragen nach der Erziehung beziehen, sondern die „allgemeine Aspekte der menschlichen Entwicklung und die Möglichkeiten, pädagogisch auf diese Einfluß zu nehmen, besprechen" (Ried 2017, 315) und die für eine Sozialpädagogische Anthropologie zu identifizieren sind. Exemplarisch benannt seien etwa anthropologische Setzungen, wie etwa der homo agens (Arnold Gehlen: der Mensch als ein handelndes Wesen) und umgekehrt: im homo *dis*agens (der *nicht* handlungsfähige Mensch), oder der homo performans (Hans Lenk: der Mensch als das Handlungen ausführende und interpretierende Wesen) und umgekehrt: im homo *dis*performans (der seine Handlungs*unfähigkeit* selbst erlebende und interpretierende Mensch), oder der homo compensator (Odo Marquard: der seine Mängel und Bedürfnisse ausgleichende Mensch) und umgekehrt: im homo *dis*compensator (der seine Bedürfnisse und Mängel selbst *nicht* kompensieren könnende Mensch) sowie – als Subtypen dieser anthropologischen Annahmen seitens der Sozialen Arbeit etwa der homo abusus (der missbrauchte Mensch; vgl. Tillmann 1994; Röh 2013b), der imperfekte Mensch und seine Bedürfnisse (Staub-Bernasconi 1995) oder der sich in Sinn-/Handlungskrisen befindende Mensch (Schmidt 1994; 1998; 1998a; vgl. dazu Birgmeier 2006, 168 ff.) oder der Mensch, dem Handlungen Anderer (und Unterlassungen) widerfahren (vgl. Birgmeier 2007; 2014).

In der Absicht, die Sozialpädagogik als zwar pädagogische, nicht jedoch als erzieherische, sondern dezidiert als „nicht-erzieherische Handlungsform" zu entwickeln, legt *Christoph Ried* einen interessanten Entwurf vor, um den innovativen Charakter und den zentralen Kern sozialpädagogischen Handelns in der Beratung, exakter: in der Pädagogischen Beratung zu verorten. Systematisch betrachtet gehe es der Sozialpädagogik, wie den anderen beiden pädagogischen Handlungsformen der Erziehung und des Unterrichts zwar auch um „Veränderung von Personen" (vgl. Ried 2017, 322) – oder, mit *Helmut Lambers* formuliert: um „Subjektentwicklung" durch Selbstbildung sowie um „Alltags- und Lebensbewältigung" (2013, 242) –, doch die Sozialpädagogik habe nach Ried vor allem ihren Gegenstand als „pädagogische Beratung bezüglich der Lebensführung" von Menschen explizit zu erforschen und – in der jeweiligen Praxis – umzusetzen. Damit könne sie sich nicht nur von der Sozialarbeitswissenschaft abgrenzen, deren Gegenstand in der organisatorischen Beratung bezüglich der Lebensumstände auszumachen sei (vgl. Ried 2017, 374), sondern es ließe sich – subsumiert im Oberbegriff der „Sozialen Arbeit" – eine zielführende Systematik von Hilfestrategien abzeichnen, mit denen sich auch die drei wesentlichsten Säulen sozialer Hilfen bestimmen lassen.

Ausgehend von einem Begriff *Soziale Arbeit*, der Hilfestrategien in zweierlei Lebensdimensionen anbietet – eine Hilfe, die als *Pädagogische Beratung* durch die Sozialpädagogik auf die Lebensführung (Person) einerseits, und eine Hilfe die als *Organisatorische Beratung* durch die Sozialarbeit auf die Lebensumstände (Umwelt) abzielt (vgl. Ried 2017, 375), lassen sich Ried zufolge im sozialpädagogischen Reflexionsprozess diejenigen Bedürfnisse des Klienten entdecken (erste Säule sozialer Hilfe), die dann sowohl in eine sozialpädagogische Hilfe (als Hilfe zur Änderung der Lebensführung) als auch in eine sozialarbeiterische Hilfe (als Hilfe zur Änderung der Lebensumstände) münden können.

Dass der Begriff der *Beratung* in dieser Systematik Rieds einen übergeordneten Stellenwert einnimmt, ja sogar als eines der aussagekräftigsten Kennzeichen der Sozialen Arbeit ausgemacht werden kann, ist in vielen Publikationen verbürgt. So wird *Beraten* nicht nur als eine „charakteristische Tätigkeitsform" (Schäfter 2010, 293), als eine „zentrale Tätigkeit" (Brack & Gregusch 2001) oder als „Kernkompetenz" (Sauer 2012) Sozialer Arbeit gesehen. Vielmehr kann Soziale Arbeit ganz allgemein betrachtet werden als Instanz für „Handlungen, die Menschen bei der Bewältigung von subjektiv erfahrenen Problemen ihres alltäglichen Lebens *beratend* unterstützen" (Ried 2017, 366). Die Sozialpädagogik ist gleichwohl als Schnittmenge dessen anzusehen, was zwischen bzw. in der Pädagogik einerseits, in der Sozialen Arbeit andererseits thematisiert wird, d.h.: „Sie ist zwar einerseits eine Handlungsform Sozialer Arbeit, aber im Unterschied zur Sozialarbeit ein *pädagogischer* Versuch der Verbesserung der *Lebensführung* des Klienten. Auf der anderen Seite ist Sozialpädagogik damit Teil der pädagogischen Handlungsformen, darin jedoch im Unterschied zur Erziehung *nicht-direktiv* und *beratend*" (Ried 2017, 567; Herv. i. O.).

Mit Hilfe dieses Differenzierungsschemas, das dazu dient, den Menschen aus der Perspektive der Sozialpädagogik und Sozialarbeit im Vergleich zu den Menschenbildern aus der Allgemeinen und aus der Pädagogischen Anthropologie zu bestimmen, lassen sich weitere Konkretionen zu einer *Sozialpädagogischen Anthropologie* ableiten. Ausgehend von den bis dato hergeleiteten Annahmen, dass sich die Sozialpädagogik als Beratung um die „Veränderung von Personen" bemüht, die – nicht-direktiv – aufgrund verschiedenster Lebensumstände, -bedingungen, -situationen und -lagen, freiwillig Rat suchen, um eine Hilfe für „persönliche Entscheidungs- und Entwicklungsprozesse" (Ried 2017, 387) zu erhalten, lasse sich – so Ried – der *homo educandus* im sozialpädagogischen Kontext nicht legitimieren. Der aus der Pädagogischen Anthropologie hergeleitete Begriff der Erziehung halte die „wertende Setzung der Ziele durch den pädagogischen Akteur (i. S. der beabsichtigten ‚Verbesserung' der psychischen Dispositionen des Zöglings), eine paternalistische Legitimationsfigur sowie ein direktives pädagogisches Handeln für Merkmale von ‚Erziehung'" (Ried 2017, 476). Sozialpädagogik – nach Ried – sei dagegen lediglich ein Hilfsangebot, konkreter: eine „Hilfe zur Selbsthilfe für psychisch gesunde Menschen", deren Themen und Probleme die alltägliche Lebensführung und die krisenhaften Lebenssituationen beim Führen bzw. beim Bewältigen des Lebens betreffen.

Seit jeher operiert die Sozialpädagogik daher mit dem Begriff der *Krise*, der die natürlich festgelegte Aufgabe des Adressaten, jedes Menschen, umschließt, sein Leben *führen* zu müssen. Kennzeichnend für eine Krise der Lebensführung ist, „dass die derzeitige Lebenssituation des Klienten Anforderungen bereithält, die dieser nicht mehr mit den gewohnten Denk- und Handlungsstrategien bewältigen kann" (Ried 2017, 495; vgl. auch Schmidt 1998, Mennemann 2000, 224). Die Sozialpädagogik ist somit immer auch eine Krisenpädagogik. Und sie ist Subjektivierungs- und Identitätsarbeit (vgl. Ried 2017, 501 ff.), wodurch sie sich als ein „Bildungsgeschehen" reformulieren lässt (vgl. ebd.), indem sie nicht nur versucht,

„Bedingungen herzustellen, die dem Subjekt seine Subjektivität ermöglichen" (Winkler 1988, 99), sondern gleichermaßen die Autonomie der Person in den Mittelpunkt all ihres Denkens – jenseits aller erzieherischer Ideale – stellt. Autonom, so *Andreas Lob-Hüdepohl* (2003, 45) ist „jene Lebensführung eines Menschen, die mit dem von ihm selbst bejahten eigenen Entwurf eines gelingenden Lebens übereinstimmt". Als spezifische Denk- und Handlungsform ist die sozialpädagogische Beratung daher zwingend angewiesen auf die „Selbstauskunft des Adressaten über dessen Vorstellung gelingenden Seins" und sie erhält ihre Zielbestimmung ausschließlich durch die „Subjektivität des Adressaten" (Ried 2017, 479).

Die o.g. Annahme der „Veränderung von Personen", die die *beratende Sozialpädagogik* (ggfls. auch eine *coachende Sozialpädagogik*) zu leisten beabsichtigt, legitimiert sich dabei dadurch, dass sich die Denk- und Handlungsgewohnheiten der zu beratenden (*coachenden*) Person ändern müssen, damit sein Leben wieder gelingen kann. Mit dem Denken und dem Handeln innerhalb dieser Lebensführungsaufgabe, vor der ein Klient steht, sind weitere anthropologisch bedeutsame Haltungsideale in der sozialpädagogischen Beratung angesprochen, die sich aus dem bisher Festgestellten ableiten lassen. Der Mensch als ein Wesen, dessen – durch Krisen und Widerfahrnisse verursachte – Handlungen (homo agens) eben nicht wie gewünscht geplant, entschieden und durchgeführt werden und dessen „Erleben" der Krise ihn zur Reflexion auffordert, sind sicherlich übergeordnete Annahmen zum Menschen aus der Perspektive der sozialpädagogischen Beratung, wenn im Denken die *Reflexion* und im Handeln die – durch die Reflexion ermöglichte – *Entscheidungshilfe* für neue Handlungsoptionen für eine gelingendere Lebensführung ernst genommen werden wollen. Nicht von ungefähr also wird die beratungswissenschaftlich operierende Sozialpädagogik daher auch als *Handlungswissenschaft* (vgl. dazu u.a. Staub-Bernasconi 2007; 2009; Sommerfeld 2013; Birgmeier & Mührel 2013; Birgmeier 2014) sowie als *Reflexionswissenschaft* (vgl. u.a. Otto, Dewe, Winkler, Böhnisch, Niemeyer, Dollinger) bestimmt.

2.4. Anthropologische (Mindestvoraus-)Setzungen für ein sozialpädagogisches Coaching[17]

2.4.1. Der Mensch als reflexives Wesen

Die Grundannahme, dass Menschen *reflektierende* und *sich selbst reflektierende Wesen* sind, die mit Hilfe dieser (Selbst-)Reflexionen zu einem Verstehen, zu

17 Für anthropologische Überlegungen zum Coaching im Allgemeinen, zum sozialpädagogische Coaching im Speziellen ist auf das zu verweisen, was ich in einem Beitrag mit dem Titel *Menschenbilder im Coaching. Zur Begründung anthropologischer Setzungen zum Menschen als reflexivem und handelndem Wesen* (2011, 13-26) in dem von Christoph Schmidt-Lellek und Astrid Schreyögg herausgegebenen Buch *Philosophie, Ethik und Ideologie in*

einem Annehmen, gewissermaßen auch zu einer „Selbstaufklärung" (Heintel & Ukowitz 2011, 43) ihrer jeweiligen, mitunter schwierigen und problembehafteten Lebenssituation gelangen können, bestätigt *Siegfried Greifs* These, dass eine *Förderung der Selbstreflexion* als das wesentliche Moment jeglichen Coachings bestimmt werden kann. Mit Hilfe von Coaching wird damit eine kommunikative Umwelt für methodisch geführte *Reflexion* bereitgestellt, mit dem Ziel, den Klienten „zu neuen Einsichten über sich selbst, seine Rolle …, seine Fähigkeiten, Ressourcen und Kompetenzen, seine Kommunikations- und Interaktionsmuster zu bringen" (Fischer 2006, 111) und Kontakt zu den Bedürfnissen des Klienten herzustellen und herauszufinden, wonach dieser in seinem Leben sucht (vgl. Rauen, Strehlau & Ubben 2011). Darüber hinaus dienen reflexive (Selbst-) Vergewisserungen nicht nur der Erzeugung und Vernetzung eines umfassenden Wissens über sich selbst (vgl. Martens-Schmid 2011), sondern auch der Bildung von Absichten und Zielen beim Klienten, mit denen er sich wirklich identifizieren kann und die mit seinen eigenen Bedürfnissen und Werten, aber auch mit den Bedürfnissen und Werten seiner sozialen Umgebung, abgeglichen sind (vgl. Kuhl & Strehlau 2011; Birgmeier 2011, 21; Hanke & Boehnke 2018; Grant 2018). Das Menschliche, so *Hans Lenk*,

> „ist dadurch charakterisiert, dass der Mensch über sich selbst und seine Verfasstheit sowie seine Gemeinschaft und Kultur nachdenken kann, ja muss. Er ist das Wesen, das sich selber immer wieder zum Problem geworden ist und wird, das nicht selbstverständlich einfach so dahinlebt oder existiert, sondern ein *reflektierendes* Wesen ist, das sich nach sich selber befragt, nach dem Sinn seiner Existenz, seines Lebens, seiner Verfasstheit als eines geschlechtlichen Wesens usw." (2010, Klappentext; Herv. i. O.).

Besonders im sozialpädagogischen Coaching erstrecken sich solche *Selbstreflexionen* auf die Frage nach der jeweiligen *Lebens*führung und der *Lebens*bewältigung im Gesamt aller Lebensweltaspekte (vgl. dazu auch Benedetti et al. 2020), zumal der Mensch heute mehr denn je gefordert ist, sich als Person in seiner Gesamtheit weiterzuentwickeln und mit Hilfe selbstreflexiver Methodiken mehr Bewusstsein über sich, sein Verhalten, seine Haltung und Werte sowie über seine Rollenvielfalt und seine persönlichen Prioritäten und Interessen zu gewinnen (vgl. Birgmeier & Schmidt 2010; Greif 2011a; Peus, Frey & Braun 2011; Birgmeier 2011f, 21) – dies gilt sowohl für den Coaching-Adressaten als auch für den (sozialpädagogischen) Coach.

Eine „ergebnisorientierte" Selbstreflexion intendiert nach Siegfried Greif (2011, 138 ff.; vgl. auch Birgmeier 2011f, 21 f.) vor allem dazu, dass die am Coaching beteiligte Person

---

Coaching und Supervision (VS Springer), bereits beschrieben habe, und dessen Kernaussagen im Folgenden noch einmal kurz zusammengefasst, ergänzt und konkretisiert werden.

- „sich über seine persönlichen Werte und Normen oder über seinen persönlichen, familiären und kulturellen Hintergrund klarer wird,
- sich über seine Bedürfnisse und Motive bewusster wird,
- sein persönliches Verhalten und Erleben, besonders seine Emotionen und wichtige Zusammenhänge seines Erlebens, Fühlens und Verhaltens besser versteht,
- seine Stärken und Schwächen analysiert und konkret überlegt, wie er seine Stärken effektiver nutzen oder seine Schwächen überwinden kann,
- seine besonderen Fähigkeiten, Erfahrungen und Potenziale analysiert und wie er sie nutzen und weiterentwickeln kann,
- seine Beziehungen zu anderen Menschen besser versteht,
- über sein reales und ideales Selbstbild nachdenkt

  … und daraus Folgerungen ableitet oder beginnt, Ziele zur Selbstveränderung zu entwickeln".

Die *ergebnisorientierte* (Selbst-)Reflexion dient dabei nicht nur der Selbsterkenntnis an sich, sondern auch dazu, jene Themen und Aspekte eigenen Lebens ausfindig zu machen, die nach einer vornehmlich durch Handlungen zu erreichenden Veränderung drängen, die – wenn möglich – gewissermaßen „ins Positive(re)" gewendet werden wollen. Die Förderung der *Selbstreflexionsfähigkeit* des Klienten im Coaching stellt somit eine vorwiegend *kognitive* Dimension der Problemerfassung dar, mit der die Ursachen und Gründe eines Problems oder eines Weiterentwicklungswunsches erst bewusst gemacht werden können.

2.4.2. Der Mensch als handelndes Wesen

Demgegenüber – und damit ist der Mensch als ein *handelndes Wesen* angesprochen – bezieht sich eine Förderung der *Handlungsfähigkeit* des Klienten im Coaching auf die *praktische* Umsetzung (oder auch: die bewusste Unterlassung) der aus der Reflexion herausgelösten Themen (vgl. Birgmeier 2011f, 22). Die *handelnde Dimension* nimmt nicht nur eine zentrale Stellung beim Menschen ein, sondern sie dient auch der Klärung der unterschiedlichen anthropologischen Teilbereiche, die auf Ursachen und Gründe für vielerlei Coaching-Probleme verweisen und die schließlich auch unter Umständen zu *Sinn-* und *Handlungskrisen* führen können, die sich auf die gesamte Lebenswelt des Klienten auswirken können (vgl. Birgmeier 2011f, 22 f.; vgl. auch Sperling et al. 2018, 325 ff.). Durch das Erleben solcher Krisensituationen werden dem Klienten seine bisherige Sinnorientierung, seine Handlungsplanung und seine Handlungskompetenz fraglich, er droht zu versagen oder scheitert. Der Mensch erlebt seine Krisensituation entweder als Bedrohung oder als Herausforderung. Er steht unter dem Entscheidungszwang, zwischen einer der beiden Alternativen wählen zu müssen. *Krise* meint daher auch stets, vor eine *Entscheidung* gestellt zu werden und zwischen

Alternativen wählen zu müssen, um schließlich den Schritt über die Schwelle des Status quo zu motivieren (vgl. auch v. Sassen 2000, 75 ff.). Zur Phänomenologie der Krisen zählt die Erkenntnis, dass sich in Krisensituationen der subjektive Lebensentwurf des Menschen in seinem Denken und Handeln nicht mehr bewährt, und dass der davon Betroffene dies als Störung seiner Fähigkeit und Möglichkeit zu Reflexion und Entwurf erlebt, konkret: als Unfähigkeit, Vergangenes zu verstehen, Gegenwärtiges aufzuarbeiten und Perspektivisches für die Zukunft zu planen und auch umzusetzen (vgl. Birgmeier 2006; vgl. Birgmeier 2011f, 23).

Indem es besonders im sozialpädagogischen Coaching um die Wiedergewinnung der Handlungskompetenz, um die Erhaltung, Wiederherstellung und Erhöhung der Handlungsfähigkeit seitens der Adressaten geht, rücken hierdurch ebenso die durch Selbstreflexion ausfindig gemachten potenziellen Handlungsstörungen, Handlungsinkompetenzen, Handlungsunfähigkeiten im Kontext des *ganzen Lebens*, der *Lebensbewältigung* und der *Lebensführung* der Klienten ins Zentrum anthropologischer Grundlegungen für ein sozialpädagogisches Coaching, um daraus – ebenfalls mit Hilfe selbstreflexiven, ergebnisorientierten Neudenkens und -planens – eine positive, ressourcen- und lösungsorientierte Haltung, aber auch adäquate Strategien zu entwickeln, die geeignet erscheinen, den Klienten zum Handeln (wieder) zu befähigen, damit sein Leben mit Hilfe von *Handlungen* bzw. mit Hilfe von klugen *Entscheidungen* und Einsichten (z. B. handeln oder nicht handeln zu können, bestimmte Handlungen zu unterlassen, unabänderbare Situationen anzunehmen etc.) zu einem für ihn guten, gelingenden und glücklichen Leben werden kann (vgl. Nussbaum 1999; 2010; Otto & Ziegler 2010; Birgmeier 2011, 23).

Die Maxime bzw. die Zielkategorie des *gelingenden* Lebens ist jedoch nicht nur eine Entdeckung der Sozialpädagogik oder ein zentrales Kriterium zur Konzipierung eines sozialpädagogischen Coachings; sie findet sich ebenso auch im Konzept des von *Ferdinand Buer* und *Christoph Schmidt-Lellek* entwickelten sog. *Life Coachings*, das sich gleichsam auf den *ganzen* Menschen bzw. die *ganze* Person bezieht und sich dementsprechend einerseits auf den gesamten Lebenszusammenhang eines Menschen richtet, auf dessen Lebensumstände und Lebensplanungen (Schmidt-Lellek 2011, 326); andererseits richtet es sich auf das Prinzip der „Selbstsorge“, also einer Sorge um die *ganze* Person mit der Perspektive eines Gelingens eben des *Lebensganzen* (ebd.; vgl. auch Birgmeier 2011f, 23-24).

2.4.3. Der *ganze* Mensch und das *ganze* Leben im Kontext von Deutungen und Interpretationen

Es gibt mittlerweile eine Vielzahl seriöser Coaching-Ansätze, die von einem auf den Menschen in seiner Ganzheit bezogenen Grundverständnis ausgehen und die den Menschen stets als „ganze Person“ betrachten (vgl. Martens-Schmid 2007;

Schmidt-Lellek 2011; Birgmeier 2016). Die Grundprämisse dieser Ansätze besteht in der Erkenntnis, dass Menschen in mehreren Sinn- und Seinsdimensionen (auch in *nicht*-beruflichen) ihr Leben zu leben und zu bewältigen haben. Ein – auch für die Entwicklung von Coaching-Konzeptionen – sehr zielführendes Beispiel für die Berücksichtigung der *Ganzheitlichkeit des Menschen* bietet u. a. die Annahme vom Menschen als „flexiblem Vielfachwesen" (vgl. Lenk 2010) oder als „multipler Persönlichkeit", wie es im anthropologischen Ansatz des so genannten „complex man" beschrieben wird (vgl. Lippmann & Ullmann-Jungfer 2011). Der „complex man" ist schöpferisch aktiv, er gestaltet seine Umgebung mit und er versucht verschiedenste Bedürfnisse zu befriedigen, die mitunter jedoch auch gegenseitig konkurrieren und hierdurch zu Ambivalenzen führen können (vgl. Lippmann & Ullmann-Jungfer 2011, 280; Birgmeier 2011f, 18 f.).

Solcherart Annahmen zur *Ganzheitlichkeit, Flexibilität* und *Komplexität* des Menschen übersteigen das auf *Führung* reduzierte Verständnis des „klassischen" Business-, Exekutive- oder Management-Coachings auf all jene Kontexte im Leben einer Person, mit denen Themen der *Lebensführung* im Gesamt ihre Würdigung erhalten (vgl. Birgmeier 2011, 19). Da in diesen Ansätzen stets das ganze Leben bzw. die ganze Person in den Blickpunkt des Coachings gerückt werden und nicht etwa nur ein sozusagen halb(iert)es Leben von quasi halb(iert)en, auf berufsrelevante Themen und Rollen reduzierten Personen, synthetisiert das Ideal eines dezidiert am *ganzen* Menschen orientierten Coachings sowohl management- und führungsorientierte als auch allgemein lebensorientierte Zieldimensionen, ohne dabei weder zur reinen Führungsberatung noch zur reinen Lebensberatung zu mutieren. Wahrhaft „professionelle" Coaching-Ansätze beruhen daher auf Annahmen und Verständnissen von *Leben* und *Führung* als Sinn- und Seinsdimensionen, die sich – besonders im Begriff der *Lebensführung* gegenseitig bedingen und stets zusammengedacht werden müssen, um dem „ganzen Menschen" im Coaching auch gerecht zu werden (vgl. Birgmeier 2011f, 19).

Insbesondere die Stichworte der *Reflexion* und der *Handlung* scheinen – wie gesehen – eine ganze Reihe an Möglichkeiten zu bieten, den Rahmen für anthropologische Setzungen im Kontext eines sozialpädagogischen Coachings zu spannen. Mit dem Stichwort der *Reflexion* wird dabei nicht nur die so wichtige Anbindung an die Philosophie und Ethik gewährleistet, die als *reflexive* Wissenschaften (vgl. Marquard 1981) quasi einen metatheoretischen Rückbezug in jene realen Lebenswelten einfordern, in denen der Klient tatsächlich lebt. Das Bild vom Menschen als *reflexivem Wesen* enthält darüber hinaus eine *praktische* Komponente, die darauf verweist, dass das, was *in* und *durch* die Selbstreflexion entdeckt wurde, mit Hilfe eines Handelns verändert werden muss. Daher ist auf ein zweites zentrales Stichwort für anthropologische Setzungen im sozialpädagogischen Coaching zu verweisen, das der *Handlung* – konkret: das der *Handlungsbefähigung*. Mit dieser Intention, in Krisensituationen geratene Menschen unterschiedlichen Lebensalters und in unterschiedlichen Lebenslagen und -phasen zum Handeln (wieder) zu befähigen, wird das sozialpädagogische Coaching zu einer Instanz, die mit Hilfe reflexiver Maßnahmen die Bedingungen, Voraussetzungen, Komplexitäten, Optionen und Steuerungen des Handelns klären hilft und zur Entwicklung von Strategien beiträgt, mit Hilfe derer eine Überwindung von Handlungsstörungen und -krisen sowie eine Sicherung und Wiedergewinnung alltäglicher Handlungskompetenz und Handlungssicherheit ihrer Klienten ermöglicht werden kann. Denn dieses Stichwort steht als Leitbegriff für alle Professionen, die als personenbezogene Dienstleistungen mit Menschen in Sinn- und Handlungskrisen zu tun haben – mit dem Leitziel, ihre Klientel dazu zu befähigen, Handlungsprobleme und -krisen sowie belastende Lebenslagen und Situationen potenziellen Scheiterns zu überwinden (vgl. Birgmeier & Mührel 2017), um sich dem Ideal eines guten, gelingenden und glücklichen Lebens – auch nach Maßgaben der Sorge um sich selbst – schrittweise anzunähern (vgl. Otto & Ziegler 2010; Schmidt-Lellek 2011; vgl. Birgmeier 2011f., 24; Noack-Napoles 2020, 186 ff.).

Gerade solche zentralen Menschenbild-Annahmen versprechen dem Ziel ein Stück näherkommen, das sozialpädagogische Coaching als ganzheitliche, lebensweltbezogene und sinnvermittelnde *persönlichkeits*-bezogene Dienstleistung so weiterzuentwickeln und philosophisch-anthropologisch zu fundieren, dass hierdurch dem Menschen in seiner gesamten *Lebens*-Führung und in jeglichen Phasen krisenbedingter *Lebens*-Bewältigung gedient werden kann (vgl. Birgmeier 2011f., 25).

Ergänzend zur handelnden und reflektierenden Dimension in der Sozialpädagogischen Anthropologie ist sicherlich auch *Hans Lenks* philosophisch-anthropologische Skizze zum leistenden, deutenden, konstruierenden und bewertenden, also normativen Menschenbild zu beachten (vgl. zum Folgenden auch Birgmeier 2003, 148 ff.). Denn der Mensch ist, so Lenk,

> „nicht nur das erkennende Wesen, wie ihn die traditionelle theoretische Philosophie auffasste und definierte, nicht nur das handelnde Wesen, als den ihn die Philosophische Anthropologie dieses Jahrhunderts bestimmte, sondern das Interpretationen konstruierende oder konstituierende handelnde und anwendende Wesen: Der Mensch – das aktiv entwerfende, interpretierende und konstruierende Wesen, das mittels seiner geschaffenen Modelle zugleich begriffs- und weltgestaltend in die sozusagen ‚not-wendig' von ihm unterstellte Realität eingreift, diese somit erfassend und gestaltend (um)strukturiert, sich gegenüberstellt und dennoch ständig mit diesen nur im erfassten Konstrukt zugänglichen Gegenüber wechselwirkt, ‚interagiert'. Insofern haben wir … den Menschen als das interpretierende, besser: als das Konstrukte entwerfende und im Handeln per se Interpretationskonstrukte verwendende Wesen aufgefasst, das in diesem seinem ständigen Interpretieren sowohl in Realität als auch in Sozialität eingebettet ist (oder sich zumindest als darin eingebettet pragmatisch-notwendig verstehen muß)" (Lenk 1993, 274).

Vor diesem Hintergrund und im Kontext von Überlegungen zum Menschenbild im sozialpädagogischen Coaching kann der Mensch (gleichgültig, ob nun Coach oder Coaching-Partner) mit Hans Lenk als ein Wesen betrachtet werden, das „seine Handlungen auch erstens durch bewusste spezifische Deutungen konstruiert, erkennt, kategorisiert, einordnet, deutet, und vor allem – zweitens – *bewertet*: Wir beurteilen unsere Handlungen und die Ergebnisse unserer Handlungen aus einem bestimmten Gesichtspunkt und unter Maßstäben – sei es ein Bewertungsstandard der Güte, des Erfolges der Handlung, der Tüchtigkeit des Handelnden usw. Der Mensch ist … dasjenige Wesen, das seine Handlungen bewerten und beurteilen kann, und dieses auch notorisch tun muß" (ebd. 1998, 18).

Innerhalb dieser Überlegungen hat Lenk den Menschen als ein „leistendes Wesen" bzw. als ein „eigenleistendes Wesen" (Lenk 2010) zu definieren versucht, also als ein Wesen, „das nicht nur selber handelt und damit ein ‚eigenhandelndes Wesen' ist, sondern auch als das eigenleistende Wesen, welches seine Handlungen unter dem Gesichtspunkt von ‚besser' oder ‚mehr oder weniger gut', also anhand eines bewertet (sic!) Gütemaßstabes bewerten kann" (Lenk 1998, 18). Der Mensch ist daher weder nur ein *Homo cogitans* (Descartes), ein denkendes Wesen, noch ein *Homo rationale* (Aristoteles), ein rationales Wesen, sondern er ist „das eigenleistende, Handlungen ausführende und durchführende Wesen, das Wesen, das durch Formen – oder wir könnten auch sagen: durch Schemata – handelt und das *über Formen* und *mittels* der Formen etwas darstellt …, etwas (re)präsentiert oder interpretiert: *Homo performans*" (ebd. 1998, 18).

Überdies ist der Mensch in der Lage, „seine Symbolverwendungen und seine Interpretationen selber wieder zum Gegenstand von höherstufigen Untersuchungen und Analysen zu machen" (Lenk 1993). Das bedeutet, dass der Mensch „seine Symbole, ja, sogar seine symbolischen Sprachen, also die Grammatik, oder seine ganze symbolische Welt wiederum zum Gegenstand einer höherstufigen Untersuchung machen" (ebd.) kann – und damit „die Beziehung seiner Symbole zum gemeinten Referenten wiederum symbolisch darstellen, sich mental vorstellen – also extern wie intern metastufig repräsentieren, metarepräsentieren" (ebd.) kann. Aus diesem Grunde könne man den Menschen nicht nur als ein interpretierendes Wesen, sondern sogar als ein „metainterpretierendes Wesen" kennzeichnen (ebd. 1993, 55). Diese *Metainterpretation* (bzw. auch Superinterpretation) will zum Ausdruck bringen, dass der Mensch nicht nur ein symbolisches oder interpretierendes Wesen schlechthin darstellt, sondern dass es sich dadurch spezifisch auszeichnet, dass es sich „über die Fähigkeit des Deutens und Interpretierens – und auch des interpretierenden Handelns – nochmals auf einer höheren Metastufe hinwegsetzen kann, indem es das Interpretieren selber interpretiert" (Lenk 1993, 207) bzw. seine Symbole wieder in höherstufigen Symbolen zusammenfassen kann (vgl. Lenk 1998, 20).

Als ein symbolisch und interpretatorisch handelndes Wesen ist der Mensch jedoch zugleich auch auf die Steuerung und die Leitung seiner Handlungen durch

Normen, Regeln, Ideen, Zielvorstellungen oder Rahmenkonzepte angewiesen, d. h. „er kann sich an Werten (Interpretationskonstrukten der Handlungs- und Zustandsbeurteilung) durch die Befolgung und Beachtung von Normen (Regeln als normativ eingesetzten Interpretationskonstrukten) orientieren" (Lenk 1993, 620). Damit ist er als „handelndes Wesen" zugleich auch ein „normatives Wesen" (ebd.).

2.4.4. Der Mensch als kompensierendes „Handlungs-Widerfahrnis-Gemisch"

Lenks Philosophie des Interpretationskonstruktionismus liefert viele wichtige Hinweise auch zur Konturierung eines metamodelltheoretischen Konzepts für das sozialpädagogische Coaching, weil es insbesondere die Deutungs-, die Interpretations- und die Reflexionsabhängigkeit des Handelns in den Blickpunkt rückt. Das Handeln zu deuten, zu interpretieren und zu reflektieren entspricht damit wichtigen Anhaltspunkten, die den sozialpädagogischen Coach im mit- und zwischenmenschlichen Begegnen mit dem Adressaten interessieren. Ihn – dem sozialpädagogischen Coach – interessieren jedoch auch all jene Umstände und Ursachen, die möglicherweise dazu geführt haben, dass das Gegenüber in seiner akut erlebten Krisensituation eben gerade *nicht* handeln kann und welche Möglichkeiten es gibt, wie diese Handlungsstörungen „kompensiert" werden könnten.

Insbesondere die sog. „Ritter-Schule" (vgl. Schweda 2015) um *Hermann Lübbe, Robert Spaemann* und – zentral – *Odo Marquard* hat den Grundbegriff der „Kompensation" untersucht und ihn zum Schlüsselbegriff der modernen Philosophischen Anthropologie erhoben. Die historischen Initiativen zur von Odo Marquard formulierten „Philosophie des homo compensator" – die auch für eine sozialpädagogische Anthropologie richtungsweisend sind – sind einerseits bei Gehlen, andererseits bei Plessner zu finden und sie münden schließlich in eine „Philosophie des Stattdessen" (2000), in der sich Marquard u. a. mit den „Zufällen" im menschlichen Leben und dem Leben als „Handlungs-Widerfahrnis-Gemisch" auseinandersetzt.

Gerade aus der sozialpädagogisch so zentralen Perspektive des handelnden oder – durch Handlungskrisen – *nicht*-handeln-könnenden Menschen geht Marquard davon aus, dass Menschen stets weit mehr ihre „Zufälle" seien als ihre Wahl. Damit spricht er sich gegen die in der Philosophie häufig intendierte Auffassung aus, den Menschen „absolut" machen zu wollen.

Dieses „Programm der Absolutmachung des Menschen" leugnet nämlich die Möglichkeit (und Tatsächlichkeit), dass Zufälle im menschlichen Leben dadurch entstehen können, dass ursprünglich voneinander unabhängige Determinationsketten plötzlich vollkommen unvermutet und unvorhersehbar aufeinandertreffen (Aristoteles). Das Zufällige lässt sich dabei einerseits begreifen als „das, was auch anders sein könnte" und *„durch uns änderbar ist"* (Marquard 2001, 128). Wenn es *„durch uns änderbar ist"*, entspricht dies einer beliebig wählbaren und abwählbaren Beliebigkeit, die sich auch als das „Beliebigkeitszufällige" begrifflich fassen lässt. Andererseits kann das Zufällige auch als „das, was auch anders sein könnte" und *„gerade nicht durch uns änderbar ist"* (ebd.) verstanden werden. Nicht durch uns änderbare Zufälle sind Schicksale, sind also etwas, das „in hohem Grade negationsresistent ist" (ebd.) und dem sich der Mensch nicht oder nur in geringem Maße entziehen kann. Gerade dieses „Schicksalszufällige" (2001, 128) ist es, so Marquard, das das Leben des Menschen bestimmt, weil den Menschen diese Form der Zufälle – weitgehend unveränderbar – als „natürliche und geschichtliche Gegebenheiten und Geschehnisse" zustoßen (vgl. ebd. 2001, 129; Birgmeier 2007, 72).

Besonders dem Menschen, der sich in einer Krisensituation wiederfindet, *widerfährt* damit also etwas, was er möglicherweise so nicht gewollt und auch nicht gewählt hat, „(d)enn wir Menschen sind nicht nur unsere – absichtsgeleiteten – Handlungen, sondern auch unsere Zufälle" (Marquard 2001, 119), genauer gesagt: das, was uns (als Geschehnis) widerfährt. Spätestens seit Kamlah (1973) wissen wir, dass mit dem Thema *Handlungen* stets auch das Thema *Widerfahrnisse* verbunden ist, dass – pure Widerfahrnisse einmal ausgenommen – „Widerfahrnis und Handlung gleichsam ineinander greifen" und dass uns stets etwas widerfährt, wenn wir handeln (vgl. ebd.; vgl. Birgmeier 2007, 71).

Die von Odo Marquard explizierten Schicksalszufälle überschneiden sich weitgehend mit dem, was Kamlah (1973) über die Widerfahrnisse erarbeitet hat. Was für Kamlah die Grundwiderfahrnisse (die Geburt und der Tod) darstellen, „(u)nser aller Leben ist eingespannt zwischen den Widerfahrnissen Geburt und Tod" (1973, 35; vgl. auch Seiffert 1992), ist für Marquard das Schicksalszufällige, das ebenso mit der Geburt beginnt und mit dem Tod endet. Menschen „könnten auch nicht – oder zu anderer Zeit, in anderer Weltgegend, in anderer Kultur und Lebenslage – geboren sein; aber wenn wir es einmal sind, können wir das alles nicht mehr annullieren: selbst ein Suizid erfolgt ex supositione nativitatis" (Marquard 2001, 129). Schicksalszufällige Geschehnisse, Ereignisse und Gegebenheiten entsprechen daher der wahren Wirklichkeit unseres Lebens, weil der Mensch immer in Geschichten verstrickt ist; denn „Handlungen werden dadurch zu Geschichten, dass ihnen etwas dazwischenkommt, passiert, widerfährt" (Marquard 2001, 129). Eine Lebens-Geschichte ist demzufolge eine Wahl, „in die etwas Zufälliges" – etwas Schicksalszufälliges – hereinbricht, weswegen (Lebens-) Geschichten niemals planbar sind, sondern: „man … muss sie erzählen" (ebd.; Birgmeier 2007, 73).

Jedes Leben jedes einzelnen Menschen – aber auch das von Gemeinschaften, Gesellschaften, Kulturen – besteht aus solchen *„Handlungs-Widerfahrnis-Gemischen"* (Marquard 2001, 129), die die Geschichten sind: eben deshalb überwiegt im Leben des Menschen auch das Schicksalszufällige. Leben beginnt mit einem Schicksalszufälligen bzw. mit einem Grundwiderfahrnis; und es endet auch mit einem solchen: dem Tod. Wir sind – aus Schicksalszufall – durch die Geburt zum Tode verurteilt, das heißt: „zu jener Lebenskürze, die uns nicht die Zeit lässt, uns aus dem, was wir zufällig schon sind, in beliebigem Umfang davonzumachen; unsere Sterblichkeit zwingt uns, jener Schicksalszufall, der für uns unsere Vergangenheit ist, zu ‚sein', d. h. überwiegend zu bleiben" (Marquard 2001, 129). Dieser Vergangenheit zugehörig sind gerade jene (Schicksals-)Zufälle (als „Üblichkeiten"), die der Mensch nicht wählen und überwiegend nicht verändern kann, sondern in denen er steckt (vgl. Birgmeier 2007, 73), denn: Ein „Leben ohne Widerfahrnis(se) gibt es nicht" (Gien & Sill 2013, 13).

Widerfahrnisse sind dem Handeln gewissermaßen als Kehrseite zugeordnet und durch einen Perspektivenwechsel zu erkennen, mit dem weniger das Handeln selbst fokussiert werden soll, sondern das, wozu das Handeln führen kann.[18] Was geschieht denn, wenn Menschen handeln? Handeln geschieht meist zu einem bestimmten Zweck, zu einem Ziel, das erreicht werden will. Deshalb handelt der Mensch, indem er bspw. liebt, lobt, tadelt, schimpft etc. All das sind Beispiele für ein aktives, bewusstes Handeln. Wenn jemand liebt, lobt, tadelt oder schimpft, so beziehen sich diese Handlungen nicht nur auf den Handelnden selbst, sondern auf Andere. Der Andere ist vorerst passiv und wird vom Handelnden sozusagen *be*-handelt. Ihm *widerfährt* passiv ein aktives Handeln; er wird durch ein Handeln betroffen (gemacht), indem ihm das Handeln widerfährt (vgl. Kamlah 1973). Dieses *Betroffen-Werden* des Einen durch das Handeln des Anderen bedeutet jedoch nicht, dass Widerfahrnisse stets nur etwas Gutes oder Schlechtes sind. Vielmehr soll durch den Begriff *Widerfahrnis* in erster Linie das alles zur Sprache kommen, was dem Menschen (über unsere Sinne und über die Wahrnehmung) *begegnet*. Solche Begegnungen, die bewusst oder unbewusst *passieren*, können sowohl positiv erfahren werden, wie etwa das geliebt-werden oder das gelobt-werden; sie können dem Menschen aber auch negativ widerfahren, z. B. im Sinne eines getadelt oder geschimpft Werdens (vgl. Seiffert 1992).

Widerfahrnisse als Kehrseite von Handlungen sind menschliche Erfahrungen, die konstitutiv in das Handlungsgeschehen und die individuelle Sinnbildung eingehen, und somit eher im Sinne von etwas zu verstehen, das dem Menschen zustößt (vgl. Andermann 2011, 61-62). Sie bereiten dem Betroffenen oder demjenigen, dem das Handeln Anderer begegnet, eine Freude, oder ein Leid; sie können ihn positiv wie auch negativ betreffen (vgl. Kamlah 1973). Handlungen von Menschen können dementsprechend entweder zum Erfolg, zum Misserfolg oder zu „paradoxen Effekten" (vgl. Brandstetter et al. 2018) führen sowie

18 Nachfolgende Ausführungen sind bereits in meinem Aufsatz *Krisen und Widerfahrnisse als Grundkategorien einer handlungswissenschaftlich fundierten Sozialpädagogik* (2010c) abgedruckt und werden hier verändert und aktualisiert wieder verwendet.

zu direkten und indirekten, erwünschten und unerwünschten Nebenfolgen, die dem Menschen selbst wieder widerfahren (vgl. Heidbrink 2010, 4 f.)

Widerfahrnisse müssen jedoch nicht immer das Ergebnis des Handelns von Menschen sein; es gibt auch Widerfahrnisse, die entweder durch die Natur (z. B. strahlendes Wetter, Kälte, Orkane, Erdbeben etc.) oder durch unbeabsichtigtes Geschehen (wie bspw. Krankheiten, Behinderungen, Armut etc.) entstehen können. Hier wird bereits deutlich, wie wichtig dieser Begriff der Widerfahrnisse auch für die Sozialpädagogik / Soziale Arbeit und insbesondere für das sozialpädagogische Coaching ist, denn gerade dort geht es um Menschen, die deshalb in einer Sinn- und Handlungskrise stecken, weil ihnen etwas Leidvolles widerfahren ist.

3. Erkenntnistheorie

Ein für das Coaching relevantes Wissen lässt sich – wie bereits in Kapitel 1.2. dargelegt – in verschiedenste „Wissenssorten" einteilen, mit denen nicht nur das Wissen aus den Wissenschaften, sondern auch das Erfahrungswissen von Praktikern und das Reflexionswissen der Philosophie gleichermaßen wichtig werden, um Beratungsformate wie bspw. das Coaching – auch für die Sozialpädagogik / Soziale Arbeit – konzeptionell entwickeln und metamodelltheoretisch konturieren zu können (vgl. Buer 2015, 185). Mit dieser Dreiteilung des Wissens werden sowohl das Erklärungswissen der Wissenschaften bzw. die *epistéme*, d.h. die wissenschaftlich gesicherten Erkenntnisse, als auch das Verfügungswissen der Praxis – als *téchne*, d.h. als die Kunst des praktischen Erschaffens – und das Orientierungswissen der Philosophie, d.h. das „engagierte Bemühen um Weisheit", verkörpert im Begriff der *philosophía*, als gleichberechtigt nebeneinander verortet (vgl. Buer 2015, 191). Auch Schreyöggs Meta-Modell fordert neben den anthropologischen Setzungen zur Begründung von Coaching-Ansätzen ebenso auch einen *erkenntnistheoretischen* Rahmen, mit dem die Erscheinungsformen des menschlichen Daseins und der menschlichen Beziehungen möglichst vielfältig „einzufangen" sind (vgl. Schreyögg 2011, 51). Für das Coaching relevante erkenntnistheoretische Zugänge findet sie in folgenden *phänomenologischen* Prämissen: „(1) Erkenntnis ist ein intersubjektiver Deutungs- und Strukturierungsprozess, (2) ein mehrperspektivisches Phänomen, (3) ein szenisches Phänomen eines Leib-Seele-Geist-Subjektes und (4) ein Vorgang, bei dem gegenständliche und nicht-gegenständliche Erscheinungen erfasst werden können" (ebd.).

Konkret bezieht sie sich dabei – *zu Punkt 1* – auf *Alfred Schütz* (1977), mit dem angenommen werden darf, dass „Menschen die ihnen begegnende Welt nie objektiv im Sinne von fotographisch erfassen, sondern sie auf dem Hintergrund ihrer bisherigen Welterfahrung subjektiv ausdeuten" (Schreyögg 2011, 53); ebenso relevant seien nach Schreyögg auch jene, von *Jean Piaget* (2003) eruierten sog. „kognitiven Schemata", die in vielfacher Ausprägung dem Menschen zur Handlungsorientierung dienen und die den Menschen – so *Berger & Luckmann* (2007) – als personenspezifischer „Wissensvorrat" zur Verfügung stünden, der sich „allerdings für manche Lebenssituationen als untauglich" (Schreyögg 2011, 53) erweise. Sei dies der Fall, so müssten mit Hilfe von „Interaktion mit anderen Menschen" alternative bzw. „neue Muster im Sinne von ‚Akkomodation' gebildet werden" (Schreyögg 2011, 53). Darüber hinaus sei – *Punkt 2* – ein „flexibles treffsicheres und umfassendes Erkennen … an die Verfügbarkeit vieler unterschiedlicher kognitiver Schemata geknüpft" (ebd.). Komplexe Phänomengestalten können daher, so Schreyögg, nur mit einer großen Zahl kognitiver Schemata erfasst werden (vgl. ebd.). Gleichwohl sei jedoch zu bedenken, dass – *Punkt 3* – das Erkennen niemals nur als ein rein „kognitiver Akt" zu begreifen sei, denn das menschliche Erkennen sei „immer an den ganzen Menschen als ein Leib-Seele-Geist-Subjekt gekoppelt. Der Mensch nimmt seine Welt wahr und wird von ihr auch erfasst" (Schreyögg 2011, 53). Ebenso ist überdies darauf hinzuweisen, dass sich – *Punkt 4* – menschliches Erkennen nicht nur auf „Auseinandersetzungen mit gegenständlichen Phänomenen" beschränke, sondern ebenso auch auf „Atmosphären", so etwa, wenn Menschen von einer „kühlen" oder „aggressiven" Atmosphäre berichten (vgl. ebd.).

In kritischer Würdigung dieser *erkenntnistheoretischen Prämissen*, die Schreyögg für ein meta-modelltheoretisches Fundament eines Coaching-Konzepts einfordert, ist festzuhalten, dass viele der in der gängigen Coaching-Literatur vorfindlichen Konzepte ihren Fokus meist zentral (nur) auf die Anwendbarkeit und die (zumeist unreflektierte bzw. aufgrund des mangelnden Theoriegerüsts dahinter unreflektierbare) Praxis richten. Die Schriften von Schreyögg bilden in dieser Hinsicht die erfreuliche Ausnahme und sie können sicherlich helfen, einen verständnisorientierten Zugang zum Coaching-Klienten zu erhalten – auch wenn ihre erkenntnistheoretischen Prämissen nicht spezifiziert (oder allgemein?) genug sind, den Klienten als *Menschen* (nicht nur als Manager oder Führungskraft) in all seinen Dimensionen und die über ein Verstehen und Deuten leistbare Erkenntnisgewinnung über ihn und seine aktuelle (Problem-)Situation hinreichend zu bestimmen (vgl. Birgmeier 2006, 88). Denn: Erkenntnisse speisen sich aus verschiedensten Quellen, wie z. B. aus intuitiver Einsicht, durch einen Rekurs auf traditionelles Wissen, durch spezifische Formen von Kommunikation oder durch eine Erkenntnis, „bei der durch eine wissenschaftlich definierte Vorgehensweise (z. B. durch Befragung oder Experiment) bestimmt wird, was als zutreffend gelten kann und was nicht" (Erath & Balkow 2016, 144 f.).

Aus diesem Grunde fordern derartige spezifische erkenntnistheoretischen Setzungen in der Form, wie sie Schreyögg präsentiert, geradezu auf, einen tieferen Blick in das hineinzuwerfen, was die Wissenschaft ganz allgemein zur *Erkenntnistheorie* vorformuliert hat, um potenziell weitere erkenntnistheoretische Setzungen und Zugänge für Coaching-Ansätze, die nicht nur auf Management oder Führung begrenzt sind, zu fundieren. Daher wird – eng angelehnt an Birgmeier & Mührel (2017, 18 f., 65-87) – im Anschluss nun ein kurzer Exkurs in die grundlegenden Überlegungen der Sozialpädagogik / Sozialen Arbeit zur Erkenntnistheorie unternommen, um von dort aus umfassendere Hinweise zu den Möglichkeiten und Grenzen des Erkennens auch für einen sozialpädagogisch inspirierten Beratungs- bzw. Coaching-Ansatz zu adaptieren, der den ganzen Menschen im Blick behält.

3.1. Erkenntnistheorie – Grundlagen

Die Erkenntnistheorie – bestimmbar als eine (philosophische) Lehre oder Theorie von der Erkenntnis oder als Theorie über Bedingungen, Möglichkeiten und

Grenzen menschlicher und wissenschaftlicher Erkenntnis – beschäftigt sich generell mit der Frage, ob es eine objektive Wahrheit bzw. eine objektiv erkennbare Realität gibt oder ob es beim Finden von Erkenntnissen um Prozesse geht, die vom jeweiligen, nach Erkenntnis suchenden Subjekt ausgehen.[19] Zur Beantwortung dieser Fragen stützt sich die Erkenntnistheorie auf unterschiedliche philosophische Positionen, wie z. B. auf den (Logischen) Empirismus, Rationalismus, Positivismus, Historizismus, Kritischen Rationalismus, Relativismus, Pragmatismus, Realismus, Systemismus, Strukturalismus, Materialismus, Naturalismus, Konstruktivismus, Idealismus, auf die Hermeneutik, die Dialektik, die Phänomenologie oder auf die Kritische Theorie (vgl. Schneider 1998; Schurz 2006; Birgmeier & Mührel 2017, 67 f.; Hundeck & Mührel 2020). In und zwischen diesen erkenntnistheoretischen Positionen gibt es immer wieder auch Variationen, die die Nähe oder Distanz einzelner Erkenntnistheorien zueinander ausdrücken. So ist der erkenntnistheoretische Realismus eine Gegenposition zum erkenntnistheoretischen Idealismus, wohingegen bspw. im Konstruktivismus durchaus auch Varianten des Idealismus zu finden sind.

Erkenntnistheoretisch weit verbreitet ist überdies die Überzeugung, dass der Mensch die Welt ausschließlich aus den Erfahrungen des Wahrgenommenen erkennen kann (Empirismus) oder die Annahme, die Welt sei geprägt von Vorgaben der Vernunft, die die diffusen Wahrnehmungen in einen – mehr oder weniger – sinnvollen Zusammenhang einordnet (Rationalismus). Während der Empirismus also der Wirklichkeit der Dinge in der Welt den Vorzug gibt, und der Rationalismus der Vernunft des denkenden Subjekts das Erkennen der Wirklichkeit zuschreibt, nimmt die Phänomenologie eine vermittelnde Position zwischen Empirismus und Rationalismus ein, indem sie – als Lehre (Logos) von den Phänomenen (Erscheinungen) – die menschliche Erkenntnis als einen zwischen dem Erkenntnisgegenstand und dem Erkenntnisakt wechselseitigen und sich gegenseitig bedingenden Prozess versteht (vgl. Birgmeier & Mührel 2017, 68-72; vgl. auch Schneider 2020).

Ganz allgemein wird unterschieden in zwei zentrale Wissenschaftsauffassungen: einer *empirisch-analytischen* und einer *systemisch-konstruktivistischen*. „Erstere sind vor allem in Psychologie und anderen Sozialwissenschaften anzutreffen, letztere vor allem in den Sozialwissenschaften und in der Pädagogik" (Scholl, Greif & Möller 2018, 2 f.). Analog dazu werden in der Philosophiegeschichte überdies die beiden Begriffe des Objektivismus und des Subjektivismus für die Bestimmung verschiedenster Erkenntnisoptionen gebraucht, um spezifischere Erkenntnistheorien zuordnen zu können. Beispielsweise gehen

19 Die Grundlagen und die wesentlichsten erkenntnistheoretischen Befunde zur Sozialen Arbeit sind ausführlich in Birgmeier & Mührel (2017, 18-20 u. 68 ff.) beschrieben. Einige zentrale Aussagen daraus werden hier – in Kapitel 3 – erneut aufgenommen und ebenso auch als Basis für die Konzipierung des Metamodells für das sozialpädagogische Coaching verwendet.

radikale Konstruktivisten von einem Subjektivismus aus, wohingegen wissenschaftliche Realisten auf dem Objektivismus basieren. Beim *Subjektivismus*, so Borrmann (2016, 47), ist

> „(d)as Subjekt – der konkret erkennende Mensch – … für den Erkenntnisvorgang entscheidend […]. Die beschriebenen Dinge und Vorgänge existieren nur in der vom Subjekt hervorgebrachten Weise, sind also ‚subjektiv'. Form und Inhalt des ‚Erkannten' werden vom Subjekt nicht nur benannt oder bestimmt, sondern hervorgebracht. Erkenntnisse sind deshalb abhängig von den wandelbaren Eigenheiten einzelner Menschen oder der Menschheit insgesamt […]; sie sind also nichts als menschliche Konstruktionen".

Demgegenüber ist beim *Objektivismus*

> „(d)as Zu-Erkennende (das Erkenntnisobjekt) … wirklich zu erkennen und existiert unabhängig (objektiv) vom Erkennenden (dem Erkenntnissubjekt). Die menschlichen Erkenntniskräfte zielen auf real vorhandene und erkennbare Gegenstände, und diese Erkenntnisobjekte selbst bestimmen die Erkenntnis. Die Dinge und Vorgänge in der Welt selbst werden vom Erkennenden mit seinen Sinnen erfasst und mit seiner Sprache beschrieben. Die menschlichen Erkenntnisse geben das wirklich Existierende wieder […]" (Engelke, Spatscheck & Borrmann 2016, 138f.; zit. n. Borrmann 2016, 47; vgl. Birgmeier & Mührel 2017, 90).

Sowohl im Subjektivismus als auch im Objektivismus sind Annahmen enthalten, die Aussagen zur Frage nach der Realität erlauben. Auch wenn es vielerlei Mischformen zwischen beiden philosophischen Rahmungen gibt, fallen – genau genommen – Fragen nach der Wahrheit und jene nach der Realität in unterschiedliche „Zuständigkeitsgebiete" der Philosophie, erstere – mit den Grundannahmen des Subjektivismus und Objektivismus – in die Erkenntnistheorie, zweitere – mit dem sog. Realismus – in die Ontologie (als philosophische Lehre des Seienden). Der Realismus als Ontologie fragt danach, was innerhalb und außerhalb der Realität existiert und wie wir die Realität – wenn überhaupt – erschließen können.

In der Sozialpädagogik / Sozialen Arbeit haben sich diesbezüglich vor allem zwei Positionen herauskristallisiert, die auf einen „Realismus" als Erkenntnistheorie fokussieren: der wissenschaftliche und der kritische Realismus (vgl. für das Nachfolgende: Birgmeier & Mührel 2017, 76ff.).

- Der *wissenschaftliche Realismus* geht davon aus, „dass für wissenschaftliches Denken und Arbeiten alle menschlichen Fähigkeiten, die es einem Menschen ermöglichen, die Welt ‚außen vor' und ‚innen drin' zu erkunden, zu verstehen, zu gestalten und sich darüber zu verständigen – nämlich Intuition und Erfahrung, vernunftgeleitetes Denken und Tun, mentale Konstruktionsprozesse, ferner zwischenmenschliche Verständigung – notwendig, aber nicht hinreichend sind" (Staub-Bernasconi 1998, 37; 2015). Demnach gibt es eine Realität, unabhängig davon, ob wir sie wahrnehmen/beobachten, erforschen oder bewerten. Der wissenschaftliche Realismus integriert zwar erkenntnistheoretische Positionen wie den Intuitionismus, den Pragmatismus, den Empirismus, den Rationalismus und den Konstruktivismus mit in sein Konzept, doch er vertraut keiner dieser genannten Wissensquellen weder im Einzelnen noch in der Kombination (vgl. u. a. Staub-Bernasconi 1998, 120; Birgmeier & Mührel 2017, 76 f.).

- Das philosophische Programm des *kritischen Realismus* (Nicolai Hartmann) nimmt an, dass die Gewinnung von Erkenntnissen stets zwischen dem erkennenden Subjekt und dem zu erkennenden Objekt aufgespannt ist. Der Übergang vom einen (Subjekt) zum anderen (Objekt) wird dabei als „Transzendenz" bestimmt, was darauf hinweist, dass sowohl die Außenwelt unabhängig vom Subjekt existiert wie auch umgekehrt das Subjekt selbst eine ontologische, d. h. eine in ihrer realistischen Grundstruktur objektive und als „Sein" zu bezeichnende Grundgröße darstellt. Erkenntnistheoretisch teilt der kritische Realismus die Wirklichkeit in drei Sphären auf: a) in eine „empirische Wirklichkeit, die durch Erfahrungen, Beobachtungen und Messungen erschlossen werden kann"; b) in eine Welt der sozialen Konstellationen, „die sich auch nicht-empirischer Erkenntnis bedient" und c) in einen dritten Bereich, der als Teil der Wirklichkeit auch die sog. ‚deep dimensions' umschließt, „die mit ihrer die Phänomene der sozialen Wirklichkeit konstituierenden oder ermöglichenden Kraft sozusagen eine ontologische Basis auf der Grundlage struktureller und kontextueller Bedingungen bilden" (Röh 2009, 200). Zu den – c) – Phänomenen der sozialen Wirklichkeit zählen auch die „Widerfahrnisse" (vgl. Birgmeier 2007; 2010c), die *Nicolai Hartmann* als „Erfahrungen" definiert, die das Subjekt erleidet oder – prospektiv – erleiden kann. Hartmann spricht in diesem Zusammenhang auch vom Ausgeliefertsein des Einzelnen an diese Widerfahrnisse und von der Schicksalshaftigkeit, die die „Härte des Realen" ausmacht und die jedermann jederzeit betreffen kann (vgl. dazu Birgmeier 2007; Birgmeier & Mührel 2017, 77 f.; vgl. auch Richter et al. 2018).

3.2. Zentrale erkenntnistheoretische Positionen in der Sozialpädagogik / Sozialen Arbeit

Die Palette an erkenntnis- und wissenschaftstheoretischen Zugängen ist groß, mit Hilfe derer Disziplinen ihr Wissensrepertoire bilden können (vgl. dazu auch Hundeck & Mührel 2020; Spatscheck & Borrmann 2021). So werden u. a. die Phänomenologie, die Hermeneutik, die Ästhetik, die Dialektik, die Kritische Theorie, die Empirie, der Konstruktivismus und die Systemtheorie sowie dialogische und personalistische, feministische, poetologische oder handlungsphilosophische

Erkenntniszugänge in den einzelnen Wissenschaftsdisziplinen häufig referiert, um zu fachrelevanten Erkenntnissen zu gelangen.

Mit Bezug auf die Sozialpädagogik / Soziale Arbeit seien an dieser Stelle sieben wesentliche erkenntnistheoretische Zugänge ausgewählt, an denen sich nicht nur viele sozialpädagogische und sozialarbeitswissenschaftliche Theorie-Ansätze orientieren, sondern die ebenso auch hoch relevant sind im Blick auf die Konzipierung eines meta-modelltheoretischen Ansatzes eines sozialpädagogischen Coachings. In Anlehnung an Birgmeier & Mührel (2017, 68-72) werden nachfolgend nun die wesentlichen Essenzen und Kernaussagen der Phänomenologie, der Hermeneutik, der Dialektik, der Kritischen Theorie, des Systemismus, des Konstruktivismus sowie des Interprationskonstruktivismus erläutert, um die verschiedenen Erkenntnisoptionen beraterisch oder coachend Tätiger in sozialen Handlungs-, Berufs- und Tätigkeitsfeldern aufzuschlüsseln.

3.2.1. Phänomenologie

Die *Phänomenologie* (Edmund Husserl) ist „die philosophische Disziplin, genauer Methode, die sich mit dem Wahrnehmungsakt, den Wahrnehmungsmöglichkeiten und der Person des Wahrnehmenden sowie den ihnen zugrundeliegenden Bewusstseinsprozessen beschäftigt, die (in Kant'scher Diktion gesagt) die Bedingungen der Möglichkeit von Wahrnehmung überhaupt erforscht" (Stölzel 2015b). Dabei bezieht sie sich nicht – wie der Positivismus oder der Empirismus – auf die erfahrungsgegebene Wirklichkeit, sondern sie versucht gerade dort zu Erkenntnissen zu gelangen, die jenseits alles Erfahrenen und Erfahrbaren zu finden und zu beschreiben, aber nicht zu bewerten sind.

Die phänomenologische Methode lässt sich mit *Maurice Merleau-Ponty* (1966) auch als den Versuch beschreiben, „die unmittelbare, gelebte Welterfahrung des Menschen zu verstehen, und diese vollzieht sich als ein fortwährendes Wahrnehmen. Ständig nehmen wir – bewusst, nebenbei, zufällig oder unbewusst – etwas wahr. Dieser Umstand erscheint so selbstverständlich und grundlegend, dass er selten die Beachtung erfährt, die er verdient. Die Phänomenologen richteten nun ihre Aufmerksamkeit auf dieses Selbstverständliche und Grundlegende" (Merleau-Ponty 1966, zit. n. Stölzel 2015b, 218). Hierzu hat sie eine eigene Methodologie entwickelt, die sich genuin auf Deskription, Reduktion und Variation stützt (vgl. Brinkmann 2017, 17).

Die phänomenologisch populär gewordene Formel „zu den Sachen selbst" meint dabei keinen positivistischen, sondern „einen reflexiv-skeptischen Zugang zum Phänomen als dem, was sich zeigt und wie es sich zeigt" (ebd.). „Zu den Sachen selbst" bedeutet in der Phänomenologie also, „das ‚Wesensmäßige' in den Blick zu nehmen, d. h. sich auf das natürliche Bewusstsein zu beziehen. Im natürlichen Bewusstsein wird Erkenntnis nicht zum Problem, sondern die Person ist den Dingen anschauend und denkend zugewandt" (vgl. Hünersdorf 2020, 104). Insofern begründet die Phänomenologie eine philosophische Methode, die die Ausklammerung der Erfahrungstatsachen anstrebt und über eine solche „De-Empirisierung" dem Geistigen und der Vorstellung ein Primat des Erkennens zuschreibt. Diejenige Instanz, die erkennt, ist das Subjekt, das aus seiner Sichtweise und aus seinem Bewusstsein heraus die Realität erfasst. Damit kann die Wirklichkeit nicht von außen, objektiv, sondern ausschließlich aus der Perspektive des Subjekts gedeutet werden. Auch der von *Hans Thiersch* in seiner Theorie zugrunde gelegte Begriff der „Lebenswelt" stammt aus dem Gedankengut *Husserls*. Jedoch versteht Husserl die Lebenswelt letztlich als etwas Geistiges, als etwas durch das einzelne Subjekt in seinem Bewusstsein Vorgestelltes (vgl. Birgmeier & Mührel 2017, 69).

3.2.2. Hermeneutik

Die *Hermeneutik* – so Schmidt-Lellek (2015b, 204) – ist der philosophische Terminus für die sog. „Verstehenslehre", der Disziplin also, „die sich mit den Möglichkeiten, Formen und Prozessen des Verstehens befasst" (ebd.; vgl. auch Scholl & Schmidt-Lellek 2017). Als Methode der Auslegung und des Interpretierens (zu griech. *hermeneuein*: auslegen, übersetzen, erklären) fasst sie somit den Gegenstand der Betrachtung als einen Ausdruck auf, der sich erst in der Reflexion der eigenen Bedingungen des Verstehens erschließt (Birgmeier & Mührel 2017, 22). Sie gilt – neben der Dialektik – als Erkenntnistheorie der Geisteswissenschaften und will im Gegensatz zum Erklären in den Naturwissenschaften das Verstehen in das Zentrum von Wissen stellen. Das Verstehen, so Sichler (2017, 2), „stellt ein universales Phänomen menschlicher Welterschließung und Selbstvergewisserung dar". Als die zentrale Methode und als Erkenntnisziel der Geisteswissenschaften richtet sich dieses Verstehen nicht nur auf Texte. „Vielmehr können wir ganz allgemein und vorwegnehmend sagen, dass wir immer dann hermeneutisch vorgehen, wenn wir mit Menschen und mit menschlichen Produkten im weitesten Sinn umgehen. […] Hermeneutisches Verstehen geschieht überall dort, wo ein Mensch auf einen anderen Menschen oder auf menschliche Erzeugnisse trifft" (Danner 2006, 35; vgl. auch Richter 2016, 144). Das bedeutet: das Verstehen richtet sich ganz allgemein auf das überprüfbare Herausarbeiten von Bedeutungs- und Wirkungszusammenhängen der geistig-geschichtlichen Welt. Diese sind nicht direkt, sondern nur durch sog. „Objektivationen des menschlichen Geistes" (also durch historisch wandelbare Texte, Kunstwerke, Bräuche etc.) greifbar.

Zur Entschlüsselung und zum wissenschaftlichen Verstehen der Bedeutung dieser Objektivationen hat *Wilhelm Dilthey* ein Interpretationsverfahren entwickelt, die sog. *Hermeneutik*, die im „hermeneutischen Zirkel" dargelegt ist, der das sog.

Seelenleben von Menschen erfassen will. Verstehen ist dabei ein Vorgang, ein Inneres zu erkennen, in dem die Zeichen, die von außen sinnlich gegeben sind, vom Subjekt interpretiert und gedeutet werden (vgl. Birgmeier & Mührel 2017, 68 f.). Der Kernprämisse folgend, die lautet: „Was verstanden werden kann, ist immer sinnhaft" (Jung 2001, 12), lassen sich insgesamt drei aufeinander bezogene Aspekte des Sinnbegriffs unterscheiden: „1. der sprachlich-symbolische Sinn (die Bedeutung einer sprachlichen Äußerung), 2. der Handlungssinn (der Sinn einer Handlung als Befolgung einer Regel, als Erfüllung einer Intention oder als Teil einer Geschichte …) 3. der Lebenssinn (die übergreifenden Orientierungen der Lebenspraxis eines Individuums oder einer sozialen Gruppe …)" (Jung 2001, 12; zit. n. Sichler 2017, 6).

3.2.3. Dialektik

Neben der Hermeneutik bezieht sich auch die *Dialektik* auf die Phänomenologie als Erkenntnistheorie und damit auf die wechselseitige Bedingung von Wirklichkeit des Erkenntnisgegenstandes und des Erkenntnisaktes im denkenden Subjekt (vgl. Birgmeier & Mührel 2017, 21 f.). Beide – Hermeneutik und Dialektik – verbindet ein vorwiegend interpretierender und reflexiv verstehender Zugang zum Forschungsgegenstand.

> „Die Dialektik (zu griech. *dialegesthai*: auseinanderlegen, sich unterhalten) verfolgt mit dem Ziel einer Aufhellung und Verdeutlichung des Erkenntnisgegenstandes eine methodisch geleitete, reflexive und kritische Beschreibung von unterschiedlichen und gegensätzlichen Gesichtspunkten und Blickwinkeln auf den Gegenstand. Ein Beispiel hierfür sind die unterschiedlichen und teils nicht miteinander zu vereinbarenden Blickwinkel auf das Beratungsgeschehen in der Sozialen Arbeit und das streitbare Verhältnis von *Theorie* und *Praxis* zueinander" (Birgmeier & Mührel 2017, 22).[20]

Die Möglichkeit, die Dinge im Sinne der Dialektik von ihren jeweiligen Gegensätzen her zu betrachten, zu erforschen und zu kommunizieren und daraus eine Klärung, Lösung oder Orientierung im Sinne einer Synthese zu erreichen (vgl. Richter 2009,

---

20 Besonders Hans-Ludwig Schmidt hat in seinen Arbeiten auf die Dynamik der Dialektik im Theorie-Praxis-Verhältnis hingewiesen. So ist er etwa der Auffassung, dass Sozialpädagogik weder nur als Theorie noch nur als Praxis gedacht werden dürfe, sondern – dynamisch-dialektisch – in ein „aufeinander angewiesenes Verhältnis" (Dungs 2009b, 79) zu setzen ist. Diese wechselseitige Vermitteltheit von Theorie und Praxis sei „aufgehoben" in der professionellen Sozialpädagogin; sie ist einerseits die Adressatin der Theorie, wodurch die „Theorie" in ihrem Dienst stehe; andererseits ist sie auch Akteurin der Praxis, wodurch – in der Person der Sozialpädagogin als einer in Beratungssituationen Handelnden – die Theorie ihre Begrenzung erfährt. Somit vermitteln sich Theorie und Praxis dialektisch in der Person der Sozialpädagogin (vgl. dazu Schmidt 1981; Dungs 2009b, 79).

89), verweist mithin auf die Differenz, aber auch auf die wechselseitige Angewiesenheit, wie sie in der Sozialen Arbeit nicht nur zum Dual „Theorie-Praxis", sondern auch zu den Dichotomien „Subjekt-Objekt", „Individuum-Gesellschaft" oder „Entscheidung-Begründung" diskutiert werden (vgl. Volz 2009; Ferchhoff 2009).

Der Begriff der „Dialektik", auf den sich auch *Dietrich Benner* (1987) und *Wolfdietrich Schmied-Kowarzik* (1974) in ihren Konzeptionen einer „Dialektischen Pädagogik" berufen und der erkenntnistheoretisch betrachtet sowohl als Ontologie als auch als Methode verstanden werden kann (vgl. Richter 2009, 89), steht somit „für den Konstitutionsprozess sowie für die Struktur eines aus einander widersprechenden Elementen bestehenden Zusammenhangs" (vgl. Klafki 2019). Diese „sich widersprechenden Elemente" lassen sich mit Hegel (*Phänomenologie des Geistes*) auch als Gegensätze bzw. Polaritäten bezeichnen, die als a) These und b) Antithese in einer c) Synthese (als ‚Ort des Guten' aus a und b) auf eine höhere, verbindende, vermittelnde Ebene „aufgehoben" werden. Dialektik kann daher auch als eine „höhere vernünftige Bewegung" gedeutet werden, in welcher das schlechthin getrennt Scheinende durch sich selbst, durch das, was sie sind, ineinander übergehen.

3.2.4. Kritische Theorie

Mit der erkenntnistheoretischen Formel *Kritische Theorie* werden verschiedenste Lesarten transportiert. Sie ist – erstens – eine „kritische Theorie der Gesellschaft", wie sie in den 1930er Jahren programmatisch anhand zweier Aufsätze von *Max Horkheimer* und *Herbert Marcuse* grundgelegt und durch *Theodor W. Adorno* und *Herbert Marcuse* weiterentwickelt wurde (vgl. Behrens 2013, 199). Zweitens kann mit „kritischer Theorie" auch der von *Karl Marx* und *Friedrich Engels* konzipierte sog. „historische Materialismus" gemeint sein, mit dem auch die Marx'sche „Kritik der politischen Ökonomie" grundgelegt wurde. Drittens kann mit Kritischer Theorie (meist großgeschrieben) explizit jene normative Sozialforschung der sog. Frankfurter Schule bezeichnet werden, wie sie in den 1960er Jahren in Frankfurt/M. von Habermas, v. Friedeburg, Negt, Offe u. a. im Anschluss an Horkheimers und Adornos kritische Sozialforschung entwickelt wurde; entscheidend ist – so Behrens –, „dass dieser Begriff einer Kritischen Theorie explizit mit dem Institut für Sozialforschung verbunden ist" (vgl. ebd. 2013, 200). Und schließlich ist noch eine vierte Lesart für die Bezeichnung „(k)ritische Theorie" zu bedenken, nämlich jene, die sich – eher oberflächlich und im angelsächsischen Raum sich „verselbständigend" – im Rekurs auf Adorno, Habermas, Marcuse, Bourdieu, Sennett oder Giddens u. a. als „allgemeine kritische Lehre von der Gesellschaft" (Behrens 2013, 200) begreifen möchte (vgl. Birgmeier 2016b; Birgmeier & Mührel 2017, 71 f.).

Das Selbstverständnis einer „kritischen" Sozialen Arbeit liegt generell betrachtet darin, „Kritik" als ein „Moment der Diskontinuität, als eine – wenn auch zunächst nur gedankliche – ‚Unterbrechung' in der Kontinuität einer eingespielten Praxis Sozialer Arbeit ins Spiel" zu bringen (Anhorn et al. 2012, 7) und nicht etwa – wie vielfach missverstanden wird – den Anspruch zu haben, eine vorfindbare Praxis der Sozialen Arbeit in irgendeiner Weise „besser" zu machen oder – „im Sinne einer ‚Best-Practice' – besser funktionieren zu lassen, zu optimieren, produktiver, effizienter und effektiver zu gestalten" (ebd.). Vielmehr versteht sich eine „kritische" Soziale Arbeit als Instanz der (kritischen) Reflexivität, die – allgemein – verstanden werden will als eine „auf Dauer gestellte theoretische Anstrengung der Selbstaufklärung, die die eigene wissenschaftliche Praxis im Kontext ihrer – widersprüchlichen – gesellschaftlichen Bedingungen und Verflechtungen in spezifische Herrschaftsverhältnisse und Interesse analysiert" (Steinert 1998, 295; Anhorn et al. 2012, 10).

3.2.5. Systemismus und Systemtheorie

Der *systemi(sti)schen Erkenntnistheorie* liegt ein spezifischer Begriff des „Systems" zugrunde, mit dem ein Gebilde beschrieben werden will, in dem *Elemente* (Bestandteile des Systems) und *Merkmale* (Eigenschaften der Elemente) über Beziehung und Struktur miteinander verkoppelt sind (vgl. Dungs 2009a). Mit *Jürgen Kriz* (2018, 588 f.) formuliert bedeutet dies: Systemtheorie fokussiert Prozesse von miteinander dynamisch vernetzen „Teilen" („Teile" mein dabei jedoch nichts Gegenständliches oder Statisches, sondern z. B. Handlungen, Kommunikationen, Gedanken, Wahrnehmungen etc.). Die vernetzte Dynamik dieser „Teile" (Mikro-Ebene), so Kriz, bildet – Bottom-up – selbstorganisiert „Ordnungen" (Makro-Ebene) aus, die dann wieder top-down Einfluss im weiteren Prozess auf die Dynamik der „Teile" haben (vgl. ebd.; vgl. auch Kriz 2017; 2019). Gebilde, so die Systemtheorie, lassen sich nur dann beschreiben, wenn sie gegenüber ihrer Umwelt abgegrenzt werden können (vgl. May 2010). Indem ein System damit all das bezeichnet, das zur Unterscheidung von innen und außen angewendet werden kann, definieren Systemtheorien ihre Gegenstände über die Unterscheidung zwischen System und Umwelt (vgl. Kriz 2018).

Der Zusammenhang der Elemente oder Merkmale unterscheidet sich durch eine Grenzziehung von seiner Umwelt. Dabei lassen sich insbesondere zwei verschiedene Systemtypen voneinander differenzieren: erstens technische Systeme und Maschinen, die über programmierte Input- und Output-Mechanismen funktionieren, und zweitens, lebende Systeme und Organismen, die *autopoietisch* aufgrund ihrer eigenen Struktur operieren (vgl. Dungs 2009a). „Autopoiesis" ist eine zentrale Voraussetzung eines Systems und bezeichnet – abgeleitet aus den griechischen Begriffen *autos* (= selbst) und *poiein* (= machen) – die Fähigkeit, sich selbst (wieder) herzustellen. Niklas Luhmann geht – im Rekurs auf

Humberto Maturana und *Francisco Varela* – davon aus, dass es sich nicht um ein System handeln kann, wenn es sich nicht „selbst mache"; systemische Ordnungen sind also stets selbstorganisiert (vgl. Kriz 2018). Damit wird ein Modus der Selbsterhaltung von Systemen gekennzeichnet (vgl. Hundeck 2009).

Systemische Theorien, besonders jene, die sich an *Niklas Luhmann* anlehnen, begreifen Systeme als Konstruktionen der Realität, die durch Beobachtungen auf der Basis von bestimmten Unterscheidungen prozessiert werden, wie z. B. – im Falle der Sozialen Arbeit – durch soziale Hilfe / soziale Nicht-Hilfe (bzw. soziale Kontrolle), Individuation/Sozialisation, Fall/Nicht-Fall (vgl. Schlittmaier 2009; Birgmeier & Mührel 2017, 70 f.; Osthoff 2018, 135). Für die Soziale Arbeit sind besonders „soziale Systeme" erkenntnistheoretisch relevant. Für Luhmann ist ein soziales System ein Synonym für *Kommunikation*; d. h. soziale Systeme müssen kommunizieren, um zu existieren (vgl. dazu Osthoff 2018).

3.2.6. Konstruktivismus

Als eine neurowissenschaftlich begründete Erkenntnistheorie intendiert der Konstruktivismus – in Verbindung mit der Systemtheorie – die Unterstützung selbst gesteuerter Lernprozesse, die – von „außen" wohl angeregt, jedoch nicht organisiert werden können – die subjektive Perspektive der Konstruktion von Lebenswelten betonen und auf der erkenntnistheoretischen Kernthese basieren: „Wir erkennen die externe Welt nicht, wie sie wirklich ist, sondern wir konstruieren gemeinsam mit anderen eigene Wirklichkeiten, die ein ‚viables' Handeln ermöglichen" (vgl. Siebert 2005).

Der Konstruktivismus ist unterteilbar in einen allgemeinen Konstruktivismus (nach Paul Watzlawick, Heinz v. Foerster u. a.), in einen radikalen Konstruktivismus (vgl. Ernst v. Glasersfeld), mit dem angenommen wird, dass Theorien und Annahmen stets auf individuellen subjektiven Wirklichkeitskonstruktionen des menschlichen Gehirns basieren (vgl. Scholl, Greif & Möller 2018, 5 ff.) und in einen sozialen Konstruktivismus. „Im sozialen Konstruktivismus ... und z. T. im symbolischen Interaktionismus ... wird die Möglichkeit generell gültiger wissenschaftlicher Aussagen zum menschlichen Verhalten bestritten. Das Hauptargument besteht darin, dass empirische Ergebnisse sich oft nicht als universal gültig erwiesen haben, sondern als kulturabhängig, und dass selbst wichtige theoretische Konzepte je nach sozialem Standpunkt unterschiedlich verstanden werden" (Scholl, Greif & Möller 2018, 6).

Ganz allgemein geht der Konstruktivismus davon aus, dass zwischen den gegensätzlichen erkenntnistheoretischen Positionen des Realismus und des Idealismus einerseits (vgl. Dungs 2009a), zwischen dem Positivismus und Rationalismus andererseits eine Vermittlung stattfinden kann, wenn die Rolle und die Funktion des Beobachters neu bestimmt werden. Beobachtung setzt zum einen voraus, dass eine Unterscheidung gemacht wird zwischen dem, der beobachtet, und dem, was beobachtet wird. Zum anderen kann aber sowohl Internes (Beobachter, Akteur, System) als auch Externes (Beobachtetes, Umwelt, Milieu) beobachtet und zwischen beiden Perspektiven gewechselt werden (vgl. Kleve 2010; Kraus 2013; Birgmeier & Mührel 2017, 70).

3.2.7. Interpretationskonstruktivismus

Eine Sonderform des Konstruktivismus, den sog. Interpretationskonstruktivismus, beschreibt *Hans Lenk* (1993, 1998). Lenk geht davon aus, dass alles, was „ist" (z. B. Welt, Wirklichkeit, Sinn etc.) nur jeweils als Interpretation des jeweils erkennenden Subjekts erfassbar sei. Erkenntnistheoretisch interessant ist seine Verknüpfung zwischen dem Erkennen und dem Handeln von Menschen, wenn er postuliert, dass das Erkennen „wie jede andere bewusst geplante oder entworfene, jedenfalls zielorientierte Lebensäußerung ein Handeln" sei (vgl. Lenk 1993, 17) und das Handeln wiederum stets einen „doppelten Aspekt" aufweist: Es verhalte sich – so Lenk – nämlich nicht nur so, dass der Mensch seine Handlungen nur wie einen außerhalb von ihm ablaufenden Bewegungsprozess bzw. wie eine „objektiv feststellbare und intersubjektiv nachprüfbare Ereignisfolge" wahrnimmt, sondern „er erlebt sein Handeln auch … als von ihm gesetzte, gewollte und zumeist bewusst initiierte zielorientierte Tätigkeit" (Lenk 1989, 120), wodurch die sog. Selbstreferentialität als konstruktivistisch zentraler Erkenntniszugang betont werden will.

Diese Verwobenheit von menschlichem Erkennen und Handeln verweist mithin auf den zentralen Wert der Interpretation bei Lenk, denn „alles was wir als erkennende und handelnde Wesen erfassen und darstellen können, ist abhängig von Interpretationen" (Lenk 1993, 50). Der erkennende Mensch ist hierdurch gewissermaßen notwendig ein deutendes Wesen, „das heißt, er ist auf Deutungen, auf Interpretationen angewiesen – im Denken, im Erkennen, im Handeln, im Strukturieren, Konstituieren, erst recht natürlich im Bewerten usw." (ebd. 1993, 50). Daher sind auch die Bedingungen und Möglichkeiten des Denkens, Erkennens, Handelns und Wertens interpretativ bzw. interpretationsabhängig; „sie sind wichtig dafür, dass und wie wir unsere Welt strukturieren – also für all das, was wir erfassen können, im Grunde auch dafür, wie wir mit der Welt umgehen" (Lenk 1993, 55).

3.3. Erkenntnistheoretische Optionen für ein sozialpädagogisches Coaching – Fazit

Die besonders für ein sozialpädagogisches Coaching zentralen erkenntnistheoretischen Setzungen sind – exemplarisch ausgewählt – sicherlich zunächst einmal in der *Phänomenologie* zu finden, denn der (sozialpädagogische) Coach intendiert – als ein erkennendes Subjekt – stets, die unmittelbare, gelebte und erlebte

Welterfahrung des Coaching-Partners – und damit dessen spezifischen Entwurf seiner Lebensführung und seiner Lebensbewältigung – zu erfahren, zu verstehen und zu reflektieren.

Nicht weniger wichtig erscheint für ein sozialpädagogisches Coaching-Konzept auch die *Hermeneutik*, denn das empathische Verstehen, mit dem das „Seelenleben" des Gegenübers einschließlich all seiner Bemühungen um eine seines Erachtens gelingende(re) Lebensführung und Lebensbewältigung erfasst und all seine bisherigen Lebensleistungen gewürdigt werden möchten, zählt zu den Kernkriterien einer ethisch-moralischen Haltung, mit der der Coach seinem Gegenüber begegnet und entgegnet.

Eine Sonderform der Hermeneutik, die sog. *Lebensführungshermeneutik* nach *Fritz-Rüdiger Volz* (1993) erscheint ebenso zielführend für die erkenntnistheoretischen Setzungen auch eines sozialpädagogischen Coachings, zumal dort auf das für alle sozialpädagogischen Interventionen und Begleitungsformen so wichtige – auch handlungsethisch relevante – Modell der „stellvertretenden Deutung" (Oevermann) rekrutiert wird. Volz (1993) fordert, die Sozialpädagogik (und alle in ihr professionell agierenden Akteure) sollte(n) „in der Lage sein, von der lebensgeschichtlichen Lage und vor allen Dingen vom Selbstverständnis des Klienten das entwickeln zu können, was C. Geertz ‚thick description' (dichte Beschreibung) genannt hat. Sie muss Zugang finden zur Bilderwelt des Klienten, durch die hindurch die Welt allererst zur Welt für diesen wird, und zu den Selbstbildern, die vor allem darüber entscheiden, wie der Klient handelnd Situationen bewältigt und sein Leben führt". Hierzu sei ein „Wissenstyp" notwendig, der „den Individuen ihren Subjektstatus weder einfach zu- noch einfach abspricht, sondern der es erlaubt, ihr Lernen als Subjekt-Werdung zu verstehen, die sich nur intersubjektiv und das heißt auch im weitesten Sinne ‚als Gespräch' vollziehen kann". Dieser Wissenstypus, den Volz „Lebensführungswissen" nennt, und der insbesondere in den Ethiken des „guten Lebens" vorfindbar ist, bündelt Tatsachenwissen mit Wertewissen aus der Perspektive der Frage, wie das Leben jedes Einzelnen gelingen könne. Professionelle Sozialpädagogen, Berater und auch Coachs sollten dementsprechend Erkenntnisse davon haben, was es heißt, „diese Frage aus der Perspektive eines Individuums, das sein Leben ‚von innen' führt (bzw. führen möchte) zu stellen und darauf Antworten zu suchen"; zugleich sollten sie wissen, was es heißt, „anderen Individuen bei der Entfaltung der Frage und bei der Suche nach Antworten beratend zu ‚helfen'" (Volz 1993). Und sie sollten – so Volz weiter – jedem anderen Menschen Respekt schulden in seinen individuellen Bemühungen und Leistungen, ein – für ihn – gutes und gelingendes Leben führen zu wollen.

Neben der Hermeneutik ist auch die *Dialektik* für die Konzeption des sozialpädagogischen Coachings sowohl ein wichtiger erkenntnistheoretischer Zugang als auch eine hilfreiche Methode, um Möglichkeiten des Vermittelns scheinbarer Gegensätze oder Polaritäten auszuloten. Wenn wissenschaftlich-methodisch betrachtet das Ziel der Dialektik im Versuch besteht, ein logisch-rationales Deutungsschema des Gesamtgegebenen zu entwickeln, das einem widerspruchslosen Zusammenführen bzw. „Aufheben“ von Widersprüchlichkeiten dienen soll, um – geleitet durch das Prinzip der Versöhnbarkeit – „tiefere Wahrheiten“ sichtbar zu machen (vgl. Danner 2006; Birgmeier 2009b, 20), dann können in so manchen Beratungs- und Coaching-Settings entscheidungs- und handlungsorientierte „Brücken“ geschlagen werden, die nicht auf ein „entweder – oder“, sondern auf eine gegenseitige Vermittlung der Differenzen und Polaritäten von Thesen und Antithesen in einem synthetisierenden „sowohl-als auch“ – oder: wie es Elena Wilhelm (2006, 44) trefflich formuliert: auch „in Güte“ – abzielen.

Auch die *Kritische Theorie* nimmt im Konzept des sozialpädagogischen Coachings einen wichtigen Stellenwert ein. „Kritisch“ ist das sozialpädagogische Coaching deshalb, weil es – angelehnt an handlungs- und widerfahrnistheoretische Wissensbestände (vgl. Birgmeier 2007; 2014) – im Kern ein emanzipatorisches Erkenntnisinteresse verfolgt, das die Freiheit und Selbstbestimmung des Menschen betont – des Menschen, der sich in krisenhaften Lebenssituationen stets in einem zutiefst herausfordernden „Dazwischen“ erlebt, deren Pole zueinander „vermittelt“ werden möchten. Überdies werden im sozialpädagogischen Coaching auch jene gesellschafts- und ökonomisierungskritischen Aspekte thematisiert, die zu leid- und schmerzvollen Krisensituationen beim Subjekt beitragen bzw. diese verursachen; und es sympathisiert mit dem „kritischen Realismus“ (Nicolai Hartmann), der erkenntnistheoretisch davon ausgeht, dass (Selbst-)Erkenntnis stets zwischen dem erkennenden Subjekt und den zu erkennenden Objekten gewonnen werden kann und der den „Widerfahrnissen“ einen zentralen Stellenwert im menschlichen (Er-)Leben einräumt.

Aus der Familie der *Systemtheorien* erscheint insbesondere die sog. Personenzentrierte Systemtheorie von *Jürgen Kriz* (2017) wichtige Anhaltspunkte auch für die Konzipierung eines sozialpädagogischen Coachings anzubieten, weil sie – ganzheitlich – die vielfältigen Prozesse und Einflüsse, welche in den unterschiedlichen Ansätzen zu Psychotherapie, Beratung und Coaching jeweils thematisiert werden, in ihrer wechselseitigen Vernetzung zu verstehen beabsichtigt (vgl. Kriz 2017, 13). Die Personenzentrierte Systemtheorie legt nicht nur Wert auf die Unterscheidung zwischen der Perspektive der beteiligten Subjekte und der „objektiven“ Perspektive auf ein Geschehen, sondern sie versucht ganzheitlich jeden Moment im menschlichen Leben auf (vier) unterschiedlichen Prozessebenen (psychische, interpersonelle, kulturelle und körperliche Prozesse), die sich dynamisch überlagern, zu betrachten und der Vielfalt der Komplexität der sich gegenseitig beeinflussenden Prozesse im Gesamtgeschehen konzeptionell gerecht zu werden (vgl. Kriz 2019).

Gleichermaßen wichtig erscheint der *Konstruktivismus* als erkenntnistheoretischer Zugang zum Konzipieren eines sozialpädagogischen Coachings, zumal die darin zum Ausdruck gebrachten „individuellen subjektiven Wirklichkeitskonstruktionen“ unzweifelhaft zu den Kernparadigmen eines auf das Subjekt und auf die Persönlichkeit orientierten Unterstützungs-, Begleitungs- und Begegnungsmodells wie das Coaching zählt. Überdies implizieren konstruktivistisch inspirierte Erkenntnistheorien, wie auch der Interpretationskonstruktivismus von *Hans Lenk*, dass Wirklichkeiten und das Selbsterleben in erster Linie gedeutet werden müssen.

Und schließlich sei auf den von Hans Lenk skizzierten *Interpretationskonstruktivismus* und die daran angelehnte „kritisch-dialektische Handlungs- und Widerfahrnisphilosophie“ von Bernd Birgmeier als erkenntnistheoretischer Rahmen für ein sozialpädagogisches Coaching hingewiesen. Eine kritisch-dialektische Handlungs- und Widerfahrnisphilosophie, so *Petra Ludwig* (2020, 151),

> „geht zunächst einmal davon aus, dass Sinn, Wirklichkeit und Welt, also das, was *ist*, in Anlehnung an die von Hans Lenk skizzierte Philosophie der Interpretationskonstrukte, jeweils nur als Interpretation erfasst werden kann (vgl. Birgmeier 2014). Der Mensch ist darauf in seinem Denken, Erkennen, Handeln, aber auch im Konstituieren, Strukturieren oder Bewerten angewiesen und er kann seine Interpretationskonstrukte und Symbolwelten erkenntnistheoretisch deuten (vgl. Lenk 1993, 55). Professionelle Fachkräfte der Sozialen Arbeit können den Alltag, die Lebenswelt, das Wissen, die Deutung und den Deutungshorizont der Menschen also niemals vollständig erschließen …, weshalb – interpretierend, verstehen wollend – allenfalls Annahmen über das, was *ist*, an Adressat*innen herangetragen werden können“ (Ludwig 2020, 51).

Insofern steht nicht nur das professionelle Handeln in jeglichen sozialpädagogischen Handlungsfeldern, sondern auch die Möglichkeit des Erkennens der Realität und/oder der (selbst erlebten Wirklichkeit des Coaching-Partners), stets unter „Bedingungen der Ungewissheit“ (vgl. Birgmeier 2014, 222; Preis 2013, 175 ff.; Ludwig 2020, 151), wodurch eine derartige erkenntnistheoretische Setzung unmittelbar auch in eine Setzung ethischer Standards und humaner Haltungscodizes im zwischenmenschlichen Umgang miteinander mündet. Dies wird deutlich u. a. in der Selbstverpflichtung zu einer Haltung, jedem zu beratenden oder zu coachenden Gegenüber in aller Würde zu begegnen und dessen Lebensleistungen (nicht nur die Berufsleistung, wie im „klassischen“ Coaching) sowie all die Mühen in seinen individuellen Lebensführungs- und Lebensbewältigungsversuchen mit höchstem Respekt anzuerkennen (vgl. Ludwig 2020, 154).

4. Theorie

4.1. Funktionen einer Theorie

Martina Ukowitz identifiziert eine Reihe unterschiedlichster Funktionen, die Theorien einnehmen können. Darunter fallen u.a. die Feststellungs-, Ordnungs-, Kontroll-, Rechtfertigungs-, Begründungs-, Distanzierungs-, Kommunikationsfunktion sowie die Funktion, Denkprozesse zu gestalten, Methoden zur Verfügung zu stellen, Vorentscheidungen zu versammeln und Hintergründe zugänglich zu machen (vgl. Ukowitz 2016, 50f.). Mit all diesen Funktionsbeschreibungen will die Autorin – völlig berechtigt – darauf hinweisen, dass es „unzulässig reduzierend ist, den Theoriebegriff auf das Beschreiben von objektiven Gesetzmäßigkeiten zu beschränken" (ebd. 2016, 51). Theorien adressieren gerade im Bereich Coaching und Beratung somit

> „nicht nur eine inhaltliche Dimension, also die Auseinandersetzung von Coach und Klient/in mit dem verhandelten Thema, indem sie beobachten, beschreiben, Hypothesen bilden und erklären. Sie wirken auch in einer interventionsbezogenen Dimension; Coachs intervenieren also theoriegeleitet, sie regen Reflexion an, initiieren Veränderung. Und sie wirken in einer sozial-kommunikativen Dimension: Theorien dienen als Medium der Verständigung unter Berater/innen …, und Klient/innen orientieren sich etwa an methodisch-theoretischen Verortungen der Coachs. Theorien bringen in diesem Sinne auch ‚Ordnung' in soziale Beziehungen, mitunter werden Expert/in-Laien-Verhältnisse hergestellt" (Ukowitz 2016, 51).

Theorien, so auch Schreyögg (2011, 54), „kommt in sozialwissenschaftlichen Handlungsmodellen eine ganz zentrale Bedeutung zu, denn durch sie wird Handeln erst professionell". In ihrer Funktion als „kognitive Schemata", repräsentieren sie einen Fundus an Wissensbeständen, die v.a. der Reflexion theoretischen Wissens und praktischen Handelns dient. Im Idealfall ist – um möglichst alle denkbaren Fragestellungen von Klienten abdecken zu können – für jeden fachspezifischen Coaching-Ansatz ein möglichst „breit angelegtes Theorieuniversum" anzulegen, das nach einer Empfehlung Schreyöggs (2011) „multiparadigmatisch" sein sollte und insbesondere aus der allgemeinen Psychologie, der Psychoanalyse, der Sozialpsychologie, der Soziologie, der Organisationssoziologie und der Managementlehre zu entstammen habe. So dienten theoretische Positionen aus der allgemeinen Psychologie etwa dazu, individuelle Phänomene des Klienten strukturieren zu können; Theorien aus der Psychoanalyse und der Sozialpsychologie würden demgegenüber Hilfe zur Orientierung leisten, um Beziehungsphänomene zu fassen. Konzepte aus der Organisationssoziologie helfen zur Strukturierung, um organisatorische Erscheinungen zu strukturieren, wohingegen Konzepte aus der Managementlehre deshalb einzubeziehen seien, um Führungskräfte bei ihrer besonderen Aufgabenstellung zu unterstützen (Schreyögg 2011, 55).

Bildungs- und erziehungswissenschaftliche, geschweige denn sozialpädagogische resp. sozialarbeitswissenschaftliche Theorien werden in der Auflistung Schreyöggs nicht benannt, obgleich Coaching sich doch – mittlerweile auch in der Management- und Business-Szene – als „helfender Beruf" (Özdemir 2012) versteht und das „Helfen" seit jeher im Zentrum jeglicher Theoriebildung in der Sozialen Arbeit steht. Warum eigentlich nicht?

Um die (potenzielle) Anschlussfähigkeit von Theorien (auch) aus der Sozialpädagogik und der Sozialen Arbeit für Coaching (und dessen Professionalisierungs- und Akademisierungsintentionen) zu überprüfen, ist es zunächst einmal notwendig, das, worum es im Coaching einerseits, in der Sozialpädagogik / Sozialen Arbeit andererseits geht, miteinander zu vergleichen, um – möglicherweise – gemeinsame Schnittmengen, aber auch Unterschiede in den jeweiligen Gegenstands- bzw. Objektbereichen festzustellen. Sehr verkürzt dargestellt lassen sich beide „Beratungsformate" etwa wie folgt beschreiben: Coaching stellt in seiner „klassischen" Variante eine „innovative Maßnahme der Personalentwicklung" und eine „Dialogform über Freud und Leid im Beruf" (Schreyögg 2007, 948) dar. Es richtet sich an Menschen, die explizit mit „Managementaufgaben" (ebd.) betraut sind und wird dementsprechend von Kunden nachgefragt, die sich eine „Förderung beruflicher Selbstgestaltungspotenziale" (ebd.) erhoffen. Demgegenüber geht es – Vorschläge zur Gegenstands- und Objektbestimmung zu Hilfe genommen (vgl. hierzu u.a. auch Krieger 2011; Kraus 2012; Göppner 2016; Borrmann 2016; Hammerschmidt, Auer & Weber 2017) – der Sozialpädagogik / Sozialen Arbeit in ihren Denk- und Handlungslogiken zunächst einmal und genealogisch abgeleitet um völlig andere Themenbereiche, durch die ein spezifischer Hilfebedarf für unterschiedliche Adressaten(gruppen) erzeugt wird. Solche Themen sind u.a. die sozialen Bedingungen der Bildung (Natorp); individuelle gesellschaftliche Schwierigkeiten des Kindes (Nohl); Generationsprobleme, Normalitätsentwürfe, Armut (Mollenhauer); Sinn- und Handlungskrisen von Menschen (Schmidt); die Betreuung von Menschen in sozialen Problemlagen (Khella); der überforderte Mensch (Tillmann); der Alltag des Adressaten und darin enthaltene Lebensprobleme (Thiersch); Prozesse kommunikativer Sinnstiftung (Winkler); Spezifische Missstände und Beeinträchtigungen (Wendt); die Lebensbewältigung (Böhnisch, Sahle) oder die Lebensführung von Menschen (Volz, Feth), das gute, gelingende, glückliche Leben (Otto & Ziegler); der Mensch in seinen Lebensumständen (Mührel) bzw. in seinen Widerfahrniskontexten (Birgmeier) oder die Verbesserung der Handlungsbefähigung von Menschen und die Kritik der Lebensverhältnisse (Röh) bzw. das Verhindern und Bewältigen von als sozial problematisch angesehenen Lebenssituationen (vgl. Borrmann 2016, 63; Birgmeier & Mührel 2017, 89f.).

Trotz unübersehbarer Differenzen zwischen dem klassischen Coaching und der Sozialpädagogik / Sozialen Arbeit lässt sich der gemeinsame Nenner wohl im „Helfen“ ausmachen. Da das *Helfen* seit jeher im Zentrum vieler theoretischer Ansätze der Sozialpädagogik / Sozialen Arbeit steht, lassen sich damit nicht nur im Business- oder Exekutive- Coaching wichtige theoretische Fundstücke zur Fundierung meta-modelltheoretischer Konzeptionen ableiten, sondern auch für ein sozialpädagogisches Coaching-Konzept ist ein intensiver Blick auf das „Theorieuniversum“ der Sozialpädagogik und Sozialen Arbeit zu werfen.

4.2. Bestandteile einer Theorie

Um nun – angelehnt an Schreyögg (2011, 54) – das „Theorieuniversum“ bzw. das „Theorien-Paradies“ (Birgmeier 2009a, 235) in der Sozialpädagogik / Sozialen Arbeit und deren Relevanz für die Entwicklung eines spezifisch sozialpädagogischen Coaching-Konzeptes annähernd erfassen zu können, wäre zunächst jedoch einmal die Frage zu beantworten, wovon beim Etikett *Theorie* konkret die Sprache ist, was *Theorien* überhaupt sind bzw. wie sich *Theorie* hinlänglich definieren lässt. Bis dato fehlen die Voraussetzungen für eine Theoriebeschreibung, mit Hilfe derer es potenziell möglich sein könnte, grundlegende und v.a. einvernehmlich akzeptierte Bestandteile einer Theorie der Sozialen Arbeit sowie Unterschiede und Gemeinsamkeiten zwischen Theorie und Praxis/Forschung/Wissenschaft etc. abzubilden (vgl. Rauschenbach & Züchner 2012, 151). Ungeachtet dessen, ob es sich – den Abstraktionsgrad und die Reichweite von Theorien betreffend – um entweder *Supertheorien* (Metatheorien bzw. Theorien über Theorien) oder um Theorien *mittlerer* Reichweite (ausschließlich auf einen Gegenstand bezogen) oder um Theorien *kurzer* Reichweite (Theorien, die in der Praxis zu empirisch anwendbaren Theorien führen) handelt (vgl. Lambers 2013, 244), liegen einige Vorschläge von Theorie- und Wissenschaftsentwicklern des Fachgebietes darüber vor, welche „Bestandteile“ eine Theorie Sozialer Arbeit wohl beinhalten sollte (vgl. dazu auch Birgmeier 2018b, 261 f.):

- Eine Theorie Sozialer Arbeit solle nach *Otger Autrada* und *Bringfriede Scheu* (2015, 160 ff.) bspw. a) eine wissenschaftstheoretische Rahmung enthalten, sie solle b) ihren Gegenstand bestimmen, c) das Verhältnis zu jenen Disziplinen klären, aus denen die Soziale Arbeit ihre Erkenntnisse schöpft und sie solle d) ihre Bezüge zur professionellen Praxis festlegen.
- Auch *Stefan Borrmann* betont die wissenschafts-/erkenntnistheoretischen Bezüge und die Gegenstandsbestimmung, die zur Theoriebildung zu berücksichtigen sind. Ergänzend dazu ist es für ihn wichtig, dass überprüfbare Aussagen zum Gegenstand gemacht und die Aussagen untereinander zu Aussagesystemen verbunden sein müssen (vgl. Borrmann 2016, 12).

- Für *Hans Thiersch* habe eine Theorie der Sozialen Arbeit ihren Wissenschaftscharakter, „also ihr Erkenntnisinteresse und ihre wissenschaftstheoretischen Begründungen" (2005, 967) darzustellen. Darüber hinaus hat sie das Verhältnis von Theorie und Praxis bzw. von Disziplin- und Professionswissen zu klären, einen Gegenstand zu bestimmen, die gesellschaftlichen/sozialen Funktionen des Sozialen sowie die Lebenslagen und -schwierigkeiten der AdressatInnen zu erörtern und Fragen der Institutionalisierung sowie Fragen des pädagogischen (und professionellen) Handelns zu verhandeln (ebd. 2005, 968).
- Weitaus spezifischer umreißt *Cornelia Füssenhäuser* sog. „Kristallisationspunkte" (2011, 1646ff.) der Theoriebildung in Sozialer Arbeit. Ihr zufolge umfassen solcherart Kristallisationspunkte für eine disziplinäre und professionsgebundene Theoriebestimmung in Sozialer Arbeit a) die Bestimmung des Gegenstands der Sozialen Arbeit als Wissenschaft und Praxis, b) die Bestimmung ihres Wissenschaftscharakters sowie ihrer interdisziplinären Bezüge, c) die Klärung des Theorie-Praxis-Verhältnisses, d) eine Erörterung der gesellschaftlichen und sozialen Rahmenbedingungen Sozialer Arbeit, e) eine Diskussion über Lebenslagen und Lebensweisen von AdressatInnen Sozialer Arbeit, f) eine Analyse der Organisationen und Institutionen der Sozialen Arbeit, g) Konkretisierungen in Bezug auf professionelle Handlungsmuster auf der Basis von Analysen zu allgemeinen Strukturen eines helfenden, erziehenden, bildenden und unterstützenden Handelns und h) eine Klärung sozialethischer Grundlagen und damit: der Rückbezug auf Normen und Werte (vgl. dazu auch May 2010, 31).
- Auch *Helmut Lambers* (2013, 256f.) legt eine Kriterienliste vor mit Elementen, die eine Theorie enthalten sollte. Demnach müsse eine Theorie beinhalten: a) eine klare Begrenzung des Bezugsproblems und des Gegenstandsbereiches, b) Hinweise zur erkenntnis- und wissenschaftstheoretischen Verortung, c) eine Klärung disziplinärer Grundbegriffe, d) bei „formalisierten" Theorien v. a. eine Darstellung und Begründung der Hypothesen und Messkonzepte, e) bei nicht oder nur schwach formalisierten Theorien die „Angabe der zugrunde gelegten Verstehenskonzepte (hermeneutische, phänomenologische, materialistische, konstruktivistische, interaktionistische Zugangsweisen)" (2013, 257), f) in handlungswissenschaftlichen Theorien die „Bereitstellung von Begriffen und Leitlinien zur Eingrenzung des Bezugsproblems, seiner Lösungsmöglichkeiten und kritischen Reflexion" (ebd.) sowie g) die „Herstellung eines Bezugsrahmens zur Profession, der Disziplin und Profession in diskursive Weiterentwicklung versetzen kann" (ebd.).

  Überdies seien – neben den bisher genannten, wissenschaftstheoretischen Anforderungen an Theoriebildung – weitere Anforderungen an eine Theorie zu erfüllen. So z. B. h) eine Bereitstellung von Begriffen, i) eine Thematisierung gesellschaftlicher Voraussetzungen der Sozialpädagogik / Sozialen Arbeit, j) eine Klärung des Theorie-Praxis-Verhältnisses, k) eine Bestimmung der AdressatInnen „im Sinne einer Analyse ihrer Lebenslagen und Lebensweisen" (2013, 247), verbunden mit k), der Reflexion wohlfahrtsstaatlicher Organisationen und l), einer Analyse von

Paradoxien professioneller Sozialer Arbeit (wie z. B. das sog. doppelte Mandat) und m), einer Auseinandersetzung mit Werten und ethischen Fragen. Darüber hinaus wird – in ihrer Gestalt als „normative Handlungswissenschaft" – in der Theoriebildung gefordert: n), dass eine erklärende und normativ-ethische Ebene benannt wird, „die den Zusammenhang zwischen Beschreibungs-, Erklärungs-, Prognosewissen und Zielen und Handlungen klärt" (ebd. 2013, 248).

4.3. Theorien der Sozialpädagogik / Sozialen Arbeit – Systematisierungsversuche

So unterschiedlich die Vorschläge diese verschiedensten Bedingungen für die Bildung von Theorien in Sozialpädagogik und Sozialer Arbeit sind, so heterogen akzentuieren sich auch jene Versuche, die Vielfalt der Theorieansätze zu systematisieren.[21] Solcherart Systematisierungsintentionen sind möglich einerseits durch die Benennung und den Vergleich der der Theorie zugrundeliegenden Erkenntnis- und Wissenschaftstheorie oder – andererseits – durch die Beschreibung verschiedenster Objektbereiche, die in der jeweiligen Theorie thematisiert werden. *Stefan Borrmann* (2016, 41) empfiehlt beispielsweise, beim Versuch eines Theorievergleichs weniger die Einzeltheorien zu fokussieren, sondern vielmehr die „theoretischen Grundlagen der Sozialen Arbeit". Ihm zufolge solle es daher eher um die „abstrakteren Ebenen der Theorien der Sozialen Arbeit" (ebd.) gehen, namentlich um ein Differenzierungssystem, mit Hilfe dessen sich Theorien nach ihren a) erkenntnistheoretischen, b) wissenschaftstheoretischen und c) objekttheoretischen Grundlagen systematisieren lassen (vgl. dazu auch Birgmeier 2018a, b).

Exemplarisch seien nachfolgend noch einige weitere Strukturierungsmodelle zur Sortierung erkenntnis- und wissenschaftstheoretisch verortbarer Theorien in Sozialer Arbeit skizziert. Wissenschaftstheoretische „Klassiker" – so *Wolfgang Krieger* (2016) – finden sich in der geisteswissenschaftlich-hermeneutischen (einschließlich der phänomenologischen), der kritisch-emanzipatorischen sowie der kritisch-rationalistischen Wissenschaftstheorie (vgl. Birgmeier 2018b, 265). Ähnlich auch *Dießenbacher* und *Müller* (1987, 1252), die für die „Wissenschaft der Pädagogik" einen normativen, einen hermeneutischen und einen empirischen Wissenschaftstypus identifizieren, oder *Erath* und *Balkow* (2016, 171), die zwischen einer a) hermeneutischen, b) normativen, c) empirischen, d) kritischen,

21 Die Debatte um die „Theorie(n)" in der Sozialen Arbeit, der Sozialpädagogik und der Sozialarbeitswissenschaft wurde besonders im letzten Jahrzehnt sehr heterogen geführt. Die Essenzen dieser Debatte und der Versuch einer Strukturierung der Theorie-Ansätze in Sozialer Arbeit wurde bereits in Birgmeier & Mührel (2017, 88-99) beschrieben. Einige wesentliche Befunde dazu fließen auch in vorliegendes Kapitel 4 mit ein.

Tabelle 5: Sozialwissenschaftliche Theoriebildungsmodelle (in Anlehnung an Borrmann 2016, 72; Birgmeier & Mührel 2017, 91)

	Normative und ontologische Theorieansätze	**Kritisch-rationale Theorieansätze**	**Kritsch-theoretische Theorieansätze**	**Systemtheoretische Theorieansätze**
Denkmethode (Methodologie)	Hermeneutik, Phänomenologie	Logischer Empirismus, kritischer Rationalismus	Hermeneutik, Dialektik	Systemtheorie
Erkenntnis-gegenstand	Sinn und Wesen von Staat, Gesellschaft, Mensch, Hilfe usw.	Verhalten von Individuen, Gruppen, Organisationen	Prozesse und Strukturen der Gesellschaft	Zusammenhänge zwischen Individuum, Gesellschaft und Kosmos
Vertreter	*Hans Scherpner* („Theorie der Fürsorge")	*Lut: Rössner* („Theorie der Sozialarbeit")	*Hans Thiersch* („Lebenswelt-orientierte Sozialen Arbeit")	*Dirk Baecker* („Soziale Arbeit" als Teil des Funktionssystems „Soziale Hilfe")

Abbildung 3: HauptvertreterInnen der Theorien Sozialer Arbeit nach Helmut Lambers (2019; 2020)

e) systemisch-konstruktivistischen und f) sozialökologischen wissenschaftstheoretischen Denktradition differenzieren.

Weitaus umfassender verortet *Helmut Lambers* (2013, 312f.; 2019) verschiedenste Konzepte von Theoriebildungen der Sozialpädagogik / Sozialen Arbeit innerhalb wissenschaftlicher Erkenntniskonzepte. Ihm zufolge lassen sich fünf große Stränge mit insgesamt 36 „HauptvertreterInnen" für einzelne

Theorieansätze in Sozialer Arbeit unterscheiden (Abb. 3; vgl. Lambers 2019; socialnet.de; 10.04.2020).

Des Weiteren, so Helmut Lambers, können Unterscheidungen zwischen objekt- und reflexionstheoretischen Ausrichtungen der jeweiligen Theorie getroffen werden. So sind etwa die Disziplin- und Professionstheorien objekttheoretisch ausgerichtet, da sie „einen für die Soziale Arbeit als relevant erachteten Wirklichkeitsausschnitt", wie z. B. die Alltags- oder Lebensbewältigung oder die Lebensführung erfassen; demgegenüber entsprechen die Professions- und die Arbeitsfeldtheorien den sog. Reflexionstheorien, also jenen Theorien, „die metatheoretische Argumentationen für die Reflexion grundsätzlicher Fragen der Sozialen Arbeit als Wissenschaft, Profession und Praxis (z. B. wissenschaftliches Bezugsproblem und Gegenstand, gesellschaftliche Funktion, Mandat, Professionsautonomie) zur Verfügung stellen" (Lambers 2019).

In einer seiner neuesten Arbeiten extrahiert Lambers (2020, 140) fünf Kategorien der Problembearbeitung von „sozialen Tatsachen" (siehe Tab. 6), von denen insbesondere die zweite, die vierte und die fünfte Kategorie auch für die Konturierung eines Theorierahmens für das sozialpädagogische Coaching relevant erscheinen:

Tabelle 6: Kategorien der Theorien der Sozialen Arbeit (nach Helmut Lambers 2020, 140)

Problembearbeitung sozialer Tatsachen als	Theoriebildungen mit der Leitorientierung der	VertreterInnen
1. gesellschaftliche Integration und Verhaltensanpassung	individuellen Anpassungsanforderungen an Gesellschaft	Christian Jasper Klumker, Mary Richmond, Hans Scherpner, Lutz Rössner
2. besondere Erziehungs-, Bildungs- und Befähigungsbedarfe	Überwindung problematischer Vergesellschaftungsverhältnisse und Gewinnung von systemüberwindenden Befähigungsstrategien	Paul Natorp, Herman Nohl, [Scherpner], Klaus Mollenhauer, Karam Khella, Marianne Hege, Hans-Uwe Otto und Bernd Dewe, Heinz Sünker, Michael Winkler
3. soziale Gleichstellung	unbefriedigten menschlichen Bedürfnisse und den daraus entstehenden sozialen Problemen	[Klumker], Alice Salomon, Jane Addams, Ilse Arlt, Lieselotte Pongratz, Silvia Staub-Bernasconi
4. Bewältigung von Alltag und Lebenslauf	gesellschaftlich auferlegten Aufgaben der Alltags- und Lebensbewältigung	Louis Lowy, Carel B. Germain und Alex Gitterman, Wolf Rainer Wendt, Hans Thiersch, Lothar Böhnisch, Björn Kraus
5. gesellschaftliche und individuelle Lebensführung, Integration und Teilhabe	Anforderungen individueller und gesellschaftlicher Lebensführung	[Wendt], Heiko Kleve, Tilly Miller, Wilfried Hosemann und Wolfgang Geiling, Wolf Ritscher, Albert Scherr, Peter Sommerfeld, Dieter Röh, Jan V. Wirth, Bringfriede Scheu und Otgar Autrata, Werner Schönig

Auch *Christian Spatscheck* (2009) schlägt ein Systematisierungsraster zur Einteilung von Theorien der Sozialen Arbeit vor.[22] Dazu zählen das Paradigma der Lebensweltorientierung (auch „Alltagsparadigma") nach *Hans Thiersch*, hermeneutisch-verstehende Ansätze nach *Klaus Mollenhauer, Michael Winkler, Eric Mührel* oder *Burkhard Müller*, das ontologisch-systemtheoretische Paradigma Sozialer Arbeit (SP/SA) nach *Silvia Staub-Bernasconi, Werner Obrecht, Kaspar Geiser* u. a., systemtheoretisch-konstruktivistisch bzw. postmodern geprägte Ansätze Sozialer Arbeit nach *Heiko Kleve, Wilfried Hosemann, Michael Bommes, Albert Scherr* oder *Dirk Baecker*, der Ansatz einer systemisch-konstruktivistischen Lebensweltorientierung (auf der Basis der erkenntnistheoretischen Position des Relationalen Konstruktivismus) von *Björn Kraus*, das Bewältigungsparadigma nach *Lothar Böhnisch*, auch implizit vertreten bei *Wolfgang Schröer* und *Christian Reutlinger*, historisch-kritische Ansätze nach *Susanne Maurer, Carsten Müller* und *Bernd Dollinger*, das Care-Paradigma nach *Margrit Brückner*, handlungstheoretische Ansätze der Sozialpädagogik, vertreten durch *Hans-Ludwig Schmidt*, und Handlungstheorien der Sozialen Arbeit von Silvia *Staub-Bernasconi, Werner Obrecht, Christian Callo, H.-J. Göppner* u. a. sowie die Handlungstheorie zur daseinsmächtigen Lebensführung von *Dieter Röh*, der Ansatz einer kritisch-dialektischen Handlungs- und Widerfahrnisphilosophie Sozialer Arbeit von *Bernd Birgmeier*, die Reflexive Sozialpädagogik, vertreten durch *Hans-Uwe Otto, Bernd Dewe, Werner Thole, Bernd Dollinger* und *Michael Galuske* und die kritisch-reflexive Sozialpädagogik von *Frank Bettinger* oder *Roland Anhorn*, phänomenologische Ansätze, u. a. vertreten von *Eric Mührel*, kritische Ansätze der Sozialen Arbeit, vertreten etwa von *Timm Kunstreich, Manfred Kappeler, Manfred Liebel, Richard Sorg, Fabian Kessl* und *Heinz Sünker*, neuere poststrukturalistisch-kritische Ansätze, vertreten etwa durch *Fabian Kessl* sowie im englischen Sprachraum durch *Karen Healy* oder *Stephen Webb*, vergleichende Darstellungen verschiedener Theorieansätze, etwa von *Ernst Engelke, Sabine Hering, C. W. Müller, Peter Erath, Helmut Lambers* und *Michael May* oder im englischen Sprachraum von *Malcolm Payne*, sozialpädagogisch-hermeneutische oder biografisch-fallrekonstruktive Verfahren zum methodischen Fallverstehen, etwa nach *Burkhard Müller, Uwe Uhlendorf, Klaus Mollenhauer, Ulrike Loch* oder *Birgit Griese* und *Hedwig Rosa* Griesehop sowie eklektische Formen des Methodenverständnisses mit Anleihen aus verschiedenen Theoriekonzepten, etwa vertreten durch *Hiltrud von Spiegel, Maja Heiner* oder *Peter Pantucek* (Spatscheck 2009; vgl. Birgmeier & Mührel 2017, 94; Birgmeier 2018a).

---

22 Das Systematisierungsraster zur Einteilung von Theorien der Sozialen Arbeit sowie die nachfolgenden Überlegungen zur Strukturierung sozialpädagogischer / sozialarbeitswissenschaftlicher Theorien wurden bereits in Birgmeier & Mührel (2017) sowie in Birgmeier (2018a, b) dargelegt.

Nach *Hans Thiersch* (2005) lassen sich demgegenüber folgende Theorie-*Konzepte* identifizieren: a) ein bildungstheoretisch orientiertes Konzept (Mollenhauer), ein b) bildungs- und subjekttheoretisch orientiertes Konzept (Winkler), ein c) professions- und dienstleistungsorientiertes Konzept (Otto), ein d) Lebensweltorientiertes Konzept (Thiersch) und ein e) am Bewältigungskonstrukt orientiertes, sozialpolitisches Konzept (Böhnisch). Schließlich vergleicht auch *Michael May* (2010) fünf *Strömungen*, in denen die aktuellen Theoriediskurse und die Theorieansätze in Sozialer Arbeit deutlich werden: a) alltags-, lebenswelt-, lebenslagen- und lebensbewältigungsorientierte Ansätze, b) professionalisierungstheoretische Ansätze, c) systemtheoretische und system(ist)ische Ansätze, d) diskursanalytische Ansätze und e) psychoanalytische Ansätze (vgl. Birgmeier & Mührel 2017, 96).

Exkurs: Professionstheorien

An dieser Auflistung unterschiedlichster Theorieansätze von Thiersch (2005) sowie von May (2010), und an der Darstellung der „Theorievielfalt" von Lambers (2019) ist interessant, dass die Autoren neben den klassischen Theorieansätzen (und Theorien, bei denen es um die Erklärung einer Sache geht; vgl. Hammerschmidt et al. 2017) vor allem in den professionalisierungstheoretischen Ansätzen und in den Professionstheorien eine eigene Theorietradition in der Sozialen Arbeit entdecken (vgl. Birgmeier 2018a).[23] Demzufolge muss es Theorien für die *Profession* Soziale Arbeit und Theorien für die *Disziplin* Soziale Arbeit geben, worauf u. a. auch Helmut Lambers (2013; 2019), Bernd Birgmeier (2012; 2014; 2016), Werner Schönig (2016) sowie Birgmeier & Mührel (2017) aufmerksam machen. Diese Autoren intendieren nicht nur eine Differenzierung von Theorien nach „Disziplintheorien und Professionalisierungstheorien" (Lambers 2013, 254 ff.) bzw. von Disziplin-, Professions-, Professionalisierungs- und Arbeitsfeldtheorien (Lambers 2019), sondern ihre Theorie-Systematisierungsbemühungen münden ebenso auch in eine Differenzierung zwischen „Handlungstheorien" (Birgmeier 2014) bzw. zwischen „Handlungs(feld)theorien" und „Profiltheorien" (Schönig 2016) der Sozialen Arbeit (vgl. Birgmeier & Mührel 2017, 96; Birgmeier 2018a, 69 f.).

---

23 Auch *Peter Erath* (2006) differenziert in seinen Arbeiten zwischen „Theorien" und „Professionstheorien" der Sozialarbeitswissenschaft, wobei nach seinem Verständnis zu den Professionstheorien u. a. der Ansatz von Staub-Bernasconi („Sozialarbeit als Menschenrechtsprofession"), der Ansatz von Ferchhoff („Sozialarbeit als stellvertretende Lebenslagen- und Lebenswelthermeneutik"), der Ansatz von Heiner („Kompetenzmodell"), der Ansatz von Haupert & Kraimer („Sozialarbeit als stellvertretende Deutung und typologisches Fallverstehen") und der Ansatz von Dewe & Otto („Sozialarbeit als dienstleistungsorientiertes Professionshandeln" oder das Konzept der „reflexiven Professionalität") zählen (vgl. Erath 2006; Birgmeier & Mührel 2017, 97; Birgmeier 2018a,b).

Handlungsfeldtheorien sind nach *Werner Schönig* jene Theorien, die mit Blick auf konkrete soziale Probleme formuliert wurden und einen praktischen Verwendungsanspruch in einem der vielen Handlungs-/Praxis-/Arbeitsfelder haben. Der Begriff *Handlungsfeldtheorie* sei – so Schönig (2016, 186) – weitgehend deckungsgleich mit den Begriffen „Professionstheorie" (Füssenhäuser & Thiersch 2005, 1876), „Arbeitsfeldtheorie" oder „arbeitsfeldbezogene Theorie" sowie „spezielle Handlungstheorie" (Staub-Bernasconi 2007). Demgegenüber sei es das Kennzeichen von *Profiltheorien*, „dass sie zunächst keinen unmittelbaren Anwendungsbezug in sich tragen. Sie entwickeln vielmehr auf der theoretischen Ebene eine spezielle Perspektive, um das Allgemeine der Sozialen Arbeit herauszustellen und damit die Soziale Arbeit selbst zu profilieren" (Schönig 2016, 186, vgl. Birgmeier & Mührel 2017, 96 f, Birgmeier 2018a, 70).

4.4. (Sozial-)Pädagogische Theorien für ein sozialpädagogisches Coaching

Angelehnt an *Helmut Lambers'* (2013; 2019; 2020) Theorienvergleich und *Christoph Rieds* (2017) Studie zu einer *Sozialpädagogik als Beratung*, die auf einem Begriff der Sozialpädagogik fußt, mit dem „eine pädagogische, auf einen Bildungsprozess gerichtete Beratung von Adressaten zur (Wieder)Entwicklung einer selbstbestimmten und gelingenden Lebensführung" (2017, 370) gemeint werden will, darf angenommen werden, dass – betrachten wir die Theorietraditionen der Pädagogik, der Bildungs- und Erziehungswissenschaft und der Sozialpädagogik – insbesondere die Arbeiten von *Klaus Mollenhauer, Hans Thiersch, Bernd Dewe, Michael Winkler, Lothar Böhnisch* und *Hans-Ludwig Schmidt* für eine „theoriebezogene" Rahmung auch eines Konzepts einer sozialpädagogischen Beratung, zu der auch ein sozialpädagogisches Coaching zählt, Berücksichtigung finden müssen.[24]

All diesen Theorien gemein ist, dass sie in verschiedenster Art und Weise sowohl das Kernthema der Sozialpädagogik als auch jenes für Beratung im Allgemeinen, für ein (sozialpädagogisches) Coaching im Speziellen fokussieren: a) den Menschen, der besonderen Bildungs- und Befähigungsbedarfen unterliegt,

24 Neben diesen „klassisch" sozialpädagogischen Theorien sind – angelehnt an Lambers' Theorienvergleich (2019) – auch jene Theorien für ein Konzept des sozialpädagogischen Coachings interessant, die den „Lebenslauf" (Lowy 1973; Germain & Gittermann 1983; 1999; 2008), den „engagierten Dialog" (Hege 1974, Geißler & Hege 1978; 2007), die „Lebensgestaltung" (Wendt 1982; 2018), die „Lebenswelt" und „Lebenslage" (Kraus 2013) und die (individuelle) „Lebensführung" (Sommerfeld 2011; Wirth 2013; 2015; Röh 2013) und den Handlungs- und Widerfahrnischarakter im menschlichen Leben (Birgmeier 2003; 2007; 2014) thematisieren. Diese Theorieansätze werden in vorliegender Publikation aber nicht explizit beschrieben.

und der (neue) Befähigungsstrategien gewinnen möchte (u.a. Mollenhauer, Dewe, Winkler); b) den Menschen, der aufgerufen ist, seinen Alltag führen und seinen Lebenslauf bewältigen zu müssen, und der den besonderen Aufgaben einer (gelingenden) Alltags- und Lebensbewältigung unter teils herausfordernden gesellschaftlichen und sozialen Bedingungen ausgesetzt ist (u.a. Thiersch, Böhnisch; vgl. dazu Lambers 2020, 140) sowie c) – als supertheoretisch motivierter Theorieansatz (u.a. Schmidt), in dem a) und b) vereinigt und erweitert werden – den Menschen bzw. das Subjekt in einer kritischen bzw. krisenhaften Lebenssituation. Konkret: den Menschen, der bedingt durch individuale und/oder soziale Krisen situativ, also aktuell, unfähig ist zu handeln und dem hierdurch eine bivalente, nämlich pro- und metaphylaktische Hilfe zuteilwerden muss, denn – um Bollnow zu bemühen: „Ausschließlich im Erfahrungsraum der Krise, welche sich nicht künstlich herbeiführen lasse und als Schicksalsfügung begriffen werden sollte, sei … der existentielle Kern des Menschen für pädagogische Begleitung offen" (Hechler 2016, 134).

Konzentrierte man sich in der Sozialpädagogik, in der Beratung und im Coaching auf diesen Begriff der (Handlungs-)*Krise* sowie auf die interdisziplinären Krisentheorien, so hätten diese drei Fachgebiete – ganz allgemein – theoretisch all diejenigen Aspekte zu thematisieren, die sowohl individuell als auch sozial Erschütterungen eines Gleichgewichts betreffen, bzw. „Wendepunkte, also dramatische Zuspitzungen eines Geschehens, in denen sich die weitere Entwicklung zum Guten oder Schlechten hin ergibt" (Ulich 1987, 1; vgl. Mennemann 2000, 207). Denn der Begriff der Krise, so *Hugo Mennemann*, ist bivalent. Einerseits bezeichnet Krise

> „eine Bedrohung, Belastung, Gefahr, Überforderung und Anfälligkeit für physische und psychische Störungen bis hin zur Selbstzerstörung. Andererseits drückt Krise eine Chance zur Reifung, Stärkung, Förderung, Persönlichkeitsentfaltung, Wachstum und Neuorganisation im Leben aus. Die Bivalenz von Krise deutet bereits an, dass Krisen in ihrem Ausgang offen – man könnte auch sagen: ärgerlich offen – sind. Darin besteht ihre Brisanz. Die zweite Seite des Krisenbegriffs, die der ‚Chance', stellt einen notwendigen Zusammenhang zwischen Krisen und Entwicklung her. Dieser ist für pädagogische Überlegungen von Bedeutung. Entwicklung und Lernen können mit dem Erleben von Krisen zu tun haben" (2000, 207 f.; vgl. Birgmeier 2006; 2014).

Durch Krisen verursachte, fragwürdig gewordene Sinnorientierung, Handlungsplanung und soziale Handlungskompetenz beim jeweiligen Individuum (vgl. Schmidt 1994) bzw. eine dadurch bedingte Un-Fähigkeit bzw. Un-Möglichkeit des Subjekt zu Kompensation, Reflexion und Entwurf (vgl. Benner 1987; Winkler 1988), weisen den „Menschen in Krisensituationen" aus, der einen Berater oder Coach als professionellen Helfer, Begleiter und Unterstützer benötigt, um mit ihm wieder in die Lage versetzt zu werden, Vergangenes aufzuarbeiten und perspektivisch in die Zukunft zu planen. Der (erkenntnis-)theoretische Hintergrund zu diesem Menschenbild, das gleichermaßen für die Sozialpädagogik (im Allgemeinen) und für die Beratung und das Coaching (im Speziellen) gilt, speist sich vor allem aus der Handlungstheorie und -philosophie sowie aus deren Teilphilosophien, wie bspw. die Philosophie des homo compensator, die Philosophie der Interpretation, die Philosophische Anthropologie, die Kritische und die Analytische Philosophie sowie die Ethik. Sämtliche eben genannten Wissensdomänen liefern eine Reihe von Begründungsmustern für Theorien der Sozialpädagogik, die einen spezifischen Aspekt des Handelns von Menschen in Sinn- und Handlungskrisen thematisieren (vgl. Birgmeier 2006; 2014).

Darüber hinaus sind – im Sinne eines sozialpädagogischen Coachings – auch Anleihen aus anderen, klassischen Theorien der Sozialen Arbeit bezüglich einer theoretischen Fundierung des Coachings zu entnehmen, die nachfolgend in aller gebotenen Kürze – sowohl als eigenständiger Theorieansatz für die Sozialpädagogik als auch als Theorie der Beratung bzw. des sozialpädagogischen Coachings – skizziert werden. Exemplarisch genannt seien diesbezüglich – mit Blick auf die o.g. beiden „Theoriekategorien“ (Lambers 2020, 140) – die Arbeiten von *Klaus Mollenhauer*, mit denen eine auch für das Coaching so zentrale Öffnung der Sozialpädagogik hin zu interaktionistischen und kommunikationstheoretischen Konzepten sowie eine Fundierung des Kerngedankens der Selbstbestimmung des Menschen gelingt. Überdies besonders hervorzuheben als theoretischer Hintergrund auch für ein Coaching ist das Konzept der Alltags- und Lebensweltorientierung nach *Hans Thiersch*, das sowohl Lebenswelt-„ergänzende“, -„unterstützende“ und sogar -ersetzende“ Intentionen erfüllt (vgl. Thole 2012, 28) und das Subjekt in seiner Lebenswirklichkeit fokussiert; *Bernd Dewe*, der (gemeinsam mit *Hans-Uwe Otto*) das Konzept der Sozialen Arbeit als Reflexionswissenschaft entwarf und Soziale Arbeit als professionelle Beratung für Menschen in Krisensituationen beschreibt; *Michael Winkler*, der mit seiner Arbeit das auch für das Coaching zentrale Thema der Subjektivität und die Prozesse kommunikativer Sinnstiftung bearbeitet hat; *Lothar Böhnisch*, dessen Theorie auf – auch für das Coaching wichtige – typische psychosoziale Bewältigungsprobleme in Folge von (auch) gesellschaftlich bedingten Desintegrationsprozessen fokussiert (vgl. Otto & Thiersch 2001, 1885ff.; Birgmeier 2006); und schließlich *Hans-Ludwig Schmidt*, dessen existential-philosophischer Theorieansatz nicht nur auf das auch in der Beratung und im Coaching so wichtige Moment der Situationsanalyse, der Sinndeutung und der (Selbst-)Reflexion in persönlichen Sinn- und Bewährungskrisen verweist, sondern ebenso auch auf (tugend-)ethische Prinzipien, die im professionellen, mit- und zwischenmenschlichen Handeln Berücksichtigung finden sollten und die von seinen Schülern *Eric Mührel* und *Bernd Birgmeier* mit Theorien zum „Verstehen und Achten“ (Mührel) und zum „Widerfahrnischarakter“ im menschlichen Leben (Birgmeier) weitergedacht und spezifiziert wurden.

4.4.1. Klaus Mollenhauer

Zur Theorie Klaus Mollenhauers

Klaus Mollenhauer war, so Lambers, „der erste in der Nohl'schen Tradition stehende Theoretiker, der eine kritische Sozialpädagogik deutlich einforderte" (2013, 96). Ursprünglich der „hermeneutisch-pragmatischen" (Rauschenbach & Züchner 2012, 163) bzw. hermeneutisch-phänomenologischen Tradition nahestehend, orientierte er sich später – die Erkenntnistheorie betreffend – sowohl am dialektisch-materialistischen Ansatz sowie an der Kritischen Theorie, dem Symbolischen Interaktionismus und an der konstruktivistischen Kommunikationstheorie (vgl. ebd. 2013, 97 f.). Neben der gesellschaftstheoretisch inspirierten, eng an der Kritischen Theorie und einer kritischen Gesellschaftsanalyse angelehnten Idee, den Menschen zur „Herstellung von Mündigkeit in der modernen Gesellschaft" zu verhelfen, steht die „Subjektentwicklung des Menschen" für ihn im Mittelpunkt seiner „emanzipatorischen Sozialpädagogik", das als „Projekt" gesehen werden kann „das neben Hilfe und Unterstützung die Menschen in ihrem Streben nach mehr gesellschaftlicher Partizipation und Selbstbestimmung zu unterstützen wünscht" (Thole 2012, 36; Lambers 2013, 98).

„Beratung" bei Klaus Mollenhauer

Für *Christoph Ried* steht außer Frage, dass mit Klaus Mollenhauer, Hans Thiersch und Bernd Dewe „zumindest drei anerkannte moderne Klassiker der Sozialpädagogik expressis verbis eine starke Affinität zur Beratung" aufweisen (Ried 2017, 459). Besonders Klaus Mollenhauer ging es dabei darum, Beratung als spezifische Handlungsform einer „Pädagogik in der spezifischen Form der Sozialpädagogik" (Mollenhauer 1959, 130) zu beschreiben und auf der Folie einer interaktionistisch-kommunikationstheoretisch ausgerichteten Erziehungswissenschaft die „(Sozial-) Pädagogik als kommunikatives Handeln zu bestimmen" (May 2010, 223).

In der Beobachtung, dass Beratung „vor allem in der sozialpädagogischen Praxis [...] Verbreitung gewinnt" (Mollenhauer 1965, 26; vgl. ebd., 37 ff.) und dass das wesentliche Merkmal, welches Beratung und Sozialpädagogik gemeinsam haben, im „helfenden Grundverständnis" liege, das sich in der Freiwilligkeit der Teilnahme des Adressaten an der Interaktion ausdrückt, werden Mollenhauers Ideen einer „beratenden Sozialpädagogik", die auf den mündigen Adressaten abzielt, sehr deutlich. Von *Beratung* lasse sich, so Mollenhauer, nur dann sprechen, wenn der Klient „von sich aus in der Tat ein Ratsuchender ist" (1965, 30), man habe es hier also nicht mit „Unmündigen" zu tun, sondern mit Adressaten, „die imstande sind, als Ratsuchende aufzutreten" (ebd. 1965, 29; vgl. auch Ried 2017, 451). Demzufolge ist der Beratungsprozess dadurch gekennzeichnet, dass ausschließlich die Erwartungen des Klienten, der „zu selbständiger Entscheidung und Lebensführung fähig ist" (Mollenhauer 1965, 27), den „Ansatz und Fortgang der Beratung bestimmen" (ebd. 1965, 34), und nicht etwa die Erwartungen, Wünsche, Normen oder Hoffnungen des Beraters (vgl. Ried 2017, 454).

Mit diesen Vorannahmen stellt Mollenhauer der „Erziehung" (als einer der Kernbegriffe der Erziehungswissenschaften) das Konzept der „Beratung" – als Alternative zu einem direkten, kontrollierenden Konzept des pädagogischen Handelns – gegenüber: um Beratung handelt es sich seines Erachtens dort, „wo der Erziehungsauftrag im engeren Sinne des Wortes erloschen ist" (Mollenhauer 1965, 28). Wer zum Berater geht, der „erwartet nicht, erzogen zu werden" (Mollenhauer 1988, 112; ähnlich Mollenhauer 1965, 31; Ried 2017, 455). Beratung gelte somit insgesamt als zentraler Handlungsmodus der Sozialen Arbeit und müsste dementsprechend auch als „entscheidender und charakteristischer Bestandteil der Tätigkeit des Sozialpädagogen" (Mollenhauer 1988, 110) ausgewiesen werden (vgl. Ried 2017, 461).

Zusammenfassend lassen sich fünf zentrale Aussagen deutlich machen, die für Mollenhauer denk- und handlungsleitend für die Beratung sind (vgl. dazu Hechler 2016, 135):

1. Beratung entsteht nur aufgrund einer Fragestellung, die der Ratsuchende aufwirft.
2. Beratung findet überwiegend im Medium des Gesprächs statt.
3. Beratung ist kritische Aufklärung, denn sie thematisiert grundlegend die Möglichkeiten des Ratsuchenden und entwirft so Perspektivoptionen.
4. Die Beratung endet mit einem Rat, der sich aus dem Beratungsgespräch für den Ratsuchenden selbst ergeben kann oder aber vom Berater gegeben wird und der in beiden Fällen für den Ratsuchenden unverbindlich ist.
5. Beratung ist ein pädagogischer Prozess, in dessen Verlauf sich die Bildungsmöglichkeiten des Ratsuchenden in ausgewiesener Weise realisieren lassen.

4.4.2. Hans Thiersch

Zur Theorie Hans Thierschs

Nach *Helmut Lambers* (2013, 108) enthält Hans Thierschs Theoriekonzeption wesentliche erkenntnistheoretische Elemente der Hermeneutik, der Phänomenologie sowie dialektisch-materialistische, kritisch-dialektische und modernisierungs- und gerechtigkeitstheoretische Ansätze. Hervorzuheben seien dabei die Phänomenologie von Edmund Husserl, die Alltagstheorie von Karel Kosik, die kritischen (Modernisierungs-)Theorien von Ulrich Beck und Jürgen Habermas, die Gerechtigkeitstheorie von John Rawls, die strukturalistische Gesellschaftstheorie von Pierre Bourdieu, die interaktionistische Soziologie von Erving

Goffman sowie die phänomenologische Soziologie von Alfred Schütz und Thomas Luckmann (vgl. Lambers 2013, 108). Hans Thiersch selbst verortet – gemeinsam mit *Klaus Grunwald* und *Stefan Köngeter* (2002, 167 f.) – hingegen den Ausgangspunkt des theoretischen Konzeptes der Alltags- und/oder Lebensweltorientierung in der Sozialen Arbeit in einer Verbindung „des interaktionistischen Paradigmas", wie es vor allem in den Arbeiten von Schütz, Luckmann und Berger entfaltet wurde, mit der „hermeneutisch-pragmatischen Traditionslinie der Erziehungswissenschaft, wie sie insbesondere von Dilthey (1954), Nohl (1949, 1988) und Weniger (1952) begründet und durch Roth (1967) und Mollenhauer (1964) zur sozialwissenschaftlichen und kritischen Pädagogik weiterentwickelt wurde" (ebd. 2002, 167; zit. n. May 2010, 48).

In Anlehnung an Thiersch, Grunwald und Köngeter (2002, 169) fasst *Michael May* (2010, 49) die Grundlagen einer lebensweltorientierten Sozialen Arbeit wie folgt zusammen: So wird unterschieden in a) einen beschreibend phänomenologisch-ethnomethodologischen Zugang, b) in einer „Rekonstruktion der konkreten lebensweltlichen Verhältnisse", c) einem normativ-kritischen Zugang, und d) einer historischen und sozialen Analyse der erfahrenen Wirklichkeit als „Schnittstelle von Objektivem und Subjektivem, von Strukturen und Handlungsmustern" (Thiersch et al. 2002, 169; zit. n. May 2010, 49). Erforderlich sei darüber hinaus auch eine Sensibilität „vor allem für die Muster, für die neuen Chancen, aber auch für die Belastungen und Überforderungen in den Gestaltungsaufgaben von Erfahrungsräumen und Lebensentwürfen" (Thiersch, Grunwald & Köngeter 2002, 171). Vor diesem Hintergrund richte lebensweltorientierte Soziale Arbeit „ihre Unterstützung – in Bezug auf Zeit, Raum, soziale Bezüge und pragmatische Erledigung – an den hilfsbedürftigen Menschen so aus, dass diese sich dennoch als Subjekte ihrer Verhältnisse erfahren können" (ebd.: 172). Sie ziele somit auf „Hilfe zur Selbsthilfe, auf Empowerment, auf Identitätsarbeit" (ebd., zit. n. May 2010, 49).

„Beratung" bei Hans Thiersch

Sozialpädagogik müsse, so Thiersch, zunehmend die Form der „Beratung und Hilfe für die Neuordnung des Alltags" (Thiersch 1992, 18) bzw. der „Lebensberatung" (Thiersch 1990, 134) annehmen, um auf Orientierungsprobleme des Individuums adäquat reagieren zu können (vgl. Thiersch 2004; Ried 2017, 460). Nach Thiersch ist Beratung eine „spezifische Form pädagogischen Handelns" im Modus des „gemeinsame[n] Aushandeln[s] und Überlegen[s], wie es weitergehen könnte" (2014, 311; zit. n. Ried 2017, 456). Sie könne nur dann effektiv sein, „wenn das, was Problem ist ebenso wie das, was als Ausweg praktikabel erscheint, zwischen den Ratsuchenden und den Beratern so ausgehandelt wird, dass der, der den Rat braucht, es als eigenen Weg erkennen und verfolgen kann" (Thiersch 2012, 134; zit. n. Ried 2017, 504).

Eine der Kernaufgaben einer derartig beratungsnahen Sozialpädagogik bestehe, so Thiersch, in der „Klärung und Bearbeitung von Lebens- und Sinnproblemen durch Aufklärung, durch Beratung, durch Unterstützung und Hilfe" (Thiersch 1986, 180; zit. n. Ried 2017, 432). Ziel ist es dabei, „den Adressaten einen gelingenderen Alltag zu ermöglichen" (Thiersch 1986, 42; zit. n. Ried 2017, 428). Der „gelingende Alltag" steht somit also im Zentrum von Thierschs Theoriekonzeption. Zu einem sozialpädagogischen Zentralbegriff wird der ‚Alltag' v. a. deshalb, weil er „der Ort ist, an dem sich entscheidet, ob das Leben als gelingend oder misslingend erfahren wird" (Ried 2017, 429). Im Zeichen der Alltags- und Lebensweltorientierung wolle man Menschen mit Hilfe von Beratung „primär in den Schwierigkeiten helfen, die sie mit sich selbst und für sich selbst haben" (Thiersch 2012, 24, zit. n. Ried 2017, 442).

Jeder moderne Mensch müsse nach Thiersch seine Lebensplanung in die eigenen Hände nehmen, um – auf der subjektiven Ebene – Selbstbestimmung und Individualität zu ermöglichen (vgl. Lambers 2013, 105). Dabei ist der „Alltag" von Individuen als überaus komplexes, gar widersprüchliches und nur äußerst schwer durchschaubares Phänomen zu erachten, das es seitens der Sozialpädagogik zu verstehen gilt. Ein solcher Verstehensprozess sei jedoch „nicht durch einseitige, expertenbezogene Diagnostik möglich", sondern er erfordere „den Dialog mit den in unterschiedlichen Lebenswelten agierenden Individuen. Verstehen ist demnach nur durch Verständigung möglich und führt allein dialogisch zu neuem Wissen über Möglichkeiten von Veränderung" (Lambers 2013, 105). Dabei müsse die Sozialpädagogik – und mit ihr: die professionell agierenden Akteure – „in Solidarität mit den Vorhaben [...] der Betroffenen" (Thiersch 1986, 43) agieren und sich somit „als Dienstleistung im elementaren Sinn, also als bestimmt und beauftragt von den Bedürfnissen, Ansprüchen und Möglichkeiten der AdressatInnen" begreifen (vgl. Thiersch 2004b, 702; Ried 2017, 434+438).

4.4.3. Bernd Dewe

Zur Theorie von Bernd Dewe

Die Sozialpädagogik im Allgemeinen, die sozialpädagogische Beratung bzw. die „Beratung in der Sozialen Arbeit" (vgl. dazu u. a. Abplanalp et al. 2020) im Speziellen seien – so Bernd Dewe – genuin als eine „personenbezogene Dienstleistungen" zu sehen. Da es der Sozialpädagogik „um Versuche der Veränderung von Personen oder Personenbeziehungen geht, ist sie auf die aktive Beteiligung und Mitwirkung ihrer Adressaten und Adressatinnen an der Leistungsproduktion angewiesen" (Lambers 2013, 114), wodurch im Begriff der „Dienstleistungsorientierung" der Sozialen Arbeit stets die „partizipatorische Teilhabe von Bürgerinnen und Bürgern an der Ausgestaltung der sozialen Hilfe" (ebd.) sowie die Reflexion des jeweiligen professionellen Handelns zum Ausdruck gebracht wird.

Im Zentrum des professionellen Handelns einer von Bernd Dewe (und Hans-Uwe Otto) skizzierten *reflexiven Sozialpädagogik* steht dabei „die Fähigkeit der Relationierung und Deutung von lebensweltlichen Schwierigkeiten in Einzelfällen mit dem Ziel der Perspektiveneröffnung bzw. einer Entscheidungsbegründung unter Ungewissheitsbedingungen" (Dewe & Otto 2012, 197f.; vgl. auch May 2010, 86). Das in diesem Kontext von Dewe und Otto begründete Schlagwort der „stellvertretenden Deutung" will dementsprechend darauf hinweisen, dass seitens der Sozialpädagogik eine „spezifische Perspektive auf ein Problem" eingenommen wird, zu der der Ratsuchende selbst nicht fähig ist (vgl. May 2010, 70). Damit wird die für Dewe notwendige Sicht verstanden, „dass das Verhältnis von Praxis und Theorie in der Sozialen Arbeit eine besondere Situation eingeht" (Lambers 2013, 115), die sich insbesondere in der reflexiven Vermittlung zwischen dem Alltags- und dem Wissenschaftswissen artikuliert.

„Beratung" bei Bernd Dewe

Beratung als eine spezifische „sozialpädagogische Intervention" bzw. als „Lebens- und Entwicklungshilfe" (Dewe 2010, 132; Ried 2017, 475) zielt „stets auf die Veränderung von subjektiven Sinnstrukturen, in der Absicht darauf hinzuwirken, dass im Kontext einer biographisch entwickelten Identität handlungspraktisch erfolgreichere Formen der Realitätswahrnehmung und -bewältigung entwickelt werden können" (Dewe & Scherr 1990, 138; zit. n. Ried 2017, 372). Der Anlass von Beratung ist dabei gewöhnlich eine vom Ratsuchenden nicht überschaubare individuelle Problem- oder Krisensituation (Handlungs- und Entscheidungssituation) (vgl. Ried 2017, 450). Mit Hilfe von Beratung soll demnach Unterstützung dabei geleistet werden, in solch schwierigen Situationen zu tragfähigen (Problem-)Lösungsstrategien und Bewältigungskonzepten zu kommen. Dies geschieht dadurch, dass der Berater dem Ratsuchenden Deutungs- und Orientierungshilfen zur Verfügung stellt, um entstandene Problem- und Krisensituationen verstehen und einordnen zu können (vgl. Dewe & Schwarz 2013, 71 f.); überdies unterstützt er die Problemlösungsversuche des Ratsuchenden sowie die Umsetzung gemeinsam erarbeiteter Vorschläge (vgl. ebd.; Ried 2017, 450).

Indem Sozialpädagogik als fachliches Handeln betrachtet werden kann, das „das Problem beschädigter Subjektivität und zu ermöglichender Bildungsprozesse in Richtung auf eine selbstbewusstere und selbstbestimmtere Lebenspraxis" (Dewe & Ferchhoff u. a. 1996, 40) behandelt, zielt jegliche (sozial-)pädagogische Beratung auf eine „Verbesserung der Begründung lebenspraktischer Entscheidungen" (Dewe 1991, 66; zit. n. Ried 2017, 462). Die Entscheidung selbst bleibt jedoch stets in der Verantwortung des Adressaten. Das bedeutet, dass der Gegenstand jeglicher Beratungskommunikation in den „Begründungen für lebenspraktisch durch den Klienten zu treffende und zu verantwortende Entscheidungen" liegt (vgl. Dewe & Scherr 1990, 498; Ried 2017, 465).

4.4.4. Michael Winkler

Viele der Arbeiten Michael Winklers werden in den meisten Theorienvergleichen als „kritisch-theoretisch" bezeichnet. Es gibt jedoch auch Publikationen, die ihn als Vertreter eines subjekttheoretischen Paradigmas (vgl. Sahle 2004), eines bildungs- und subjekttheoretisch orientierten Konzepts (vgl. Thiersch 2005), eines hermeneutisch-verstehenden Ansatzes (vgl. Spatscheck 2009), eines reflexiven, kritisch-subjektiven Ansatzes (vgl. Thole 2012), eines diskursanalytischen Ansatzes (vgl. May 2010), eines diskursiv-semantischen Zugangs (vgl. Rauschenbach & Züchner 2010) oder einer bildungstheoretischen und diskursanalytischen Position zuordnen (vgl. Füssenhäuser 2011; Birgmeier 2016; Birgmeier 2018b, 269).

Die von Michael Winkler konturierte sog. „diskursanalytische Sozialpädagogik", die sich eng an den Schriften von Foucault orientiert, fokussiert – im Kern – eine dialogische Praxis kommunikativen Handelns. Im Diskurs, so Winkler, wird das, was als Sozialpädagogik bzw. als sozialpädagogisches Handeln gilt, konstruktiv hervorgebracht (Ried 2017, 88). Der Diskurs ist nach Winkler „das einzige ‚empirische' „Objekt, dessen sich die theoretische Bemühung um Sozialpädagogik gewiß sein kann" (1988, 24). Theorieentwicklung in der Sozialpädagogik könne sich daher nicht auf einen realen Gegenstand beziehen, sondern sie ist auf eine analytische Rekonstruktion des Diskurses angewiesen (vgl. Ried 2017, 88). In diesem Sinne schwebt Winkler eher ein Verständnis von „Theoriearbeit als ‚Reflexionsmodus'" (May 2010, 40) vor.

Sozialpädagogik – als eine „Pädagogik der unsteten Vorgänge" (Winkler 1988, 285) – versucht, in Phasen persönlicher Krisen bei Menschen solche „Bedingungen herzustellen, die dem Subjekt seine Subjektivität ermöglichen" (ebd., 286). Der Subjektbegriff, der in Winklers „Metatheorie" (Ried 2017, 89) neben dem der Subjektivität eine hervorgehobene Stellung einnimmt, ist zunächst einmal – ganz allgemein – als „das Verhältnis von Menschen und Welt" (Lambers 2013, 129) zu fassen. Konkret in seiner *Theorie der Sozialpädagogik* bezieht sich Winkler auf folgende drei Grundlagen des Subjektbegriffs: „a) Handeln, b) Autonomie und c) Erfahrung" (ebd.). „Subjektivität" meint hingegen das „Subjekt als Selbstreferenz" (ebd. 2013, 130). Die Subjektivität des Subjekts bzw. die Selbstreferenzialität wird dabei in drei Aspekten deutlich: „Die Fähigkeit der Selbstreflexion, das Verlangen nach Identität und die Veränderung der Welt sowie seiner Selbst sind letztlich nur als Vorgang der Selbstbildung vorstellbar" (ebd.).

Im Kontext dieser Vorannahmen bilden nach Winkler (1988, 271) „die subjektiven Entwicklungsprozesse … den entscheidenden Bezugspunkt sozialpädagogischer Handlungen" (Winkler 1988, 271), wenngleich auch die

Sozialpädagogik keine Strategien zu einer gelingenderen Lebensführung oder Lebensbewältigung vorgeben kann, sondern von der schlichten Tatsache auszugehen hat, dass „Lebensbewältigung immer subjektiv realisiert wird" (Winkler 2011, 353); ergo ist es der Ratsuchende, der sich – salopp formuliert – selbst hilft. Das bedeutet: All jene Entwicklungsziele, die ein Adressat im Verlauf der sozialpädagogischen Hilfe erreichen möchte, sind inhaltlich „konstitutiv auf die Selbstdeutung und die eigene Perspektivität der einer Hilfe bedürftigen Personen angewiesen" (Winkler 2011, 354; Ried 2017, 443), insbesondere dann, wenn es um die „grundlegenden, allgemeinen menschlichen Lebenszustände [...] Wohlbefinden und Gesundheit, Glück und Zufriedenheit" (Winkler 2011, 353) geht (Ried 2017, 443).

Sozialpädagogisches Handeln geht somit also davon aus, „dass man es mit einem selbstbestimmungsfähigen Menschen zu tun hat, der aktuell jedoch Probleme hat, sich über sich selbst und sein Leben soweit zu orientieren, dass er es alleine schafft, sein Leben auf eine Weise zu führen, die er als gelingend erfahren kann. Kurz: Sozialpädagogik ‚macht das Motiv der Autonomie von Subjekten geltend'" (Winkler 2003, 19; zit. n. Ried 2017, 442). So habe es der Sozialpädagogik, so Winkler, zuvörderst darum zu gehen, „dass die Adressaten Herrschaft über die eigene Lebensgeschichte [...] bewahren: Subjektivität steht als geforderte, zugleich nicht eingelöste Möglichkeit des Lebens zur Debatte, als Frage danach, ob Subjekte zu einem Entwurf von sich und ihrer sozialen wie kulturellen Daseinsweise imstande sind oder wenigstens von der Aussicht noch träumen können, diesen zu verwirklichen" (2003, 19). Ein solcher, in der sozialpädagogischen Beratung geforderter „Entwurf von sich" (ebd.) entspricht somit faktisch dem Entwurf der Lebenspraxis. Das bedeutet:

> „Man kann sich selbst nur entwerfen, indem man sein Leben entwirft. Der Mensch ist ja kein Objekt, sondern ein Leben. Sein *Sein* ist ein *Geschehen*. Wie der Mensch sein Leben führt, bestimmt erst, wie er *ist*. Selbstbilder und Identitäten sind daher lediglich Abstraktionen aus dem sich-vollziehenden Leben. Die Wahl zwischen Optionen der Lebensführung hat also schon deshalb einen ‚existenziellen' Charakter, weil der Mensch dadurch *sich selbst* wählt" (Ried 2017, 506; Herv. i. O.).

4.4.5. Lothar Böhnisch

Im Zentrum der Theorie von Lothar Böhnisch steht der „Gedanke der Bewältigung von Lebensaufgaben, die sich aus dem Spannungsfeld von Individuum und Gesellschaft ergeben" (Lambers 2013, 118). „Lebensbewältigung" lokalisiert sich dabei entlang der verschiedensten Lebensphasen der Kindheit, der Jugend, des Erwachsenenalters und des Seniorenalters und meint, so Böhnisch, konkret

> „das Streben nach subjektiver Handlungsfähigkeit in kritischen Lebenssituationen, in denen das psychosoziale Gleichgewicht – Selbstwertgefühle und soziale Anerkennung – gefährdet ist. Lebenskonstellationen werden von den Subjekten dann als kritisch erlebt, wenn die bislang verfügbaren personalen und sozialen Ressourcen für die Bewältigung nicht mehr ausreichen (vgl. Filipp 1981). Deshalb ist dieses Streben nach Handlungsfähigkeit in der Regel nicht vornehmlich kognitiv-rational, sondern genauso emotional und triebdynamisch strukturiert" (Böhnisch 2012, 223).

Böhnisch unterscheidet zwischen folgenden vier psychosozial strukturierten Grundelementen, „die der Mensch zur Bewältigung biografischer Krisen aktiviert" (Lambers 2013, 119): 1. Versuche zur Wiedergewinnung des Selbstwerts (Erfahrung des Selbstwertverlustes), 2. die Suche nach Halt, Unterstützung und Anerkennung (Erfahrung des fehlenden Rückhalts), 3. die Suche nach Orientierung (Erfahrung der sozialen Orientierungslosigkeit), und 4. die Suche nach Handlungsfähigkeit und Integration (Sehnsucht nach Normalisierung) (Böhnisch 2008; zit. n. Lambers 2013, 119).

Die Sozialpädagogik ist für Böhnisch somit sowohl eine pädagogische als auch eine gesellschaftliche Reaktion auf „psychosoziale Bewältigungsprobleme" von Einzelnen in verschiedensten Lebensaltersstufen (vgl. Böhnisch 2012b, 219). Sie unterstützt das Streben des Adressaten „nach subjektiver Handlungsfähigkeit in kritischen Lebenssituationen" (Böhnisch 2012, 223) und wird daher zu einer wichtigen Hilfe bei der Krisenbewältigung (vgl. Ried 2017, 497). Somit liegt die Aufgabe der Sozialpädagogik vordergründig in der „Unterstützung von Menschen in kritischen Problemkonstellationen zur Wiedererlangung ihrer psychosozialen Handlungsfähigkeit sowie sozialen Orientierung auf der einen Seite und zum Aufbau neuer sozialer Bezüge auf der anderen Seite" (May 2010, 53). Das bedeutet: „Sie hilft bei der Neustrukturierung des Lebens im Angesicht von Bewältigungsaufgaben, die sich durch den Zusammenbruch der gewohnten Lebensstruktur ergeben (z. B. bei Arbeitslosigkeit, finanzieller Not, dem Verlust von Bezugspersonen oder sonstigen persönlichen bzw. familiären Entwicklungen)" (Ried 2017, 497).

4.4.6. Hans-Ludwig Schmidt

Bereits 1981 entwirft Hans-Ludwig Schmidt Konturen für einen handlungstheoretischen Neuansatz einer „handlungswissenschaftlichen" Sozialpädagogik.[25] Unter der Prämisse, dass sozialpädagogisches Tun – auch als beraterische Praxis – nicht anders zu fassen sei, als als „Handlung zwischen Personen" (Schmidt 1981, 218), bestimmt er einen philosophischen Handlungsbegriff der

25 Die Theorie von Hans-Ludwig Schmidt ist ausführlich auch in Birgmeier (2003, 271-289) dargelegt und wird hier in Auszügen komprimiert wiedergegeben.

die Grundlagen und Voraussetzungen menschlichen Handelns, aber auch die der Widerfahrnisse in den Mittelpunkt seines Theorieansatzes rücken möchte. Jegliches Handeln, so Schmidt (1981, 223), sei wohl verstehbar, nicht aber in seiner Komplexität beschreibbar oder erklärbar, denn: obgleich es als ein freiwilliges, bewusstes, verantwortliches und selbständig entschiedenes, absichtliches Tun beschrieben werden kann, bleibt es stets „unwiderruflich" und in seinen Folgen „unabsehbar" (vgl. ebd.). Lediglich die menschliche Fähigkeit des „Verzeihens" (vgl. dazu Arendt 1978, 65 ff.) könne der Unwiderruflichkeit und der Unabsehbarkeit von Handlungen „heilend" entgegenwirken (vgl. Schmidt 1981, 223). Dementsprechend sei auch die Sozialpädagogik mit ihrem Gegenstand der „Sinn- und Bewährungskrise" von Personen stets in der Lebenswelt (Thiersch) denkend und handelnd tätig, um Lebensbewältigungsprobleme (Böhnisch) gemeinsam mit dem Klienten zu lösen. Sie, die Sozialpädagogik, interessiere sich daher speziell für die personale Innenperspektive, also die Gefährdungen der Identität und die Störungen sozialer Handlungskompetenz (vgl. Schmidt 1999, 43; 1994, 197).

Die Sozialpädagogik setzt nach Schmidt dort mit ihrem theoretischen Denken und praktischen Handeln ein, „wo Selbstbestimmungsversuche von Subjekten, also Bewährungssituationen Einzelner in der gesellschaftlichen Gesamtpraxis, so problematisch geworden sind, dass der einzelne sie aus eigener Kraft nicht mehr bewältigen kann" (Schmidt 1998a, IX). Solche „Bewährungskrisen" zeigen sich dort, wo das subjektive Handeln und damit die begründenden subjektiven Sinnentwürfe vom Menschen fraglich bzw. problematisch geworden sind (ebd.). Bezogen auf den Alltag des Betroffenen, *an* dem bzw. *in* dem die Sozialpädagogik ja interagiert, drücke sich eine solche subjektive (und subjektiv erlebte) Krise „nach innen" und auch „nach außen" vor allem in der Frage: *Warum gerade ich?* (Schmidt 1998a, XII) aus, die drei Momente in sich birgt. Zum einen frage sich der Einzelne, „welchen Anteil er daran hat, bzw. was er bisher versäumt hat, dass dieses kritische Ereignis ausgerechnet ihn traf. Er will sich den Zusammenhang, seine Mitverantwortung oder vielleicht auch seine alleinige Verantwortung daran erklären" (ebd. 1998a, XIII). Zum zweiten fühle sich der Betroffene durch die Krise „im Vergleich zu all den Anderen herausgehoben, in einmaliger, unverwechselbarer Weise, ja in einer Art Erfahrung des Getrenntseins von den Anderen, getroffen von einem Schicksalsschlag, ohne angeben zu können, warum es ausgerechnet und jetzt ihn und nicht den Anderen getroffen hat. Oft wird daraus auch die Kommunikation mit den Anderen grundlegend gestört" (ebd.). Und schließlich drücke sich mit der vom Subjekt gestellten Frage des *Warum gerade ich*? – drittens – auch ein von der natürlichen Einstellung des Alltags abgehobenes, reflexives Moment aus, d. h.: „Der biographische Fluss scheint abrupt unterbrochen, die eigene Begrenztheit, die eigene Endlichkeit, ja die Tatsache, dem Tod zuzueilen, drängt sich ins Bewusstsein, ohne dass adäquate Bewältigungsmöglichkeiten sofort zur Verfügung stünden und die Folgen des Ereignisses schon abgeschätzt werden können“ (Schmidt 1998a, XIII).

Diese drei Momente des Fragens nach dem *Warum gerade ich?* konstituieren den expliziten Gegenstand der Sozialpädagogik nach Schmidts Verständnis. Für die Sozialpädagogik, die mit dem Anspruch antritt, Menschen „in einem Prozess der Erweiterung und Veränderung ihrer subjektiven Sinnstrukturen ... zu unterstützen“ bedeute dies, dass sie einerseits „sehr nahe am Alltag, ja teilweise im Alltag der Betroffenen handeln muss“; andererseits bedeutet dies jedoch auch, dass sie „umfangreiche Kenntnisse über die Entstehung, Bedeutung und Bewältigung von Krisen im menschlichen Zusammenleben“ (Schmidt 1998a, XV) benötigt.

Die Sozialpädagogik, will sie diesem Objektbereich „Bewährungskrise“ und ihrem gesamten Auftrag entsprechen, habe – so Schmidt (1994, 197; 1998, 199) – ihr Selbstverständnis als Wissenschaft dreifach zu reflektieren: Einmal auf der Ebene der „dialektischen Situationsanalyse“, die die „Bestimmung des ‚Wie‘, der richtigen Art und Weise des Umgangs zwischen Sozialpädagoge und Klient in sozialpädagogischen Interaktionen“ (Schmidt 1992, 246; 1998c, 199) fokussiert; hier überwiegt zugleich auch das praktische Motiv der Theorie im Sinne eines Primats der Verantwortung des Sozialpädagogen, zur Selbstaufforderung aufzufordern. Zum zweiten auf der Ebene der „dialektischen Sinndeutung“, mit der Bestimmung des „Was“, d. h. „also die Klärung der Sinnbestimmung sozialpädagogischen Handelns und der Bestimmung des Zweckes und Zieles von Sozialpädagogik“ (ebd. 1992, 246; 1998, 199); hier überwiegt das theoretische Motiv der Theorie im Sinne eines Primats der Verwirklichung sinnbestimmter Erziehung. Schließlich ist eine Sozialpädagogik – drittens – vor allem auch auf der Ebene einer „dialektischen Selbstreflexion“ anzusiedeln, und zwar „als Reflexionsverhältnis von Theorie und Praxis von Sozialpädagogik, ihrer Grundlagen und einer praxeologischen Forschung“ (Schmidt 1998, 199).[26]

Hinsichtlich der „Bewährungskrisen“ oder allgemeiner: „kritischer Lebenssituationen“ ist vor allem die *dialektische Situationsanalyse* auch in einer beratenden Sozialpädagogik von besonderer Bedeutung; denn hier werden exakte Analysen der konkreten, multifaktoriellen und komplexen Krisensituation vorgenommen – und dies gemeinsam mit dem Betroffenen. Eine dialektische Analyse der Situation geschieht so „auf der Grundlage prinzipiellen Nachdenkens

26 „Dialektisch“ in diesem Zusammenhang meint dabei einmal „den prinzipiellen Unterschied zwischen Theorie und Praxis; d. h. dass Theorie Praxis nie vollends und total in ihrer Komplexität und auch Differenziertheit erfassen kann“; und zum zweiten „die Tatsache, dass Situationsanalyse, Sinndeutung und Selbstreflexion in einem dialektischen Dreischritt im Sinne Hegels miteinander verbunden sind“ (Schmidt 1998, 199).

über das Werden des Menschen zum Menschen ... und in Kenntnis der daran anschlussfähigen sozialwissenschaftlichen Befunde sowie auf der Grundlage und in Berücksichtigung phänomenologischer Erkenntnisse zur Bedeutung von Krise als Chance und Risiko" (Schmidt 1998, 199).

Diese Situationsanalyse wird jedoch dann erst *sozialpädagogisch* – und auch *sozialpädagogisch-beratend* – wenn die Befunde in ein pädagogisches Denken und Handeln transformiert werden (vgl. ebd. 1998, 200). Da letzten Endes immer der Sozialpädagoge die „verantwortlich entscheidende und konkret handelnde Person im sozialen Hilfeprozess" (Schmidt 2000, 294; 1998b, 50) ist, müsse diese Situationsanalyse sehr gewissenhaft und gründlich durchgeführt werden, wodurch darin auch vier individual-ethische Prinzipien (Tugenden) ethischer Reflexion für das sich entscheidende Subjekt größte Bedeutung zuzumessen sei. Diese Tugenden sind

> „die ‚*Klugheit*' (Aspekt der person- und sachgerechten Zieldefinition), das ‚*Maß*' (Aspekt der situationsgerechten Mittelwahl), die ‚*Tapferkeit*' (Aspekt der Vertretung eines ethisch begründeten, ganz realen Standpunktes, einschließlich das Aushalten möglicher Interessenkollisionen und das Durchstehen von Konflikten) und die ‚*Gerechtigkeit*', die nicht als Tugend in erster Linie die Ausrichtung am geltenden Gesetz ... zum Ausdruck bringt. Als Begriff hebt doch Gerechtigkeit den kommunikativen Aspekt menschlichen Zusammenlebens hervor und zwar konkret als mein Verhältnis zum Mitmenschen" (ebd. 1998b, 51; Herv. d. V.).

Neben der dialektischen Situationsanalyse habe die Sozialpädagogik nach dem Ansatz von Schmidt auf der Ebene der *dialektischen Sinndeutung* „die Bindung von Sinnallgemeinem und Sinnkonkretem zu leisten, also die Bedeutung individueller Werteinstellungen und Lebensphilosophien in der Welt der Situationen einerseits, sowie die gesellschaftlichen Bedeutungen von sozialpädagogischen Handlungsmodellen andererseits vorzuklären" (Schmidt 1998c, 200). Um daraus Ziele genereller Art entwickeln zu können, sei es hier besonders wichtig, individuelle Werteinschätzungen und die konkrete Lebensphilosophie des Klienten kennenzulernen, gleichzeitig jedoch auch die „Bedeutung von kritischen Lebensereignissen und des Phänomens Krise in unserer Gesellschaft zu berücksichtigen und schließlich deren Sinngehalt für menschliches Zusammenleben *generell* und daraus dann aktuell bezüglich sozialpädagogischen Handelns zu klären" (ebd. 1998, 200). Schließlich sind in der *dialektischen Selbstreflexion* das Verhältnis von Theorie und Praxis, die Grundlagen von Sozialpädagogik und ihr Gegenstand kritisch zu begründen (vgl. Schmidt 1998, 186; Birgmeier 2003, 271-289).

Viele Aspekte aus Schmidts Theorie sind von einigen seiner Schüler weiterentwickelt worden. So hat u.a. *Eric Mührel* in seinem Grundlagenwerk

„Verstehen und Achten“ (2019) eine ethisch-reflexive Erörterung der professionellen Haltung vorgelegt, die für alle in den Sozialberufen Tätigen eine wichtige systematische Grundlegung ihres Verständnisses zur „Professionalität“ enthält. Seine ethischen Reflexionen zur professionellen Haltung dienen vordergründig dazu, den Sinn und den professionellen Kern Sozialer Arbeit wieder neu zu entdecken und Hilfeprozesse auf den Prinzipien der Humanität und Solidarität (mit den von Krisen Betroffenen) auszurichten. Auch *Bernd Birgmeier* (2003; 2007; 2014) hat die handlungsphilosophischen Überlegungen Schmidts konkretisiert, indem er insbesondere den „Widerfahrnisgehalt“ im menschlichen Leben analysiert hat und mit Hilfe philosophisch-anthropologischer Befunde Konturen einer Philosophie der Lebenswirklichkeiten im Rahmen von Handlungs-Widerfahrnis-Kontexten entwickelte.

4.5. Fazit und Weiterentwicklungen sozialpädagogischer (Coaching-)Theorien

Vor dem Hintergrund dieser exemplarisch ausgewählten Theorie-Konzeptionen zur (Sozial-)Pädagogik und zur Beratung sind konkrete Elemente einer dezidiert pädagogischen oder sozialpädagogischen Theorie der Beratung oder des Coachings noch nicht verbindlich auszumachen. Gleichwohl erlaubt uns der Rekurs auf (sozial-)pädagogische Theorie- und Beratungsexpertisen zumindest die Festlegung, dass Beratung lebenspraktische Entscheidungen unterstützen sollte – und zwar jene, „die in eine prinzipiell offene Zukunft hinein getroffen werden müssen – und dies ohne Absicherung und Gewissheit, dass die Entscheidungen sich auch im Nachhinein als richtig erweisen“ (Hechler 2014, 317; zit. n. ders. 2016, 137). Ein solches Verständnis – so Hechler – verweise auf das „pädagogische Alleinstellungsmerkmal von Beratung“ (2016, 137), mit dem sich Beratung als eine lebensalter- und lerndimensionsbezogene pädagogische Handlungsoption zeige (vgl. dazu auch Kraft 2009), mit der zwei inhaltliche Beratungskriterien zum Ausdruck kommen: „zum einen lassen sich nur Menschen beraten, die auch ein gewisses Maß an Mündigkeit aufweisen“ (Hechler 2016, 138). Das bedeutet, dass der zu Beratende die Fähigkeit benötigt, sich als Person, Subjekt und Individuum selbst zum Gegenstand des eigenen Nachdenkens machen zu können und Handlungen „aufschieben“ zu können (vgl. Kraft 2011, 159 ff.). Denn mit der grundlegenden Beratungsbedürftigkeit korrespondiert die Vernunftbegabung, die auch so ausgebildet sein muss, dass es dem Ratsuchenden möglich ist, nach Gründen der Vernunft, Plausibilität und Rationalität zu urteilen, ob und wann eine Handlung zu initiieren ist oder ob es nicht besser ist, vorerst bestimmte Handlungen zu unterlassen. Zum anderen ist Beratung „nur dann das geeignete Mittel, wenn es um Probleme des Wollens, also um aktuell dysfunktionale Haltungen und

Einstellungen geht" (Hechler 2016, 138). Dies bedeutet, dass potenziell beratbare Lebensprobleme, -fragen oder -themen in den jeweiligen Lebensumständen und in der jeweils subjektiven Lebensführung von Menschen, erst in ein subjektiv begründbares Lern- bzw. Bildungsthema transformiert werden müssen, um selbstreflexiv Antworten auf diese Fragen zu erhalten.

Dieses von Hechler (2016, 137) skizzierte „pädagogische Alleinstellungsmerkmal von Beratung" lässt sich plausibel spezifizieren durch *Christoph Rieds* (2020) Ansatz zu einer *Sozialpädagogik als pädagogischer Lebensführungsberatung*, der durchaus auch als „sozialpädagogisches Alleinstellungsmerkmal" von Beratung, möglicherweise auch eines sozialpädagogischen Coachings zu interpretieren ist, und der nachfolgend kurz – als spezifischer theoretischer Rahmen auch für die meta-modelltheoretische Fundierung eines sozialpädagogischen Coachings – skizziert wird.

Zunächst unternimmt Ried eine Differenzierung (und Synthetisierung) der Begriffe Sozialarbeit und Sozialpädagogik. Die „Sozialarbeit" – so Christoph Ried (2020, 206f.) – bezeichne dabei die organisatorische Arbeit an den Lebensumständen, während die „Sozialpädagogik" auf die pädagogische Arbeit an der Lebensführung des Menschen ziele.

> „Sozialpädagogik und Sozialarbeit bilden damit offensichtlich die zwei Seiten der Medaille Soziale Arbeit. Die Notwendigkeit der Kooperation beider Handlungsformen ist evident, sofern nur das zweidimensionale Konzept der *Lebensführung in den Lebensumständen* den Alltag des Menschen umfänglich in den Blick bringt" (ebd. 2020, 207).

Das, was den Alltag des Menschen ausmacht ist, so Ried, für die Sozialpädagogik das, was die Menschen als „gelingend" selbst definieren (vgl. auch Winkler 1988, 78). In der Sozialpädagogik seien also „die Werturteile der Adressatinnen und Adressaten leitend, nicht die Werturteile der pädagogischen Akteure" (Ried 2020, 208).

Formal lassen sich nach Ried (2020, 210) in seinem Konzept einer *sozialpädagogischen Lebensführungsberatung* insgesamt vier essentielle Teilschritte des sozialpädagogischen Hilfeprozesses unterscheiden, in denen die Sozialpädagogin oder der Sozialpädagoge jeweils beratend unterstützt:

1. Artikulation einer Krise der Lebensführung durch die Klientin/den Klienten
2. Entwurf einer subjektiven Vorstellung von gelingender Lebensführung
3. Planung von Strategien zur Verwirklichung dieser Vorstellung
4. Umsetzung dieser Strategien im Alltag

Es klingt plausibel, dass eine durch die *sozialpädagogische Lebensführungsberatung* nach Christoph Ried (2020) behutsame und nicht-direktive Unterstützung gerade jenen Klienten dabei helfen kann, einen „neuen, gelingenderen Alltag zu etablieren" bzw. auch: bessere Lebensbewältigungsstrategien zu entwickeln, wenn – durch etwaige Krisensituationen – gewohnte subjektive Sinnorientierungen von Menschen (plötzlich) brüchig geworden sind und sich Menschen als handlungsunfähig erleben. Gleichwohl sind – trotz der Theorievielfalt in Sozialer Arbeit – auch noch weitere Theorie-Ansätze zu betrachten, die sich in ein meta-modelltheoretisches Rahmenkonzept eines sozialpädagogischen Coachings einbinden lassen könnten. Besonders jene Theorien, die als sog. „allgemeine Handlungstheorien" in vielen verschiedenen Human- und Sozialwissenschaften – interdisziplinär – entwickelt worden sind, erscheinen mir höchst relevant als Referenz- bzw. Bezugstheorien zur Fundierung und auch Legitimierung des sozialpädagogischen Coachings, zumal Handlungstheorien *nicht* genuin auf eine praxistheoretische bzw. praxeologische oder gar poietische Ergründung etwaigen beruflich-professionellen Handelns in Form einer Methodenlehre oder technologisch inspirierter Handlungsanweisungen /-anleitungen für den jeweiligen „Akteur" intendieren. Vielmehr sind *Handlungstheorien* zunächst einmal zu verstehen als interdisziplinäre und integrative „Fundgruben" zur generellen, grundwissenschaftlichen Frage nach dem zentralen anthropologischen Bestimmungsmerkmal des Menschen: sein Handeln sowie zu den Möglichkeiten und Grenzen subjektiver Handlungen; im Falle der Sozialpädagogik / Sozialen Arbeit und des sozialpädagogischen Coachings insbesondere zu spezifischen Fragen etwa nach den Bedingungen, Komplexitäten, Optionen, Offenheiten, Unplanbarkeiten, Pluralitäten, Steuerungen und nach den Grenzen des Handelns oder nach der Entwicklung von Handlungsfähigkeiten, nach der Überwindung von Handlungsstörungen und -krisen, oder zur Frage nach (vernünftigen) Handlungsplänen und -optionen, nach zielführenden Strategien der Sicherung und Wiedergewinnung alltäglicher Handlungskompetenz, -fähigkeit von Menschen, die beraterische oder helfende Dienste in Anspruch nehmen wollen, um (selbst-)reflexiv Antworten auf ihre, ihr ganzes Leben betreffende Fragen – besonders in krisenhaften Lebenssituationen – zu erhalten. Es geht hier – bei den *Handlungstheorien* – also nicht um praxeologische Verengungen auf professionelles oder methodisches (häufig auch: technologisches bzw. rezeptologisches) Handeln von Beratern oder Coachs, mit dem Lebensführungs- oder Lebensbewältigungsbemühungen der Adressaten ebenso unberücksichtigt bleiben müssen wie ethisch-moralische (Haltungs-)Dimensionen des respekt- und würdevollen Umgangs im zwischenmenschlichen Miteinanders in der mitmenschlichen Begegnung, die für das sozialpädagogische Coaching so fundamental sind.

Mit Blick auf die hohe Relevanz von *Handlungstheorien* für die Konzipierung eines meta-modelltheoretischen Rahmens für das sozialpädagogische Coaching sollen nachfolgend einige wesentliche Resultate einer interdisziplinären, handlungstheoretischen Forschung – eng angelehnt an Birgmeier (2003; 2008; 2009;

2011; 2012; 2014; 2018a) sowie an Birgmeier & Mührel (2013; 2017) – anstelle der von Schreyögg für das Entwickeln von metamodelltheoretischen (Coaching-)Konzepten eingeforderten, zentral auf „prozessuale Anweisungen" (2003, 50) reduzierten *Praxeologie* skizziert werden.[27]

27 Die von Schreyögg (2011, 56-61) neben der anthropologischen, erkenntnistheoretischen und (fach- bzw. disziplin-)theoretischen Ebene anzusiedelnden Ebene der „Grundlegenden methodischen Anweisungen" (mit denen etwa die Zielformulierung, die Rekonstruktion des Kliententhemas, die Wirkweisen, der Interaktionsstil und die Handhabung verschiedenster Coaching-Situationen anzugeben sind), ist m. E. ebenso im Begriff der Handlungstheorie (*allgemein* und *speziell*) enthalten wie die von Schreyögg explizierte Ebene des „konkreten Handelns" (in der sie – als „Praxeologie" – lediglich Vorschläge äußert, methodische „Maßnahmen" wie bspw. die professionelle Gesprächsführung, erlebnis- und handlungsorientierte Arbeitsformen und Medien in unterschiedlichen „Phasen" – Anwärm-, Aktions- und Integrationsphase – anzuwenden). Zu einem handlungstheoretisch und -wissenschaftlich fundierten „Prozess-Modell" für das sozialpädagogische Coaching, in dem auch die praxeologischen Kriterien für Metamodelle zum Coaching nach Schreyögg (2011) integriert sind: siehe Birgmeier (2010).

5. Handlungstheorie

5.1. Differenzierung von Handlungsforschung

Die Handlungstheorie, so *Helmut Seiffert* (1992, 27), kann als ein Komplex betrachtet werden, „an dem so gut wie alle Wissenschaftsdisziplinen Anteil haben, sodass heute nur noch wenige Wissenschaftler ohne ihre Kenntnis auskommen". So wird

> „(d)as Handeln bzw. Bedingungen, Faktoren, Teilprobleme menschlicher Handlungen ... analysiert von Psychologen – besonders Tiefen- und Entwicklungspsychologen, Gruppendynamikern, Sozialpsychologen und Verhaltenspsychologen sowie Lerntheoretikern –, Soziologen, Kulturanthropologen und Ethnologen, Ethologen (Verhaltensforschern), Linguisten und vergleichenden Sprachwissenschaftlern, von Juristen, Moral-, Sozial-, Handlungsphilosophen, Handlungslogikern im engeren Sinne, Wert- und Normenlogikern, System- und Planungswissenschaftlern, Entscheidungstheoretikern und mathematischen Spieltheoretikern, Ökonomen, Politologen, Historikern, auch von Humanbiologen, Genetikern, naturwissenschaftlichen Anthropologen, Molekularbiologen, Neurologen, Neurophysiologen, Biokybernetikern, Arbeitsphysiologen, psychosomatischen Medizinern, Psychiatern, Arbeitswissenschaftlern, Sportwissenschaftlern, Verkehrswissenschaftlern, Stadtplanern usw. usw." (Lenk 1989, 121; Birgmeier 2003, 200).

Hans Lenk (1989, 121) schlägt zur Differenzierung all dieser Handlungsforschungsstränge eine Schichtung von Handlungstheorien vor, um der Verschiedenartigkeit interdisziplinärer Relevanzen zum Beitrag einer allgemeinen Handlungstheorie systematisch Rechnung zu tragen. Nach diesem „Schichtenmodell" bildet der logische, formale und sprachwissenschaftliche Aspekt der Handlungstheorie die grundlegende Schicht, gefolgt von der zweiten Schicht, in der die philosophischen, anthropologischen und wissenschaftstheoretischen Interpretationen des Handlungsbegriffes behandelt werden (vgl. Seiffert 1992, 30). In der dritten Schicht folgen die verhaltenswissenschaftlichen und psychologischen Darstellungen und schließlich finden in der vierten Schicht die sozial- und systemwissenschaftlichen Ausprägungen der Handlungstheorie ihre Verortung (vgl. Seiffert 1992, 30; Birgmeier 2003, 200 f.).

Alternativ zum Schichtenmodell Lenks legt *Christoph Lumer* eine weitere Differenzierungsfolie zur Unterscheidung verschiedenster Handlungstheorien vor. So unterscheidet er die verschiedensten Handlungstheorien in *empirische* (respektive: deskriptive), in *rationale*, in *normative* und in – für das sozialpädagogische Coaching so wichtige – *philosophische* Handlungstheorien (vgl.

Lumer 1990, 511; Birgmeier 2003, 194-196). Während empirische/deskriptive Handlungstheorien, etwa im Rahmen soziologischer, psychologischer, präskriptiv ethischer oder ökonomischer Theorien, Aussagen und Modelle darüber entwickeln, welche Eigenschaften die Handlungen von Menschen haben, untersuchen rationale Handlungstheorien die Frage, nach welchen Prinzipien der Mensch seine Handlungen vernünftigerweise wählen sollte bzw. wann eine Handlung als rational gelten kann (vgl. ebd.). Normative Handlungstheorien, zu denen auch die sog. „präskriptiven Ethiken" zählen, treffen demgegenüber – also in nicht unbedingt rationaler Hinsicht – Festlegungen darüber, welche Handlungen speziell in sozialer Hinsicht richtig sind; d.h. sie untersuchen zur Annäherung an ihren speziellen Gegenstand insbesondere die verschiedensten Normen „richtigen" bzw. „guten" Handelns und deren Verknüpfung untereinander – geleitet vom Erkenntnisinteresse, bestimmte Bezüge zu Handlungsbedingungen und Handlungsresultaten herzustellen (vgl. Lumer 1990, 511).

Einen hervorgehobenen Stellenwert im Konzert der Lumer'schen Aufteilung (sowie auch im Konzept eines metamodelltheoretisch fundierten sozialpädagogischen Coachings) bilden die sog. *philosophischen* Handlungstheorien. Im Verbund mit den empirischen, rationalen und normativen Handlungstheorien lassen sich philosophische Ansätze von Handlungstheorien vorwiegend im sogenannten speziellen Typ der allgemeinen empirischen Handlungstheorie, in der allgemeinen rationalen Handlungstheorie und in den verschiedensten Typen ethisch-normativer Handlungstheorien wiederfinden (vgl. Lumer 1990, 513). Das Hauptinteresse der philosophischen empirischen Handlungstheorie fokussiert dabei in erster Linie die Klärung der Fragen, was *Handlung* bedeutet und ob Handlungen frei oder/und durch kausale (welche?) Gesetzmäßigkeiten determiniert sind, was Absichten bzw. „Intentionalitäten" sind und „innere Momente" von Handlungen oder wie weit Handlungen reichen? (vgl. Lumer 1990, 512). Überdies beschäftigen sich philosophisch empirische Handlungstheorien auch mit handlungslogischen Aspekten zur Ausführung oder Unterlassung von Handlungen sowie mit der Frage, ob Menschen kausal determiniert seien oder ob sie frei nach Gründen handeln (vgl. ebd.). Mit einem solchen Erkenntnisinteresse will sich die philosophisch-empirische Handlungstheorie insbesondere der wissenschafts- und erkenntnistheoretischen Frage nach dem Erklären und/oder Verstehen menschlicher Handlungen annähern (vgl. von Wright 2002; vgl. Lumer 1990, 512; Birgmeier 2003, 195; Birgmeier 2014).

Die *Philosophie* spielt jedoch nicht nur in den philosophischen Handlungstheorien, sondern auch innerhalb der rationalen Handlungstheorien eine wichtige Rolle. Um der Intention rationaler Handlungstheorien zu entsprechen, d.h., um jederzeit anwendbare Empfehlungen für rationale Entscheidungsverfahren geben zu können, entpuppt sich der Kern dieser Verfahren in der Herausarbeitung von Kriterien, die angeben, wann Entscheidungen oder Handlungen – insbesondere auch im Coaching-Prozess – praktisch begründet sind (vgl. Lumer 1990, 512; vgl. auch Birgmeier 2003; 2014). Unter dieser Prämisse entspricht die allgemeine rationale Handlungstheorie einer ureigenen, „klassischen" philosophischen Disziplin, die sich vor allem in objektivistisch-funktionalistischen Ansätzen (Aristoteles), in Zweck-Mittel-Modellen (Platon) und in rationalen Entscheidungstheorien fest etabliert hat.

Die *Philosophie* präsentiert sich überdies – vornehmlich in Gestalt normenkonstatierender, normenkreierender und axiologischer Ansätze – deutlich auch innerhalb der normativen Handlungstheorien. Erstere, die normenkonstatierenden Theorien intendieren festzustellen, welche Normen de facto gelten, um daraus zu erschließen, welche Handlungen geboten sind, und sie untersuchen aus ethischer Perspektive u. a. das, was z. B. göttliche Gesetze, das Naturrecht, die ewigen Sittengesetze oder etwa die universellen Kommunikationsvoraussetzungen vorschreiben. Zweitere, die normenkreierenden Handlungstheorien bewerten – wie bereits erwähnt – potenziell geltende Normen und schlagen optimale Normgeltungen vor, während – drittens – axiologische Theorien (auch als „Wertphilosophie" bezeichnet) soziale und moralische Präferenzen entwickeln, um darüber Kriterien für moralisch „gute" Handlungen abbilden zu können (vgl. Lumer 1990, 512; vgl. Birgmeier 2003, 194-196; 2014).

5.2. Zwei „Lesarten" von Handlung und Praxis

Handlungstheorien entsprechen einem besonderen Typus an Theorien bzw. einem bestimmten Zweig in der Theorieentwicklung in der Sozialpädagogik / Sozialen Arbeit (vgl. dazu u. a. Birgmeier 2014; 2018a, b; Birgmeier & Mührel 2013; Lambers 2019), die sich – begriffsanalytisch hergeleitet – aus (mindestens) zwei verschiedenen Lesarten heraus differenzieren lassen: einem sog. *generellen* und einem *speziellen* Handlungs- bzw. Praxisbegriff. Ersterer geht von einem Handlungs-/Praxisbegriff aus, der für alle Menschen zutrifft (generell), zweiterer fokussiert demgegenüber das professionelle, methodische, berufliche Handeln von bspw. SozialpädagogInnen/SozialarbeiterInnen in den jeweiligen Handlungs-, Praxis- und Arbeitsfeldern der Sozialpädagogik und Sozialen Arbeit.[28]

28 Weite Teile dieses Kapitels zum Thema „Handlung" sind bereits erschienen in Birgmeier (2014) sowie insbesondere in Birgmeier, B. (2018a): Theoriediskurse und -entwicklungen in der Sozialen Arbeit – am Beispiel von „Handlungstheorien". *In:* Meseth, Wolfgang; Lüders, Manfred (Hrsg.): Theorien und Theorieentwicklung (in) der Erziehungswissenschaft. Bad Heilbrunn: Klinkhardt. 63-77. Eine Zusammenfassung zu handlungstheoretischen und handlungswissenschaftlichen Zugängen der Sozialen Arbeit finden sich auch in Birgmeier & Mührel (2017, 100 ff.). Für eine handlungstheoretische und handlungswissenschaftliche Verortung des sozialpädagogischen Coachings werden diese Publikationen erneut zu Rate gezogen und fließen leicht verändert und kontextualisiert hier ein.

Aus dieser ersten Begriffsableitung wird bereits deutlich, dass viele Handlungsphilosophen und -wissenschaftler von einer großen Ähnlichkeit, wenn nicht gar von einer Identität der Begriffe *Handlung* und *Praxis* ausgehen (vgl. Göhlich 2014, 166), zumal häufig darauf verwiesen wird, dass Handlung aus dem Griechischen übersetzt *„praxis"* genannt wird und dementsprechend Handeln *und* Praxis gemeinsam für ein „Verändern eines Zustandes, einer Situation – oder [...] noch allgemeiner: eines Sachverhaltes durch unser Eingreifen, durch unsere Hand" (Seiffert 1992, 15) stehen (vgl. Birgmeier & Mührel 2017; Birgmeier 2018a).

Trotz der vielen, eindeutigen inhaltlichen Überschneidungsmomente, die beide Begriffe zur Sprache bringen, sind bei genauem Hinsehen jedoch auch einige signifikante Differenzierungsmerkmale zu entdecken. So scheint es auf den ersten Blick so, dass *Praxis* das weitaus größere Themenfeld darstellt, unter das *Handlung* zu subordinieren wäre; insbesondere dann, wenn von der ungeheuren Bedeutungsvielfalt dessen, was in Philosophie und Wissenschaft für *Praxis* steht, ausgegangen wird. Denn der Verwendungskontext des Begriffs „Praxis" lässt sich – so *Armin Wildfeuer* – nicht nur als „Tat, Beschäftigung, Wirksamkeit, Hervorbringung, Ereignis, Begebenheit, Vorfall, Tatsache, Ausübung, Ausführung, Vollziehung, Verfahrenspraxis, Handlungsweise" (2011, 1775) deuten, sondern ebenso auch als *Handlung*. Mit dem Begriff der *Handlung* kann demnach allenfalls eine spezifische Interpretation des Begriffs *Praxis* gemeint sein, konkret: ein Teilaspekt der Praxis (vgl. Göhlich 2014, 172), mit dem insbesondere darauf verwiesen werden soll, dass Menschen bewusst, zielorientiert und absichtlich Tätigkeiten unternehmen, um ihre Bedürfnisse zu befriedigen, um ihre jeweiligen individuellen und sozialen Lebenswelten zu gestalten, um Zustände und Situationen zu verändern und um bestimmte, in der Zukunft modo futuri exacti „vorgedachte" Ziele zu erreichen (vgl. dazu auch Grant 2018, 667 ff.).

Wenn der Mensch als ein Wesen betrachtet werden will, das – sowohl im Berufs- als auch im Alltagsleben – „planmäßig, zielorientiert und auf bestimmte Ziele hinwirken kann" (Lenk 2010, 15), dann bedeutet menschliches Handeln diesbezüglich also zunächst einmal, etwas absichtlich zu tun, um mit diesen Handlungen – insofern sie bewusst geschehen – Absichten und Wünsche zu realisieren und Bedürfnisse zu befriedigen (vgl. Birgmeier 2018a, 71).

Im Kontext einer Beschreibung des Handelns als „mehrdimensionaler Prozess, in dem sich bestimmte Aspekte (freiwillig, intentional, rational, kommunikativ, habituell, mimetisch, körper- und gegenstandsbezogen) aus Sicht des (Selbst-)Beobachters zu die jeweilige Handlung charakterisierenden Elementen verdichten" (Göhlich 2014, 173), ist für die Handlungsforschung – sowie auch für die sozialpädagogische Coaching-Forschung – die Frage von besonderem Interesse, *was* jemand tut und was er damit bezweckt, *warum* er es tut (vgl. Angehrn 2011, 286). Während Handlungsbeschreibungen zentral der Frage nach dem „Was hast du getan?" (Runggaldier 2011, 1145) nachgehen, suchen Handlungserklärungen Antworten auf die Frage, „warum jemand etwas Bestimmtes getan hat" (Keil 2011, 124). Erklärungen, die auf Ursachen und gesetzesartige, nach Ursachen und Wirkung von Handlungen fragende Zusammenhänge zurückgreifen, und personal bzw. subjektiv zu verstehende Erklärungen durch die Angabe von Gründen dienen gleichermaßen der Suche nach dem *Warum* von Handlungen; „im ersten Fall klammern wir Handlungen und handelnde Subjekte aus, im zweiten verweisen wir ausdrücklich auf sie und schreiben ihnen auch kausale Rollen zu" (Runggaldier 2011, 1146; Birgmeier 2018a, 71).

Sollten also Handlungserklärungen eine „eigene Erklärungsform ohne Vorbild in den Naturwissenschaften sein" (Keil 2011, 124), so wäre – wie es die Vertreter der sog. handlungsphilosophischen *Gründe*-Fraktion postulieren – das Augenmerk zuvörderst auf den Handelnden selbst zu richten, d. h. auf seine praktischen Gründe, seine Wünsche, Überzeugungen, Motive und Ziele dafür, etwas zu tun, um verstehen zu können, warum er etwas Bestimmtes absichtlich getan hat. Dem gegenüber steht die Auffassung der handlungsphilosophischen *Ursachen*-Fraktion. Sie geht davon aus, dass Handlungen nicht ausschließlich aus der Perspektive des Handelnden verstanden werden können, sondern aus der Perspektive der Beobachter, die nach der Beziehung zwischen Ursache und Wirkung (Kausalität) der Handlung suchen; daher fragt sie vorwiegend danach, was bzw. welcher Umstand für eine Handlung der Auslöser war und warum eine Handlung ‚so und so' (und nicht anders) geschah (vgl. Spohn 2011, 151-152; Birgmeier 2018a, 71).

Jenseits der Disparitäten, die sich im handlungsphilosophisch-analytischen Diskurs über die „Gründe" und/oder „Ursachen" des Handelns ergeben, lässt sich – hier zusammenfassend – eine *Handlung* bestimmen als ein a) „unter (wenigstens) einer Beschreibung absichtliches Verhalten), das b) seinen Ursprung im Akteur hat und c) aus (Handlungs-)Gründen geschieht, die d) höchst vielfältiger Art sein können, und e) auf einer/mehreren bestimmten Ursache(n) basiert" (vgl. Birgmeier 2014, 61; vgl. dazu auch Lenk 2013). Doch wie sieht es im Vergleich dazu mit dem Begriff der *Praxis* aus? Vor dem Hintergrund dieser ersten Annäherungen an eine Bestimmung des Handlungsbegriffs im Vergleich und in Relation zum Begriff der Praxis unterscheidet die Philosophie zwischen einem *generellen* Praxisbegriff und verschiedenen *spezifischen* Praxisbegriffen (vgl. Birgmeier 2018a, 71 f.).

Der *generelle* Praxisbegriff steht nach *Armin Wildfeuer* (2011, 1775) für das faktische Tätigsein des Menschen, für den Vollzug menschlichen Lebens oder für die gesamte, reale Lebenstätigkeit des Menschen überhaupt (einschließlich deren Ergebnissen, z. B. die für die Sozialpädagogik / Soziale Arbeit sowie für das sozialpädagogische Coaching so zentrale Frage nach der subjektiven Alltagsbewältigung oder der Lebensbewältigung). „Praxis" in diesem Sinne ist demzufolge „eine anthropologische Kategorie, unter die alle Tätigkeitsformen des Menschen

Abbildung 4: Differenzierung des Praxisbegriffs (aus: Birgmeier 2018a, 72; Birgmeier & Mührel 2017, 56)

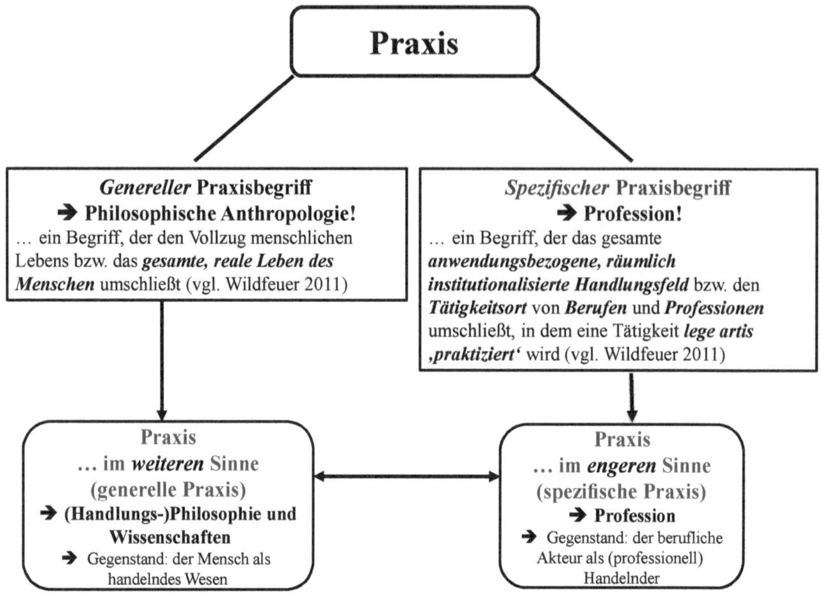

fallen, mit denen der Mensch erkennend, handelnd und herstellend die Koexistenz mit anderen gestaltet sowie in seine Umwelt eingreift" (ebd.), wodurch dieser generelle Praxisbegriff in der Fachsprache auch als „Praxis im weiteren Sinne" bezeichnet werden kann (vgl. ebd.) und gerade für das Metamodell eines sozialpädagogischen Coachings von höchster Relevanz ist, da das sozialpädagogische Coaching stets den ganzen Menschen im Blick hat, den Menschen in seinem gesamten, realen Leben. Demgegenüber dienen *spezielle* Praxisbegriffe in der Philosophie dazu, eben die Spezifität menschlicher Tätigkeiten hervorzuheben und die entsprechende Praxis etwa nach ihren normativen, moralischen, empathischen, korrektiven und v.a. professionsbezogenen Besonderheiten zu konkretisieren. Somit ist der spezifische Praxisbegriff für Professionen – wie bspw. die Beratung oder das Coaching – reserviert als Begriff, der das gesamte anwendungsbezogene, räumlich institutionalisierte Handlungsfeld bzw. den Tätigkeitsort von Berufen und Professionen umschließt, in dem eine Tätigkeit *lege artis* praktiziert wird (vgl. Wildfeuer 2011, 1776; Birgmeier 2018a, 72).

Diese beiden, insbesondere durch *Armin Wildfeuer* (2011) inspirierten Begriffsvarianten deuten darauf hin, dass die unterschiedlichen Lesarten und Interpretationen von „Handlungstheorie" vermutlich in dieser Unterscheidung zwischen Praxis im weiten und im engen Sinne wurzeln und deshalb zwischen einer allgemeinen und einer speziellen Handlungstheorie zu differenzieren ist, die weitaus aussagekräftiger sind als etwa der Begriff der „Praxeologie".

Eine *allgemeine* Handlungstheorie ist dabei – wie bereits erwähnt – zu verstehen als ein Begriff, der die Resultate bzw. Befunde sowohl der interdisziplinär angelegten Handlungstheorien (vgl. dazu Lenk 1977-1984; 2010) in Form von Objekttheorien zum Handeln als auch die der Philosophischen Handlungstheorie und der Analytischen Handlungsphilosophie (als sogenannte Metawissenschaften) zum Ausdruck bringt und – soweit möglich – allgemeine Bestimmungsmerkmale und Eigenschaften des Handlungsbegriffs sowie allgemeine Erkenntnisse zum Menschen als handelndes Wesen thematisiert (vgl. Birgmeier 2014; Birgmeier 2018a, 73).

Allgemeine Erkenntnisse *über* das Handeln / die Handlung von Menschen bleiben jedoch solange abstrakt und *theoretisch*, solange sie nicht in eine (konkret bestimmbare und spezifische) Praxis umgesetzt werden können. Aus diesem Grunde werden unter dem Begriff *Handlungstheorie* nicht nur solche Theorien geführt, die allgemeine Erkenntnisse *über* das Handeln/die Handlung von Menschen zur Sprache bringen, sondern auch solche, die spezifische Aussagen darüber treffen, *wie* zu handeln ist bzw. welches (Anwendungs-)Wissen in spezifischen Handlungsfeldern wichtig und relevant *für* das Handeln und die Handlungen darin agierender Akteure sein könnte (vgl. Birgmeier 2014). Der Begriff der *speziellen* Handlungstheorie steht demzufolge für Spezifikationen des Handlungsbegriffs, die ein professionsbezogenes Handlungswissen zum Zweck der Bearbeitung praktischer Probleme – mit besonderem Fokus auf Handlungsmethoden – umschreiben, exakter: Spezifikationen des Handlungsbegriffs, die die Spezifika eines Handelns in speziellen Handlungstheorien zu beschreiben versuchen, um ein professionsbezogenes, praxeologisch abgeleitetes Handlungswissen zum Zwecke der Bearbeitung professionsspezifischer praktischer Probleme zu entwickeln (vgl. Obrecht 2009; Birgmeier 2018a, 73).

5.3. Allgemeine und spezielle Handlungstheorien

Im Vergleich dieser beiden Lesarten des Begriffs der „Handlungstheorie", die weitaus spezifischere Aussagen zum Menschen als handelndes Wesen geben als eine „Praxeologie", wird deutlich, dass dieser Begriff nicht nur für eine metatheoretisch inspirierte Theoriebildung steht, mit der ein objektives, allgemein gültiges, methodologisch erforschtes, grundlagenwissenschaftliches Wissen *über* den anthropologisch bestimmbaren Gegenstandsbereich der Handlung von Menschen gesammelt werden soll. Vielmehr geht es beim Typus einer speziellen Handlungstheorie auch darum, dieses verfügbare, allgemeine Wissen zum Handeln so zu nutzen, um Konzepte, Modelle und Vorschläge *für* ein (bestimmtes) Handeln von (bestimmten) Menschen (BeraterInnen, SozialpädagogInnen, Coachs etc.) in der jeweiligen (Berufs-)Praxis zu entwickeln – geleitet von der Frage, wie diese Wissensbestände auch für eine Verbesserung praktischer

Problemlösungen von spezifischen Professionen oder „wissensbezogenen Berufen" genutzt werden können (vgl. Sommerfeld 2013, 155; vgl. auch u.a. Birgmeier 2011, 123 ff.; Birgmeier & Mührel 2017, 108 ff.).

Beide Begriffsvarianten gleichermaßen ernst genommen und zusammen betrachtet bedeutet dies: *allgemeine Handlungstheorien*, die metatheoretische *und* objekttheoretische Befunde der Handlungsphilosophie und der (Handlungs-) Wissenschaften thematisieren, liefern dementsprechend die Basis eines äußerst pluralen und multidimensionierten Handlungswissens, aus dem sich *spezielle Handlungstheorien* ableiten lassen, die einzelne Professionen – etwa zur Lösung praktischer Probleme und/oder zur Entwicklung spezifischer Handlungsmethoden in professionstypischen Kontexten – nutzen und mit deren Hilfe auch vielfältige spezielle Theorien für das professionelle Tun in verschiedensten Handlungsfeldern der Sozialpädagogik / Sozialen Arbeit entwickelt werden können (vgl. Birgmeier 2014, 8).

Gerade für eine beratungswissenschaftlich ausgerichtete Soziale Arbeit und Sozialpädagogik sowie für den metamodelltheoretischen (Theorie-)Rahmen des sozialpädagogischen Coachings bedeutet dies, dass hier besonders jene Beschreibungen und Erklärungen zum menschlichen Handeln zentral sind, die sich auf solche allgemeinen Handlungstheorien stützen, die denjenigen Objekt- bzw. Gegenstandsbereich fokussieren, mit dem z.B. Handlungsstörungen, -inkompetenzen und -unfähigkeiten einerseits und die Handlungsbefähigung (vgl. Otto & Ziegler 2010) andererseits im Kontext der Lebensbewältigung (vgl. Böhnisch 2010), der Lebensumstände (vgl. Mührel 2019), des Lebenslaufs (Lowy 1973), der Lebensgestaltung (Wendt 1982; 2018), der Lebenswelt (vgl. Thiersch 2014a, b), der Lebenslage (Kraus 2013; 2019)[29] und der (individuellen) Lebensführung (Volz 1993; Sommerfeld 2011; Röh 2013) seitens der Adressaten erklärt, beschrieben, verstanden und auch bearbeitet werden, die aufgrund von Handlungskrisen, erschwerten Lebenslagen, den Folgen sozialer Probleme oder leidvoller Widerfahrnisse (vgl. Birgmeier 2007) entstehen können (vgl. Birgmeier & Mührel 2017, 110).

Gleichermaßen wichtig und interessant für ein sozialpädagogisches Coaching-Konzept erscheint die Frage nach den Relationen zwischen Handlung und Entscheidung (vgl. dazu Bastian 2019) bzw. zwischen Handlungstheorie und Entscheidungstheorie sowie zwischen Handlungskompetenz und Entscheidungskompetenz vor dem Hintergrund der Bemühungen, „Umrisse einer Handlungstheorie Sozialer Arbeit auf der Basis des Capability Approach" (Röh 2011, 116 ff.; Röh 2013a, b) zu zeichnen. So zeigen so manche Adaptationen des *Capability Approach* für eine handlungs- und gerechtigkeitstheoretische Fundierung Sozialer Arbeit die Grenzen von Rationalitätsmodellen auf. Denn wissenschaftliche

29 Lebenswelt und Lebenslage werden insbesondere von Björn Kraus (2019) in seiner „relationalen Sozialen Arbeit" im „Lebenswelt-Lebenslage-Konzept" miteinander verbunden.

Erklärungen von Handlungen, die auf besonderen Rationalitätsmodellen basieren, würden „jedes Handeln einer Person als *entscheidungs*theoretisch-‚rationales', aufgrund methodisch systematischer Einschätzung und Bewertung der Situation und der Problemlösungsprozesse auffassen" (Lenk 2013, 30; Herv. d. V.), wenngleich sich Entscheidungen jedoch immer erst nachträglich, also in der Reflexion und Bewertung der Handlung als „rational erweisen oder eben nicht" (Bliemetsrieder & Dungs 2013, 87; Birgmeier 2014, 220 f.).

Überdies wird eine beratungs- bzw. coachingwissenschaftlich inspirierte Sozialpädagogik / Soziale Arbeit auch nicht darum herumkommen, die reflexionstheoretisch inspirierten Professionalisierungstheorien, die sich – anders als die Professionstheorien oder Praxeologien – gegen eine Generalisierbarkeit der professionellen (Berater-/Coaching-)Praxis aussprechen und stattdessen das „Spannungsverhältnis von Wissensherstellung und Berufspraxis zu reflektieren" (vgl. Lambers 2019) versuchen, stärker als bisher in ihre (auch ethische und die Haltung von „Profis" betreffende) Überlegungen mit einzuflechten, und sich – darüber hinaus – auch mit Diskussionen zu befassen, die u. a. in der *analytischen Handlungsphilosophie* geführt werden und in denen v. a. die wissenschaftstheoretische Problematik der Erklärung, Beschreibung und des Verstehens menschlichen Handelns im Allgemeinen thematisiert wird. Dazu braucht sie – insbesondere auch für das Konzipieren eines metamodelltheoretischen Rahmens zum sozialpädagogischen Coaching – den Mut, sich in die wissenschaftstheoretischen Kontroversen zur allgemeinen Handlungstheorie einzuklinken und streng wissenschaftlich auch Begründungen zu liefern auf die Frage, ob man sich eher den *Kausalisten* und *‚Logischen Intentionalisten'*, den *Partikularisten* und *Reduktionisten* oder den *Partikularisten* und *Generalisten* (bzw. *Repetitionisten*) (Lenk 2013, 31; Herv. i. O.; vgl. auch Birgmeier 2018a, 75) für eine allgemeine Handlungsforschung in Sozialpädagogik / Sozialer Arbeit zugehörig fühlt.

5.4. Exkurs: das Theorie-Praxis-Verhältnis

Grundsätzlich gilt: Für den Wissenschaftler und den Theoretiker stehen reine Erkenntnisse im Vordergrund, die auf generellen Aussagen beruhen; für den Praktiker geht es dagegen vordergründig um eine schelle, effektive, nachhaltige und verantwortbare Hilfe für seine Klienten. Wenn Coaching ein „Kind der Praxis" ist (vgl. Geißler 2011) bzw. ein Thema, bei dem die Praxis der wissenschaftlichen Theoriebildung weit vorausgeeilt ist (vgl. Greif 2008; zit. n. Loebbert 2017), darüber hinaus die wissenschaftstheoretische Erkenntnis zu berücksichtigen ist, dass Theorie und Wissenschaft einerseits, „Praxis" andererseits zwei grundverschieden geschlossene autonome Systeme sind (vgl. Baecker 1998; Möller, Kotte & Oellerich 2013), eine direkte Anleitung der Theorie *für* die Praxis also nicht möglich ist (vgl. Birgmeier 2008), so stellt sich – wie in allen anwendungsbezogenen Wissensformen – die Frage der möglichen (vermeintlichen) *Anwendbarkeit* (wissenschaftlicher) Theorien *für* die Praxis, bzw. allgemeiner: wie das Verhältnis (bzw. die Form von Vermittlung) zwischen Theorie und Praxis – auch im (sozialpädagogischen) Coaching – zu bestimmen ist.

Diese Frage führte in verschiedenen Fachdiskursen zu ebenso vielen unterschiedlichen Antworten (vgl. dazu auch Herzog 2018; Dörr & Thole 2020). So lasse sich *Theorie* von ihrer Funktion und ihrem Verhältnis zur Praxis u.a. etwa bestimmen a) als Bestimmung der Praxis durch Vorgabe von Handlungszielen der Praxis, b) als technologische Handlungsanleitung von Praxis, c) als dialektische Vermittlung zwischen ihr und der Praxis, und d) als identisch zur Praxis (vgl. Lambers 2013, 328). Das Funktionsverständnis einer Theorie als dialektische, wechselseitige Vermittlung zwischen Theorie und Praxis – siehe c) – habe sich, so Lambers (2019) dabei „in der modernen Theoriebildung Sozialer Arbeit weitestgehend durchgesetzt".

Alternativ dazu existieren – wie vorhin beschrieben (vgl. dazu Wildfeuer 2011) – Versuche, über eine Ausdifferenzierung des Begriffs der *Praxis* in eine Praxis *im engeren Sinne* (eine professionelle Praxis von Akteuren in diversen Berufsfeldern) und in eine Praxis *im weiteren Sinne* (der allgemeine Lebensvollzug jedes Menschen) Theorie und Praxis entweder in Bezug auf die Berufsrollen (Professionstheorien) oder – allgemeiner – aus der Perspektive einer „Lebenstheorie" und „Lebenspraxis" bzw. einer Lebensführungs- und Lebensbewältigungstheorie und -praxis – einschließlich deren „Vermittlung" zu einander – eine Auflösung des Theorie-Praxis-Dilemmas zu erwirken (vgl. Birgmeier 2014; 2018). Oder man orientiert sich an Vorschlägen aus der scientific community, die die vermittelnde Synthetisierung der Frage nach dem Verhältnis von Theorie und Praxis in der Person verorten. So verweisen u.a. *Peter Heintel & Martina Ukowitz* bspw. darauf, „dass Menschen *nie* bloße blind handelnde Praktiker sind, auch wenn sie *ihre* Theorie nicht explizieren. Ebenso informiert uns der Wissenschaftsbetrieb darüber, dass es keine ‚reinen' Theoretiker gibt" (2011, 44) und dass sich gerade Coaching und Beratung immer in einer „Zwischenwelt" zwischen der Praxis (Handeln, Lebensvollzug) und der Theorie (Entwürfe, Pläne, Absichten, Theorien) befänden und Coaching als eine „‚organisierte' Ermöglichung selbstreflexiver Praxis (Optionenerweiterung) und neuer Entscheidungen" nichts anderes sei als eine „prozessuale Vermittlung von Theorie und Praxis" (vgl. ebd.).

Ähnlich auch *Christoph Ried* (2017, 485), der der Sozialpädagogik – als *der* Leitdisziplin für Coaching schlechthin – attestiert, sie sei weder nur Denken (Theorie) noch nur Handeln (Praxis), sondern beide Termini (Theorie und Praxis) seien zu ersetzen mit „Denk- und Handlungsform". Als Denkform bestimme sich die „theoretische Identität" der Sozialpädagogik im „Versuch der Beschreibung von Kategorien des Denkens, die dann von spezifischen sozialpädagogischen Theorien verwendet und mit Inhalt gefüllt werden" (Ried 2017, 485), während sich ihre „praktische Identität" erst „durch ihre Bestimmung als

Handlungsform, also durch die Analyse der strukturellen Identität all derjenigen Handlungen, die als sozialpädagogische' bezeichnet werden" (ebd.), zeige.

> „Da sich das, was Sozialpädagogik in Theorie und Praxis ist, somit erst in ihrer Fassung als Denk- und Handlungsform aufzeigen lässt, muss das sozialpädagogische Theorie-Praxis-Verhältnis als Verhältnis von Denkform und Handlungsform beschrieben werden. Dabei ist von äußerster Wichtigkeit, dass das Theorie-Praxis-Verhältnis der Sozialpädagogik (wie in jeder Pädagogik) ein Verhältnis dreier Komponenten darstellt, das in der dualen Betrachtungsweise mittels der Begriffe ‚Theorie' und ‚Praxis' nicht adäquat abgebildet werden kann. Theorie und Praxis der Sozialpädagogik verteilen sich auf die folgenden drei Komponenten: Theoretische Denkform – Praktische Denkform – Handlungsform. Die sozialpädagogische Handlungsform korreliert mit und ist unabhängig von einer eigenartigen Form des praktischen Denkens …, die sich besonders als spezifische gedankliche Konstruktion des Gegenübers und dessen Situation darstellt … Es ist unmöglich, sozialpädagogisch zu handeln, wenn man nicht gleichzeitig in diesem Handeln auch sozialpädagogisch denkt, also das Gegenüber und seine Probleme aus einer genuin ‚sozialpädagogischen' Perspektive betrachtet (Ried 2017, 486).

Vor diesem Hintergrund müsse man – so Ried weiter – das Denken in der Sozialpädagogik auf zwei verschiedenen Ebenen ansiedeln. So denke der Praktiker „im handelnden Umgang mit seinem Klienten ‚sozialpädagogisch'", der Theoretiker hingegen reflektiere dieses sozialpädagogische Denken und Handeln des Praktikers in einem kohärenten theoretischen Gebilde (vgl. Ried 2017, 486 f.). „Obwohl sich praktische Denkform und Handlungsform beide auf der Ebene der Praxis ‚befinden', ist die praktische Denkform der Kitt, der die Sozialpädagogik im Ganzen zusammenhält. Sie wird nun als Medium des Übergangs von Theorie und Praxis ausgelotet" (Ried 2017, 486 f.)

Als eine weitere Antwort auf die Frage nach dem Theorie-Praxis-Verhältnis wäre anzunehmen, dass sich jegliches Theorie-Praxis-Dilemma einzig in der Person des Akteurs auflösen ließe, indem sie (die Person) – an einer Prozesskette dargestellt – in der jeweiligen (Praxis-)Situation a) Beobachtungen anstellt, b) für das Gegenüber wichtige, relevante erkenntnisleitende Fragen und thematische Gegenstände aus dieser aus einer sozialen Wirklichkeit resultierenden Beobachtung extrahiert, c) reflexiv in seinem individuellen Wissensrepertoire (Theorie) bzw. „Bildungsspeicher" nach allgemeinen Erklärungsansätzen bzw. Wahrheiten sucht, d) diese, je nach Eignung, in die der Praxissituation angemessenen Weise (alltagssprachlich) übersetzt, e) sie mittels Kommunikation übermittelt, f) auf die Reaktion des Gegenübers (Coaching-Partners) wartet, im Sinne entweder einer g) Selbst-Einschätzung darüber, inwieweit sein Reflexionswissen (aus seinem Theoriefundus) beim Gegenüber positiv (verständlich) oder negativ (nicht verstanden) angekommen ist oder einer h) direkten Antwort/Resonanz des Gegenübers und i) die anschließend erneute Beobachtung der neuen Situation mit j) neuen reflexiven Überlegungen des Akteurs, welches Theoriewissen er nun – in der neuen, reflexiv „aktualisierten“ Situation – nach der Schrittfolge a) bis i) möglicherweise transferieren kann. Das bedeutet:

> „Theoretische Modelle gelingenden Seins (Menschenbilder) gehen in die praktische Frage nach dem gelingenden Sein als Vorschläge und Anregungen ein. Der Klient wird vom Sozialpädagogen in die Lage gebracht, zu solchen Vorschlägen Stellung nehmen zu müssen. Die sozialpädagogische Hilfe ist in dieser Phase eine dialogische Arbeit an der Vorstellung gelingenden Seins sowie an den Strategien, um diese in der Lebensführung zu verwirklichen“ (Ried 2017, 575 f.).

Theoretisches wie praktisches Denken treten, so *Michael Winkler* (1988), in gegenseitigen Austausch. „In der Person des Praktikers wird die Denkform für Winkler zur Praxisform. Durch die Beschäftigung mit der sozialpädagogischen Theorie wird ‚das Bewußtsein und die Identität des Handelnden‘ (Winkler 1988, 81) auf eine spezifisch sozialpädagogische Denkweise im Handeln vorbereitet“ (Ried 2017, 487). Auf der Ebene der Handlung würde damit jeweils die Brücke zwischen Theorie und Praxis geschlagen werden können. Denn diese Ebene orientiert sich – mit *Elisabeth Badry* et a. (1999) argumentiert – gleichermaßen an theoretischen *und* ethisch-moralischen Aussagen und sie inspiriert zur Forderung, dass ein professioneller Coach sowohl ein handlungs*theoretisch* und handlungs*wissenschaftlich* ausgebildetes Erkenntnisrepertoire als auch ein handlungs*ethisch* reflektiertes und aus einer ethisch-moralischen Haltung generiertes Wissen miteinander sinnvoll in Verbindung bringen kann.

Eine solche Forderung nach einem Rückbezug auf Theorien *in* jeglicher Form professionellen Handelns erfordert von jedem Berater / von jedem Coach ein umfangreiches theoretisch-wissenschaftliches Wissen, mit dem sowohl eine – vornehmlich der Ordnung, Strukturierung und Systematisierung von (beruflichen *und* privaten) Alltagsereignissen dienende – *erkenntnis*leitende Funktion zur Sprache gebracht wird, andererseits erfüllen Theorien im Allgemeinen, philosophische (Handlungs-)Theorien im Speziellen aber auch *handlungs*leitende Funktionen, indem sie dem personenbezogenen Beratungsdienstleister nahe legen, was gewissenhaft getan bzw. was vernünftigerweise lieber unterlassen werden sollte, um konkrete Ziele zu erreichen und dem Gegenüber auf einer humanistischen, respekt- und würdevollen Art zu begegnen (vgl. Kanfer et al. 2000, 97; vgl. Birgmeier 2008).

Theorie und Praxis stehen sich vielfach wie Welt und Gegenwelt gegenüber. Sie entsprechen zwei verschiedenen, janusköpfigen Polen, die zueinander – in der Person – reflektiv – auf der „Brücke“ – zueinander ins (richtige) Verhältnis zu rücken bzw. zueinander zu *vermitteln* sind. Mit anderen Worten: dort wo es Welten gibt, da gibt es notwendigerweise auch Gegenwelten, die so lange fremd bleiben, solange man sich diesen gegenüber verschließt. Zur *Mit*-Welt werden Welt und Gegenwelten dann, wenn wir die Grenzen unserer je eigenen Welt öffnen und nach den Gemeinsamkeiten, Schnittmengen, Synthesen und Konvergenzen, nach den „Orten des Guten" (Hegel) *in* und *zwischen* allen Welten suchen. In diesen *Zwischenwelten* geht es dann auch nicht mehr um das *Entweder-oder*, sondern einzig und allein um ein *Sowohl-als auch* bzw. um ein *und*, den Coaching-Klienten *bestmöglichst* zu *helfen* (Birgmeier 2011g, 29f.).

Um den Coaching-Klienten *bestmögliche Hilfe* zu gewähren und um Coaching als „helfenden Beruf" (vgl. Özdemir 2012) zu etablieren und zu professionalisieren, sind – einmal mehr – metamodelltheoretische Rahmenkonzeptionen zwingend erforderlich. Wie in den vorangegangenen Kapiteln gesehen ist jedes einzelne Coaching-Konzept – auch das Konzept für ein sozialpädagogisches Coaching – auf anthropologische, erkenntnistheoretische, (handlungs-)theoretische bzw. praxeologische Wissensstrukturen bzw. auf philosophische, wissenschaftliche und erfahrungsbasierte (bzw. empirische; vgl. dazu Schneider 2020) Wissenssorten aufzubauen und zu begründen, um sich disziplinär und professionell verorten zu können.

Bei näherem Hinsehen auf die Kriterien, die sowohl *Astrid Schreyögg* (2011) mit ihren „Wissensstrukturen" als auch *Ferdinand Buer* (2015) mit seinen „Wissenssorten" für die Konturierung von (metamodelltheoretischen) Coaching-Konzeptionen festsetzen, ist (kritisch) anzumerken, dass der Eindruck erweckt werden könnte, ein (noch so) sorgfältig ausgearbeitetes Konzept zu Wissensstrukturen und/oder zu Wissenssorten (oder beide kombiniert), diente als verlässlicher und seriöser Indikator für die jeweilige adressatenspezifische Coaching-Praxis. Nicht übersehen werden darf jedoch, dass sich – in solchen Konzeptionen dargelegte – philosophische, wissenschaftliche, empirische (erfahrungsbasierte) Erkenntnisse und Forschung über Menschenbilder, Erkenntnistheorien, (Handlungs-)Theorien und praxeologisch-methodische Präferenzen selbst stets „in progress" befinden und – streng kritisch-rational betrachtet – nur so lange ihre Gültigkeit belegen können, so lange sie nicht widerlegt bzw. durch neue Erkenntnisse (auf allen Ebenen des Wissens) weiterentwickelt werden. Mit anderen Worten: alle Coaching-Konzepte sind dem wissenschaftlichen Fortschritt verpflichtet und sie sind im Kontext aktueller Forschung stets zu überprüfen, zu korrigieren, zu erweitern etc. Das Thema „Forschung" ist demzufolge als ein Querschnittsthema und ständige Aufgabe in alle einzelnen metamodelltheoretischen Wissensstrukturen und -sorten einzuflechten, um auch das jeweilige Coaching-Konzept permanent zu aktualisieren. Daher werden im Nachfolgenden – Schreyögg und Buer ergänzend – einige grundlegende Überlegungen zur Coaching-Forschung im Allgemeinen und zu den Spezifitäten einer genuinen *sozialpädagogischen Coaching*-Forschung angestrengt.

6. Forschung zum Coaching

6.1. Warum Coaching-Forschung? – einleitende Vorbemerkungen

Spätestens seit der „populistischen Phase" (vgl. Böning 2000) im Coaching sind verstärkte Bemühungen zu erkennen, nicht nur national, sondern international eine genuine Coaching-Forschung voranzutreiben (vgl. dazu u.a. Campbell Quick & Macik-Frey 2004; Cavanagh 2006; Curtis & Kelly 2013; Theeboom et al. 2014; Kingreen 2017; Wegener et al. 2018; Hawkins & Turner 2019; Kravchenko 2020; Lomas 2020; Mangelsdorf 2020; Surzykiewicz et al. 2021). Damit einher geht in Fachkreisen nicht nur die Hoffnung, über eine sich künftig zu etablierende *Coaching-Wissenschaft* all jene Kriterien bereitzustellen, mit denen es möglich sein kann, seriöse von unseriösen Coaching-Angeboten differenzieren zu können, um hiermit die Spreu vom Weizen auf dem Beratungsmarkt zu trennen und den Coaching-Nachfragern auch jene Unterstützung zukommen zu lassen, die tatsächlich auch *wirksam* ist. Vielmehr soll in einer dezidierten Coaching-Forschung auch die Frage beantwortet werden, welcher forschungsstrategische und wissenschaftsmethodologische Zugang für eine „vertiefte Professionalisierung" (Böning & Fritschle 2005, 23) von Coaching hilfreich ist und mit welchen Arten des Wissens Coaching professionalisiert werden kann.

Dabei sind es – wie es *Hansjörg Künzli & Nicklaus Stulz* (2011) zu Recht betonen – nicht nur Wissenschaftler, die ein Forschungsinteresse haben, sondern auch Organisationen, Verbände und vor allem die Praktiker in der Beratungsszene. Gerade die zuletzt genannte Zielgruppe ist zweifelsohne daran interessiert, ihre Arbeit so gut und wirksam wie möglich zu machen und aus der Wissenschaft, exakter: aus den verschiedensten Wissenssorten (vgl. Buer 2015) all das zu extrahieren, was sich darin an jeweils relevanten Themenbereichen zum Coaching für eine intensive Reflexion anbietet. Das mag nun – wenn wir die von Buer (2015) differenzierten Wissenssorten betrachten – neben der *Wissenschaft* auch die *Philosophie* samt ihrer Teilbereiche *Anthropologie* und *Ethik* (als „Quellendisziplinen" für Coaching; vgl. dazu Stölzel 2015a, 171f.; Schmidt-Lellek 2018, 173ff.) sowie auch die *Erfahrung* sein, oder – die einzelnen Disziplinen fokussiert –: die Psychotherapie, die Allgemeine Pädagogik bzw. die Bildungs- und Erziehungswissenschaft, die Soziale Arbeit bzw. die Sozialpädagogik, die Gesundheits- und Neurowissenschaften, die Philosophie und Theologie, die Ökonomie oder die Wirtschafts- und Managementwissenschaften (vgl. Nestmann, Engel & Sickendiek 2004; Birgmeier 2011, 12). Und wenn wir die Forschungsthemen, Forschungsgegenstände oder -gebiete betrachten, aus denen die Praktiker in der Beratung oder im Coaching lernen können, so ist auch hier eine breite Vielfalt zu erkennen; ob dies nun – mit Blick auf Überlegungen der Fachszene zur Ergründung und Bestimmung eines genuinen *Coaching-Wissens* (vgl. Birgmeier 2011a) – die Interventionsforschung ist, die Forschung zu Selbstreflexionsprozessen oder ob es die Forschung zur Selbstreflexion im Allgemeinen betrifft oder Forschungen zum Hilfeverhalten, die Attributionsforschung, eine Forschung zur Personenwahrnehmung, eine Forschung zur Gruppendynamik, die Evaluationsforschung, eine Wirkungsforschung bzw. Wirksamkeitsforschung, die Lern- bzw. Bildungsforschung, Resilienzforschung, Handlungsforschung, Führungsforschung oder eine Persönlichkeits-, Motivations- und Volitionsforschung (vgl. Birgmeier 2011b, 423).

Wie bereits in den Überlegungen zu den Möglichkeiten und Grenzen von *Coaching research* und *Coaching science* (Birgmeier 2011b) und in *den Wissenschaftlichen Grundlagen der Sozialen* Arbeit (Birgmeier & Mührel 2017) dargelegt, gilt es – das Thema *Forschung* betreffend – zunächst einige Grundannahmen zu (re-)formulieren und Vorbedingungen festzulegen, um dieses wichtige Thema im aktuellen Coaching-Diskurs kontextualisieren zu können.

6.2. Welches Wissen schaffen: Grundlagenwissen und/oder Angewandtes Wissen?

„Mit dem Verhältnis von Praxis und Wissenschaft im Bereich des Coachings", so Böning & Kegel (2015, VI), „ist eine Beziehung angesprochen, die nicht frei von Spannungen ist. Im Coaching ist die Praxis der Forschung lange Zeit vorausgeeilt – und die Wissenschaft kam kaum hinterher". Selbst wenn – wie dieses Zitat offenbart – kein Zweifel darin besteht, dass Coaching ein „Kind der Praxis" ist (vgl. Geißler 2011) und die *Praxis* bzw. die *Anwendung* somit auch das Kerninteresse von sog. angewandten Sozialwissenschaften widerspiegelt (vgl. dazu Steinke & Rauen 2018), gilt es – erstens – eine Coaching-Forschung zu forcieren, die nicht nur „angewandtes" bzw. aus der / für die Praxis gewonnenes Wissen favorisiert, sondern mit der – zweitens – gleichermaßen auch eine Erforschung der *Grundlagen* von Coaching (Grundlagenforschung) gewährleistet wird. Denn das Ziel jeder Wissenschaft sollte es sein, mit Hilfe von Forschung *lege artis* geprüfte Informationen und Erkenntnisse gewinnen zu können, die unser Wissen über bestimmte Aspekte der Realität erweitern wollen (vgl. Fischer 2007; Birgmeier 2011b, 424; vgl. auch Birgmeier & Mührel 2017, 62ff.).

Die Schaffung von grundlegenden Erkenntnissen zum Coaching setzt jedoch noch eine Reihe unterschiedlicher Vorentscheidungen voraus, über die sich die scientific communities zu beraten haben. Und so müssen die interdisziplinär agierenden Beratungs- bzw. Coaching-Wissenschaften jeweils für sich entscheiden, ob sie a) von ihrer *Zieldefinition* her betrachtet eine theoretische und/oder angewandte Wissenschaft, b) von ihrer *Gegenstandsdefinition* her eine Ideal- und/oder eine Realwissenschaft, c) von ihren *Erkenntnisgrundlagen* her eine apriorische und/oder theoretische und/oder empirische Wissenschaft und d) von ihren *Erkenntnisweisen* (Forschungsmethoden) her eine hermeneutisch-verstehende und/oder kausal erklärende bzw. idiografische (beschreibende) und/oder nomothetische (gesetzgebende) (Coaching-)Wissenschaft entwickeln möchten (vgl. Birgmeier 2011b, Birgmeier & Mührel 2017, 82).

Dabei spielt vor allem das zuletzt genannte Entscheidungskriterium – die Methodologie der Forschung – eine äußerst wichtige Rolle, denn dieses betrifft konkret auch die Frage danach, wem die über Forschung zu generierenden Erkenntnisse tatsächlich nützen – dem Wissenschaftler, dem Praktiker und/oder dem Klienten? Selbst wenn beide Erkenntnisweisen (idiografisch und nomothetisch) gleichermaßen bedeutsam sind, besteht – wie es Künzli & Stulz (2011, 161) anmerken – eine erhebliche Kluft in den jeweiligen Ansprüchen, die sowohl Forscher als auch Praktiker und Klienten an eine „gute" Forschung anmelden. Konkret bedeutet dies: Während Praktiker und Klienten eher idiographisch und nutzenorientiert *(„Was helfen mir die Resultate der Forschung für den heute anwesenden Klienten?")* argumentieren, sind Forscher eher einem nomothetischen Ansatz verpflichtet, der sich heute wesentlich an den Richtlinien der sog. *Evidence-Based*-Forschung orientiert (vgl. ebd.; vgl. auch Stober & Grant 2006; Birgmeier 2011b, 424).

Darüber hinaus – und aus dem nicht ganz einfachen Umstand heraus, dass insbesondere die Beratungs- bzw. die Coaching-Wissenschaften eine ganze Bandbreite unterschiedlicher Wissensthemen und -gebiete bereitstellen müssen – ist es wichtig, die unterschiedlichen Wissensformen zueinander zu relationieren und die einzelnen beratungs-/coachingwissenschaftlichen Forschungszweige mit Hilfe einer Einteilung in eine Disziplin-, Professions- und Praxisforschung (siehe Tab. 7) voneinander abzugrenzen. So besteht die Kernaufgabe der *Disziplinforschung* konkret darin, nach den Kriterien der Wahrheit und Widerspruchsfreiheit ein wissenschaftliches Wissen (Erklärungswissen) für die Bildung von Theorien zu schaffen. Dies führt dann dazu, dass *Disziplinforschung* zuvörderst der *Grundlagenforschung* dient und hierüber ein *Grundlagenwissen* über Phänomene und Forschungsgegenstände der jeweiligen Wissenschaftsdisziplinen geschaffen wird, die nicht unmittelbar einen hohen Anwendungsbezug einfordern (vgl. Becker-Lenz & Müller 2009; Birgmeier 2012, 124f.; Birgmeier & Mührel 2017, 54). Demgegenüber fokussieren *Professionsforschungen* die Möglichkeiten und Grenzen von Handlungsstrategien und -Konzepten, die der „Professionelle" einsetzt, um dem Klienten zu helfen, von einem nicht zufriedenstellenden Ist- zu einem wünschenswerten Soll-Zustand zu gelangen. Solcherart Professionsforschungen sind daher stets darauf ausgerichtet, eine anwendungsbezogene und praxeologische Forschung *für* eine wirksame, angemessene und reflektierte professionelle Praxis zu betreiben (vgl. Birgmeier 2012; Birgmeier & Mührel 2017, 55f.). Und schließlich gilt die *Praxisforschung* – ganz vereinfacht gesagt – der Optimierung der Praxis (und nicht, wie oft missverstanden wird, der Erforschung der *Poiesis*, also der technisch-methodischen Dimension, mit der i. d. R. technologische oder verfahrenstechnische Kunstfertigkeiten zur Herstellung eines Werkes gemeint werden wollen; vgl. dazu u. a. Badry et al. 1999).

Tabelle 7: Disziplin-, Profession(alisierung)s- und Praxisforschung (vgl. Dewe & Otto 2011, 1736; Thole 2012, 47; Birgmeier 2012, 127; Birgmeier & Mührel 2017, 58)

	Disziplin-Forschung		**Professions- *(Profession-alisierungs-)* Forschung**		**Praxis-Forschung *(spezifisch)***
		Wissen		**Können**	
Auftrag	Theoriegenerierung	↓	Reflexion der Praxis	↓	Optimierung der Praxis
Forschungstyp	*Wissenschaftliche, grundlagenbezogene Forschung*	↓	*Reflexive und praxeologische Forschung*	↓	*Handlungs- und praxisorientierte Forschung*
Wissensdimension	Wissenschaftliches Wissen (Erklärungswissen)	↓	Generalisierbares Professionswissen, Angewandtes Wissen	↓	Handlungswissen, praktisches Entscheidungswissen
Zielkriterium	Wahrheit, Wirksamkeit		Wirksamkeit, Angemessenheit		Angemessenheit, Nützlichkeit, Anwendbarkeit
		Verbesserung der **Begründungskompetenz**		Verbesserung der **Handlungskompetenz**	
Theoriebezug	Eher hoch		Teilweise		Eher niedrig
Praxisbezug	Eher niedrig		Tendenziell hoch		Hoch

Beim Begriff der *Praxisforschung* ist jedoch Vorsicht geboten. Er umschreibt einerseits die Forschung, die einer Optimierung der beruflichen Praxis dienen soll (Tabelle 7, rechte Spalte). Andererseits – und mit Blick auf das vorhin Beschriebene – lässt sich die *Praxisforschung* jedoch auch – alternativ – deuten als eine Forschung zu einer „generellen" Praxis und einer Forschung zu einer „spezifischen" Praxis (vgl. Wildfeuer 2011). Die *generelle* Praxis, die die Praxisforschung im alternativen Wortsinne meint, umfasst dabei das gesamte Leben des Menschen und fokussiert somit – philosophisch-anthropologisch – den Menschen und dessen reale Lebensvollzüge und -umstände. Somit wäre dieses „Leben als Praxis" ein *grundlagenwissenschaftlicher* Gegenstand aller Wissenschaftsdisziplinen, die den Menschen als Ganzes oder in einer seiner Dimensionen (z. B. in seiner kognitiven, leiblichen, sozial-kommunikativen, emotionalen, kulturellen, handelnden Dimension; vgl. Schilling 2000) erforschen. Die *spezifische* Praxis meint demgegenüber die Arbeits- und Handlungsfelder bzw. die Tätigkeitsorte von Berufen und

Professionen, in denen einerseits „nach den Regeln der Kunst“ praktiziert wird (vgl. Wildfeuer 2011, 1776; Birgmeier 2014, 74ff.; Birgmeier 2018a, 72; Birgmeier & Mührel 2017, 56), andererseits aber auch – wie es Elisabeth Badry et al. (1999) in ihrem Modell über die *Praktischen Wissenschaften* beschrieben haben – nach den Prinzipien verantwortungsgeleiteten, ethisch-moralischen Handelns, das sich in der jeweiligen Haltung des Professionellen ausdrückt.

Im Blick auf diese wesentlichen Unterscheidungsmerkmale zwischen den einzelnen Forschungs-/Wissenschaftsarten, -zweigen, -typen und -programmen und den beiden Lesarten von „Praxisforschung“ wird deutlich, dass man sich – auch in der gegenwärtigen Coaching-Forschung – insbesondere von den *Angewandten Wissenschaften* verspricht, mit den Mitteln einer praxeologisch inspirierten Professionsforschung die Kluft zwischen den einzelnen Forschungsarten, Wissensdimensionen und Zielkriterien schließen zu können. Denn insbesondere Angewandte Wissenschaften, so die einhellige Meinung von Experten, vermögen – im Vergleich zu den grundlagenbezogenen Disziplinforschungen – eine *Professionsforschung* voranzubringen, in der es in erster Linie darum geht, „die Relevanz der Problemstellung in der Praxis zu bestätigen sowie die praktische Anwendbarkeit der entwickelten Gestaltungsempfehlungen zu untersuchen“ (Hofmann 2004, 290; Birgmeier & Mührel 2017, 63) – dies jedoch in engem Bezug zur Disziplinforschung einerseits und zur Forschung für eine spezifische Praxis andererseits. Gewissermaßen nimmt die Professions- und die Professionalisierungsforschung daher ein auf Synthesen zwischen Disziplin und Praxis herzuleitendes, „vermittelndes“ und auf *Reflexion* basierendes Konglomerat von Wissen und Können ein (vgl. dazu Birgmeier 2011f.; 2012; 2014; Birgmeier & Mührel 2017).

Trotz der hohen Relevanz wissenschaftlicher Forschung für die Entwicklung von Professionen sind auch einige Differenzierungen zu beachten, die in der Formel *Professionsforschung* berücksichtigt werden wollen. So lässt sich – erstens – als spezifische Variante der Professions- oder *Angewandten Forschung* die sog. „handlungsorientierte Praxisforschung“ identifizieren (vgl. Munsch 2012, 1177ff.). Ihr wird gerade in sozialen und beraterischen Berufen eine hohe Relevanz attestiert, zumal ihr die Aufgabe zugesprochen wird, die Nahtstellen zwischen Theoriebildung, Ausbildung und Handlungspraxis über erkundende Beobachtungen der letzteren, also der Handlungspraxis zu schließen (vgl. Thole 2012, 47). Zum anderen zählt auch eine professionsorientierte, reflexive Forschung zum Typus einer Professionsforschung. Sie ist dem Ziel verpflichtet, „die Handlungspraxis über explorative Studien zu erschließen, um diese hierüber zu professionalisieren“ (ebd.; vgl. auch Birgmeier 2012, 125; Birgmeier & Mührel 2017, 62). Und schließlich lässt sich auch die sog. „Aktionsforschung“ zur Professionsforschung zählen. Bei der Aktionsforschung steht

> „die Veränderung einer bestimmten Sachlage bzw. stehen begründete Einsichten über den entsprechenden Veränderungsprozess im Mittelpunkt des Interesses. Dabei

werden im Verlauf des Prozesses fortlaufend Hypothesen gebildet und überprüft. Das führt zu einer Abfolge von Handlung und Reflexion ..., die sich in einem schrittweisen, meist zyklischen Vorgehen manifestiert" (Annen 2012, 158).

Wissenschaftliche Forschung – so eine erste Zwischenbilanz – ist die systematische Suche nach neuen Erkenntnissen. Darüber hinaus erfüllt die wissenschaftliche Forschung – so *Beate Fietze* (2012) – zwei zentrale, unverzichtbare Funktionen, insbesondere um die Professionalisierung von Coaching weiterzuentwickeln: a) eine Orientierungsfunktion der Wissenschaft für die Professionalisierung von Coaching und b) eine Legitimationsfunktion der Coaching-Forschung für die Professionalisierung von Coaching. Dabei vollzieht sich der *Orientierungsgewinn* durch die Intensivierung der Coaching-Forschung auf drei Ebenen: „erstens durch die kommunikative Funktion des wissenschaftlichen Diskurses, zweitens durch die Klärung des Beratungskonzepts Coaching und drittens durch die empirische Untersuchung der Wirksamkeit von Coaching" (Fietze 2012, 26). Demgegenüber lässt sich die *Legitimationsfunktion* der Forschung für die professionelle Praxis darin enttarnen, dass das wissenschaftliche Arbeiten und Forschen „eine wichtige Grundlage für die soziale Autorität und Anerkennung des Autonomieanspruchs der Professionen" (z. B. Beratung, Coaching etc.) bildet (vgl. Fietze 2012, 29).

6.3. Wie forschen? Fragen zur Forschungsmethodologie

In der Forschung zum Coaching ist überdies die Frage zu diskutieren, *wie* sich die verschiedenen Gegenstandsbereiche erforschen lassen bzw. welche Rollen in einer diesbezüglichen Coaching-Forschung etwa philosophische bzw. geisteswissenschaftlich-hermeneutische Forschungsmethoden einnehmen können, die normative Bewertungen und Sinnfragen von Menschen fokussieren und – im Vergleich zu *qualitativ* und *quantitativ* empirischen Forschungsmethoden – somit auch ethische Haltungen und werteorientierte Grundüberzeugungen untersuchen wollen.

In vielen human- und sozialwissenschaftlichen Wissenschaftsdisziplinen herrsche – so Greif (2011, 37) – zum Beispiel noch immer große Uneinigkeit darüber, ob in der Erforschung von interessierenden Gegenstandsbereichen nun qualitative oder quantitative Methoden wissenschaftlich angemessener sind bzw. ob in der Kombination beider Methoden (*Mixed Methods*) tatsächlich die Lösung aller methodologischen Fragwürdigkeiten liege. Freilich haben beide Forschungsformen ihre jeweiligen Möglichkeiten und Grenzen. So eignet sich die *quantitative Sozialforschung*, in der in erster Linie die standardisierten Formen der Beobachtung und Befragung mit speziellen Mess-, Kategorisierungs- und Skalierungsverfahren Verwendung finden, besonders für eine systematische

Tabelle 8: Heuristik zur Systematisierung forschungsmethodologischer Zugänge sozialpädagogischer Coaching-Forschung (aus: Thaler & Birgmeier 2011, 190)

	„Empirische" Forschung	**„Qualitative" Forschung**	**„Philosophische" Forschung**
Methodik	Quantitativ	Qualitativ	Diskursiv/Reflexiv
Fragestellung	Hypothesenprüfend	Hypothesengenerierend	Wertereflektierend
Gegenstand	Allgemeinheiten	Einzelheiten	Widersprüche (Ungewissheiten)
Forschungsinteresse	Grundlagen	Anwendungen	Voraussetzungen (normative Implikationen)
Bewährung	Falsifikation	Explikation	Konsens/Dissens
Entdeckungs-zusammenhang	Deduzierbarkeit empirischer Hypothesen	Empirische Forschung	Kritik
Begründungs-zusammenhang	Empirische Forschung	Konsensuelle Begründung	Diskurs
Verwertungs-zusammenhang	Instrumentelles Handeln	Gestaltung von Praxis	Reflexion/Emanzipation

Erforschung genereller Sachverhalte und Gegebenheiten der sozialen Wirklichkeit, die in quantitativen Größen im Forschungsinteresse stehen (vgl. Birgmeier & Mührel 2017, 20 f.). Demgegenüber stehen in der *qualitativen Sozialforschung* das Sinnverstehen und die Rekonstruktion sozialer und biografischer Prozesse im Vordergrund; nicht also die quantitative Ausprägung von Sachverhalten und Gegebenheiten ist hierbei von besonderem Forschungsinteresse, sondern die Entstehungs- und Wirkungsgeschichte dieser sowie die Rekonstruktion von Prozessen in der sozialen Wirklichkeit allgemein (vgl. dazu auch Erath & Balkow 2016; Birgmeier & Mührel 2017, 21; Schneider 2020). Oder mit Uhlendorff & Prengel (2013, 146) formuliert:

> „Quantitative Methoden untersuchen tendenziell auf Makroebene großer Fallzahlen wenige Aspekte anhand von vorab festgelegten unveränderlichen starken Hypothesen im Medium mathematisch-statistischer Verfahren bei Ausschluss der Forschersubjektivität. Qualitative Methoden untersuchen tendenziell auf der Mikroebene kleiner Fallzahlen viele Aspekte anhand offen-veränderlicher schwacher Vorannahmen im Medium der Sprache unter Nutzung der Forschersubjektivität" (Uhlendorff & Prengel 2013, 146; zit. n. Schneider 2020, 22).

Ungeachtet der Vor- und Nachteile der jeweiligen Aussagekraft und Relevanz beider Forschungsmethodologien reißt der Methodenstreit jedoch seit jeher auch Gräben zwischen den einzelnen Wissenschaftsdisziplinen auf. So werden, wie *Michell* (2003; zit. n. Greif 2011b, 37) dies kritisiert, „qualitative Methoden aus der Mainstream-Psychologie ausgeschlossen und von den meisten führenden

Fachzeitschriften nicht akzeptiert. Die pädagogische und sprachwissenschaftliche Forschung ist dagegen in vielen Bereichen eher qualitativ ausgerichtet".

Solcherart Differenzen zum Forschungsverständnis und zur Relevanz von qualitativer und quantitativer Forschung haben ihren Ursprung auch in den jeweiligen erkenntnis- und wissenschaftstheoretischen Präferenzen, die die einzelnen Beratungs- bzw. Coaching-Wissenschaften bevorzugen. Wie bereits in Kapitel 3 (*Erkenntnistheorie*) gezeigt, gibt es – zumindest im Kontext der Debatten zur Sozialen Arbeit – verschiedenste erkenntnis- und wissenschaftstheoretische Zugänge, mit denen auch der aktuelle Diskurs zur Methodologie der Coaching-Forschung konfrontiert wird.

Siegfried Greif differenziert zwischen drei verschiedenen „Wissenschaftsauffassungen" (2011, 41 ff.), die für die Coaching-Forschung im Allgemeinen, aber auch für eine dezidiert sozialpädagogische Coaching-Forschung bedeutsam sind. Zum einen sei dies die *empirisch-analytische Wissenschaftsauffassung*, in der „Fragen, warum beobachtete Ergebnisse erzielt werden (Warum-Fragen), durch wissenschaftliche Erklärungen beantwortet" werden (vgl. Greif 2011b, 41) und die überwiegend mit quantitativen Methoden arbeitet. Zweitens der *Radikale Konstruktivismus*, der sowohl Annahmen von Wissenschaftler/innen über die Wirklichkeit als auch jene von Praktiker/innen, stets als individuelle subjektive Wirklichkeitskonstruktionen des menschlichen Gehirns, genauer: als individuelle subjektive Denkmöglichkeiten, erachtet und somit – anders als das empirisch-analytische Forschungsparadigma – einen „Wahrheitsanspruch der Wissenschaft" leugnet (Greif 2011b, 42) und bevorzugt mit qualitativen Methoden arbeitet. Und schließlich referiert Greif in der sog. „evolutionären strukturgenetischen Erkenntnistheorie" noch ein drittes Modell, aus dem eine genuine Coaching-Forschung abgeleitet werden kann. Ähnlich wie im radikalen Konstruktivismus stützt sich auch die strukturgenetische Erkenntnistheorie auf die bereits von *Jean Piaget* entwickelte genetische Theorie der Konstruktion von Wissen. Gleichwohl kritisiert diese jedoch am radikalen Konstruktivismus, „dass er sich einseitig nur auf die von Piaget als Assimilation bezeichnete kognitive Integration von Wahrnehmungen in vorhandene Schemata stützt und die Akkomodation vernachlässigt, durch die sich die Schemata an die wahrgenommene Wirklichkeit anpassen und verändern" (Greif 2011b, 43).

6.4. Zum gegenwärtigen Stand der Forschung zum Coaching – ein Überblick

Mittlerweile liegen mehrere Publikationen vor, die versuchen den aktuellen Stand der Coaching-Forschung abzubilden. So haben bspw. Böning und Kegel (2015) eine Übersicht erarbeitet, in der Coaching-Forschungsprojekte – differenziert in verschiedenste Coaching-Arten bzw. -Praxisfelder – systematisiert werden. Eingeteilt in folgende vier großen Hauptbereiche (einschließlich deren „Subanwendungsfeldern“):

1. *Coaching im Non-Profit-Bereich* mit den Subanwendungsfeldern Coaching in staatlichen und kommunalen Verwaltungen/Einrichtungen, Coaching im Militär, Coaching in Wohltätigkeitsorganisationen, Coaching in der Sozialen Arbeit und Politik-Coaching,
2. *Business Coaching*, mit den Subanwendungsfeldern Leadership Coaching, Managerial Coaching und Workplace Coaching,
3. *Life Coaching* mit den Subanwendungsfeldern Gesundheits-Coaching, Coaching im Bildungskontext und Coaching für private Lebensthemen sowie
4. *Sport-Coaching* (vgl. Böning & Kegel 2015, 33),

kommen die Autoren – Stand 2015 – auf insgesamt 145 Studien, die zur Coaching-Forschung zu zählen sind. Aus dem Bereich des Coachings im *Non-Profit-Bereich* sind es den Autoren zufolge insgesamt 23 Studien, die verschiedenste Themenaspekte fokussieren; davon zu Coaching in staatlichen und kommunalen Verwaltungen zehn Studien, vier Studien zum Coaching im Militär, zwei Studien zum Coaching in Wohlfahrtsorganisationen, vier Studien zum Coaching in der Sozialen Arbeit sowie drei „wissenschaftliche Arbeiten/Erfahrungsberichte“ (Böning & Kegel 2015, 171) zu Politik-Coaching. Aus dem Bereich des *Business Coachings* sind es 61 Studien, davon 32 Studien zum Leadership Coaching, 21 Studien zum Managerial Coaching, acht Studien zum Workplace Coaching. Im Bereich des *Life Coachings* zählen die beiden Autoren 51 Studien, davon zum Coaching für private Lebensthemen vier Studien, zum Gesundheits-Coaching 25 Studien und zum Coaching im Bildungskontext 22 Studien. Last but not least sind es zehn Studien, die den Autoren zufolge dem *Sport-Coaching* zugerechnet werden können.

Diese auf den ersten Blick äußerst geringe Anzahl an Forschungsstudien im Coaching überrascht. Gleichwohl lassen sich verschiedenste Gründe angeben, weswegen der Stand der Coaching-Forschung bis dato noch nicht sonderlich fortgeschritten ist. So ist mit Wegener et al. (2018, 17) zunächst einmal davon auszugehen, dass es generell Zeit brauche, „bis ein Forschungsgegenstand sich zum anerkannten Forschungsfeld entwickelt und etabliert“. Besonders bei einem Gegenstand wie Coaching, der nicht eindeutig einer wissenschaftlichen Disziplin zugeordnet werden könne, scheine dieser Befund besonders zuzutreffen, zumal es sich bei Coaching ja, ganz ähnlich wie bei der Sozialen Arbeit, „um einen geradezu prototypisch transdisziplinären Forschungsgegenstand“ handle. Dementsprechend mache es, so Wegener et al. (2018) ergänzend, auch die Multiprofessionalität und die Interdisziplinarität, der Coaching zugrunde liegt, nicht unbedingt einfacher, den theoretischen wie praktischen Ort der Coaching-Forschung exakt zu bestimmen und die jeweiligen Forschungspräferenzen der

Abbildung 5: Coaching-Forschung differenziert nach Anwendungsfeldern (nach Böning & Kegel 2015, 24)

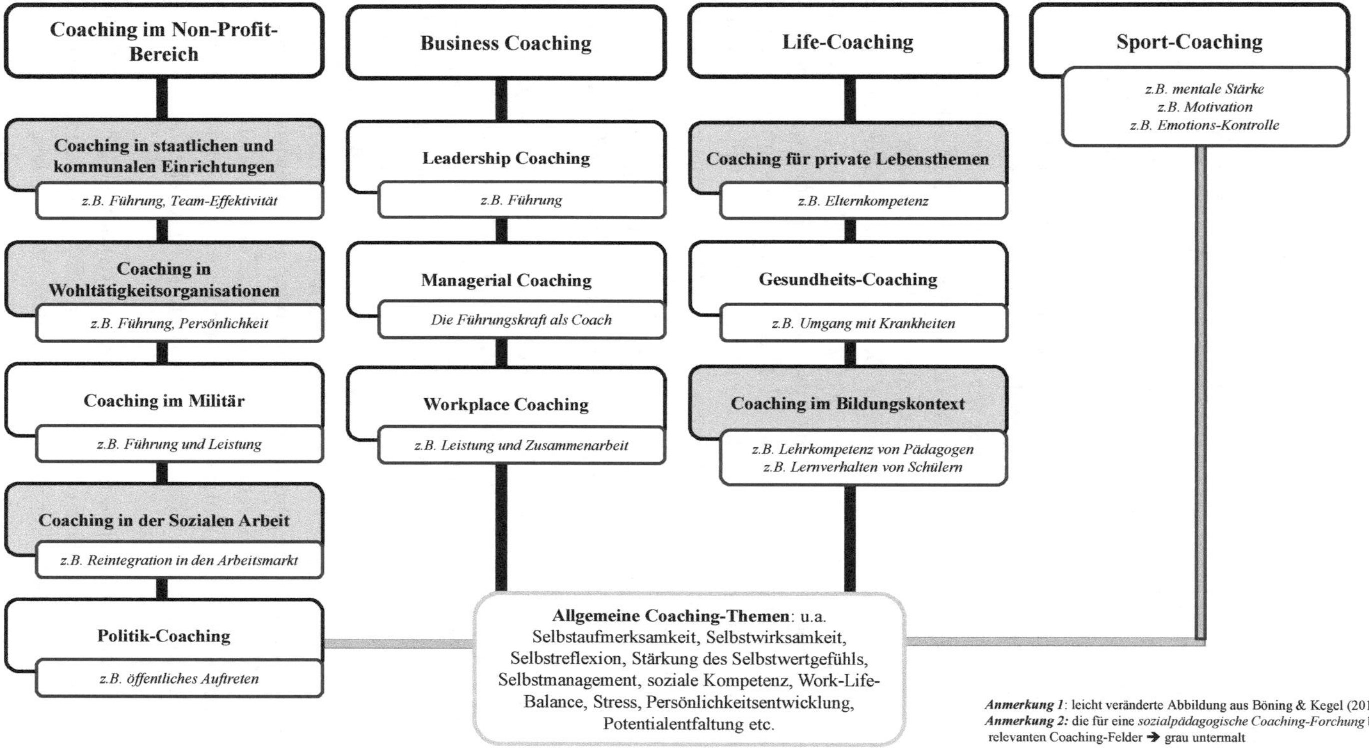

Coaching im Non-Profit-Bereich

Coaching in staatlichen und kommunalen Einrichtungen
z.B. Führung, Team-Effektivität

Coaching in Wohltätigkeitsorganisationen
z.B. Führung, Persönlichkeit

Coaching im Militär
z.B. Führung und Leistung

Coaching in der Sozialen Arbeit
z.B. Reintegration in den Arbeitsmarkt

Politik-Coaching
z.B. öffentliches Auftreten

Business Coaching

Leadership Coaching
z.B. Führung

Managerial Coaching
Die Führungskraft als Coach

Workplace Coaching
z.B. Leistung und Zusammenarbeit

Life-Coaching

Coaching für private Lebensthemen
z.B. Elternkompetenz

Gesundheits-Coaching
z.B. Umgang mit Krankheiten

Coaching im Bildungskontext
z.B. Lehrkompetenz von Pädagogen
z.B. Lernverhalten von Schülern

Sport-Coaching
z.B. mentale Stärke
z.B. Motivation
z.B. Emotions-Kontrolle

Allgemeine Coaching-Themen: u.a. Selbstaufmerksamkeit, Selbstwirksamkeit, Selbstreflexion, Stärkung des Selbstwertgefühls, Selbstmanagement, soziale Kompetenz, Work-Life-Balance, Stress, Persönlichkeitsentwicklung, Potentialentfaltung etc.

Anmerkung 1: leicht veränderte Abbildung aus Böning & Kegel (2015, 24)
Anmerkung 2: die für eine *sozialpädagogische Coaching-Forchung* besonders relevanten Coaching-Felder → grau untermalt

einzelnen Wissenschaften auch als wissenschaftlich anzuerkennen. Während die einen demzufolge davon ausgehen, dass Coaching als Beratung „zu den Grundformen pädagogischen Handelns" gehört (vgl. Lindart 2016, 22) und die disziplinären Bezugspunkte somit „in der Psychologie, der *Sozialen Arbeit*, der Soziologie und den Neurowissenschaften" (Lindart 2016, 22; Herv. d. V.) auszumachen sind, extrahieren Wegener et al. (2018, 17) insbesondere die Psychologie, die Erziehungswissenschaften, die Betriebswirtschaftslehre, die Philosophie, die Soziologie, die Linguistik und die Soziale Arbeit als Disziplinen, die unmittelbar in Zusammenhang mit Coaching als Forschungsgegenstand stehen.

Auch das Fehlen von Coaching-Lehrstühlen und einer programmartigen Coaching-Forschung und – wie bereits gezeigt – die höchst heterogenen Auffassungen in der erkenntnis- und wissenschaftstheoretisch aufgeklärten scientific community über den Begriff, die Ziele und Funktionen von *Forschung* im Allgemeinen, lässt den Befund zu, dass wir uns in Sachen *Coaching-Forschung* – trotz vielfacher Mühen – noch immer erst in den Kinderschuhen wähnen – und jene, wenn wir in dieser Metapher verweilen wollen, auch noch mit höchst unterschiedlichen Schuhgrößen vorfinden. Denn ein präziser Blick auf den aktuellen Forschungsstand zum Coaching zeige (vgl. dazu Geißler 2011; Greif 2017; Wegener 2017; Wegener et al. 2018), dass der Akzent bisher vorwiegend bei der *ergebnisorientierten Coaching*-Forschung lag, also jener Form von Forschung, die mit Hilfe von Metaanalysen gemacht wird (vgl. Kotte et al. 2018) und die sich vorwiegend mit der Frage befasst, „inwiefern Coaching (überhaupt) Wirkung zeigt" (Wegener et al. 2018, 16) – eine Forschungsfokussierung, die professionssoziologisch besehen insbesondere der – vorhin bereits kurz referierten – Legitimationsfunktion von Coaching (ist Coaching glaubwürdig und seriös?) zugrunde liegt (vgl. dazu u. a. Fietze 2011).

Selbst wenn mit diesen Metaanalysen durchaus der Befund gestellt werden kann, dass Coaching Wirkungen erzielt, sind die Effekte des Coachings jedoch „nicht so wie man bei einem solch individuellen, maßgeschneiderten Lern- und Entwicklungsformat – etwa im Vergleich zu in Gruppen durchgeführten Trainings – erwarten könnte" (Kotte et al. 2016, 8). Überdies zeigt sich auch zwischen den Metaanalysen eine starke Bandbreite an Effekten, genauso wie innerhalb der einzelnen Metaanalysen, das heißt: „Die Effekte einzelner Studien reichen von gar keinen Wirkungen oder sogar negativen Effekten (vgl. Schermuly 2014) bis zu sehr großen Effekten" (Kotte et al. 2018). Und da es bis dato noch keine Differentialindikation von Coaching gibt, ist die Auffassung, dass Coaching *wirke*, relativ – denn: Coaching wirke eben auch nicht immer (vgl. ebd.).

Im Vergleich zu diesem rechten, *ergebnisorientiert* geschnürten Schuh, mit dem – mit vorbehaltlichen Einschränkungen – durchaus bestätigt werden kann, dass Coaching in der Tat die eine oder andere „Wirksamkeit" attestiert werden kann, ist der weitaus kleinere linke Schuh bis dato weitaus weniger etabliert.

Dieser zweite Forschungsstrang „beschäftigt sich mit der Frage, was in Coaching-Prozessen passiert und welche Faktoren und Bedingungen für den Erfolg von Coaching verantwortlich sind. Diese *prozessorientierte Coaching*-Forschung ist im Vergleich noch nicht so weit fortgeschritten, aber nicht weniger bedeutend" (Wegener et al. 2018, 16f.).

Als erstes (Zwischen-)Fazit auf die Frage nach dem Stand der Coaching-Forschung lässt sich somit festhalten, dass die Coaching-Forschung zwar insgesamt ein gutes Stück vorangekommen ist, jedoch nach wie vor und besonders im Vergleich zur heute sehr gut etablierten Psychotherapie-Forschung als bescheiden bewertet werden muss (Wegener et al. 2018, 17). Zum anderen wird deutlich, dass sich die Schwerpunkte der Coaching-Forschung zuvörderst auf die „Wirkungen" (und Nebenwirkungen) von Coaching fokussiert und dass zukünftig weitaus mehr Wirkfaktorenforschung und weniger Wirksamkeitsforschung vonnöten ist (vgl. (Schermuly et al. 2014, 18; Kotte et al. 2018).

Wenn demzufolge im zentralen Begriff der *Wirkung* der gemeinsame Nenner einer genuinen Coaching-Forschung ausgemacht wird, und die Beschäftigung mit Wirkfaktoren – neben einer notwendigen terminologischen Präzisierung und Abgrenzung von Coaching zu anderen Unterstützungsformaten – in der gegenwärtigen Coaching-Forschung zunehmend an Bedeutung gewinnen muss (vgl. Lindart 2016, 19), empfiehlt es sich, noch einmal etwas genauer auf diesen Forschungsgegenstand zu blicken.

6.5. Forschung zu Wirkungen und Wirksamkeit

Forschungen zur *Wirkung* haben nicht nur im Coaching, sondern ebenso seit jeher auch in den fachlichen und in den steuerungspolitischen Debatten der Sozialen Arbeit eine hohe Konjunktur (vgl. Albus & Ziegler 2013, 163). Sozialpädagogische/sozialarbeitswissenschaftliche Debatten über *Wirkungsforschung* sind – so *Stefanie Albus* und *Holger Ziegler* (2013, 176) – immer auch Debatten darüber, „was der Auftrag und das Ziel Sozialer Arbeit sein soll und wie Soziale Arbeit durchzuführen sei. Anders formuliert ist die Frage der Wirkungsforschung und -orientierung nicht zuletzt eine politische Auseinandersetzung darüber, was *gute* Soziale Arbeit ist" (Albus & Ziegler 2013, 176; Herv. d.V.). Exakt deshalb ist beim Thema *Wirkungsforschung* – auch im Coaching – stets zu differenzieren, wie die „Selektion von Indikatoren als Bewertungsmaßstäbe von Wirkungsevaluation und -forschung" (ebd.) von statten geht bzw. wer sie überhaupt festlegt und insbesondere: ob es überhaupt Sinn macht, die Wirkung einer Maßnahme anhand von Zieldefinitionen festzumachen, wo den Experten doch bewusst sein sollte, dass Hilfeprozesse „nicht auf ein vorab definiertes Ziel hin abschließend gesteuert werden" (Lindenberg 2013, 57) können, denn „alles Handeln bezieht sich in der Sozialen Arbeit stets auf andere Menschen, deren Interessen und Ziele variieren und von den Interessen und Zielen weiterer Menschen abhängig sind" (ebd.; vgl. dazu auch Birgmeier 2020, 33 f.).

Darüber hinaus werden weitere, berechtigte Zweifel an gängigen Wirkungsforschungs-Programmen deutlich. Dies v. a. dann, wenn

a) durch die Ergebnisse verschiedenster Wirkungsforschungsformen die Praxis aufgerufen werden soll, „das nach probabilistischen Prämissen effektivste Programm durchzuführen und damit gerade nicht die AdressatInnen bei der Entscheidung und Durchführung von Maßnahmen möglichst viel mitentscheiden lassen" (Albus & Ziegler 2013, 165); und die in der Wirkungsforschung und Evidenzbasierung präferierte Frage nach einem Zusammenhang zwischen Ursache und Wirkung zu einer „sozialtechnologischen Verengung" (Bellmann & Müller 2011, 25) überaus komplexer, sozialpädagogischer (oder auch beraterischer) Prozesse führen kann und Evidence-based-practice-Ideale Gefahr laufen, einer – entsubjektivierenden – Manualisierung der Sozialen Arbeit, der Beratung oder des Coachings Vorschub zu leisten (vgl. Otto et al. 2010);
b) berücksichtigt werden will, dass jeder Fall einmalig, jede Situation, jedes „Thema" des Adressaten und jeder Dialog, jede Interaktion zwischen (mindestens) zwei Personen (Akteur und Adressat) einzigartig ist, kontingent, also auch „anders möglich" (Lindenberg 2013, 60) und sozialpädagogisches sowie auch beraterisches/coachendes Handeln stets unter den „Bedingungen der Ungewissheit" (Preis 2013) geschieht, also ein „Handeln in Pluralität mit offenem Ausgang" (Lindenberg 2013, 58) und mit sich stets verändernden Variablen im Prozess ist; und dementsprechend ein derartiges von Variabilität und Unplanbarkeit geprägtes Geschehen von vielerlei *Wechsel*wirkungen durchdrungen ist, also bei beiden Dialogpartnern während und nach dem Prozess Wirkungen und nicht selten auch nicht intendierte Nebenwirkungen auftreten können (vgl. dazu u. a. Heidbrink 2010; Schermuly 2019; vgl. auch Birgmeier 2020).

Diese „Pluralität des Handelns", wie dies *Michael Lindenberg* zurecht betont, „ist nicht zu hintergehen, sie ist ein Faktum menschlicher Angelegenheiten" (2013, 57) – gerade jener „Angelegenheiten", die mit mit- und zwischenmenschlicher Hilfe, Unterstützung und Begleitung verbunden sind. Ebenso unbestreitbar ist – handlungstheoretisch besehen – die Tatsache, dass der Mensch sein Handeln, speziell: der Sozialpädagoge sein *sozialpädagogisches* Handeln, der Berater sein *beraterisches* Handeln etc. nicht nur als „objektiv feststellbare und intersubjektiv nachprüfbare Ereignisfolge" (Lenk 2013, 28) wahrnimmt und auch beurteilen bzw. bewerten, reflektieren kann, sondern dass er sein Handeln sowie die erwünschten und unerwünschten Folgen und Nebenfolgen seines Handelns auch selbst *erlebt* (ebd.) – als *gutes* oder *weniger gutes* bzw. als *gelungenes* oder *misslungenes* oder auch als *erfolgreiches* und *nicht erfolgreiches* Handeln.

Alle menschlichen Handlungen – auch jene, die in einer guten Absicht getätigt werden – können entweder zum Erfolg, zum Misserfolg oder zu vollkommen unerwarteten Nebenfolgen führen, die dem Menschen selbst wieder widerfahren. *Ludger Heidbrink* spricht in diesem Kontext von *direkten* und *indirekten, erwünschten* und *unerwünschten* Nebenfolgen, die darin bestehen, „dass Handlungszwecke verfehlt oder falsch eingeschätzt werden und dadurch unbeabsichtigte Nebenwirkungen entstehen" (2010, 4f.). Unerwünschte Nebenwirkungen bestehen darin, „dass die Handlungseffekte in einem negativen Verhältnis zu den Handlungsabsichten stehen. Akteure können zwar gute Absichten haben, aber bei der Umsetzung dieser Absichten schlechte Folgen hervorbringen" (Heidbrink 2010, 6). Jedoch müssen nicht alle unbeabsichtigten Handlungsfolgen unerwünscht sein. „Unbeabsichtigte Handlungsfolgen können durchaus erwünscht sein, etwa dort, wo Akteure ohne ihr Wissen positive Wirkungen hervorbringen oder trotz begrenzter Informationen und Kenntnisse vorteilhafte Gesamteffekte entstehen" (2010, 5; Birgmeier 2020, 33ff.).

6.5.1. Wirkfaktoren: Studien zum Coaching-Prozess

Ein Wirk- bzw. Erfolgsfaktor ist – so Lindart (2012, 40) – ein Kriterium, das zum Erfolg eines Coachings beiträgt. „Erfolgreich" ist ein Coaching dann, „wenn die vereinbarten Ziele oder andere, im Rahmen einer Evaluation als positiv definierte Ergebnisse erreicht werden. Wirk- bzw. Erfolgsfaktoren können sowohl Merkmale der direkten Zusammenarbeit zwischen Coach und Klient sein als auch im organisationalen Kontext des Klienten verortet liegen". So einhellig diese Definition auch sein mag, so kritisch darf die Forschung dazu eingeschätzt werden. So gilt es – wiederum mit Lindart (2012, 19) – festzustellen, dass die empirische Grundlage zu Wirkfaktoren im Coaching „durchaus noch ausbaufähig ist, von einer tragfähigen Basis kann mitnichten gesprochen werden". Hinzu kommt, dass sich die Forschungslage im Coaching ganz allgemein als eher intransparent und inkonsistent gestaltet: „Auf kleinem Raum herrscht enorme Vielfalt, und die einzelnen Arbeiten nehmen wenig aufeinander Bezug" (Künzli 2009, 11). Und schließlich wird auch der Begriff der *Wirkfaktoren* im Fachdiskurs nicht immer einheitlich verwendet.

All diese Positionen zum Stand der Forschung zu den Wirkfaktoren belegen, dass die Forschung zu den Wirkfaktoren des Coachings noch am Anfang steht und dass die Forschungsarbeiten (fast) so vielfältig wie der Coaching-Markt selbst und von Mängeln behaftet sind (vgl. Möller & Kotte 2011, 446; zit. n. Lindart 2016, 101), sodass wir uns „(m)it den bisher nachgewiesenen Ergebnissen über die Ergebnisse von Coaching … nicht zufrieden geben" (Greif 2011b, 41; zit. n. Lindart 2016, 101) können.

Trotz dieser nicht gerade schmeichelhaften Umstände gibt es bereits eine stattliche Zahl an Theorien zu Wirkfaktoren, die zumindest Hoffnung auf eine elaborierte Wirkfaktorenforschung der Zukunft machen. Theorien zu *Wirkfaktoren* sind insbesondere aus der psychologischen bzw. psychotherapeutischen Forschung bekannt. Zu nennen sind diesbezüglich v. a. *Carl Rogers*, dessen Konzept „zu den bekanntesten, empirisch fundierten Theorien über Wirkfaktoren" (Greif et al. 2012, 377) zählt. Nach Rogers hängt die Wirkung der Psychotherapie von drei ‚Basisvariablen', Grundprinzipien oder Haltungen der Therapeut/innen ab; „1) bedingungslose positive Wertschätzung der Klient/innen, 2) Empathie (Einfühlen und Verstehen) und 3) Echtheit und Kongruenz (Wahrhaftigkeit, Glaubwürdigkeit und Selbsteinbringung)" (ebd.). Eng an Rogers Konzept der klientenzentrierten Beratung ist auch *Dianne Stobers* (2006) Theorie zu den Wirkfaktoren im Coaching angelehnt. Sie nimmt an, „dass 1) Empathie ... die Basis für eine vertrauensvolle Beziehung zwischen Coach und Klient/in bildet. Konsequent übernimmt sie für ihr ‚humanistisches Coaching' auch die beiden weiteren Basisvariablen: 2) unkonditionale Wertschätzung ..., 3) Authentizität, Echtheit und Kongruenz (wahrhaftig und ‚bei sich selbst' sein) und meint, dass bedingungslose Wertschätzung und Authentizität ‚entscheidende Leitprinzipien für eine wirksame Coachingpraxis sind'" (Stober 2006, 24, frei übersetzt von Greif et al. 2012, 377 f.).

Im Anschluss an erste Metaanalysen zur Wirkung verschiedener psychotherapeutischer Ansätze (Grawe et al. 1994) hat *Klaus Grawe* 2004 eine neuropsychologische Theorie der Psychotherapie entwickelt, die – so Greif et al. 2012, 379) – besonders im Blick auf die Wirkfaktoren auch auf das Coaching übertragen werden könnte. Nach Grawes Theorie hängt die Wirkung der Psychotherapie von den folgenden fünf allgemeinen Wirkfaktoren oder Grundprinzipien ab (vgl. Greif et al. 2012, 378): 1. Therapeutische Beziehung, 2. Problemaktualisierung, 3. Ressourcenaktivierung, 4. Motivationale Klärung, 5. Problembewältigung.

Auf der Basis der Theorie zur Ressourcenaktivierung von Gassmann & Grawe (2006) haben überdies *Maja Storch* & *Frank Krause* 2007 ihr Zürcher Ressourcen Modell (ZRM) neuropsychologisch weiterentwickelt und ein ausgefeiltes motivationspsychologisch begründetes Trainingsmanual für Psychotherapeut/innen und auch für Coaches publiziert (vgl. Greif et al. 2012, 381). In Trainings, die zu diesem Modell durchgeführt werden, lernen Coaches u. a.:

> „1. Ziele handlungswirksam zu formulieren und den Willen, sie auszuführen, durch feste Handlungsabsichten nach Erkenntnissen der neueren Motivationsforschung (Gollwitzer 1999) zu stärken und einen individuellen Ressourcenpool aufzubauen, 2. Erinnerungshilfen für die Umsetzung schwieriger Handlungsabsichten (Kuhl 2001) zu entwickeln und 3. ‚das Ziel in den Körper zu bringen' (mentale und emotionale Bahnung der Handlungen im Gehirn, z. B. durch eine Fantasiereise zum Ziel) und

dies an sogenannten ‚somatischen Markern' (Damásio 2001) zu erkennen" (Greif et al. 2012, 381).

Und schließlich hat *Siegfried Greif* (2008) folgende sieben Coaching-Wirkfaktoren identifiziert, die bis heute in der Fachliteratur hohe Anerkennung genießen: „1. Wertschätzung und emotionale Unterstützung des Klienten durch den Coach, 2. Affektaktivierung und -kalibrierung, 3. Ergebnisorientierte Problemreflexion, 4. Ergebnisorientierte Selbstreflexion, 5. Zielklärung, 6. Ressourcenaktivierung, 7. Umsetzungsunterstützung" (Greif et al. 2012, 382 f.).

Im Anschluss an diese Theorien, die allesamt *prozessorientierte* Kriterien für – eben – prozessorientierte Therapien, Beratungs- oder Coaching-Formate fokussieren, hebt Greif (2016, 171) in seinem Evaluationsmodell als „günstige Merkmale" im Coaching-Prozess insbesondere „klassische Konstrukte zur Coaching-Beziehung wie gegenseitiger Respekt und Vertrauen" sowie ein „wertschätzendes und emotional unterstützendes Verhalten des Coachs" (ebd.) hervor. Um Ergebnisse zu erzielen, scheine es förderlich, so Greif, „wenn der Coach den Klient/innen gezielt hilft, ihre Ressourcen zu erkennen und zu aktivieren (methodische ‚Hilfe zur Selbsthilfe'), und wenn er systematisch … ihre Umsetzungsversuche unterstützt" (2016, 171) und wenn beide Coaching-Partner „als Tandem aufgaben- oder zielorientiert zusammenwirken" (ebd. 2016, 172). Neben der *Coaching-Beziehung* und dem *Verhalten* bzw. den *Voraussetzungen des Coachs* (z. B. fachliche, methodische Kompetenz, fundierte Ausbildung, situativ und flexibel agierend, ziel- und ergebnisorientiert, erfahren, empathisch, wertschätzend etc.; Greif 2012; Kotte et al. 2015, 34) lassen sich zudem in der (Veränderungs-)Motivation, der Beharrlichkeit, den Persönlichkeitseigenschaften, Fähigkeiten, Potenzialen, Kompetenzen etc. der *Klient/innen* ein drittes und in den sog. „Strukturvariablen" ein viertes wesentliches Merkmal sog. „Inputvariablen" (Kotte et al. 2015, 34) für das Gelingen von Coaching-Prozessen ausmachen (vgl. Greif 2016, 172).

6.5.2. Wirksamkeit: Studien zum Coaching-Ergebnis

Neben den Forschungen zu den *Wirkfaktoren* im Coaching-Prozess (*formative* Evaluation) ist ebenso ein Blick auf die *summative* Evaluation zu werfen, mit der die Wirksamkeit bzw. die Ergebnisqualität von Coaching ermittelt werden will (Kotte et al. 2015, 32). Verschiedene Überblicksarbeiten hierzu können aufzeigen, dass Coaching durchaus wünschenswerte und positive Wirkungen erzielt. Einzelne Studien belegen, dass sich Coaching insbesondere positiv auf die eigene Leistung, oder auf die Produktivität der Mitarbeiter gecoachter Führungskräfte auswirkt (vgl. Schermuly et al. 2014, 18). Aber auch Themenaspekte wie das persönliche Wohlbefinden, Angst und Stress, das Copingverhalten, das Selbstwirksamkeitserleben, die Selbstreflexion, die Kommunikationskompetenzen in Verhandlungssituationen, die Arbeitsmotivation, die Zielsetzungsfähigkeit sowie interpersonale Beziehungen können durch Coaching positiv beeinflusst werden (vgl. Schermuly et al. 2014, 18; Schermuly 2019).

Doch selbst wenn die Coaching-Forschung zur Wirksamkeit in den letzten Jahren exponentiell zugenommen hat, so sind Studien, die den höchsten Qualitätsstandards genügen, Mangelware (vgl. auch Tonhäuser 2018). Nach aktuellem Stand der Forschung gibt es bisher noch nicht einmal zwanzig „robuste quantitative Untersuchungen zur Wirksamkeit von Coaching" (De Haan & Duckworth 2012, 7, freie Übersetzung v. Greif 2016, 174).

> „Gemeint sind damit sogenannte ‚Randomized Control Trials' (RCT; randomisierte kontrollierte Studien), das sind Untersuchungen, in denen die Wirkungen von Coaching mit Kontroll- oder Vergleichsgruppen überprüft wurden, wobei die Zuweisung zu den Gruppen per Zufall (‚randomisiert') erfolgte. Sie werden auch als ‚Goldstandard' der Evaluation bezeichnet" (Greif 2016, 174).

Die Ergebnisse dieser Studien sei – so Greif – jedoch „so heterogen wie die untersuchten Coachings und die dabei erfassten Kriterien" (ebd.). So versprechen bspw. verschiedenste Studien diverser Unternehmensberater „durch Coaching eine traumhafte Steigerung des Returns on Investment (ROI) von 689 Prozent. Solche Zahlen sind allerdings nicht ernst zu nehmen. Sie beruhen auf problematischen, subjektiven Schätzwerten" (Greif 2016, 172).

Obgleich zur Gesamteinschätzung der Wirksamkeit von Coaching in vielen Untersuchungen als allgemeine Ergebniskriterien Ratings zum Zielerreichungsgrad oder zum Erfolg des Coachings oder zur Zufriedenheit mit dem Coaching oder der Zielerreichung verwendet werden können (Greif 2016, 173 f.), ist es wichtig, bei den einzelnen Studien zwischen kurz- und langfristigen Ergebnissen zu differenzieren (vgl. ebd. 2016, 173). Während der Stand der Forschung zu langfristigen Studien äußerst ernüchternd ist, gibt es einige Studien zu kurzfristigen Ergebnissen. Bei den kurzfristigen Ergebnissen ist zu unterscheiden zwischen allgemeinen Kriterien und solchen, die spezifisch für Coaching sind (vgl. Kotte et al. 2015, 32). Zur ersten Gruppe zählen insbesondere jene Kriterien, die auch zur Evaluation von anderen Dienstleistungen geeignet sind. Ratings zur Zufriedenheit und Zielerreichung zählen – so Greif (2016, 173) – zu den gebräuchlichsten und werden auch in der Evaluation von Coaching verwendet. „Beispiele für Kriterien, die besonders typisch für Coaching sind, wären beispielsweise Zielklarheit, auf diese Ziele bezogene Selbstwirksamkeitsüberzeugung, ergebnisorientierte Selbstreflexion und die besonders für die Mitarbeiterführung wichtige Fähigkeit, die Perspektiven anderer Personen einzunehmen" (ebd.). Die Vielzahl solcher Studien zu den allgemeinen Wirkungen von Coaching basiert jedoch auf Selbsteinschätzungen von Klienten (vgl. Kotte et al. 2015, 32).

Viele Studien zu den allgemeinen Wirkungen von Coaching berichten u. a. auch von einer Reduktion negativer Affekte, wie etwa der Stressbelastung bzw. die Steigerung des allgemeinen Wohlbefindens, von signifikant positiven Veränderungen der Resilienz und des Selbstbewusstseins und der Karriere-Zufriedenheit, von höheren Werten in Bezug auf Selbstwirksamkeitsüberzeugungen, von Verbesserungen der interpersonalen Beziehungen, der Zusammenarbeit und Kommunikationsfähigkeit, einem anderen Umgang mit Konflikten, einer besseren Selbstreflexion, Selbstakzeptanz und Persönlichkeitsentwicklung sowie von einer Verbesserung in der Personalführung und Konfliktbewältigung, einem besseren Bewusstwerden der Klienten über ihr eigenes kontraproduktives Arbeitsverhalten und einer positiven Beeinflussung individueller Motivation und Arbeitsleistung (vgl. dazu Kotte et al. 2015, 32 ff.).

Auch wenn es über die langfristigen Wirkungen von Coaching nur sehr wenige Studien gibt, lassen sich auch hier positive Weiterentwicklungen attestieren. So berichten etwa *Vincenzo Libri* und *Travis Kemp* (2006), dass „Coaching nachhaltig wirksam sein kann – auch nach 18 Monaten waren die Verkaufsleistung, die eigene Leistungseinschätzung und die zentrale Selbstbewertung des Klienten höher als zu Beginn" (Kotte et al. 2015, 33). Zu den langfristigen Effekten von Coaching auf die Organisation, „wie etwa Veränderungen im Organisationsklima, Produktivität und Effektivität", liegen jedoch bis dato nur äußerst wenige Studien vor (vgl. Ely et al. 2010; Greif 2012; Möller & Kotte 2011; Kotte et al. 2015, 34).

Zusammenfassend ist festzuhalten, dass der wissenschaftliche Blick auf die Wirksamkeit und auf die Wirkfaktoren von Coaching bisher noch sehr eingeschränkt ist (Schermuly et al. 2014, 18) und dass zukünftig weniger Wirksamkeits- und mehr Wirkfaktorenforschung nötig ist (Kotte et al. 2016, 9).

Tabelle 9: Prozess- und Ergebnisorientierte Coaching-Forschung

Prozessorientierte Coaching-Forschung	*Ergebnisorientierte* Coaching-Forschung
Wirkfaktoren ➔ Prozessqualität (*formative* Evaluation; Kotte et al. 2015, 34)	Wirksamkeit ➔ Ergebnisqualität (*summative* Evaluation; Kotte et al. 2015, 32)
Prozessforschung, um tatsächliche Wirkmechanismen im Prozess identifizieren zu können	*Ergebnisforschung*, um den Erfolg/Misserfolg messen zu können
Was passiert in Coaching-Prozessen? Was wirkt im Coaching (konkret)? Wodurch wirkt Coaching? Welche Faktoren und Bedingungen sind für Erfolg/Misserfolg von Coaching verantwortlich?	Wirkt Coaching überhaupt? Zeigt sich durch Coaching überhaupt eine Wirkung? Welche Ergebnisse des Coachings sind zu erkennen?

6.5.3. Nebenwirkungen im Coaching – ein Exkurs

Neben den – erwünschten – Wirkungen werden in jüngster Zeit auch Studien durchgeführt, die nach den unerwünschten, negativen Effekten und Nebenfolgen von Coaching fragen. Exemplarisch zu nennen wäre hier die Forschung von De Meuse (2009), Heidbrink (2010), Steiger & Künzli (2011) und Schermuly et al. (2014), Schermuly (2016), Schermuly & Graßmann (2016) (vgl. dazu auch Kotte et al. 2015, 32; Glauser 2018). Diese Studien zeigen, „dass Coaching durchaus auch negative Wirkungen oder ‚negative Effekte' sowohl für den Klienten als auch für den Coach haben kann" (Kotte et al. 2015, 32). Besonders interessant sind dabei jene Studien, die auch die negativen Effekte des Coachs beim Coaching untersuchen. Zu diesem Phänomen stellen *Carsten Schermuly* und *Carolin Graßmann* fest:

> „Nebenwirkungen für Coaches treten deutlich häufiger auf als solche für Klienten. Die häufigsten Effekte für Coaches sind die Enttäuschung, dass die Langzeitwirkung des Coachings nicht beobachtet werden konnte, die persönliche Betroffenheit durch ein Thema oder die Angst der Coachrolle nicht gerecht zu werden. Sie treten in mehr als 40 % der untersuchten Coachingfälle auf" (2016, 34; vgl. dazu auch Birgmeier 2020).

Vor allem zwei Argumente sprechen nach Schermuly et al. (2014, 18) für die Hypothese zu den „negativen Effekten", die Coachings haben können: erstens scheine es eine „logische Prämisse, dass eine Methode, die imstande ist positiv zu wirken, auch zumindest das Potenzial besitzt, negative Effekte zu erzeugen. Bei Arzneimitteln scheint es sofort plausibel, dass neben der gezielten Wirkung auf die Krankheitssymptome bzw. deren Ursachen ein Medikament auch an anderer Stelle zu Wirkungen führen kann". Zweitens sprechen – so die Autoren – auch „theoretische Argumente für eine Existenz negativer Effekte"; insbesondere mit Blick auf die sozialpsychologische Forschung könne „davon ausgegangen werden, dass *in jeder Beziehung von Menschen* und damit auch in der Beziehung zwischen einem Coach und einem Klienten sowohl positive als auch negative Ereignisse auftreten können" (ebd.; Herv. d. A.).

Solche negativen Effekte wollen – nach Schermuly et al. (2014, 19) – jedoch nicht verstanden werden als Misserfolg, sondern vielmehr als „alle für den Klienten schädlichen bzw. unerwünschten Folgen, die unmittelbar durch das Coaching verursacht werden und parallel dazu oder im Anschluss daran auftreten". Diese Definition ist eng angelehnt an das Arzneimittelgesetz von 2012, in dem es in § 4, Absatz 13 heißt: „Nebenwirkungen sind bei Arzneimitteln, die zur Anwendung bei Menschen bestimmt sind, schädliche und unbeabsichtigte Reaktionen auf das Arzneimittel". Dabei ist zu unterscheiden zwischen negativen

Effekten, die sich durch ein erfolgreiches Coaching und solchen, die sich durch ein „nicht erfolgreiches" Coaching ergeben können.

> „Ein Beispiel für einen negativen Effekt in einem erfolgreichen Coaching wäre eine Führungskraft, die durch das Coaching ihre Arbeitsleistung verbessern will und das auch schafft. Gleichzeitig kann diese Führungskraft aber durch das Coaching realisieren, dass sie mit dem Aufgabenspektrum der Position als Führungskraft nicht zufrieden ist (z. B. zu viele kommunikative statt fachliche Aufgaben). Trotz verbesserter Führungsleistungen kann die Führungskraft dann weniger Bedeutsamkeit, d. h. weniger Kongruenz zwischen den eigenen Bedürfnissen und dem Befriedigungspotential der Stelle empfinden. Ein negativer Effekt in einem nicht erfolgreichen Coaching würde in einer Situation vorliegen, in der die Führungskraft keine Leistungsverbesserungen erzielt und darüber hinaus ihre Arbeit zusätzlich als weniger bedeutsam erlebt" (Schermuly et al. 2014, 19; vgl. auch Birgmeier 2020).

Auch *Laura Glauser* betrachtet die Frage nach den (Neben-)Wirkungen von Coaching eher als ambivalent.

> „Einerseits orientiert sich Coaching als lösungsorientierte Beratungsform am Individuum und seinen Handlungsmöglichkeiten und verfolgt das Ziel, die Einzelnen in ihrem Selbstbewusstsein zu stärken und Sicherheit zu verleihen. Es zeigte sich, wie Coaching den Menschen ein Gefühl von Ermächtigung (*empowerment*) vermitteln kann, weil sie … ihre Ziele erreichen können. Doch gleichzeitig fördert die einseitige Fokussierung auf die Handlungsoptionen, dass Individuen von der Gesellschaft entkoppelt werden und hierdurch die Verunsicherung zunimmt, weil ihre Möglichkeiten zur Gestaltung von Faktoren, die nicht in ihrer Hand liegen, begrenzt werden" (Glauser 2018, 133).

Überdies weist die Autorin darauf hin, dass mit einer zu starken Betonung auf das im Coaching so populär umworbene „aktive", selbstverantwortliche Individuum andere als die in der Eigenmacht stehenden Veränderungen aus dem Blickfeld geraten würden:

> „So werden in der Beratung weniger Faktoren diskutiert, die außerhalb des individuellen Einflussbereichs liegen, wie zum Beispiel Glück oder die Tatsache, dass für eine einzige Stelle oft Hunderte von Bewerbungen eingehen. Ausgeblendet bleiben wirkmächtige gesellschaftliche Faktoren wie zum Beispiel Beziehungsreichtum und materieller Besitz … Ein solches Ausblenden von überindividuellen Faktoren hat zur Folge, dass … (Personen; B. B.) … Gründe für … Misserfolge oder gar für ihr Scheitern nur bei sich suchen und permanent auf sich selbst zurückgeworfen werden. Sie … machen sich selbst verantwortlich … Sie plagt ein schlechtes Gewissen …" (Glauser 2018, 137).

6.5.4. Evidenz-basierte Forschung? – ein zweiter Exkurs

Eng verknüpft mit der Forschungsfrage nach der Wirksamkeit, den Wirkungen und den Nebenwirkungen von Coaching ist das – auch in der Sozialpädagogik / Sozialen Arbeit und in den Bildungs- und Erziehungswissenschaften seit den 1990ern diskutierte – Thema „Evidenz", mit dem die Hoffnung verbunden werden will (zumindest in der Sozialen Arbeit), insbesondere die Wissenschaft mit der Praxis zu verbinden, eine Lösung des Theorie-Praxis-Problems herbeizuführen, eine *angewandte* Wissenschaft bzw. eine *Handlungswissenschaft* zu konturieren, die Professionalisierung voranzubringen und die Figur des „reflektierenden Praktikers" oder des „reflexiven Praktikers" hinreichend beschreiben zu können (vgl. dazu auch Birgmeier 2011e; Borrmann & Thiessen 2016).

Mit *Evidenz* gemeint ist – so *Stefan Borrmann* & *Barbara Thiessen* (2016, 25) – das „gesicherte Wissen über Wirkungen von Interventionen". Oder verkürzt formuliert: „(D)er aus der Medizin stammende Begriff (bezeichnet; B. B.) einen Best-Practice-Ansatz, welcher sich auf eine systematische Recherche, Analyse und Bewertung von Belegen stützt, die für oder gegen die Wirksamkeit einer Behandlung sprechen" (Künzli & Stulz 2011, 161). *Evidenzbasierung* bedeutet ganz allgemein betrachtet somit, „dass nachgewiesene Wirkungen die Wahl der anzuwendenden Methoden bestimmen" (Borrmann & Thiessen 2016, 11). Professionelle werden im Kontext des Ideals der Evidenz also aufgefordert, „das beste zur Verfügung stehende Wissen gewissenhaft, in expliziter Weise und vernünftig zu verwenden, wenn sie Entscheidungen über die individuelle Behandlung ihrer Patient_innen treffen" (ebd. 2016, 25). Dabei wird von einem zyklischen, nicht linearen Prozess der Wissensbildung ausgegangen, „indem Erkenntnisse in ihrer Vorläufigkeit im Hinblick auf die Realität und insbesondere auf die Gestaltung der Welt getestet ggf. modifiziert, vertieft, erweitert, werden. Wissen hat von daher mit Erfahrung zu tun" (Borrmann & Thiessen 2016, 23; vgl. dazu auch Schneider 2020).

Auch im erziehungs- und bildungswissenschaftlichen Diskurs ist das Stichwort *Evidenzbasierung* seit längerem ein Thema. Die „Idee evidenzbasierter Bildungsforschung als ein auf bestätigten Erfahrungen beruhendes und an hohen und einheitlichen Standards orientiertes Wissen" gehe, so *Hans-Ulrich Comberg* & *Hans-Dieter Klimm* (2004, 74), unmittelbar zurück auf Entwicklungen in der Medizin,

> „denn eine ‚evidence-based-medicine' steht für die […] bewusste, ausdrückliche und verständige Nutzung der jeweils besten Evidenz bei der Entscheidung über die Versorgung individueller Patienten. Ihre Praxis beinhaltet die Integration individueller klinischer Kenntnisse mit der jeweils besten externen Evidenz aus systematischer Forschung" (Comberg & Klimm 2004, 74; zit. n. Tippelt & Reich-Claassen 2010, 22).

Somit werden also nicht nur einheitliche Standards für die Konzeption und die Durchführung von medizinischen Studien festgelegt, sondern ebenso werden hierdurch auch eindeutige Kriterien für die Bewertung derselben in der medizinischen Praxis formuliert (vgl. ebd.).

Das explizite Ziel einer „evidenzbasierten Bildungsforschung" ist es, neben der Option, Evidenz als eine wichtige Grundlage für Entscheidungen im Bildungs- und Erziehungswesen anzuerkennen (vgl. Bromme et al. 2014, 6), ein „systemrelevantes Steuerungswissen für Bildungsprozesse bereitzustellen und damit den Transfer von wissenschaftlichen Erkenntnissen in Bildungspolitik und -praxis zu verbessern" (Tippelt & Reich-Claassen 2010, 23). Wichtig sei es hier jedoch anzumerken, so die Autoren, dass die „Steuerung" im bildungs- und erziehungswissenschaftlichen Kontext nicht für einen unmittelbaren Ableitungszusammenhang im Sinne eindeutig benennbarer und zeitlich überdauernder Ursache-Wirkungs-Zusammenhänge für pädagogisches Handeln stehen könne, denn zu komplex, unberechenbar, kontingent und zu dynamisch sei das erziehungswissenschaftliche Feld, seien Bildungs- und Erziehungsprozesse im Allgemeinen.[30] „Evidenzbasierte Steuerung" im bildungs- und erziehungswissenschaftlichen Bereich meint somit also nicht eine Gegenüberstellung von empirischer und evidenzbasierter Forschung, sondern „eine empirische Forschung nach wissenschaftlichen Kriterien in empirisch-pragmatischer Hinsicht zu betreiben, um für die Praxis Orientierungs- und Aufklärungswissen bereitzustellen" (Tippelt & Reich-Claassen 2010, 23; vgl. dazu auch Biesta 2007).

Auch *Marc Lindart* (2016) betrachtet die *Evidenzbasierung* im Kontext von Coaching eher kritisch. Zwar begrüßt er die Maxime des Evidenzparadigmas, praktisches Handeln und Entscheidungen auf wissenschaftliche Erkenntnisse statt auf subjektive Meinungen zu begründen; denn das gewonnene Wissen über Wirkungsmechanismen könnte dazu beitragen,

> „dass seitens der Praxis ein gesteigertes Bewusstsein dafür entsteht, welche Faktoren für ein wirksames Coaching von Bedeutung sind. In der Konsequenz wären dadurch für Coachs wissensbasierte und wirksamkeitsorientierte Entscheidungen in Bezug auf ihr praktisches Handeln denkbar, wodurch sich ein Beitrag zur Qualitätsentwicklung und Professionalisierung leisten ließe" (Lindart 2016, 102).

Gleichzeitig jedoch ergäben sich, so der Autor, bei der Übertragung des Evidenzbegriffes auch einige Probleme, „die zu falschen Erwartungen oder Schlussfolgerungen führen könnten" (ebd.). So sei – konstruktivistisch betrachtet – „die Möglichkeit

30 Diese „Kontingenz" im pädagogischen (und sozialpädagogischen) Handeln unterstreicht auch Lindenberg (2013, 63), in dem er das „pädagogische Handeln" nicht nur als einen Weg definiert, um die „menschliche Einzigartigkeit zu befördern", sondern zugleich immer auch als Versuch, „die daraus erwachsende Kontingenz des Lebens auf dem Weg der Verabredung zu meistern".

der Erkenntnis objektiver Gegebenheiten zweifelhaft, da Studienergebnisse jeweils, gleichgültig welche Forschungsparadigmen ihnen zugrunde liegen, durch spezifische Faktoren limitiert sind und letztendlich Konstrukte darstellen" (Lindart 2016, 103); auch werde eine Evidenzbasierung gerne mit dem sog. „RCT-Paradigma" assoziiert, das seine Berechtigung durchaus in naturwissenschaftlichen Fachgebieten habe, in human- und sozialwissenschaftlichen Fachgebieten jedoch eher weniger. Und schließlich könne man das Thema *Evidenz* sicherlich auch als „erfolgreiche Selbstinszenierung als Spitze der Wissenschaft" erachten (Jornitz 2009, 75).

Um – trotz dieser Kritik – an der Evidenzbasierung im Allgemeinen dennoch die mit dem „Evidenzgedanken verbundene Maxime einer Orientierung praktischen Handelns an wissenschaftlichen Erkenntnissen zu unterstreichen", schlägt Lindart das Leitmotiv eines *empiriebasierten* Coachings vor. „Unter einer solchen Perspektive ließen sich die unterschiedlichen quantitativen und qualitativen Forschungsergebnisse als erfahrungsbasierte Wissensquellen begreifen, solange diese auf transparente, sorgfältige und an Gütekriterien orientierte Weise gewonnen werden" (Lindart 2016, 103 f.).

Gleichwohl sind – gerade aus der Perspektive der Sozialpädagogik und Sozialen Arbeit – weiterführende, grundlegende Fragen an die Forschung zum Coaching stellen. So fragt u.a. *Karl Flückinger*, was es denn wirklich ist, was in der gegenwärtigen Forschung zu Wirkung und Wirksamkeit des Coachings fokussiert wird? Meist, so der Autor,

> „wird dazu nur eine kleine, eng begrenzte Fragestellung untersucht, zum Beispiel wie sich ein Vorgesetzter in einer bestimmten Situation entscheiden kann. Aber sind das die wesentlichen Fragen? Täuschen wir uns an der Oberfläche? Warum ist die Coaching-Forschung vorwiegend auf Kaderleute ausgerichtet? Ist das nicht Forschung im Elfenbeinturm? Wer forscht denn mit ebenso viel Verve und Finanzen bei jenen Menschen, die Begleitung ins Leben am dringendsten benötigen?" (2016, 267).

Eine *Wirkung*, so Flückinger, lasse sich nicht mit Hilfe einiger erlernter Coaching-Tools oder ausschließlich lösungsorientierter Gesprächsführung erzeugen; vielmehr brauche es umfassendere interdisziplinäre Strategien, um mit etwaigen Beziehungswiderständen besser umgehen zu können, die besonders bei manchen AdressatInnenkreisen der Sozialen Arbeit existieren. Kurzum: „Es braucht eine Haltung, die dem offensichtlichen Trotz trotzt, eine Haltung der transfiniten Hoffnung" (2016, 267).

6.6. Sozialpädagogische Coaching-Forschung?

Trotz der vielfältigen Überschneidungen von Forschungsthemen innerhalb der Erziehungs- und Bildungswissenschaften, der Beratungswissenschaften und der

Sozialpädagogik / Sozialen Arbeit mit dem Forschungsgegenstand *Coaching* ist – aus der Retrospektive und mit Blick auf die Befunde der Coaching-Forschung von Böning & Kegel (2015) – eine genuine Coaching-Forschung für (in) Soziale(r) Arbeit nur sehr rudimentär vorhanden und bestenfalls als dringende Aufgabe für die Zukunft zu erachten.[31] Zwar existieren einzelne Forschungsbemühungen dahingehend, Coaching als „neuen Ansatz" für die Soziale Arbeit ins Gespräch zu bringen (vgl. Kap. 1.2.), dennoch ist – was den aktuellen Stand der Coaching-Forschung in der Sozialpädagogik / Sozialen Arbeit betrifft – ein eher nüchternes Fazit zu ziehen (vgl. Birgmeier 2016, 101).

Die Gründe für dieses eher zögerliche Zugehen einer dezidiert sozialpädagogisch-sozialarbeitswissenschaftlichen Coaching-Forschung sind vielfältig.[32] Zu exkludierend schien die Priorisierung zahlungskräftiger „Kunden", die so manchem populären Ansatz eines Business- oder Wirtschafts-Coachings anhaftete, zu eng zugeschnitten schienen ebenfalls die „Coaching-Themen" einer auserlesenen Klientel, die einstmals vornehmlich aus Topmanagern bestand, und zu sehr auf Führungs-Performance fokussiert schienen die „Werkzeugkoffer"-Tools und -Techniken bestückt, mit denen der „klassische" Coaching-Klient zu Höchstleistungen getrimmt werden sollte (Birgmeier 2016, 104). Dass solcherart Exklusivitätsmerkmale nicht unbedingt ideal in das Berufsbild, das Professions- und Forschungsverständnis der Sozialpädagogik / Sozialen Arbeit passen, die deutlich andere historische, soziale und kognitive Identitätsfindungsprozesse hinter sich gebracht haben und – zumindest in ihren „klassischen" Lesarten – ebenso deutliche Unterschiede in den Zielgruppen, Methoden und Finanzierungsmöglichkeiten aufweisen, liegt auf der Hand bzw. in der Natur des Sozialsektors.

So lässt sich erst im Zuge der Popularisierung, Professionalisierung und Spezifizierung seit 2000, mit denen sich die Spektren und Anwendungsgebiete von Coaching immens erweitert haben, beobachten, dass auch die Sozialpädagogik / Soziale Arbeit allmählich auf diese neue personenorientierte Beratungsform mit dem Titel „Coaching" aufmerksam wurde und ihre Forschungsintentionen nun verstärkt auf diesen neuen „Gegenstand" richtet. Dies ist m. E. längst auch schon überfällig, denn die Gemeinsamkeiten von Coaching und Sozialpädagogik / Sozialer Arbeit (und ihren Methoden) sind äußerst vielfältig; insbesondere dann, wenn nicht mehr nur rein berufsbezogene Probleme und Weiterentwicklungsvorhaben zum Anlass derart spezifischer personenbezogener Beratung auserkoren werden, sondern professionsübergreifende Themen, die – philosophisch-anthropologisch und -ethisch hergeleitet – den „ganzen Menschen" betreffen (vgl. Birgmeier 2011f, 18 ff.; Birgmeier 2016, 105). Gerade durch diesen Bezug auf den „ganzen Menschen", der bereits im lebenswelt- und alltagsorientierten

31 Nach Böning & Kegel (2015) existierten bis 2015 lediglich vier Studien im Bereich der sozialpädagogischen / sozialarbeitswissenschaftlichen Coaching-Forschung.

32 (siehe dazu und im Nachfolgenden: Birgmeier 2016, 104-109)

Rahmenkonzept der Beratung in Sozialpädagogik / Sozialer Arbeit bereits vor mehr als vierzig Jahren vorformuliert und von *Hans Thiersch* später vielfach weiterentwickelt und ausdifferenziert wurde (vgl. Nestmann und Sickendiek 2011, 112), kann Coaching als spezifische Unterstützungs- und Begleitungsmethode auch in Berufs- und Handlungsfeldern Sozialer Arbeit eine sinnvolle und am einzelnen Adressaten orientierte Hilfe anbieten, denn ein Coaching für/in Soziale(r) Arbeit findet weitaus näher an und in der konkreten Lebenswelt von Adressaten/Zielgruppen statt als andere Formen der „Hilfe zur Selbsthilfe", die jeweils nur eine ganz bestimmte Lebensweltfunktion bzw. Rolle thematisieren (vgl. Birgmeier 2010, 44ff.; 2016, 105).

Ein weiteres Argument für die Notwendigkeit, dass die Soziale Arbeit das Coaching weitaus stärker als bisher ins Repertoire ihrer Forschungsthemen einzuflechten hat, besteht in der deutlich handlungswissenschaftlich geprägten Wissenschaftsstruktur, auf der beide helfenden Berufe fußen (vgl. Birgmeier et al. 2012, 33; Birgmeier 2014). Denn:

> „(a)ls Handlungswissenschaft erforscht Soziale Arbeit nicht nur (biografische) Lebenslagen, -führungspraktiken und -bewältigungsmechanismen ihrer Zielgruppen, sondern sie richtet ihren Blick auch auf Situationen von Menschen, deren bisherige, bewährte und durch Routinen gestützte Handlungsrepertoires nicht mehr greifen und die hierdurch in eine zeitweilige Handlungskrise geraten können, die schließlich zum Ruf nach professioneller Beratung führt, mit der die ‚Handlungsfähigkeit' ihrer Adressaten wiederhergestellt werden kann" (Birgmeier 2016, 106).

Damit verpflichtet sie sich der Relevanz anthropologisch- erkenntnisorientierter und grundlagenwissenschaftlicher Aspekte der *Handlung* sowie der (Wieder-) Gewinnung alltäglicher Handlungsfähigkeit und -sicherheit ihrer Adressaten (vgl. Ziegler et al. 2010), die vorwiegend für ein Coaching von unterschiedlichen Zielgruppen in Sozialer Arbeit zum Zwecke des Führens, des Gelingens und des Bewältigens eigenen Lebens wichtig erscheint (vgl. u. a. Böhnisch 2008; 2010).

> „Wie wichtig diese auf Handlungsbefähigung bezogene Maxime der personenbezogenen Beratung und Unterstützung für ein Coaching im Kontext der Sozialen Arbeit sein könnte, lässt sich bisher nur erahnen. Zum gegenwärtigen Zeitpunkt fehlen spezifisch ausformulierte, metamodelltheoretische und spezifische Wissensstrukturen berücksichtigende Coaching-Konzepte, mit denen ein Coaching als Methode in unterschiedlichen Arbeits- und Praxisfeldern Sozialer Arbeit etabliert werden könnte" (Birgmeier 2016, 106; vgl. dazu auch Walter 2019).

Gerade für diejenigen, die erschwerte Lebens- und individuelle Problemlagen zu meistern haben, könnte ein Coaching in Kontexten der Sozialen Arbeit eine zusätzliche, spezifische Hilfe zur Selbsthilfe bedeuten, mit der soziale

Benachteiligungen abgebaut und persönliche Entwicklung und Lebensbewältigungskompetenzen gefördert werden können. Die „Lebensbewältigung als Arbeit am eigenen Lebensentwurf" (Thiersch 2007, 116) ist somit nicht nur das Kernthema der sozialpädagogischen Beratung, sondern ebenso auch das eines Coachings in sozialen Berufen – einer der (Selbst-)Reflexion verpflichteten Teilform professioneller Beratung, Betreuung und Begleitung, die sich als Medium der Gestaltung und Bewältigung von Lebensaufgaben jedoch erst noch konzeptionell, (meta-)modelltheoretisch und ethisch zu begründen sowie wissenschaftlich abzusichern hat, um sich (potenziell) in das Methodenarsenal Sozialer Arbeit einreihen und als spezifische Form professionellen, methodischen, helfenden Handelns in Sozialer Arbeit oder als eine konkrete „Haltung" im zwischenmenschlichen Umgang miteinander ausweisen zu können (vgl. Birgmeier & Mührel 2013, 77 ff.; Birgmeier 2016, 108). Daher wäre die beratungsorientierte Soziale Arbeit, die sich offen gegenüber Coaching zeigt, gut beraten, die Aufgabe weiterzuverfolgen, „Subjekte und Lebenswelten, die mit ihren eigenen Ressourcen Lebenskrisen und Verunsicherungen nicht oder kaum aufzufangen vermögen, zu unterstützen" (Thole 2012, 54) und darauf hinzuwirken, dass für diese Menschen gesellschaftlich anerkannte, selbstverantwortete und – nicht zuletzt – menschenwürdige Wege durch das Leben wieder denkbar und möglich werden (vgl. Birgmeier 2016, 108 f.).

Wie bereits in meinem „Aufruf" zu mehr Coaching-Forschung in Sozialer Arbeit beschrieben (Birgmeier 2016, 110 ff.) könnte es sich sehr lohnen, die Bemühung der Überprüfung und Analyse der Frage weiterzubetreiben, inwieweit Coaching in den genuinen, arbeitsfeldtypischen und altersphasenübergreifenden Bereichen der Praxis Sozialer Arbeit implementiert werden könnte, welches Beratungs- und Interventionswissen einerseits, welches handlungsspezifische Wissen andererseits für diesen Coaching-Ansatz zu schaffen wäre und wie sich ein derart spezifisches Coaching als professionelles Beratungs- und Begleitungshandeln (bzw. auch: als professionelle, humanistische, ethisch-verantwortbare Beratungs- und Begleitungs-Haltung) in unterschiedlichen Sozialräumen (vgl. dazu Schönig 2011, 405 ff.) mit Kindern, Jugendlichen, Familien, Arbeits- und Wohnungslosen, Behinderten, Migranten, Senioren, Pflegebedürftigen, mit Menschen mit gesundheitlichen Beeinträchtigungen oder für die Arbeit mit Angehörigen oder Ehrenamtlichen entwickeln ließe. Überdies sind auch Forschungsgebiete mit zu bedenken, die zur beratungswissenschaftlichen Grundlagenforschung zählen, wie etwa die Forschung zu Selbstreflexionsprozessen (vgl. Benedetti et al. 2020), zum Hilfeverhalten, eine Wirkungs-/Wirksamkeits-, Lern-, Sozialisations- und Bildungsforschung, Resilienz-, Entscheidungs-, Reflexions-, Handlungs-, Haltungs-, Persönlichkeits-, Motivations- und Volitionsforschung (vgl. Birgmeier 2011b, 423) oder spezifische Forschungsprojekte zum immer wichtiger werdenden Thema „Burn-out", zum Coaching für jugendliche Berufseinsteiger (vgl. Birgmeier 2010b) und zu den psychosozialen Auswirkungen spätmoderner Erwerbsarbeit, wie dies bereits in einer Studie von *Rolf Haubl, Brigitte Hausinger* und *Günter Voß* (2011) über „riskante Arbeitswelten" aus der Perspektive der Supervision, oder im Herausgeberband von *Claudia Steckelberg* und *Barbara Thiessen* (2020) über den „Wandel der Arbeitsgesellschaft" und die darin verborgenen, vielfältigen Herausforderungen für die Soziale Arbeit zum Vorschein kommt. Ebenso interessant scheint ein stärkerer Zuschnitt der Coaching-Forschung auf bildungswissenschaftliche Forschungsthemen und auf normative Theoriebildung, mit der – endlich! – auch der Ethik und dem Prinzip der Verantwortung im Coaching mehr als bisher Rechnung getragen werden kann (vgl. dazu auch Birgmeier 2019).

> „Die Fragen, ob und inwieweit diverse Coaching-Maßnahmen die Bildsamkeit von Klienten berühren (Benner 1987), worin konkret der Bildungsaspekt im Coaching-Prozess ersichtlich wird und welchen spezifischen Formen des Lernens in der Coaching-Praxis Rechnung getragen werden soll, wären beispielsweise wichtige Marker für eine dezidiert (sozial-)pädagogische Coaching-Forschung, um die Relevanz pädagogischer Prozesse im Coaching in sozialen Berufsfeldern deutlicher als bisher hervorheben zu können" (Birgmeier 2016, 110f.).

Wenn Bildung ihren – auch ethisch-moralischen – Sinn dort entfaltet, wo es um „die Ausbildung aller im Menschen angelegten Möglichkeiten" und um eine kritische Selbstreflexion und Beurteilung eigener Lebenschancen (vgl. Thiersch 2011, 165) geht, dann lassen sich durch bildungstheoretische (Lern-)Aspekte im Coaching nicht nur fragwürdige (Beratungs-)Mechanismen aufdecken, die der bloßen Vernützlichung oder Funktionalisierung von Menschen oder (personenbezogenen) Dienstleistungen dienen, sondern auch jene, die das Prinzip der Anerkennung für die bisherige Lebensleistung verstärkt in den Mittelpunkt einer ressourcen- und stärkenorientierten Beratung rücken (Birgmeier 2016, 111). Denn die Ziele der sozialpädagogischen Anerkennungsarbeit lassen sich ebenso gut auch in die Zielkataloge einer (sozialpädagogischen) Beratungsarbeit und auch in das Konzept eines sozialpädagogischen Coachings übertragen, zumal es darin jeweils immer auch um „die (Wieder)Herstellung von Selbstwertgefühl und [...] Sozialintegration in Form der Vermittlung von Lebenssinn, Normen, Teilhabe an sozialen und emotionalen Beziehungen sowie Systemintegration als Erziehung, Bildung, Ausbildung, Erwerbstätigkeit" geht (vgl. Heite 2018; Birgmeier 2016, 111).

Für die Sozialpädagogik / Soziale Arbeit und für das Coaching ist daher folgendes Bild der Zukunft näher in das Blickfeld zu rücken, das ich in einem Fazit meines Aufsatzes zur *Sozialpädagogik als Bildungs- und Beratungswissenschaft* (2019)[33]

33 Birgmeier, B. (2019): Sozialpädagogik als Bildungs- und Beratungswissenschaft? Denk- und handlungslogische Reflexionen zur Wertigkeit und Relevanz von Beziehungen in so-

zu zeichnen begann und das in die Empfehlung mündet, dass SozialpädagogInnen und Coaches

> „als Bildungs- und BeratungsassistentInnen stets darauf hinzuwirken (haben; B. B.), AdressatInnen bei der Suche nach einer *gelingenderen Beziehung zu sich selbst* so zu unterstützen, dass die Akzeptanz der eigenen Person sowie die Zuversicht in die eigenen Möglichkeiten gewährleistet ist. Eine derartige Unterstützung besteht v.a. zunächst in der Kommunikation der Wertschätzung, des Verstehens und des Achtens der besonderen Bemühungen, Anstrengungen und Leistungen, die manche Menschen vollbringen müssen, um ihr Leben in schwierigen Lebenslagen, aufgrund erschwerter Lebensumstände oder krisenhaften Lebensphasen zu meistern. *Besondere* Bemühungen führen zu *besonderen* Erfahrungen und Fähigkeiten, die AdressatInnen der Sozialen Arbeit zu *besonders* gebildeten Menschen machen" (Birgmeier 2019, 44).

Die vom Klienten der Sozialpädagogik / Sozialen Arbeit an sich selbst gestellte Frage des *'Warum gerade ich?'* in solchen Krisensituationen darf also das individuelle Selbstkonzept, das unmittelbar auch auf das Selbstwertgefühl, die Selbstachtung, die Selbstwirksamkeit hineinwirkt, nicht derart beeinflussen, dass der Klient seine Fähigkeit sich selbst zu erkennen, anzunehmen und folgend eine wertschätzende, achtsame, respektierende *Beziehung* zu sich selbst aufzubauen, verliert oder in Frage stellt. Vielmehr wird gerade im Erleiden, Durchleben und Bewältigen von Krisen die *Beziehung* zu sich selbst noch weitaus stärker und wichtiger als bisher, zumal die (erschwerten) Lebens- und Bewältigungsleistungen ein (Selbst-)Bildungsgut für den Klienten darstellen, das andere in ihren 'normalen' Bildungsbiografien so nicht erwerben können.

> „Adressaten der Sozialen Arbeit müssen besondere, schwierigere Wege gehen, ihr Leben zu führen, Kompetenzen zu erwerben, achtsame und wertschätzende Beziehungen (auch zu sich selbst) aufzubauen. Die Erkenntnis, dass Krisen im Leben und deren Bewältigung schon alleine wegen der Besonderheiten der Beziehungsmuster, die Adressaten zu sich selbst und zu ihrem Umfeld aufbauen, *bildend* sind, vermag als bisher schmerzlich vernachlässigte Denk- und Handlungslogik in professionellen Beratungs- und Hilfeprozessen dazu verhelfen, weit mehr als bisher die besonderen (Über-)Lebensleistungen und Lebensbewältigungs-Bemühungen des Klienten in besonderen (Selbst-)Bildungs- und Beziehungsprozessen zu würdigen" (Birgmeier 2019, 44).

Die Möglichkeiten, Coaching näher an die Soziale Arbeit heranzurücken und weitere Bilder der Zukunft einer konstruktiven Zusammenarbeit zu zeichnen, sind längst noch nicht ausgeschöpft. Gleichwohl darf auch anerkennend

---

zialpädagogischen Bildungs- und Beratungsprozessen. In: U. Graf & T. Iwers (Hrsg.): Beziehungen bilden. Klinkhardt: Bad Heilbrunn. 33-46

festgestellt werden, dass es im Blick auf die jüngsten Entwicklungstendenzen in der Beratungsforschung durchaus bereits deutliche Hinweise auf ein gegenwärtig verstärktes Bemühen um eine dezidierte Coaching-Forschung gibt, die immer tiefer in die Richtung der Bestimmung des Stellenwerts und der Relevanz von Coaching in Kontexten der Sozialpädagogik / Sozialen Arbeit vordringt. Ganz besonders ist diesbezüglich nicht nur das Engagement des Teams der Hochschule Nordwestschweiz in Olten, namentlich *Marianne Hänseler, Agnes Fritze, Michael Loebbert* und v. a. *Robert Wegener* und *Wolfgang Widulle* zu nennen, die im Rahmen des Studiengangs Soziale Arbeit einen Master in „Beratung, Coaching und Supervision" seit Jahren sehr erfolgreich anbieten, sondern die – darüber hinaus – auch regelmäßig Tagungen und Workshops zu „Coaching in der Sozialen Arbeit" organisieren. Solche Initiativen wie jene in Olten stärken die Hoffnung auf ein verstärktes Bemühen der Sozialpädagogik / Sozialen Arbeit, eine dezidierte Coaching-Forschung in ihren Reihen zu etablieren, um ein „Zusammenspiel von Coaching und Sozialer Arbeit" (Birgmeier et al. 2012) für beide helfenden Berufe in Zukunft auch entsprechend begründen und etablieren zu können.

7. Metamodelltheoretische Konturen des sozialpädagogischen Coachings – ein Fazit und ein Ausblick auf den „vierten Streich“

Coaching ist besonders in den letzten Jahren zu einem interessanten Thema der Sozialpädagogik / Sozialen Arbeit geworden. Wurde unter dem Begriff „Coaching“ ursprünglich und lange Zeit dominant eine spezifische Beratungsform für Manager und Führungskräfte in Profit-Unternehmen bzw. im Business-Bereich geführt, lassen sich nunmehr viele Ausdifferenzierungen beobachten, mit denen Coaching-Wissenschaftler die Türe auch in andere Arbeits- und Handlungsfelder geöffnet haben, wie z. B. ein Coaching im Non-Profit-Bereich, ein Life Coaching, ein Sport-Coaching, ein Health and Wellness Coaching, ein Coaching für WissenschaftlerInnen, ein Coaching in der Politik und ein Coaching im Kontext der Sozialen Arbeit (vgl. Böning & Kegel 2015; Birgmeier 2016; Wegener et al. 2016).

Die inhaltlich-thematischen „Fundstücke“, mit denen Coaching als Forschungsgegenstand, als Methode oder auch als spezifische Haltung in mit- und zwischenmenschlichen Begegnungen und Beziehungen auch in der Sozialpädagogik / Sozialen Arbeit diskutiert werden (vgl. dazu Birgmeier 2021), nehmen mittlerweile eine beachtliche Präsenz ein und sie zwingen zu einer systematischen Standortbestimmung des Stellenwerts und der Relevanz von Coaching *in der* bzw. *als* Sozialpädagogik / Soziale Arbeit. Eine Analyse derjenigen Aspekte, die sowohl im Fachdiskurs zum „klassischen“ (Business-, Management-, Exekutive-)Coaching[34] als auch in sozialpädagogischen und sozialarbeitswissenschaftlichen Debatten zu genuinen Denk- und Handlungsformen der Sozialen Arbeit

34 Laut der neuesten Marktanalyse von *Christopher Rauen* (2020) zählen zu den Zielgruppen des „klassischen“ Coachings in erster Linie das mittlere Management, gefolgt vom Top-Management, Teams, dem unteren Management und den Projektleitern. Trotz dieser Unterschiede in den Zielgruppen im Business Coaching und im sozialpädagogischen Coaching zeigt die repräsentative Umfrage von (N) 546 Coachs, die dieser Marktanalyse zugrunde lag, aber auch deutlich, dass es Gemeinsamkeiten zwischen den Business Coachs und dem sozialpädagogischen Coaching gibt. Wenn – die Themen und Formate der Business Coachs erfragend – zu 67,02 % Einzelcoachings in Form von persönlichen Gesprächen (75,1 %) gemacht wurden, die sich – an erster Stelle stehend – in 452 von 546 Fällen um die „Reflexion von Person, Rolle und Führungsverhalten“ bemühten (das sozialpädagogische Coaching würde hier lieber von einem „Lebensführungsverhalten“ ausgehen), in 390 von 546 Fällen – auf Rang 2 – um „Persönlichkeits- und Potenzialentwicklung“ (Rauen 2020, 16 f.), so können hier zentrale Schnittmengen in den „Themen“ des Business Coachings und des sozialpädagogischen Coachings ausgemacht werden.

angeführt werden, offenbart viele Überschneidungen und Interessensgleichheiten beider Fachgebiete, jedoch auch eine Reihe eklatanter Unterschiede, die die Sozialpädagogik / Soziale Arbeit dazu aufrufen, ihren spezifischen Coaching-Ansatz und ihre metamodelltheoretischen Rahmungen für ein sozialpädagogisches Coaching stetig neu zu konzipieren und zu explizieren.

Um ein derartiges, spezifisches Coaching für die Sozialpädagogik / Soziale Arbeit überhaupt konturieren und in seinen metamodelltheoretischen Wesensmerkmalen bestimmen zu können, ist es zunächst einmal notwendig, historiographisch und genealogisch die Entwicklungslinien des (klassischen) Coachings und der (Be-)Deutungen des Coaching-Begriffs nachzuzeichnen, um darüber potenzielle Essenzen und Relevanzen für die Bestimmung auch eines dezidiert sozialpädagogischen Coachings extrahieren zu können. Begriffsanalytisch betrachtet wird dabei schnell deutlich, dass viele der Bestimmungsstücke, mit denen das „klassische" Coaching definiert wird, nicht für ein sozialpädagogisches Coaching abgeleitet werden können, zumal diese u. a. weder mit den Menschenbild-Annahmen der Sozialpädagogik / Sozialen Arbeit noch mit den Zielkriterien, Handlungsmodalitäten und Haltungsmaximen in der professionellen Praxis übereinstimmen. Prinzipien wie etwa „Leistungs-" oder „Erfolgs-Steigerung" (ausschließlich in beruflichen Rollen) oder ein „Fitting" (ausschließlich von Führungskräften) – um nur einige wenige Parameter zu benennen, die viele sog. Business Coachs proklamieren – passen nicht in das kognitive und ethisch-moralische Repertoire einer Sozialpädagogik / Sozialen Arbeit, deren KlientInnen, AdressatInnen und Hilfesuchenden andere, weitaus existenziellere Problem- und Lebenslagen zu meistern und zu bewältigen haben und in der es stets um den *ganzen Menschen* geht, um dessen Wohlergehen in sämtlichen seiner Dimensionen bzw. Rollen und nicht nur – wie im Business Coaching – um einen spezifischen Aspekt innerhalb seiner Berufsrolle.

Demgegenüber überbrückt das sog. „Life Coaching" (vgl. dazu Buer & Schmidt-Lellek 2008; Schmidt-Lellek & Buer 2011) – als spezifisches Coaching-Modell – die Kluft zwischen dem Beruflichen und dem Privaten und kommt der Idee der Berücksichtigung der Ganzheitlichkeit in der Betrachtung des Menschlichen näher, was diesen Ansatz schon interessanter macht für das Konzept auch eines sozialpädagogischen Coachings, das sich ebenso als eine Instanz bzw. Form der Beratung und der Reflexion von/zwischen Menschen jeglichen Lebensalters – gänzlich unabhängig vom sozialen, ökonomischen, gesellschaftlichen etc. Status der Subjekte – versteht, und mit dem sämtliche Themen und Probleme, die die Persönlichkeit in ihrem jeweiligen individuellen Lebenskontext betreffen können, in den Fokus genommen werden, ohne dabei zu einer „Mini-Therapie" oder zu einer „Pseudo-Supervision" für Betroffene zu mutieren.

Eine Abgrenzung zu anderen personenbezogenen Dienstleistungsformaten, wie bspw. zur Psychotherapie oder zur Supervision ist für das sozialpädagogische Coaching daher ebenso wichtig wie ein eigener metamodelltheoretischer

Rahmen, mit dem das Konzept des sozialpädagogischen Coachings seine wissenschaftliche Anerkennung, seine Legitimationsgrundlage, seine praktische Relevanz – um nur wenige notwendige Professionalisierungskriterien zu benennen – und v.a. jedoch seine „spezifische Note" im Konzert anderer vergleichbarer Coaching-Konzeptionen erhält. Diese „spezifische Note" repräsentiert das genuin Exklusive, das das sozialpädagogische Coaching auszeichnet und mit der – eben – ganz spezifische, metamodelltheoretische Setzungen des sozialpädagogischen Coachings im Hinblick auf die – von *Astrid Schreyögg* (2011) vorgeschlagenen – Zugänge zur Anthropologie, Erkenntnistheorie, Theorie und Praxeologie – oder besser: zur Handlungstheorie – eingefordert werden müssen.

Vorliegendes Buch ist nun als ein Versuch zu verstehen, einen derartigen Rahmen für ein metamodelltheoretisches Konzept eines sozialpädagogischen Coachings – im Anschluss an bisherige Vorüberlegungen zum sozialpädagogischen Coaching – neu abzustecken und das Coaching in seinen Wissensbeständen „sozialpädagogisch" zu stützen, zu fundieren, zu beschreiben und zu konturieren. Dabei sind es jedoch nicht nur die *Wissensstrukturen*, die Schreyögg (2011) empfiehlt, um Metamodelle für Beratung, Supervision und/oder Coaching zu konturieren, sondern auch die *Wissenssorten*, die *Ferdinand Buer* (2015) für die Konzipierung von „Beratungsformaten" (zu denen auch das Coaching zu zählen ist) vorschlägt, die für metamodelltheoretische Zugänge zum sozialpädagogischen Coaching höchste Relevanz erzeugen sowie einiges Anderes mehr, das weder in den *Wissenssorten* noch in den *Wissensstrukturen* erkenntlich wird, sondern einzig aus der sozialpädagogisch inspirierten, philosophisch-ethisch fundierten Haltung, die mit zu bedenken ist, wenn sich – wie in der Sozialpädagogik / Sozialen Arbeit oder in der Beratung oder im Coaching – Menschen einander begegnen (vgl. dazu Birgmeier 2021).

Vor diesem Hintergrund ist für das Metamodell zu einem sozialpädagogischen Coaching nicht nur all das von größter Relevanz, was dezidiert aus der Sozialpädagogik und Sozialen Arbeit als Disziplin(en) und als Profession stammt, sondern insbesondere auch das, was an Wissen aus der *Analytischen Philosophie*, aus der *Philosophischen Anthropologie* und aus der *Handlungsphilosophie* (hier: insbesondere der Ethik) vorliegt, denn gerade durch diese Wissensgebiete können den so essentiellen Fragen nachgegangen werden, die dem sozialpädagogischen Coach so wichtig für die Ausprägung seiner Haltung und seinen Vorstellungen zu einer gelingenden, guten mit- und zwischenmenschlichen Begegnung sind, wie z.B. jene, was der (zu beratende/zu coachende) Mensch *ist*, was den „ganzen Menschen" ausmacht, welche anthropologischen und ethischen Maßstäbe an Menschen im mit-/zwischenmenschlichen Umgang miteinander anzulegen sind bzw. – ganz allgemein – welche Bedingungen der Möglichkeit der Erfahrungswirklichkeit im Ganzen gegeben sind. Insofern sind anthropologische Setzungen im sozialpädagogischen Coaching im Kern „philosophisch", wodurch – neben der *Analytischen Philosophie*, die einen wichtigen Beitrag für die Definition und die Beschreibung der Bedeutung eines sozialpädagogischen Coachings liefern kann – insbesondere und explizit die *Philosophische Anthropologie* einen hervorgehobenen Stellenwert zur Ergründung des Mensch-Seins einnehmen muss. Als Universalwissenschaft offenbart die Philosophische Anthropologie somit all jene für das Coaching so zentralen Themenhorizonte, die ein Orientierungswissen auf die Frage nach dem „*Was soll ich tun?*" (bzw. „*Was soll ich unterlassen?*") einfordert und die zur (ethisch-moralischen sowie Verantwortungsgeleiteten) Reflexion jeglichen Handelns und Unterlassens im professionellen Coaching-Kontext anmahnen. In gleichem Maße dient die Philosophische Anthropologie jedoch auch der Generierung eines Erklärungswissens, indem sie – höchst interdisziplinär angelegt – sozial-, geistes-, human-, verhaltens- und naturwissenschaftliche Antworten auf spezifische Facetten des Mensch-Seins gibt und in Ergänzung philosophischer und ethischer (und dadurch auch normativer) Orientierungsmaßstäbe zum „richtigen" und „guten" Handeln ein wissenschaftliches Wissen zur Verfügung stellt, mit dem Haltungs- und Handlungsleitlinien des sozialpädagogischen Coachings auch legitimiert werden können. Überdies rekrutiert das Konzept eines sozialpädagogischen Coachings auf anthropologische Befunde aus der Pädagogischen Anthropologie, die das auch für das Coaching so zentrale Anthropikum der *Bildsamkeit* untersucht und die ein Menschenbild transportiert, das annimmt, dass der Mensch sich nicht nur *zum* Menschen, sondern *als* Mensch entwickelt (vgl. Wulf & Zirfas 2014) – eine anthropologische Setzung, die auf die für das sozialpädagogische Coaching zentrale Kernannahme der Entscheidungs- und Entwicklungsfähigkeit des Menschen verweist, eine Entscheidungs- und Entwicklungsfähigkeit, die besonders für jene Menschen eine hohe Bedeutung erfährt, die – plakativ formuliert – in einer Sinn- und Handlungskrise „festzustecken" scheinen und die nach Lösungen und Ausgängen aus solcherart schwierigen Lebenssituationen ebenso suchen wie nach sinnvollen und vernunftgeleiteten Möglichkeiten einer gelingenden Lebensführung und nach Strategien einer besseren Lebensbewältigung.

Mit diesen Aspekten ist – die „anthropologischen Setzungen" des Metamodells für ein sozialpädagogisches Coaching betreffend – neben der Philosophischen und der Pädagogischen Anthropologie selbstredend auch die *Sozialpädagogische Anthropologie* ein hoch relevanter Wissensspeicher, in dem Antworten auf die Fragen nach dem Wesen erschwerter Lebenssituationen bzw. dem Lebenswelt-Lebenslage-Kontext, in dem manche Menschen nach Neuorientierung und Weiterentwicklung suchen, gefunden werden können, um seitens der professionellen Akteure eine adäquate Hilfe anzubieten. Eine derartige *Sozialpädagogische Anthropologie* untersucht als ihre Hauptgegenstände die Möglichkeiten einer Verbesserung der Lebensführung und der Lebensbewältigung und sie sieht ihren Kernauftrag darin, nicht-direktiv und beratend/coachend Personen eine Hilfe zur Selbsthilfe anzubieten, die letztlich zu einer positiven Veränderung der weiteren Entwicklung der betroffenen Person führt (vgl. dazu Oerter 2018). Um ein derartig emanzipatorisches, selbstgesteuertes und Sinn vermittelndes Moment im sozialpädagogischen Coaching umzusetzen, liegt ein besonderer Stellenwert Sozialpädagogischer Anthropologie – theoretisch – darin, durch Krisen verursachte Handlungsunfähigkeiten bzw. -störungen oder -begrenztheiten zu erforschen, um daraus – praktisch – kognitive Leitlinien für gemeinsame und individuelle Reflexionen abzuleiten, aus denen (im Idealfall) neue Handlungsoptionen für den Coaching-Partner entspringen. Menschenbild-Annahmen zum Menschen als ein reflexives (und selbstreflexives bzw. -reflektierendes) Wesen und als ein handelndes (und Handlungsoptionen suchendes, Handlungskrisen überwinden wollendes sowie selbstbestimmtes) Wesen sowie als ein Wesen, dem Freud und Leid widerfährt, zählen damit zu den anthropologischen (Mindestvoraus-)Setzungen, die im Metamodell eines sozialpädagogischen Coachings Beachtung finden sollten.

Erkenntnistheoretisch orientiert sich die Sozialpädagogik / Soziale Arbeit – wie andere Wissenschaften zum bzw. über den Menschen auch – an einer Vielzahl verschiedener epistemologischer und philosophischer Positionen, um die Bedingungen, Möglichkeiten und Grenzen menschlichen Erkennens – auch für die Konturierung des Rahmenmodells eines sozialpädagogischen Coachings – auszuloten. Unter dem breiten Spektrum empirisch-analytischer und systemisch-konstruktivistischer bzw. objektivistischer und subjektivistischer Erkenntnistheorien spielen für das sozialpädagogische Coaching mit seinen spezifischen Menschenbild-Annahmen insbesondere der Realismus, die Phänomenologie, die Hermeneutik – und darin die sog. „Lebensführungshermeneutik" –, die Dialektik, die (k)ritische Theorie und der Konstruktivismus – und darin v. a. der methodologische Interpretationskonstruktivismus – eine ebenso bedeutende Rolle wie auch der Systemismus bzw. die Systemtheorie. Sämtliche eben genannten Erkenntnistheorien erlauben es, die Kernargumente des sozialpädagogischen Coachings zu stützen, nämlich, dass es eine Realität gibt, die nicht erforschbar ist (wissenschaftlicher Realismus) bzw. dass das Erkennen zwischen dem erkennenden Subjekt und dem zu erkennenden Objekt geschieht (kritischer Realismus)[35]

35 Neben dem hier benannten wissenschaftlichen und kritischen Realismus wäre in Zukunft auch darüber nachzudenken, einen neuen Realismus zu entwickeln, mit dem besonders die von den einzelnen Subjekten erlebten und erlebbaren Lebens- und Erfahrungswelten sowie deren (auch: kulturellen) Lebenswirklichkeiten eine hinlängliche Beschreibung erfahren. Zwar verweisen sowohl der kritische als auch der wissenschaftliche Realismus auf diese Erlebens- und Erlebniswelten von Einzelnen, doch sie lassen das Besondere des Erlebens und der Erfahrungen Einzelner in ihren kulturellen Seins- und Werdens-Dimensionen von Personen und in ihren subjektiven Interpretationen zu den Wert- und Sinnhorizonten ihrer kulturellen Sozialisation außen vor. Wenn schon dem pädagogischen Allgemeinspruch, den Klienten dort abzuholen, wo er steht, auch im sozialpädagogischen Coaching genüge getan werden soll, so ist auch deren individuelle „Realität" und ihr subjektiver „Realismus" – als Orientierungspunkt dessen, wie der Gesprächspartner sich in seiner Welt sieht – zu berücksichtigen, um überhaupt „auf Augenhöhe" beraten oder coachen zu können. Die

und dass es Phänomene in der Lebenswirklichkeit von Menschen geben muss, die sich – als sog. deep dimensions – jeglichem Handeln entziehen und die als Widerfahrnisse bzw. oftmals als leidvolle Erfahrungen Subjekte bzw. Personen zu „Betroffenen“ von Krisensituationen machen. Erkenntnistheoretisch relevant für das sozialpädagogische Coaching sind dementsprechend besonders die Annahmen der *Phänomenologie*, die die unmittelbare, gelebte Welterfahrung des Menschen als Subjekt in den Vordergrund stellt und mit der ein reflexiver Zugang „zu den Sachen selbst“ hergestellt werden kann, um Lebenswelten und Lebenslagen von Menschen (als einzigartige Subjekte und Personen) zu beschreiben, zu deuten und in ihren Wesensmerkmalen erkennen zu können. Daneben sind auch die *Hermeneutik* und die *Dialektik* unverzichtbare erkenntnistheoretische Quellen des sozialpädagogischen Coachings, denn das sozialpädagogische Coaching, das um die vielfältigen Polaritäten, Widersprüche, Abhängigkeiten, Dualismen und Dialektiken im menschlichen Leben informiert ist, intendiert, den Menschen als Gegenüber in der mit- und zwischenmenschlichen Begegnung verstehen und so interpretieren zu können, dass er in seinen (auch widersprüchlichen und gegensätzlichen) Absichten, Intentionen, Zielen, Wertvorstellungen, Idealen und in seinen Sinnhorizonten sowie in all seinen Bemühungen um eine seines Erachtens gelingende Lebensführung „erkannt“, angenommen und entsprechend in seinen Lebensführungs- und Lebensbewältigungsbemühungen gewürdigt werden kann. Und es will – angelehnt an die *Lebensführungshermeneutik* – die Perspektive eines Individuums unvoreingenommen einnehmen können, um hieraus sensibilisiert zu werden und Respekt, Achtung und Anerkennung darüber zu entwickeln, welche Anstrengungen und „Leistungen“ ein Subjekt vollbringen muss, (s)ein Leben unter erschwerten Lebensumständen und Lebenslagen führen zu müssen.

Aus all diesen bisher favorisierten philosophisch-anthropologischen sowie erkenntnistheoretischen Präferenzen für das Metamodell eines sozialpädagogischen Coachings sind überdies *Theorien* zu benennen, mit deren Hilfe das Konzept dieser spezifischen Coaching-Art weiter konturiert werden kann. Was die Theorielage anbelangt, so ist die Soziale Arbeit mehr als nur gesegnet; in Fachdiskursen wird diesbezüglich oft von einer „Theorievielfalt“ gesprochen, die einerseits mit den vielzähligen Themenhorizonten und Gegenstandszuordnungen belegt werden kann, die mit dieser wissenschaftlichen Disziplin erforscht und beschrieben werden wollen; andererseits erschwert die Heterogenität theoretischer Ansätze (und die fachdiskursiven Divergenzen im Blick auf die Voraussetzungen

---

subjektive, auf individuelle (Lebensführungs- und Lebensbewältigungs-)Erfahrungen basierende Welt- und Selbstsicht spielt für die Begegnungskultur im sozialpädagogischen Coaching eine wichtige Rolle und sie stellt einen ebenso gültigen (subjektiven) „Realismus“ dar, wie jene, die wir aus den Wissenschaften kennen. Nicht also nur „die“ (objektive) Realität ist bei jeglichen professionellen Begegnungen für den sozialpädagogischen Coach wichtig, sondern das Gespür und das Verstehen der „Realität“ des Gesprächspartners, also „seiner“ Realität.

zur Bildung von Theorien) in der Sozialpädagogik / Sozialen Arbeit jedoch auch das Unternehmen, einen eindeutigen Kern der Disziplin bestimmen zu können – eine Supertheorie (oder Metaphysik?) wie etwa die zum „Helfen“ ist längst noch nicht in Sicht.

Ob dieser Umstände ist das sozialpädagogische Coaching aufgerufen, aus der Vielzahl der Theorie-Angebote der Sozialpädagogik / Sozialen Arbeit all jene für seine metamodelltheoretische Rahmung auszuwählen, mit denen die Kernideen und die Spezifika des sozialpädagogischen Coachings am besten unterlegt (oder: dem Wortlaut Schreyögg folgend: „gesetzt“) werden können. Wollte man die Sozialpädagogik im Kontext des Oberbegriffes *Soziale Arbeit* als genuin bildungs- und erziehungswissenschaftliche (Teil-)Disziplin auch als disziplinäre Leitinstanz zur theoretischen Untermalung des sozialpädagogischen Coachings extrahieren, so wären insbesondere Theorien interessant, die – grob verkürzt – den Menschen als (selbst-)reflektierendes und handelndes (bzw. zum Handeln zu befähigendes) Subjekt im alltäglichen bzw. lebensweltlichen Kontext seiner individuellen Bemühungen, Möglichkeiten und Grenzen einer (gelingenderen) Lebensführung und -bewältigung vor dem Hintergrund erschwerter Lebenslagen und krisenhafter, ihm „widerfahrenden“ Lebenssituationen fokussieren und dem in der Sozialpädagogin eine Person zur Seite steht, mit der es diese Erfahrungen, Erlebnisse und Lebensführungs-/Lebensbewältigungsmöglichkeiten, -grenzen, -optionen, -voraussetzungen und -wünsche kommunikativ-dialogisch teilt, um von ihr Reflexionshilfe, eine Begleitung und beraterische Unterstützung, aber auch Hinweise zur „Kunst des Verweilens“ (vgl. Stelter & Böning 2019) zu erhalten.

Wenn das sozialpädagogische Coaching demzufolge insbesondere für jene Menschen reserviert werden will, die erschwerte Lebens- und individuelle Problemlagen sowie auch sozialstrukturelle Konflikte im Spannungsfeld der Bedingungen/Lebenslagen (sozial, gesellschaftlich) einerseits und der Möglichkeiten (individuell, persönlich) andererseits zu meistern haben (vgl. dazu Hamburger 2012), und die sich sinn- und werteorientiert besser verstehen und erkennen sowie persönlich weiterentwickeln wollen, so sind dafür gerade jene Theorie-Ansätze nützlich, die eine Förderung der Lebensführungs- und Lebensbewältigungskompetenz sowie die (reflexive) Arbeit am eigenen Lebensentwurf (vgl. dazu Thiersch 2007, 116) beschreiben. So kommen für das – auf dem Prinzip der Hilfe zur Selbsthilfe, der Selbstbestimmung und der Bildsamkeit des Adressaten fußenden – Coaching in den Kontexten/Arbeitsfeldern der Sozialen Arbeit, das sich als eine der (Selbst-)Reflexion verpflichtete Teilform professioneller Beratung, Betreuung, Begegnung und Begleitung versteht, insbesondere jene Theorien in Frage, die von *Klaus Mollenhauer, Hans Thiersch, Bernd Dewe, Lothar Böhnisch, Michael Winkler* und *Hans-Ludwig Schmidt* entwickelt wurden und in denen ganz besondere Bezüge zur beratungswissenschaftlich fundierten Sozialpädagogik / Sozialen Arbeit enthalten sind. Nicht zuletzt eignen sich diese e.g.

Theorien in ihrer Funktion als „kognitive Schemata" ganz besonders gut dazu, dem sozialpädagogischen Coaching einen Fundus an Wissensbeständen anzubieten, der insbesondere (seitens des professionellen Coachs) der Reflexion theoretischen Wissens und praktischen Handelns sowie – so möchte ich noch ergänzen – einer Ausbildung einer humanistischen, menschenwürdigen, von Respekt und Anerkennung unterlegten Haltung dem jeweils Anderen gegenüber dient.

Der beratungswissenschaftlich-sozialpädagogische Rekurs des sozialpädagogischen Coachings auf etwa die Frage der „Subjektentwicklung des Menschen" (in Krisensituationen) nach Klaus Mollenhauer, oder auf die Frage danach, wie sich hilfebedürftige Menschen in lebens- und alltagsweltlichen Kontexten bzw. Krisensituationen dennoch als Subjekte ihrer Verhältnisse erfahren können und wie sich die Sozialpädagogik als spezifische Form einer (Lebens-)Beratung und Hilfe zur Neuordnung des Alltags des Klienten ausweisen könnte (Hans Thiersch), ist ebenso wichtig wie etwa die Betonung der Reflexivität und Diskursivität (Michael Winkler) in jeglichem sozialpädagogischen (auch beraterischen) Handeln und die Auffassung, sozialpädagogische Beratung (resp. sozialpädagogisches Coaching) sei – für AdressatInnen jeglichen Lebensalters (Lothar Böhnisch) – eine Lebens- und Entwicklungshilfe, die der Veränderung subjektiver Sinnstrukturen von Menschen ebenso dient wie dem Suchen und Finden des Menschen nach subjektiver Handlungsfähigkeit in kritischen Lebenssituationen, in denen das psychosoziale Gleichgewicht gefährdet ist (Bernd Dewe) bzw. in denen der Mensch nach neuen Sinnhorizonten in der Zukunft für sein Leben sucht (Hans-Ludwig Schmidt). Überdies sind neben einer Vielzahl theoretischer Ansätze aus den Bezugsdisziplinen der Sozialpädagogik / Sozialen Arbeit, wie bspw. aus den *Beratungswissenschaften* (vgl. Nestmann, Engel & Sickendiek 2007; 2013), aus der *Positiven Psychologie* (vgl. Auhagen 2008), aus der *Existenziellen Psychotherapie* (vgl. Yalom 2000), aus der *Humanistischen Psychologie* (vgl. Kriz 2017), aus der *Selbstmanagement- und Motivationspsychologie* (vgl. Storch & Kuhl 2017) und aus der *Humanistischen Pädagogik* (vgl. Graf & Iwers 2019), auch die Theorie-Ansätze von Christoph Ried zu einer *Sozialpädagogik als pädagogischer Lebensführungsberatung*, die *Haltungsethik* von Eric Mührel und die *kritisch-dialektische Handlungs- und Widerfahrnistheorie* von Bernd Birgmeier kompatibel für eine theorieorientierte Rahmung des sozialpädagogischen Coachings.

Die von *Astrid Schreyögg* (2011) in ihrem Metamodell präferierte und auf die jeweiligen anthropologischen, erkenntnistheoretischen und theoretischen Setzungen bezogene *Praxeologie* wird im metamodelltheoretischen Konzept für ein sozialpädagogisches Coaching zugunsten einer *Handlungstheorie* ersetzt. Dies hat mehrere Gründe; zum ersten verzichtet das sozialpädagogische Coaching auf die von Schreyögg zur Praxeologie zählende Bestimmung von „methodische(n) Maßnahmen und prozessuale(n) Anweisungen zur methodischen Applizierung" (2011, 50), weil es in dieser „Setzung" technologische und rezeptologische „Verführungen" vermutet, durch die *Professionalität* einzig durch das (unreflektierte) Verwenden von „Tools“ vorgegaukelt wird; zweitens übergehen Praxeologien (nach der Definition Schreyöggs) die unterschiedlichen Lesarten zwischen einem *allgemeinen* und einem *spezifischen* Praxisbegriff, die darauf hinweisen wollen, dass es im sozialpädagogischen Coaching sowohl um die Analyse und Reflexion des Menschen in seiner gesamten realen Lebenspraxis geht (*genereller Praxisbegriff*), mit denen die Probleme, die krisenhaften Lebenssituationen, das Verhalten, die Persönlichkeit, die Werte- und Sinndimensionen sowie die individuellen Ziele des Gesprächspartners entdeckt, beschrieben und verstanden werden können (vgl. dazu Birgmeier 2010, 79-113), als auch um die – daraus zu eruierenden – professionellen Handlungsmethoden, die der *sozialpädagogische Coach* – im Sinne einer *spezifischen Praxis* – gemeinsam mit dem Gesprächspartner plnt, auswählt, durchführt und evaluiert (vgl. dazu Birgmeier 2010, 114-146); und drittens rekrutieren Praxeologien im Sinne Schreyöggs vorwiegend auf „leistungsfähiges Handeln“ und auf „Praxiswissen“ beruflicher Akteure – also auf Aspekte, die weder dem zentralen Anspruch des sozialpädagogischen Coaching genügen, das Gegenüber, also der zu beratende und zu coachende Mensch müsse stets im Zentrum von Überlegungen zu *seinem* Handeln und zu *seiner* (Lebens-) Leistung stehen, noch werden durch solche Praxeologie-Verständnisse die für das sozialpädagogische Coaching so wichtigen Fragen nach der *Ethik* und *Moral* und darüber auch die Frage nach der Verantwortung im Können (wie?) einerseits, aber auch im Wissen (warum?) andererseits beantwortet.

Mit der Frage nach der Verantwortung ist die *professionelle Haltung* von Coachs angesprochen – und damit auch all jene Faktoren, die zur Ethik (als spezifische handlungstheoretische Teildisziplin der praktischen Philosophie) zählen, mit der Aussagen und Beschreibungen zum *ganzen Menschen* gemacht werden können (und nicht etwa nur zum methodisch ausgebildeten „Professionellen“) und in der Reflexionen zu einer spezifischen, humanistischen, ethischen Haltung des (sozialpädagogischen) Coachs Platz finden (vgl. dazu insb. Mührel 2019; Birgmeier 2021). Die *Handlungstheorie* ist weitaus umfassender und vielschichtiger als die Praxeologie und sie vermittelt Kenntnisse – als „kognitive Schemata“ im Coaching-Prozess –, die auf empirischen, rationalen, normativen und philosophischen Zugängen zum *Handeln* von Menschen fußen (vgl. Lumer 1990, 511) und mit der auch das in allen Professionen – so schwer zu klärende – Verhältnis von Theorie und Praxis zueinander vermittelt werden kann, wenn denn die Differenzierung einer allgemeinen und einer speziellen Praxis (vgl. Wildfeuer 2011) berücksichtigt wird und wenn – handlungsphilosophisch unterlegt – die Menschen, die sich im Coaching *begegnen*, als jene zentralen „Instanzen“ betrachtet werden wollen, *in* denen (und *durch* die) eine prozessuale und auf (Selbst-)Reflexionen basierende Vermittlung zwischen der Theorie (zu ihrem Leben) und der Praxis (ihr Leben zu führen, zu gestalten und zu bewältigen) geschehen muss, um persönliche Entwicklungen vom Ist- zum Soll-Zustand überhaupt einleiten zu können (vgl. Birgmeier 2021).

Sämtliche von Astrid Schreyögg (2011) vorgegebenen Ebenen für eine metamodelltheoretische Grundlegung von Coaching-Konzeptionen berücksichtigt und aus der Sozialpädagogik / Sozialen Arbeit für ein sozialpädagogisches Coaching abgeleitet und mit *Ferdinand Buers* (2015) „Wissenssorten", die er zur Konzipierung von Beratung vorschlägt ergänzt, ist schließlich noch auf jenen „blinden Flecken" hinzuweisen, den m. E. alle metamodelltheoretisch konturierten Konzepte quasi als Metaebene mit zu bedenken haben, zumal er alle anderen „Ebenen" (Schreyögg 2011) prozessual modifiziert und wichtige Hinweise auch zu einer – bei Schreyögg gänzlich fehlenden – ethisch-moralischen Dimension der Verantwortung beim „Coachen" abzugeben in der Lage ist: die *Forschung*! Eine genuine *Coaching-Forschung* dient nicht nur der ständigen Aktualisierung – auch – von metamodelltheoretischen Konzeptionsanforderungen an Coaching-Modelle, sie hilft auch der Professionalisierung und der Verwissenschaftlichung von Coaching, das – als noch relativ junges Pflänzchen im personenbezogenen Dienstleistungssektor – noch immer nach Legitimation „als" Profession bzw. nach wissenschaftlicher Seriosität drängt. Unter *Forschung* in diesem Kontext sind nicht nur all jene Bemühungen gemeint, eine gegenstandsbezogene Grundlagen- und eine Angewandte Forschung zum Coaching mittels anerkannter, empirisch-qualitativer, empirisch-quantitativer und philosophischer Forschung voranzutreiben. Vielmehr sind durch die Coaching-Forschung auch die bis dato in der ohnehin nur sehr überschaubaren Forschungslandschaft zum Coaching so zentral fokussierten Fragen nach der *Wirkung* und der *Wirksamkeit* neu zu stellen und – mit Blick auf die vielen anderen, noch zu erforschenden Objektbereiche zum Coaching – um ein Vielfaches an weiteren Forschungsfragen zu ergänzen und zu erweitern.

Jede wissenschaftliche Disziplin, aus der Konzeptionen zu einem spezifischen Coaching-Ansatz abgeleitet werden sollen – in vorliegendem Falle: die Sozialpädagogik / Soziale Arbeit für das sozialpädagogische Coaching –, hat sich selbst – forschend – die Frage zu stellen, welche inhaltlichen Spezifika mit ihrem Coaching-Ansatz transportiert werden sollen, auf welche Personen(gruppen) dieser Ansatz zugeschnitten sein will, mit welchen Themen und Sachverhalten sie sich spezifiziert, was sie unter „Coaching" versteht, wie sie dem Menschen zu begegnen beabsichtigt etc. pp. und v. a. welche Themenbereiche sich daraus für eine genuin *sozialpädagogische Forschung* ergeben. Eine dezidiert sozialpädagogische Coaching-*Forschung* hat sich demnach freilich nicht nur um jene Forschungsgegenstände zu kümmern, die aktuell allgemein zum Coaching unter die Lupe genommen werden, sie hat dementsprechend auch ihre eigenen Forschungsschwerpunkte zu setzen, mit denen sie ihr Metamodell fundieren und auch wissenschaftlich absichern kann. Für das sozialpädagogische Coaching mit seinem spezifischen Zuschnitt empfiehlt es sich daher u. a., die Wirksamkeits- und die Wirkfaktorenforschung – derzeit der wohl konkreteste Forschungsschwerpunkt in der allgemeinen Coaching-Forschung – aus eigener disziplinärer Perspektive zu erforschen und ggfls. (auch kritische) Rückschlüsse für weitergehende sozialpädagogische Coaching-Wirkungsforschung zu ziehen.

Ein hoch interessanter Aspekt aus der allgemeinen Coaching-Forschung für eine sozialpädagogische Coaching-Forschung wird z.B. im Befund Schermulys & Graßmanns (2016, 34) aus einer ihrer Studien deutlich, die offenbart, dass Nebenwirkungen beim (Business- und Management-)Coaching für Coachees deutlich häufiger auftreten – in mehr als 40% der untersuchten Fälle – als Nebenwirkungen für Klienten. Offenbar verweisen diese „negativen Effekte" im Coaching – aus sozialpädagogischer Brille besehen – auf den skurrilen Umstand, dass sich so mancher „Coach" mit seinem Coaching selbst schadet, und dass dadurch die kritische, reflexive Frage gestellt werden muss, warum er sich so etwas überhaupt antut bzw. warum dies der Fall ist. Vermutlich – so mein Verdacht – erkennen so manche, sich – monetär – teuer verkaufende, selbsternannte „Business- und Management-Coaches" erst *nach* dem Coaching die besonderen Herausforderungen, die ein – seriöses – Coaching einfordert und sie erkennen wohl die Komplexität der jeweiligen Coaching-Problematik, die zur Beratung ansteht, insbesondere dann, wenn sich Coaching – auch im Business-Sektor – als ein „helfender Beruf" vermarkten will (vgl. dazu Özdemir 2012). Diese „Nebenwirkungsforschung" passte ebenso gut in eine genuin sozialpädagogische Coaching-Forschung wie eine konkrete Beratungsbedarfsforschung für alle Arbeits-, Handlungs- und Tätigkeitsfelder der Sozialen Arbeit und eine forcierte Forschung zu den „coaching ethics" sowie eine Vergleichsforschung zum Unterschied und zu den Gemeinsamkeiten von Coaching, Beratung und Supervision, um nur ein paar wenige Forschungsthemen für eine Grundlagenforschung zum sozialpädagogischen Coaching zu benennen.

Das sozialpädagogische Coaching lässt sich in seinen zentralen Wesensmerkmalen sicherlich als ein spezifisches Coaching-Format für VertreterInnen der „dritten Generation" (Stelter 2016a, 267ff.; Böning & Stelter 2019) ausmachen, da es sich als Dialogformat versteht, in dem beide Dialogpartner mithilfe des gemeinsamen Reflektierens dem Anliegen des Coachees näherkommen möchten und in dem sich der auf Verständnis und Mitgefühl basierte Dialog vordergründig an der Sinn- und Werteebene des Klienten orientiert. Eine derartige Ausrichtung des Dialogs auf das „persönliche und soziale Sinnschaffen oder Sinnfinden", mit dem die unterschiedlichen Lebenskontexte der Coaching-Partner einbezogen werden wollen, dient dabei nicht nur dazu, „den individuellen Horizont" der Gesprächspartner im Sinne eines besseren Selbstverstehens und Selbsterkennens zu erweitern (vgl. ebd.), sondern es verhilft dem Klienten in immer komplexer werdenden Frageknäueln, die eine individualisierte, hybridisierte, beschleunigte, zersplitterte, diversifizierte und paradoxer werdende Wirklichkeit mit sich bringt, den Überblick nicht zu verlieren und das Wesentliche für seine individuelle Lebensplanung zu enttarnen (vgl. dazu u.a. Surzykiewicz et al. 2021; Birgmeier 2021). Nicht Leistungssteigerung lautet hier die Devise, sondern – wenn überhaupt „Leistung“ das Thema sein soll – *Lebensleistungswürdigung* all jener, die unter besonders erschwerten Lebensumständen ihr Leben führen und bewältigen müssen. Überdies will das sozialpädagogische Coaching nicht „empowern“, sondern – gerade im Gegenteil – zur Besinnung anregen, zum Mut inspirieren innezuhalten, im Moment und im „Selbst“ zu verweilen und blinde Aktionismen zur etwaig „erfolgreiche(re)n“ Lebensgestaltung kritisch überprüfen und ggfls. abstellen helfen.

Eine sozialpädagogisch inspirierte „vierte Generation“ im Coaching ließe sich im Anschluss und in Verbindung mit der „dritten Generation“ etwa dadurch identifizieren, in dem sie für ein weit mehr als bisher integratives Coaching-Verständnis wirbt, mit dem die Ganzheitlichkeit menschlichen Lebens zum Thema gemacht wird und die den Königsweg des Coachings, die *Selbst-Reflexion* weiter betreibt, um beide in diesem Wort bedeutsamen Teile – dem *Selbst* und dem *Reflektieren* – gerecht zu werden, denn *Reflexionen* bzw. der reflexive *Selbst*bezug sind im Coaching deshalb so wichtig, weil es dadurch möglich ist, das „Potenzial zur zielgerichteten Entwicklung durch Selbsterkenntnis“ (Ryba et al. 2014, 48) zu erfassen, aber auch die Grenzen des menschlich Machbaren (in einer Welt voller ungewisser, unplanbarer Widerfahrnisse) deutlich zu machen (vgl. dazu auch Bieri 2011).

Das sozialpädagogische Coaching will mit dem Gegenüber kluge Reflexionen anstellen, um ebenso kluge Entscheidungen zu treffen. Dazu ist der Rückbezug auf die Ethik und die Forcierung einer sozialpädagogischen Ethikforschung für die „vierte Generation“ unerlässlich. Ethik will als reflektierende Denkweise darüber informieren, wie wir zu „*gut* handelnden Menschen“ gemacht werden können (vgl. Schweidler 2018, 15), denn das „Gute“ bzw. der „gute Wille“ (vgl. Glitza 2004) und sogar die Annahmen über den „guten Menschen“ sind jene Kategorien des sozialpädagogischen Coachings, die ihm eine ganz besondere – ja sogar: tugendethische – Note im Konzert aller anderen Coaching-Formate verleihen könnten und die es inmitten des Prinzips der (Selbst-)Verantwortung hebt – ein Prinzip, das bedauerlicherweise in gängigen Metamodellen und in den meisten etablierten Coaching-Ansätzen nicht gesondert erwähnt wird.

Gerade deshalb ist das Coaching im Allgemeinen, das sozialpädagogische Coaching im Speziellen … *ein Stück weiterzudenken.*[36] Weiterzudenken in eine Richtung der Forschung, die die ethisch-moralische Haltung des Coachs unterstreichen möchte, den Menschen (wieder)entdecken möchte, die ein „humanes“

36 Etwa in der Form, wie es in meinem in Kürze erscheinenden Buch „*Sozialpädagogisches Coaching – Philosophie und Ethik*“ (2021) geschildert werden will. Dieses Buch strebt nicht nach vollkommener wissenschaftlicher oder philosophischer Präzision, sondern danach, die „richtigen“ Fragen nach dem „richtigen“ und „guten“ Handeln zu stellen, die es der Sozialpädagogik und dem sozialpädagogischen Coaching (wieder) erlauben würden, an eine ethisch-fundierte Haltung und eine humanistische Begegnungskultur im mit- und zwischenmenschlichen (Beratungs-/Coaching-)Geschehen anzuknüpfen.

Miteinander in zwischenmenschlichen und in mitmenschlichen Begegnungen anzielt (vgl. dazu Stelter & Böning 2019), die eine gesonderte Form des „Wissens“: das von Verantwortung getragene *Ge*wissen mit in ihren Kriterienkatalog für ein „seriöses“ Coaching aufnimmt und die den Mut hat, u. a. humanistisch-pädagogisch und positiv-psychologisch inspirierte normative Themen wie bspw. Gelassenheit, Achtsamkeit, Spiritualität und Religiosität, Sinn, ethische Kommunikation, Vertrauen, Verzeihen, mitmenschliche Güte, Tugendhaftigkeit, Solidarität, Liebe etc. mit in ihre Forschungsliste aufzunehmen (vgl. Colla 2018; Birgmeier 2021). Darüber hinaus wird es für das sozialpädagogische Coaching wichtig werden, sein Forschungsinteresse künftig mehr auf die von einer humanistischen Haltung geprägte Rolle des *sozialpädagogischen Coachs* als Vermittler, Brückenbauer, Krisenexperten und Entscheidungshelfer zu lenken, der Menschen jeglichen Lebensalters in ihrem häufig vom Scheitern bedrohten Alltag unterstützt, und der auf der Basis eines am „Guten“ orientierten, gewissenhaften Begegnungsstils auf Menschenstärken baut, die entdeckt und gefördert werden wollen und mit dem auch das bislang so schmerzlich vergessene Thema des „Seelischen“ und des „Spirituellen“ im Leben des Menschen seine Würdigungen erhalten dürfen.

Es bleibt zu hoffen, dass sich die dritte und die künftige vierte Generation im Coaching an all diese *lebenswerten* und (über-)*lebenswichtigen* Themen, wenn nicht nur ausschließlich forschend, so wenigstens meinungsbildend und damit Diskussionen eröffnend heranwagt, um viel mehr vermittelnde Brücken zu bauen, als wir sie in dieser häufig von Kurz- und Einseitigkeiten, Rigorositäten, Egoismen und Narzissmen geprägten Gegenwart derzeit vorfinden.

Literaturhinweise

Abplanalp, E., Cruceli, S. & Disler, St. (2020): Charakteristika von Beratung in der Sozialen Arbeit. In: dies.: Beraten in der Sozialen Arbeit: eine Verortung zentraler Beratungsanforderungen. UTB: Bern. 17-35

Achtziger, A. & Gollwitzer, P. M. (2006): Motivation und Volition im Handlungsverlauf. In: J. Heckhausen & H. Heckhausen (Hrsg.): Motivation und Handeln. Springer: Berlin. 277-302

Albus, S. & Ziegler, H. (2013): Wirkungsforschung. In: G. Graßhoff (Hrsg.): Adressaten, Nutzer, Agency. Springer: Wiesbaden. 163-180

Andermann, K. (2011): Widerfahrnisse. Dimensionen der Passivität und der Anonymität im Handlungsgeschehen. In: K.-H. Lembeck, K. Mertens & E. W. Orth (Hrsg.): Phänomenologische Forschungen. Hamburg. 61-85

Angehrn, E. (2011): Verstehen. In: S. Jordan & C. Nimtz (Hrsg.): Lexikon Philosophie. Hundert Grundbegriffe (S. 285-288). Reclam: Stuttgart

Anhorn, R. & Balzereit, M. (Hrsg.) (2016): Handbuch Therapeutisierung und Soziale Arbeit. Springer: Wiesbaden.

Anhorn, R. & Balzereit, M. (2016): Die „Arbeit am Sozialen" als „Arbeit am Selbst" – Herrschaft, Soziale Arbeit und die therapeutische Regierungsweise im Neo-Liberalismus: Einführende Skizzierung eines Theorie- und Forschungsprogramms. In: dies. (Hrsg.): Handbuch Therapeutisierung und Soziale Arbeit. Springer: Wiesbaden. 5-203

Anhorn, R., Bettinger, F., Horlacher, C. & Rathgeb. K. (2012): Zur Einführung: Kristallisationspunkte kritischer Sozialer Arbeit. In: dies. (Hrsg.): Kritik der Sozialen Arbeit – kritische Soziale Arbeit. Springer: Wiesbaden. 1-27

Annen, H. (2012): Aktionsforschung als wissenschaftliches Rückgrat bei der Initiierung, Begleitung und Evaluation eines Coachingprojekts. In: R. Wegener et al. (Hrsg.): Coaching entwickeln. Springer: Wiesbaden. 157-169

Arendt, H. (1978): Das Handeln. In: Lenk, H. (Hrsg.): Handlungstheorien – interdisziplinär. II. Handlungserklärungen und philosophische Handlungsinterpretation. 1. Halbband. Fink: München. 13-88

Auhagen, E. (2008) (Hrsg.): Positive Psychologie. Anleitung zum „besseren" Leben. Beltz: Weinheim – Basel

Aumüller, J. (2018): Die kommunale Integration von Flüchtlingen. In: F. Gesemann & R. Roth (Hrsg.): Handbuch Lokale Integrationspolitik. Springer: Wiesbaden. 173-200

Autrada, O. & Scheu, B. (2015): Theorie Sozialer Arbeit. VS Springer: Wiesbaden

Badry, E., Buchka, M. & Knapp, R. (1999): Pädagogik. Grundlagen und Arbeitsfelder. 3. Aufl. Luchterhand: Neuwied – Kriftel

Baecker, D. (1994): Soziale Hilfe als Funktionssystem der Gesellschaft. In: Zeitschrift für Soziologie. Band 23, Heft 2/1994. 93-110

Baecker, D. (1998): Zum Problem des Wissens in Organisationen. In: Organisationsentwicklung, 3. 4-21

Barczynski, D. (2018): Training, Beratung, Supervision oder Coaching? In: coaching magazin 3/2018 (Online unter: https://www.coaching-magazin.de/beruf-coach/training-beratung-supervision-oder-coaching; Abruf: 10.07.2020)

Bastian, P. (2019): Sozialpädagogische Entscheidungen. Professionelle Urteilsbildung in der Sozialen Arbeit. Budrich: Opladen

Bauer, A., Gröning, K., Hoffmann, C. & Kunstmann, A.-Chr. (Hrsg.) (2012): Grundwissen Pädagogische Beratung. Vandenhoeck & Ruprecht: Stuttgart

Bauman, Z. (1995): Postmoderne Ethik. Hamburger Edition: Hamburg

Becker-Lenz, R. & Müller, S. (2009): Die Notwendigkeit von wissenschaftlichem Wissen und die Bedeutung eines professionellen Habitus für die Berufspraxis der Sozialen Arbeit. In: R. Becker-Lenz, S. Busse, G. Ehlert & S. Müller (Hrsg.): Professionalität in der Sozialen Arbeit. VS Springer: Wiesbaden. 195-222

Becker-Lenz, R., Busse, S., Ehlert, G. & Müller, S. (Hrsg.) (2009): Professionalität in der Sozialen Arbeit. VS Springer: Wiesbaden
Behrens, R. (2013): Kritische Theorie. In: G. Kneer & M. Schroer (Hrsg.): Handbuch Soziologische Theorien. Springer: Wiesbaden. 199-219
Belardi, N. (2019): Coaching. In: D. Kreft & W. Müller (Hrsg.): Methodenlehre in der Sozialen Arbeit. Ernst Reinhardt Verlag: München Basel. 116-118
Benedetti, S., Lerch, S. & Rosenberg, H. (Hrsg.) (2020): Beratung pädagogisch ermöglichen?! Bedingungen der Gestaltung (selbst-)reflexiver Lern- und Bildungsprozesse. Springer VS: Wiesbaden
Benner, D. (1987): Allgemeine Pädagogik. Weinheim/München
Berger, P. & Luckmann, T. (2007): Die gesellschaftliche Konstruktion der Wirklichkeit. Fischer: Frankfurt/M.
Beushausen, J. (2020): Beratung lernen. Grundlagen Psychosozialer Beratung und Sozialtherapie für Studium und Praxis. UTB: Stuttgart
Bieker, R. (2011): Trägerstrukturen in der Sozialen Arbeit. In: R. Bieker & P. Floerecke (Hrsg.): Träger, Arbeitsfelder und Zielgruppen der Sozialen Arbeit. Kohlhammer: Stuttgart. 13-43
Bieker, R. & Floerecke, P. (Hrsg.) (2011): Träger, Arbeitsfelder und Zielgruppen der Sozialen Arbeit. Kohlhammer: Stuttgart
Bicri, P. (2011): Wie wollen wir leben? Residenz Verlag: St. Pölten
Biesta, G. (2007): WHY „WHAT WORKS" WON'T WORK: EVIDENCE-BASED PRACTICE AND THE DEMOCRATIC DEFICIT IN EDUCATIONAL RESEARCH, in: EDUCATIONAL THEORY / Volume 57 / Number 1 / 2007 _ 2007 Board of Trustees j University of Illinois
Birgmeier, B. (2003): Soziale Arbeit: „Handlungswissenschaft", „Praxiswissenschaft" oder „Praktische Wissenschaft"? Diritto: Eichstätt
Birgmeier, B. (2006): Coaching und Soziale Arbeit. Juventa: Weinheim/München
Birgmeier, B. (2007): Handlung und Widerfahrnis. Lang: Frankfurt/M.
Birgmeier, B. (2008): Coaching im Spagat zwischen Praxis und Wissenschaft – oder: von den Gefahren einer praxiswissenschaftlichen Begründung von Coaching-Konzeptionen. In: OSC 2/2008. 119-136
Birgmeier, B. (2009): Zur Programmatik „ökonomisierter Standards" – eine Kritik mediatorischer Vernunft. In: Erwägen Wissen Ethik (EWE) 20 (2009) 1. 516-518
Birgmeier, B. (2009a): Theorie(n) der Sozialarbeitswissenschaft – reloaded! In: B. Birgmeier & E. Mührel (Hrsg.): Die Sozialarbeitswissenschaft und ihre Theorie(n). VS-Verlag: Wiesbaden. 231-244
Birgmeier, B. (2009b): Theorie(n) der Sozialpädagogik – reloaded! In: E. Mührel & B. Birgmeier (Hrsg.): Theorien der Sozialpädagogik – ein Theorie-Dilemma? VS-Verlag: Wiesbaden. 13-32
Birgmeier, B. & Schmidt, H.-L. (2010): Führung sinn-voller machen? Reflexionen über Möglichkeiten und Grenzen von Management Coaching. In: U. Meier & B. Sill (Hrsg.): Führung. Macht. Sinn. Pustet: Regensburg. 688-697
Birgmeier, B. (2010): Sozialpädagogisches Coaching. Theoretische und konzeptionelle Grundlagen und Perspektiven für Soziale Berufe. Juventa: Weinheim/München
Birgmeier, B. (2010b): Coaching für jugendliche Berufseinsteiger. In: M. Köck & M. Stein (Hrsg.): Übergänge von der Schule in Ausbildung und Beruf. Klinkhammer: Bad Heilbrunn. 205-225
Birgmeier, B. (2010c): Krisen und Widerfahrnisse als Grundkategorien einer handlungswissenschaftlich fundierten Sozialpädagogik. In: B. Birgmeier, E. Mührel & H.-L. Schmidt (Hrsg.): Sozialpädagogik und Integration. Die Blaue Eule: Essen. 49-62
Birgmeier, B. (2011a) (Hrsg.): Coachingwissen. 2. Auflage. VS-Verlag: Wiesbaden
Birgmeier, B. (2011b): Coaching research ist die Gegenwart – Coaching science die Zukunft: Utopie oder Realität? In: ders. (Hrsg.): Coachingwissen. 2. Auflage. VS-Verlag: Wiesbaden. 421-432
Birgmeier, B. (2011c): Sozialpädagogisches Coaching. Eine innovative Beratungsform für soziale Berufe. In: Soziale Arbeit 5.2011, 60. Jahrgang. 162-169
Birgmeier, B. (2011d): Was Coachs wissen sollten. In: Manager Seminare, 5/2011 (Beilage). 5-8
Birgmeier, B. (2011e): Soziale Arbeit: Handlungswissenschaft oder Handlungswissenschaft? Eine Skizze zur Bestimmung des Begriffs der „Handlungswissenschaften" aus der Perspektive von Grundlagenwissenschaften und Angewandten Wissenschaften. In: E. Mührel & B. Birgmeier (Hrsg.): Theoriebildung in der Sozialen Arbeit. VS Verlag: Wiesbaden. 123-148
Birgmeier, B. (2011f): Menschenbilder im Coaching. In: A. Schreyögg & C. Schmidt-Lellek (Hrsg.): Philosophie, Ethik und Ideologie in Coaching und Supervision. VS-Verlag: Wiesbaden. 13-26

Birgmeier, B. (2011g): Coaching in Fußnoten! – Ein Essay zum Coaching, zum Wissen und zum Coachingwissen. In: ders. (Hrsg.): Coachingwissen. VS Verlag: Wiesbaden. 17-31

Birgmeier, B. (2011h): Stichwort „Handlungswissenschaft". Definition, Relevanz, Funktion und Programm eines multiperspektivischen Handlungswissens im Coaching. In: ders. (Hrsg.): Coachingwissen. 2. Auflage. VS-Verlag: Wiesbaden. 413-420

Birgmeier, B., Loebbert, M. & Wegener, R. (2012): Das Zusammenspiel Coaching u Sozialer Arbeit. SozialAktuell (5). 32-34

Birgmeier, B. (2012): Soziale Arbeit als Wissenschaft. Springer: Wiesbaden

Birgmeier, B. & Mührel, E. (2013) (Hrsg.): Handlung in Theorie und Wissenschaft Sozialer Arbeit. VS Springer: Wiesbaden

Birgmeier, B. & Mührel, E. (2013): Handlung und Haltung. Zu den Möglichkeiten und Grenzen eines Zusammenspiels aus handlungswissenschaftlicher Perspektive. In: B. Birgmeier & E. Mührel (Hrsg.): Handlung in Theorie und Wissenschaft Sozialer Arbeit. VS Springer: Wiesbaden. 71-80

Birgmeier, B. (2014): Handlungswissenschaft Soziale Arbeit: eine Begriffsanalyse. Springer VS: Wiesbaden

Birgmeier, B. (2016): Coaching im Kontext der Sozialen Arbeit. In: R. Wegener et al. (Hrsg.): Coaching-Praxisfelder. Springer: Wiesbaden. 95-115

Birgmeier, B. (2016b): Anmerkungen zur sozialpädagogischen und sozialarbeitswissenschaftlichen Theorieentwicklung im Anschluss an die 68er. In: B. Birgmeier & E. Mührel (Hrsg.): Die „68er" und die Soziale Arbeit: eine (Wieder-)Begegnung. Springer: Wiesbaden. 257-275

Birgmeier, B. & Mührel, E. (2017): Wissenschaftliche Grundlagen der Sozialen Arbeit. Wochenschau Verlag: Schwalbach/Ts.

Birgmeier, B. (2018a): Theoriediskurse und -entwicklungen in der Sozialen Arbeit – am Beispiel von „Handlungstheorien". In: M. Wolfgang & M. Lüders (Hrsg.): Theorien und Theorieentwicklung (in) der Erziehungswissenschaft. Klinkhardt: Bad Heilbrunn. 63-77

Birgmeier, B. (2018b): Normative Implikationen in Theorieansätzen Sozialer Arbeit. Ein Systematisierungsversuch. In: W. Krieger & B. Kraus (Hrsg.): Normativität und Wissenschaftlichkeit in der Wissenschaft Soziale Arbeit. Beltz Juventa: Weinheim/Basel. 259-274

Birgmeier, B. (2019): Sozialpädagogik als Bildungs- und Beratungswissenschaft? Denk- und handlungslogische Reflexionen zur Wertigkeit und Relevanz von Beziehungen in sozialpädagogischen Bildungs- und Beratungsprozessen. In: U. Graf & T. Iwers (Hrsg.): Beziehungen bilden. Klinkhardt: Bad Heilbrunn. 33-46

Birgmeier, B. (2020): Zu Risiken und Nebenwirkungen fragen Sie … Ihr Gewissen. In: B. Birgmeier, E. Mührel & M. Winkler (Hrsg.): Sozialpädagogische SeitenSprünge. Beltz Juventa: Weinheim/Basel. 33-40

Birgmeier, B. (2021): Sozialpädagogisches Coaching – Philosophie und Ethik. Beltz Juventa: Weinheim/Basel *(im Erscheinen)*

Birgmeier, B. (2021b): „VUCA"? – ein sozialpädagogisch inspirierter Kommentar. In: J. Surzykiewicz, B. Birgmeier, M. Hoffmann & S. Rieger (Hrsg.): Supervision und Coaching in der VUCA-Welt: multiprofessionelle und interdisziplinäre Zugänge. VS Springer: Wiesbaden *(im Erscheinen)*

Bliemetsrieder, S. & Dungs, S. (2013): Im Nacheinander, Nebeneinander und Miteinander der Zeit. Handlungskreise und Zeiträume. In: B. Birgmeier & E. Mührel (Hrsg.): Handlung in Theorie und Wissenschaft Sozialer Arbeit. Springer VS: Wiesbaden. 81-99

Böhmer, A. (2004): Coaching – ein neuer Ansatz für die Soziale Arbeit? In: Soziale Arbeit 2/2004. 49-55

Böhnisch, L. (2008): Sozialpädagogik der Lebensalter. Eine Einführung. 5. Auflage. Juventa: Weinheim/München

Böhnisch, L. (2010): Lebensbewältigung. In: W. Thole (Hrsg.): Grundriss Soziale Arbeit. 3. Auflage. VS Verlag: Wiesbaden. 219-233

Böhnisch, L. (2012): Lebensbewältigung. In: Thole, W. (Hrsg.): Grundriss Soziale Arbeit. 4. Auflage. VS Verlag: Wiesbaden. 219-233

Böllert, K. (2011): Funktionsbestimmungen Sozialer Arbeit. In: H.-U. Otto & H. Thiersch (Hrsg.): Handbuch Soziale Arbeit. Reinhardt: München. 436-444

Böning, U. (2000): Coaching: Der Siegeszug eines Personalentwicklungs-Instruments. Eine 10-Jahres-Bilanz. In: C. Rauen (Hrsg.): Handbuch Coaching. Göttingen/Bern/Toronto/Seattle. 17-39

Böning, U. & Fritschle, B. (2005): Coaching fürs Business. Was Coaches, Personaler und Manager über Coaching wissen müssen. Manager Seminare: Bonn

Böning, U. & Kegel, C. (2015): Ergebnisse der Coaching-Forschung. Springer: Wiesbaden

Böning, U. (2015): Coaching jenseits von Tools und Techniken. Springer: Wiesbaden

Bollnow, O. F. (1965): Die anthropologische Betrachtungsweise in der Pädagogik

Borrmann, S. (2016): Theoretische Grundlagen der Sozialen Arbeit. Ein Lehrbuch. Beltz Juventa: Weinheim/Basel

Borrmann, S. & Thiessen, B. (2016): Disziplinäres Nachdenken über Wirkungen Sozialer Arbeit. In: dies. (Hrsg.): Wirkungen Sozialer Arbeit. Barbara Budrich: Opladen – Berlin – Toronto. 11-18

Brack, R. & Gregusch, P. (2001): Beratung als zentrale Tätigkeit der sozialen Arbeit. In: Archiv für Wissenschaft und Praxis der sozialen Arbeit 32, Heft 3/2001. 29-45

Brandstetter, M., Kerzendorfer, S. & Wagner, R. (2018): Wirkungsfeststellung in der Sozialen Arbeit. In: Soziale Arbeit 7.2018. 262-268

Brinkmann, M. (2017): Phänomenologische Erziehungswissenschaft. Ein systematischer Überblick von ihren Anfängen bis heute. In: M. Brinkmann et al. (Hrsg.): Pädagogik – Phänomenologie – Phänomenologische Erziehungswissenschaft. Springer: Wiesbaden. 17-45

Bromme, R., Prenzel, M. & Jäger, M. (2014): Empirische Bildungsforschung und evidenzbasierte Bildungspolitik. In: ZfE 17/2014. 3-54

Buchkremer, H. (2009): Handbuch Sozialpädagogik. Wissenschaftliche Buchgesellschaft. Darmstadt

Buer, F. & Schmidt-Lellek, C. (2008): Life-Coaching. Über Sinn, Glück und Verantwortung in der Arbeit. Vandenhoeck & Ruprecht: Göttingen

Buer, F. (2015): Erfahrung – Wissenschaft – Philosophie: Drei Wissenssorten zur Konzipierung von Beratung. In: A. Schreyögg & C. Schmidt-Lellek (Hrsg.): Die Professionalisierung von Coaching. Springer: Wiesbaden. 185-202

Campbell Quick, J., & Macik-Frey, M. (2004): Behind the mask: Coaching through deep interpersonal communication. In: Consulting Psychology Journal: Practice and Research, 56(2). 67

Cavavanagh, M. (2006): Coaching from a systemic perspective: A complex adaptive conversation. In: Stober, D. & Grant, Ad. (Eds.). In: Evidence based coaching handbook. Hoboken. Wiley: NJ. 313-354

Chassé, K. A. & Wensierski, H.-J. von (Hrsg.) (2008): Praxisfelder der Sozialen Arbeit. Juventa: Weinheim/München

Comberg, H.-U., Klimm, H.-D. (2004): Allgemeinmedizin. Thieme: Stuttgart

Colla, H. E. (2018): Liebe und taktvolles Verhalten. In: H.-U. Otto et al. (Hrsg.): Handbuch Soziale Arbeit. 6. Auflage. Reinhardt. 958-962

Crefeld, W. (2002): Klinische Sozialarbeit – nur des Kaisers neue Kleider? In: M. Dörr (Hrsg.): Klinische Sozialarbeit, eine notwendige Kontroverse. Schneider: Hohengehren. 23-39

Curtis, D. F. & Kelly, L. L. (2013): Effect of a quality of life coaching intervention on psychological courage and self-determination. In: International Journal of Evidence Based Coaching and Mentoring, 11(1). 20-38

Dallüge, T. (2015): Coaching im Kontext sozialer Systeme. In: A. Schreyögg & C. Schmidt-Lellek (Hrsg.): Die Professionalisierung von Coaching. Springer: Wiesbaden. 87-104

Danner, H. (2006): Methoden geisteswissenschaftlicher Pädagogik (5. Aufl.). Reinhardt: München

DBVC (2014): Homepage des Deutschen Bundesverbands Coaching e. V.

Dewe, B. & Scherr, A. (1990): Beratung und Beratungskommunikation. In: neue praxis 20, Heft 6/1990. 488-500

Dewe, B. (1991): Beratende Wissenschaft. Unmittelbare Kommunikation zwischen Sozialwissenschaftlern und Praktikern. Schwartz & Co.: Göttingen

Dewe, B., Ferchhoff, W., Scherr, A. & Stüwe, G. (1996): Sozialpädagogik, Sozialarbeitswissenschaft, Soziale Arbeit? Die Frage nach der disziplinären und professionellen Identität. In: Sozialmagazin 21, Heft 6/1996. 36-45

Dewe, B. (2010): Beratung. In: H.-H. Krüger & W. Helsper (Hrsg.): Einführung in Grundbegriffe und Grundfragen der Erziehungswissenschaft. Budrich: Opladen Farmington Hills. 131-142

Dewe, B. & Otto, H.-U. (2011): Wissenschaftstheorie. In: H.-U. Otto & H. Thiersch (Hrsg.): Handbuch Soziale Arbeit. Reinhardt: München. 1735-1747

Dewe, B. & Otto, H.-U. (2012): Reflexive Sozialpädagogik. In: W. Thole (Hrsg.): Grundriss Soziale Arbeit. VS Verlag: Wiesbaden. 197-217

Dewe, B. & Schwarz, M. (2013²): Beraten als professionelle Handlung und pädagogisches Phänomen. Dr. Kovač: Hamburg

Dewe, B. & Winterling, J. (2016): Beratung zwischen Bildung, Therapie und Hilfe – Abgrenzung der Übergänge. In: W. Gieseke & D. Nittel (Hrsg.): Handbuch Pädagogische Beratung über die Lebensspanne. Beltz Juventa: Weinheim/Basel. 60-69

Dießenbacher, H. & Müller, A. (1987): Wissenschaftstheorie und Sozialpädagogik. In: H. Eyfert, H.-U. Otto & H. Thiersch (Hrsg.): Handbuch zur Sozialarbeit/Sozialpädagogik. Luchterhand: Neuwied. 1251-1262

Dietrich, C., Uhlendorff, N., Beiler, F. & Sanders, O. (Hrsg.) (2020): Anthropologien der Sorge im Pädagogischen. Beltz Juventa: Weinheim/Basel

Dörr, M. (Hrsg.) (2002): Klinische Sozialarbeit – eine notwendige Kontroverse. Hohengehren

Dörr, M. & Thole, W. (Hrsg.) (2020): Das Pädagogische in der Theorie und Praxis Sozialer Arbeit. Schneider: Baltmannsweiler

Draht, K. (2012): Coaching und seine Wurzeln. Haufe: Freiburg/München

Dungs, S. (2009a): Aporien der Theorieentwicklung Sozialer Arbeit angesichts der „Rückkehr der Natur". In: B. Birgmeier & E. Mührel (Hrsg.): Die Sozialarbeitswissenschaft und ihre Theorie(n). Wiesbaden. 305-318

Dungs, S. (2009b): Der Überschuss der Sozialität. In: E. Mührel & B. Birgmeier (Hrsg.): Theorien der Sozialpädagogik – ein Theorie-Dilemma? Springer: Wiesbaden. 67-84

Ely, K., Boyce, L., Nelson, J., Zaccaro, St., Hernez-Broome, G. & Whyman, W. (2010): Evaluating leadership coaching: A review and integrated framework. In: The Leadership Quarterly 21/2010. 585-599

Engelke, E., Spatscheck, Chr. & Borrmann, St. (2016): Soziale Arbeit als Wissenschaft. Werdegang und Grundlagen. Lambertus: Freiburg/Br.

Erath, P. (2006): Sozialarbeitswissenschaft. Kohlhammer: Stuttgart

Erath, P. & Balkow, K. (2016): Einführung in die Soziale Arbeit. Kohlhammer: Stuttgart

Fahr, U. (2017): Coaching an der Hochschule. Springer: Wiesbaden

Fallner, H. & Pohl, M. (2001): Coaching mit System. VS: Opladen

Farrenberg, D. & Schulz, M. (2020): Handlungsfelder Sozialer Arbeit. Beltz Juventa: Weinheim/Basel

Faude-Koivisto, T. & Gollwitzer, P. (2011): Wenn-Dann Pläne: eine effektive Planungsstrategie aus der Motivationspsychologie. In: Birgmeier, B. (Hrsg.): Coachingwissen. VS Verlag: Wiesbaden. 209-227

Ferchhoff, W. (2009): Prozesse der Professionalisierung in historischer und gegenwartsorientierter Perspektive. In: B. Birgmeier & E. Mührel (Hrsg.): Die Sozialarbeitswissenschaft und ihre Theorie(n). Springer: Wiesbaden. 69-84

Fiedler, P. (2000): Integrative Psychotherapie bei Persönlichkeitsstörungen. Hogrefe. Göttingen

Fiedler, P. & Herpertz, S. (2016): Persönlichkeitsstörungen (7. Ausg.). Beltz: Weinheim

Fietze, B. (2011): Profilbildung und Statuskonkurrenz. In: E.-M. Graf et al. (Hrsg.): Beratung, Supervision, Coaching. VS. Wiesbaden. 23-36

Fietze, B. (2012): Chancen und Risiken der Coachingforschung – eine professionssoziologische Perspektive. In: R. Wegener, A. Fritze & M. Loebbert (Hrsg.): Coaching entwickeln. Forschung und Praxis im Dialog. VS-Verlag. Wiesbaden. 24-33

Fietze, B. (2015): Coaching auf dem Weg zur Profession? Eine professionssoziologische Einordnung. In: A. Schreyögg & C. Schmidt-Lellek (Hrsg.): Die Professionalisierung von Coaching. Springer: Wiesbaden. 3-21

Fischer, H. R. (2006): Sehen mit anderen Augen. Coaching als Kunst des entfremdeten Umweges. In: N. Tomaschek (Hrsg.): Systemische Organisationsentwicklung und Beratung bei Veränderungsprozessen. Ein Handbuch. Carl-Auer-Systeme Verlag: Heidelberg. 98-125

Fischer, K. (2007): Fehlfunktionen der Wissenschaft. In: EWE 18. Jg. 1/2007. 3-17

Fischer-Epe, M. (2003): Coaching: Miteinander Ziele erreichen. Rowohlt Taschenbuch Verlag GmbH: Hamburg

Fischer-Epe, M. (2012): Coaching: Miteinander Ziele erreichen. 2. Auflage. Rowohlt: Reinbek bei Hamburg

Flitner, A. (1963): Die pädagogische Anthropologie inmitten der Wissenschaften zum Menschen. In: ders. (Hrsg.): Wege zur pädagogischen Anthropologie. Quelle & Meyer: Heidelberg. 218-268

Flückinger, K. (2016): Systemische Coaching unterstützt Arbeitsintegration für junge Menschen. In: R. Wegener et al. (Hrsg.): Zur Differenzierung von Handlungsfeldern im Coaching. Springer Fachmedien: Wiesbaden. 258-268

Friedrich, A. (2011): Personalarbeit in Organisationen Sozialer Arbeit. VS Verlag für Sozialwissenschaften: Wiesbaden

Fromm, M. (2015): Einführung in die Pädagogik. Waxmann: Münster

Frommann, A., Schramm, D. & Thiersch, H. (1976): Sozialpädagogische Beratung. In: Zeitschrift für Pädagogik 22, Heft 5/1976. 715-741

Füssenhäuser, C. (2011): Theoriekonstruktion und Positionen der Sozialen Arbeit. In: H.-U. Otto & H. Thiersch (Hrsg.): Handbuch Soziale Arbeit. Reinhardt: München. 1646-1660

Füssenhäuser, C. & Thiersch, H. (2001): Theorien der Sozialen Arbeit. In: H.-U. Otto & H. Thiersch (Hrsg.): Handbuch Sozialarbeit / Sozialpädagogik. Luchterhand: Neuwied. 1876-1900

Gängler, H. (2011): Hilfe. In: H.-U. Otto & H. Thiersch (Hrsg.): Handbuch Soziale Arbeit. Reinhardt: München. 109-118

Gahleitner, S. & Pauls, H. (2012): Soziale Arbeit und Psychotherapie – zum Verhältnis sozialer und psychotherapeutischer Unterstützungen und Hilfen. In: W. Thole (Hrsg.): Grundriss Soziale Arbeit. VS Verlag: Wiesbaden. 367-375

Galuske, M. & Müller, C.W. (2012): Handlungsformen in der Sozialen Arbeit – Geschichte und Entwicklung. In: W. Thole (Hrsg.): Grundriss Soziale Arbeit. Springer: Wiesbaden. 587-610

Galuske, M. (2011a): Methoden. In: H.-U. Otto & H. Thiersch (Hrsg.): Handbuch Soziale Arbeit. Reinhard: München. 931-945

Galuske, M. (2011b): Methoden der Sozialen Arbeit. Eine Einführung. 9. Auflage. Juventa: Weinheim/ München

Galuske, M. (2013): Methoden der Sozialen Arbeit. Eine Einführung. 10. Auflage. Beltz Juventa: Weinheim/Basel

Gassmann, D. & Grawe, K (2006): General change mechanisms: The relation between problem actuation and resource activation in successful and unsuccessful therapeutic interactions. In: Clinical Psychology and Psychotherapy, 13/2006. 1-11

Geißler, H. (2011): Die inhaltsanalytische „Vermessung“ von Coachingprozessen. In: B. Birgmeier (Hrsg.): Coachingwissen. 2. Aufl. VS-Verlag. Wiesbaden. 95-127

Gien, G. & Sill, B. (2013): Ganz unten!? Der Lebensschatten des Scheiterns. Zur Einführung. In: Dies. (Hrsg.): Scheitern. EOS. St. Ottilien. 9-26

Giesecke, H. (2007): Pädagogik als Beruf. Grundformen pädagogischen Handelns. Juventa: Weinheim/München

Gieseke, W. & Nittel, D. (Hrsg.) (2016): Handbuch Pädagogische Beratung über die Lebensspanne. Beltz Juventa: Weinheim/Basel

Glauser, L. (2018): Ambivalenzen des Coachings. Über nicht intendierte Wirkungen in Zeiten der Selbstoptimierung. In: Wegener et al. (Hrsg.): Wirkung im Coaching. (aaO. 132-147).

Glitza, R. (2004): „Wille, guter“, in: J. Ritter, K. Gründer & G. Gabriel (Hrsg.): Historisches Wörterbuch der Philosophie, Bd. 12, Sp. 796. Schwabe Verlag: Basel

Göhlich, M. (2011): Reflexionsarbeit als pädagogisches Handlungsfeld. Zur Professionalisierung der Reflexion und zur Expansion von Reflexionsprofessionellen in Supervision, Coaching und Organisationsberatung. In: W. Helsper & R. Tippelt (Hrsg.): Pädagogische Professionalität (ZFP, 57. Beiheft). Beltz: Weinheim/Basel. 138-151

Göhlich, M. (2014): Handeln und Praxis. In: C. Wulf & J. Zirfas (Hrsg.): Handbuch Pädagogische Anthropologie. Springer VS: Wiesbaden. 165-175

Göppner, H. (2016): Damit „Hilfe“ Hilfe sein kann. Springer VS: Wiesbaden

Graf, U., Iwers, T. (Hrsg.) (2019): Beziehungen bilden. Klinkhardt: Bad Heilbrunn

Graff, U. (2008): Gut zu wissen! Biografische Selbstreflexion als Genderkompetenz. In: K. Böllert & S. Karsunky (Hrsg.): Genderkompetenz in der Sozialen Arbeit. VS Verlag für Sozialwissenschaften. Wiesbaden. 63-76

Grant, A. (2018): Ziele im Coaching. In: S. Greif et al. (Hrsg.): Handbuch Schlüsselkonzepte im Coaching. Springer: Wiesbaden. 667-678

Grawe, K., Donati, R. & Bernauer, F. (1994): Psychotherapie im Wandel. Hogrefe: Göttingen

Greif, S. (2008): Coaching und ergebnisorientierte Selbstreflexion. Theorie, Forschung und Praxis des Einzel- und Gruppencoachings. Hogrefe: Göttingen

Greif, S. (2011a): Grundlagentheorien und praktische Beobachtungen zum Coachingprozess. In: B. Birgmeier (Hrsg.): Coachingwissen. VS Verlag: Wiesbaden. 131-146

Greif, S. (2011b): Qualitative oder quantitative Forschungsmethoden. In: E.-M. Graf et al. (Hrsg.): Beratung, Coaching, Supervision. VS-Verlag: Wiesbaden. 37-52

Greif, S., Schmidt, F. & Thamm, A. (2012): Warum und wodurch Coaching wirkt. In: OSC (2012). 375-390

Greif, S. (2014): Coaching und Wissenschaft – Geschichte einer schwierigen Beziehung. In: OSC (Organisationsberatung, Supervision, Coaching (2014) 21. 295-311

Greif, S. (2015): Evaluation von Coaching: Eine schwer zu bewertende Dienstleistung. In: A. Schreyögg & Chr. Schmidt-Lellek (Hrsg.): Die Professionalisierung von Coaching. Springer: Wiesbaden. 47-69

Groddeck, N. (2008): Coaching und seine Implikationen für die Soziale Arbeit (E-Book). Grin: München

Gröning, K. (2011): Pädagogische Beratung. Konzepte und Positionen. VS für Sozialwissenschaften: Wiesbaden

Grunwald, K. & Thiersch, H. (2011): Lebensweltorientierung. In: H.-U. Otto & H. Thiersch (Hrsg.): Handbuch Soziale Arbeit. Reinhardt: München Basel. 854-863

Gudjons, H. & Traub, S. (2016): Pädagogisches Grundwissen. Überblick – Kompendium – Studienbuch. 12. Auflage. Julius Klinkhardt: Bad Heilbrunn

Habermas, J. (1985): Die Neue Unübersichtlichkeit. Suhrkamp: Berlin

Hänseler, M. & Wegener, R. (2017): Ein viel versprechendes Beratungsformat. Was Sie über Coaching in der Sozialen Arbeit wissen sollten. Nr.10_Oktober. 34-35

Hamann, B. (1993): Pädagogische Anthropologie: Theorien – Modelle – Strukturen. Eine Einführung. Klinkhardt: Bad Heilbronn/Obb.

Hamburger, F. (2012): Einführung in die Sozialpädagogik. Kohlhammer: Stuttgart

Hammerschmidt, P., Auer K. & Weber S. (2017): Zeitgenössische Theorien Sozialer Arbeit. Weinheim

Hanke, K. & Boehnke, K. (2018): Werte und ihre Bedeutung im Coaching. In: S. Greif et al. (Hrsg.): Handbuch Schlüsselkonzepte im Coaching. Springer: Wiesbaden. 657-665

Hartmann, M. (2004): Coaching als Grundform pädagogischer Beratung. Dissertation, Universität München

Haubl, R., Hausinger, B. & Voß, G. G. (Hrsg.) (2011): Riskante Arbeitswelten. Campus: Frankfurt/M.

Hawkins, P. & Turner, E. (2019): Systemic Coaching: Delivering Value Beyond the Individual. Routledge

Hechler, O. (2016): Pädagogische Konzepte zur Beratung. In: W. Gieseke & D. Nittel (Hrsg.): Handbuch Pädagogische Beratung über die Lebensspanne. Beltz Juventa: Weinheim/Basel. 131-140

Heidbrink, L. (2010): Nichtwissen und Verantwortung: Zum Umgang mit nichtintendierten Handlungsfolgen. Working papers des CRR, Nr. 8/2010; abrufbar unter: http://www.responsibility-research.de/resources/WP_8_Nichtwissen_und_Verantwortung.pdf (Abruf: 23.03.2019)

Heintel, P. & Ukowitz, M. (2011): Vielfalt ermöglichen. Eine reflexive Annäherung an Rolle und Funktion einer Rahmentheorie im Coaching. In: B. Birgmeier (Hrsg.): Coachingwissen. VS Springer: Wiesbaden. 35-48

Heite, C. (2018): Anerkennung. In: H.-U. Otto et al. (Hrsg.): Handbuch Soziale Arbeit. Reinhardt: München. 68-77

Herwig-Lempp, J. & Kühling, L. (2012): Sozialarbeit ist anspruchsvoller als Therapie. In: ZSTB, Jg. 30 (2), April 2012. 51-56

Herzog, W. (2018): Die ältere Schwester der Theorie. Eine Neubetrachtung des Theorie-Praxis-Problems. In: Zeitschrift für Pädagogik. 64. Jahrgang 2018, Heft 6. 813-830

Hörster, R. (2012): Pädagogisches Handeln. In: H.-H. Krüger & W. Helsper (Hrsg.): Einführung in Grundbegriffe und Grundfragen der Erziehungswissenschaft. Budrich: Opladen. 35-45

Hofmann, E. (2004): Betriebswirtschaftslehre als anwendungsorientierte Wissenschaftsdisziplin. In: H.-Chr. Pfohl (Hrsg.): Netzkompetenz in Supply Chains. VS: Wiesbaden. 285-297

Hünersdorf, B. (2020): Phänomenologische Annäherungen an die Sozialpädagogik. In: B. Birgmeier, E. Mührel & M. Winkler (Hrsg.): Sozialpädagogische SeitenSprünge. Beltz Juventa: Weinheim/Basel. 104-114

Hundeck, M. (2009): Die Angst vor der Unverfügbarkeit und der Anspruch auf Autopoiesis. In: B. Birgmeier & E. Mührel (Hrsg.): Die Sozialarbeitswissenschaft und ihre Theorie(n). Springer VS: Wiesbaden. 279-290

Hundeck, M. & Mührel, E. (2021): Erkenntnistheorie der Sozialen Arbeit. Beltz Juventa: Weinheim/Basel *(im Erscheinen)*
Iser, A. (2011): Supervision. In: H.-U. Otto & H. Thiersch (Hrsg.): Handbuch Soziale Arbeit. Reinhardt: München. 1605-1613
Jaeger, F. (2011): Geschichte. In: S. Jordan & C. Nimtz (Hrsg.): Lexikon Philosophie. Hundert Grundbegriffe. Reclam: Stuttgart. 109-113
Jung, M. (2001): Hermeneutik zur Einführung. Junius: Hamburg
Jornitz, S. (2009): Evidenzbasierte Bildungsforschung. In: Pädagogische Korrespondenz 40. 68-75
Kamlah, W. (1973): Philosophische Anthropologie. Sprachkritische Grundlegung und Ethik. Bibliographisches Institut: Mannheim
Kanfer, F. H., Reinecker, H. & Schmelzer, D. (2000): Selbstmanagement-Therapie. Ein Lehrbuch für die Klinische Praxis. Springer: Berlin
Kanning, U. (2020): „Ich habe viele unsinnige Sachen gesehen". Interview von Jannik Deters mit Prof. Dr. Uwe Kanning über Coaching. In: Wirtschaftswoche v. 26.08.2020. online unter: https://www.wiwo.de/erfolg/management/psychologe-ueber-coachings-ich-habe-viele-unsinnige-sachen-gesehen/26126980.html (Abruf: 03.09.2020)
Keil, G. (2011): Handeln. In: S. Jordan & C. Nimtz (Hrsg.): Lexikon Philosophie. Hundert Grundbegriffe. Reclam: Stuttgart. 123-126
Kingreen, T. (2017): Personzentriertes Coaching: Wachstum im System durch Entwicklung der Person. In: Transformationen, 26(1). 25-50
Klafki, W. (2019): Allgemeine Erziehungswissenschaft. Springer: Wiesbaden
Kleve, H. (2010): Konstruktivismus und Soziale Arbeit. Springer VS: Wiesbaden
Koch, L. (2008): Erfahrung und Lernen. In: G. Mertens, U. Frost, W. Böhm & V. Ladenthin (Hrsg.): Handbuch der Erziehungswissenschaft. Band 1: Grundlagen. Allgemeine Erziehungswissenschaft. Paderborn u. a. 365-371
Koller, H.-Chr. (2017): Grundbegriffe, Theorien und Methoden der Erziehungswissenschaft. Eine Einführung. 8., aktualisierte Auflage. Kohlhammer: Stuttgart
Kotte, S., Oellerich, K., Schubert, D. & Möller, H. (2015): Das ambivalente Verhältnis von Coachingforschung und -praxis: Dezentes Ignorieren, kritisches Beäugen oder kooperatives Miteinander? In: A. Schreyögg & C. Schmidt-Lellek (Hrsg.): Die Professionalisierung von Coaching. Springer: Wiesbaden. 23-46
Kotte, S., Hinn, D., Oellerich, K. & Möller, H. (2018): Stand der Coachingforschung: Ergebnisse der vorliegenden Metaanalysen. In: S. Greif et al. (Hrsg.): Handbuch Schlüsselkonzepte im Coaching. Springer: Wiesbaden. 553-562
Kraft, V. (2009): Pädagogisches Selbstbewusstsein. Schöningh: Paderborn
Krall, J. et al. (2008): Supervision und Coaching. Praxisforschung und Beratung im Sozial- und Bildungsbereich. Springer VS: Wiesbaden
Kraus, B. (2012): Was ist und soll eine Wissenschaft der Sozialen Arbeit? In: S. Gahleitner, B. Kraus & R. Schmitt (Hrsg.): Über Soziale Arbeit und über Soziale Arbeit hinaus. Jacobs Verlag: Lage. 19-39
Kraus, B. (2013): Erkennen und Entscheiden – Grundlagen und Konsequenzen eines erkenntnistheoretischen Konstruktivismus für die Soziale Arbeit. Beltz Juventa: Weinheim/Basel
Kraus, B. (2019): Relationaler Konstruktivismus – Relationale Soziale Arbeit. Beltz Juventa: Weinheim/Basel
Kravchenko, Y. (2020): Positive Psychotherapy in Organizational and Leadership Coaching. In: Positive Psychiatry, Psychotherapy and Psychology. Springer: Cham. 253-275
Krczizek, R. & Kühl, W. (2008): Beratungsbedarf für Fachkräfte im sozialen Bereich / Coaching für Führungskräfte in der Sozialen Arbeit. Jenaer Schriften zur Sozialwissenschaft. Band 1. Eigenverlag. Abrufbar unter: https://www.db-thueringen.de/servlets/MCRFileNodeServlet/dbt_derivate_00022453/FH-Schriftenreihe_1_Coaching.pdf
Krieger, W. (2016): Normativität und Wissenschaft der Sozialen Arbeit. Systematisierende Zugänge zu einer normenkritischen Wissenschaftstheorie der Sozialen Arbeit. In: S. Bormann et al. (Hrsg.): Die Wissenschaft Soziale Arbeit im Diskurs. Barbara Budrich: Opladen Berlin Toronto. 113-128
Kriz, J. (2017): Subjekt und Lebenswelt. V & R: Göttingen
Kriz, J. (2018): Systemtheorien als Grundlage im Coaching. In: S. Greif et al. (Hrsg.): Handbuch Schlüsselkonzepte im Coaching. Springer: Wiesbaden. 583-591

Kriz, J. (2019): Personzentrierte Systemtheorie und ihre praktische Bedeutung im Coaching. In: coaching magazin 1/2019 (online: https://www.coaching-magazin.de/prozesse-settings/personzentrierte-systemtheorie; Abruf: 11.07.2020)

Krüger, H.-H. (2019). Erziehungs- und Bildungswissenschaft als Wissenschaftsdisziplin. (UTB) Verlag Barbara Budrich: Opladen Toronto

Kühl, S. (2005): Das Scharlatanerieproblem – Coaching zwischen Qualitätsproblemen und Professionalisierungsbemühung. DGfS-Eigenverlag: Köln

Kühl, S. (2008): Coaching und Supervision. VS Springer: Wiesbaden

Kühl, W. (2014): Wirkungen von Führungskräfte-Coachings in der Sozialen Arbeit. In: Organisationsberatung – Supervision – Coaching, Heft 21, Jg. 2014. 39-53

Künzli, H. & Stulz, N. (2011): Individuumsorientierte Coaching-Forschung. In: B. Birgmeier (Hrsg.): Coachingwissen. Springer: Wiesbaden. 161-172

Kuhl, J. (2001): Motivation und Persönlichkeit. Interaktionen psychischer Systeme. Hogrefe: Göttingen

Kuhl, J. & Strehlau, A. (2011): Handlungspsychologische Grundlagen des Coachings. Anwendung der Theorie de Persönlichkeits-System-Interaktionen (PSI). In: B. Birgmeier (Hrsg.): Coachingwissen. VS Verlag: Wiesbaden. 173-184

Lackner, K. (2015): Coaching. In: W. Thole, D. Höblich & S. Ahmed (Hrsg.): Taschenwörterbuch Soziale Arbeit. Klinkhardt: Bad Heilbrunn. 55-56

Lambers, H. (2013): Theorien der Sozialen Arbeit. Ein Kompendium und Vergleich. Budrich: Opladen/Toronto

Lambers, H. (2018): Theorien der Sozialen Arbeit. Ein Kompendium und Vergleich. Budrich: Opladen/Toronto

Lambers, H. (2019): Theorien der Sozialen Arbeit. In: https://www.socialnet.de/lexikon/Theorien-der-Sozialen-Arbeit (Abgerufen am 10.01.2020)

Lambers, H. (2020): Theorievielfalt – Free Jazz oder Blues? In: B. Birgmeier, E. Mührel & M. Winkler (Hrsg.): Sozialpädagogische SeitenSprünge. Beltz Juventa: Weinheim/Basel. 137-141

Langeveld, M. J. (1951): Einführung in die Pädagogik. Klett: Stuttgart

Langeveld, M. J. (1956): Studien zur Anthropologie des Kindes. Niemeyer: Tübingen

Lenk, H. (1977-1984): Handlungstheorien – interdisziplinär. Fink: München

Lenk, H. (1989): „Handlung(stheorie)“. In: H. Seiffert & G. Radnitzky (Hrsg.): Handlexikon zur Wissenschaftstheorie. Ehrenwirth: München. 119-127

Lenk, H. (1993): Interpretationskonstrukte. Zur Kritik der interpretatorischen Vernunft. Suhrkamp: Frankfurt/M.

Lenk, H. (1998): Einführung in die Erkenntnistheorie: Interpretation – Interaktion – Intervention. München

Lenk, H. (2010): Das flexible Vielfachwesen. Velbrück: Weilerswist-Metternich

Lenk, H. (2013): Interpretationskonstrukte beim Handeln. Ein methodologisch interpretatorischer Ansatz für die philosophische Handlungstheorie. In: B. Birgmeier & E. Mührel (Hrsg.): Handlung in Theorie und Wissenschaft Sozialer Arbeit. Springer VS: Wiesbaden. 21-35

Lerche, W., Krautscheid, Ch., Olejik, A. & Selg, E.-M (2001): Personalentwicklung in Sozialorganisationen. Eine Arbeitshilfe für die Praxis. 2. erweiterte Auflage. Eigenverlag des Deutschen Vereis für öffentliche und private Fürsorge: Augsburg

Levold, T. (2003): Die Professionalisierung der Persönlichkeit – Zur gesellschaftlichen Aktualität von Coaching. In: K. Martens-Schmid (Hrsg.): Coaching als Beratungssystem. Grundlagen, Konzepte, Methoden. Heidelberg. 55-88

Libri, V. & Kemp, T. (2006): Assessing the efficacy of a cognitive behavioural executive coaching programme. In: International Coaching Psychology Review, 1(2). 9-18

Lindart, M. (2016): Was Coaching wirksam macht. Wirkfaktoren von Coachingprozessen im Fokus. Springer Fachmedien: Wiesbaden

Lindenberg, M. (2013): Soziale Arbeit als Praxis der Verabredung. Einige handlungstheoretische Überlegungen im Anschluss an Hannah Arendt. In: B. Birgmeier & E. Mührel (Hrsg.): Handlung in Theorie und Wissenschaft Sozialer Arbeit. Springer VS: Wiesbaden. 57-69

Lindner, E. (2011): Coachingwahn: Wie wir uns hemmungslos optimieren lassen. Econ: Berlin

Lippmann, E. & Ullmann-Jungfer, G. (2011): Coaching und Coaching-Masterlehrgang am IAP Zürich. In: B. Birgmeier (Hrsg.): Coachingwissen. VS Verlag: Wiesbaden. 271-284

Lippmann, E. (2013): Grundlagen auf der Basis eines systemisch-lösungsorientierten Beratungsansatzes. In: ders. (Hrsg.): Coaching. Angewandte Psychologie für die Beratungspraxis. Springer: Wiesbaden. 13-52

Lob-Hüdepohl, A. (2003): Ethik Sozialer Arbeit als Menschenrechtsprofession. Konturen einer sozialprofessionellen Grundhaltung. In: Soziale Arbeit 52, Heft 2/2003. 42-48

Loch, W. (1965): Der pädagogische Sinn der anthropologischen Betrachtungsweise. In: Bildung und Erziehung 18/1965. 164-180

Löcherbach, F. (2003): Qualifizierung im Case Management – Bedarf und Angebote. In: F. Löcherbach et al. (Hrsg.): Case Management. Fall- und Systemsteuerung in Theorie und Praxis. Luchterhand: Neuwied Kriftel. 201-231

Loebbert, M. (2013a): Professional Coaching – Konzepte, Instrumente, Anwendungsfelder. Schäffer Poeschel: Stuttgart

Loebbert, M. (2013b): Alles Coaching oder was? In: Coachingmagazin 3/2013. 48-51

Loebbert, M. (2016): Praxisfelder im Coaching. In: R. Wegener et al. (Hrsg.): Coaching-Praxisfelder. Springer: Wiesbaden. 203-220

Loebbert, M. (2016b): Wie Supervision gelingt: Supervision als Coaching für helfende Berufe. Springer: Wiesbaden

Loebbert, M. (2017): Coaching-Theorie. Eine Einführung. Springer: Wiesbaden

Lomas, T. (2020): Positive coaching psychology: A case study in the hybridization of positive psychology. In: International Journal of Wellbeing, 10(2)

Looss, W. (1991). Coaching für Manager- Problembewältigung unter vier Augen. Verlag Moderne Industrie: Landsberg/Lech

Looss, W. & Rauen, C. (2005): Einzel-Coaching – Das Konzept einer komplexen Beratungsbeziehung. In: C. Rauen (Ed.): Handbuch Coaching (3. überarb. Aufl.). Hogrefe: Göttingen. 155-182

Lowy, L. (1973): Sozialarbeit/Sozialpädagogik als Wissenschaft im angloamerikanischen und deutschsprachigen Raum. Lambertus: Freiburg/Br.

Ludwig, P. (2020): Die kritisch-dialektisch Handlungs- und Widerfahrnisphilosophie aus der Perspektive der sozialpädagogischen Arbeit mit Menschen mit Behinderung. In: B. Birgmeier, E. Mührel & M. Winkler (Hrsg.): Sozialpädagogische SeitenSprünge. Beltz Juventa: Weinheim/Basel. 150-158

Lumer, C. (1990): Handeln/Handlung/Handlungstheorie. In: H. J. Sandkühler (Hrsg.): Europäische Enzyklopädie zu Philosophie und Wissenschaften. Felix Meiner: Hamburg. 499-514

Maaser, W. (2015): Lehrbuch Ethik. Beltz Juventa: Weinheim/Basel

Maaser, W. (2018): Leistung. In: H.-U. Otto et al. (Hrsg.): Handbuch Soziale Arbeit. Reinhardt. 933-942

Mangelsdorf, J. (2020): Positive Psychologie im Coaching. Springer: Wiesbaden

Marquard, O. (1971): Anthropologie. In: J. Ritter & K. Gründer (Hrsg.): Historisches Wörterbuch der Philosophie. Band 1: A-C. Schwabe: Basel. 362-374

Marquard, O. (1981): Bemerkungen zur Philosophie als „Grundwissenschaft". Zeitschrift für Didaktik der Philosophie 3 (4). 196-198.

Marquard, O. (2000): Philosophie des Stattdessen. Reclam: Stuttgart

Marquard, O. (2001): Apologie des Zufälligen. Philosophische Überlegungen zum Menschen. In: ders.: Apologie des Zufälligen. Reclam: Stuttgart. 117-139

Marquard, O. (2001): Narrare necesse est. In: Philosophie des Stattdessen. Reclam: Stuttgart. 60-65

Martens-Schmid, K. (2007): Die „ganze Person" im Coaching – Ambivalenzen und Optionen. In: OSC, 14(1). 17-28

Martens-Schmid, K. (2011): Wissensressourcen im Coachingdialog. In: B. Birgmeier (Hrsg.): Coachingwissen. VS Verlag: Wiesbaden. 63-74

May, M. (2010): Aktuelle Theoriediskurse Sozialer Arbeit. VS. Wiesbaden

May, M. (2016): Zur Psychologisierung und Therapeutisierung der Methoden Sozialer Arbeit. In: R. Anhorn & M. Balzereit (Hrsg.): Handbuch Therapeutisierung und Soziale Arbeit. Springer Fachmedien: Wiesbaden. 725-748

Meifert, M; Leinweber, St., Molbach, A., Reimann, M. & Mat, Chr. (Hrsg.): Management Coaching. Haufe: Freiburg/Br.

Mennemann, H. (2000): Krise als ein Zentralbegriff der (Sozial-)Pädagogik – eine ungenutzte Möglichkeit? In: neue praxis 3/2000. 207-226

Michel-Schwartze, B. (2012): Konzeptionsentwicklung als Steuerungsmethode. In: dies. (Hrsg.): Methodenbuch Soziale Arbeit. Springer: Wiesbaden. 293-316

Migge, B. (2005): Handbuch Coaching und Beratung: Weiterbildung und Qualifikation. Beltz: Weinheim

Möller, H., Kotte, S. & Oellerich, K. (2013): Coaching-Praxis und Wissenschaft. Ein unüberwindlicher Gap? In: Coaching-Magazin, 1/2013 (Abruf: 20. Februar 2019)

Möller, H. (2018): Psychische Störungen im Coaching. In: S. Greif et al. (Hrsg.): Handbuch Schlüsselkonzepte im Coaching. Springer: Wiesbaden. 468-474

Moldaschl, M. (2001): Reflexive Beratung. Eine Alternative zu strategischen und systemischen Ansätzen. In: N. Degele, T. Münch, H. Pongratz & N. Saam (Hrsg.): Soziologische Beratungsforschung. Leske + Budrich: Opladen. 133-157

Moldaschl, M. (2010): Was ist Reflexivität? Papers and preprints of the department of innovation research and sustainable resource management (BWL IX), Chemnitz University of Technology; https://www.tu-chemnitz.de/wirtschaft/bwl9/forschung/fprojekte/reflex/kompReflex/ergebnisse/pdf/WP_2010_11_Reflexivitaet.pdf. (Zugegriffen: 28.12.2020)

Mollenhauer, K. (1959): Die Ursprünge der Sozialpädagogik in der industriellen Gesellschaft. Eine Untersuchung zur Struktur sozialpädagogischen Denkens und Handelns. Beltz: Weinheim Berlin

Mollenhauer, K. (1965): Das pädagogische Phänomen „Beratung". In: ders. & C.W. Müller (Hrsg.), „Führen" und „Beraten" in pädagogischer Sicht. Quelle & Meyer: Heidelberg. 25-50

Mollenhauer, K. (1988): Einführung in die Sozialpädagogik. Probleme und Begriffe der Jugendhilfe. Beltz: Weinheim/Basel

Morasch, G. (2014): Erfahrung. In: C. Wulf & J. Zirfas (Hrsg.): Handbuch Pädagogische Anthropologie. Springer Fachmedien: Wiesbaden. 549-558

Mührel, E. (2019): Verstehen und Achten. Professionelle Haltung als Grundlegung Sozialer Arbeit. Beltz Juventa: Weinheim/Basel

Mührel, E., Niemeyer, Chr. & Werner, S. (Hrsg.) (2016): Capability Approach und Sozialpädagogik. Eine heilige Allianz? Beltz Juventa: Weinheim/Basel

Müller, C.W. (2013): Wie helfen zum Beruf wurde. Beltz Juventa: Weinheim/Basel

Müller-Commichau, W. (2002): Coaching im sozialen Feld. Hilfe in schwierigen beruflichen Situationen. In: Sozialmagazin 4/2002. 28-32

Munsch, Ch. (2012): Praxisforschung in der Sozialen Arbeit. In: W. Thole (Hrsg.): Grundriss Soziale Arbeit. VS: Wiesbaden. 1177-1190

Natorp, P. (1899/1974): Sozialpädagogik. Theorie der Willenserziehung auf der Grundlage der Gemeinschaft. Schöning: Paderborn

Nestmann, F., Engel, F. & Sickendiek, U. (2004): „Beratung" – ein Selbstverständnis in Bewegung. In: dies. (Hrsg.): Handbuch der Beratung. Band I. dgvt-Verlag: Tübingen. 33-44

Nestmann, F., Engel, F. & Sickendiek, U. (Hrsg.) (2007): Das Handbuch der Beratung. Band 1 + 2. dgvt-Verlag: Tübingen

Nestmann, F., Engel, F. & Sickendiek, U. (Hrsg.) (2013): Das Handbuch der Beratung. Band 3. dgvt-Verlag: Tübingen

Nestmann, F. & Sickendiek, U. (2011): Beratung. In: H.-U. Otto & H. Thiersch (Hrsg.): Handbuch Soziale Arbeit. Reinhardt: München. 109-119

Neuberger, O. (1994): Personalentwicklung. Enke: Stuttgart

Nittel, D. (2016): Der erziehungs- und bildungswissenschaftliche Zugang zur Handlungsform „Beratung". In: W. Gieseke & D. Nittel (Hrsg.): Handbuch Pädagogische Beratung über die Lebensspanne. Beltz Juventa: Weinheim/Basel. 20-31

Noack, W. (2002): Anthropologische Grundlagen der Sozialpädagogik. In: Soziale Arbeit 51 (4). 122-134.

Noack-Napoles, J. (2020): Sozialpädagogik eudaimogenetisch denken. In: B. Birgmeier, E. Mührel & M. Winkler (Hrsg.): Sozialpädagogische SeitenSprünge. Beltz Juventa: Weinheim/Basel. 186-190

Nohl, H. (1929): Sozialpädagogik. In: Handbuch der Pädagogik. Band 5. Beltz: Langensalza

Nussbaum, M. (1999): Gerechtigkeit oder das gute Leben. Suhrkamp: Frankfurt/M.

Nussbaum, M. (2010): Die Grenzen der Gerechtigkeit. Behinderung, Nationalität und Spezieszugehörigkeit. Suhrkamp: Frankfurt/M.

Obrecht, W. (2009): Probleme der Sozialen Arbeit als Handlungswissenschaft und Bedingungen ihrer kumulativen Entwicklung. In: B. Birgmeier & E. Mührel (Hrsg.): Die Sozialarbeitswissenschaft und ihre Theorie(n). Wiesbaden. 113-130

Oelkers, N. & Feldhaus, N. (2011): Das (vernachlässigte) Normativitätsproblem in der Sozialen Arbeit. In: E. Mührel & B. Birgmeier (Hrsg.): Theoriebildung in der Sozialen Arbeit. Entwicklungen in der Sozialpädagogik und Sozialarbeitswissenschaft. VS: Wiesbaden. 69-84

Oerter, R. (2018): Entwicklung. In: H.-U. Otto et al. (Hrsg.): Handbuch Soziale Arbeit. Reinhardt. 315-326

Özdemir, H. (2012): Coaching ist für mich ein helfender Beruf. In: Coaching Magazin 4/2012. 12-16. (online unter: https://www.coaching-magazin.de/portrait/interview-hueseyin-oezdemir) (Abruf: 20.09.2020)

Osthoff, R. (2018): Konstruktivistische Programme als wissenschaftstheoretische Angebote für eine philosophische und soziologische Normenreflexion in der Sozialen Arbeit. In: W. Krieger & B. Kraus (Hrsg.): Normativität und Wissenschaftlichkeit in der Wissenschaft Soziale Arbeit. Beltz Juventa: Weinheim/Basel. 94-151

Otto, H.-U. & Thiersch, H. (2011): Vorwort. In: dies. (Hrsg.): Handbuch Soziale Arbeit. Reinhardt: München Basel. V-VI

Otto, H.-U., Scherr, A. & Ziegler, H. (2010): Wieviel und welche Normativität benötigt die Soziale Arbeit? In: neue praxis 2/2010, 137-163

Otto, H.-U. & Ziegler, H. (Hrsg.) (2010): Capabilities – Handlungsbefähigung und Verwirklichungschancen in der Erziehungswissenschaft. VS Verlag: Wiesbaden

Pallasch, W. & Petersen, R. (2005): Coaching. Juventa: Weinheim/München

Pallasch, W. & Hameyer, U. (2008). Lerncoaching. Juventa: Weinheim/München

Peus, C., Frey, D. & Braun, S. (2011): Einsatz von Gruppenworkshops in Kombination mit Individualcoaching zur Förderung von Führungskompetenzen. In: B. Birgmeier (Hrsg.): Coachingwissen VS Verlag: Wiesbaden. 365-376

Piaget, J. (2003): Das Erwachen der Intelligenz. Rascher: Zürich

Pool Maag, S. & Baumhoer-Marti, U. (2016): Förderorientiertes Coaching von Jugendlichen an Berufsfachschulen. In: R. Wegener et al. (Hrsg.): Zur Differenzierung von Handlungsfeldern im Coaching. Springer Fachmedien: Wiesbaden. 124-134

Preis, W. (2009): Perspektiven einer Praxeologie Sozialer Arbeit. In: B. Birgmeier & E. Mührel (Hrsg.): Die Sozialarbeitswissenschaft und ihre Theorie(n). VS Verlag: Wiesbaden. 157-170

Preis, W. (2013): Professionelles Handeln unter den Bedingungen der Ungewissheit? In: B. Birgmeier & E. Mührel (Hrsg.): Handlung in Theorie und Wissenschaft Sozialer Arbeit. Springer: Wiesbaden. 175-196

Radatz, S. (2018): Relationales Coaching: Die neue Dimension der „Beratung ohne Ratschlag". In: Coaching-Newsletter, 1/2018. Abrufbar unter: https://www.coaching-newsletter.de/archiv/2018/coaching-newsletter-januar-2018.html. [09.03.2020]

Rauen, Chr. (2003): Coaching. In: Praxis der Personalpsychologie. Band 2. Hogrefe. Göttingen

Rauen, C. (2020): RAUEN Coaching-Marktanalyse 2020. 04.05.2020. Verfügbar unter https://www.rauen.de/cma/ (Abruf: 05.09.2020)

Rauen, C., Strehlau, A. & Ubben, M. (2011): Eine integrative Theorie über die grundlegenden Wirkzusammenhänge im Coaching. In: B. Birgmeier (Hrsg.): Coachingwissen. VS Verlag: Wiesbaden. 147-160

Rauschenbach, T. & Züchner, I. (2012): Theorie der Sozialen Arbeit. In: W. Thole (Hrsg.): Grundriss Soziale Arbeit. VS: Wiesbaden. 151-173

Reichel, R. & Rabenstein, R. (2001): Kreativ beraten. Ökotopia: Münster

Reichenbach, R. (2018): Ethik der Bildung und Erziehung. Ferdinand Schöningh: Paderborn

Rieger-Ladich, M. (2019): Bildungstheorien zur Einführung. Junius: Hamburg

Richter, H. (2009): Kommunalpädagogik. In: E. Mührel & B. Birgmeier (Hrsg.): Theorien der Sozialpädagogik – ein Theorie-Dilemma? Springer: Wiesbaden. 273-296

Richter, M., Klein, A. & Landhäußer, S. (2018): Soziale Arbeit – die Handlungs- und Arbeitsfelder. UTB: Stuttgart

Richter, S. D. (2016): „Einmal verstehen bitte"! – Coaching und Hermeneutik. In: C. Triebel et al. (Hrsg.): Qualität im Coaching. Springer: Wiesbaden. 143-154

Ried, Chr. (2017): Sozialpädagogik und Menschenbild. Springer VS: Wiesbaden

Ried, Chr. (2020): Sozialpädagogik als pädagogische Lebensführungsberatung. In: B. Birgmeier, E. Mührel & M. Winkler (Hrsg.): Sozialpädagogische SeitenSprünge. Beltz Juventa: Weinheim/ Basel. 205-211

Röh, D. (2009): Metatheoretische Überlegungen zu einem integrativen Theorieansatz für die Sozialarbeitswissenschaft als Auseinandersetzung mit Tillmanns Modell der Trajektivität. In: B. Birgmeier & E. Mührel (Hrsg.): Die Sozialarbeitswissenschaft und ihre Theorie(n). VS Springer: Wiesbaden. 199-208

Röh, D. (2011): „... was Menschen zu tun und zu sein in der Lage sind." Befähigung und Gerechtigkeit in der Sozialen Arbeit: Der Capability Approach als integrativer Theorierahmen?! In: E. Mührel & B. Birgmeier (Hrsg.): Theoriebildung in der Sozialen Arbeit. VS Verlag: Wiesbaden. 103-121

Röh, D. (2013): Handlung und Struktur – Aspekte einer Handlungstheorie Sozialer Arbeit als Antwort auf die Frage nach der Handlungsfreiheit von Menschen in gegebenen sozialen Strukturen. In: B. Birgmeier & E. Mührel (Hrsg.): Handlung in Theorie und Wissenschaft Sozialer Arbeit. Springer VS: Wiesbaden. 209-227

Röh, D. (2013a): Die sozialen Grundlagen der Menschenrechte – transforming rights into capabilities. In: E. Mührel & B. Birgmeier (Hrsg.): Menschenrechte und Demokratie. Springer VS: Wiesbaden. 143-161

Röh, D. (2013b): Soziale Arbeit, Gerechtigkeit und das gute Leben. Eine Handlungstheorie zur daseinsmächtigen Lebensführung. Springer VS: Wiesbaden

Rombach, H. (Hrsg.) (1971): Lexikon der Pädagogik in vier Bänden. Herder: Freiburg i. Br.

Roth, H. (1967): Pädagogische Anthropologie. Schoedel: Hannover

Runggaldier, E. (2011): Handlung. In: P. Kolmer & A. G. Wildfeuer (Hrsg.): Neues Handbuch philosophischer Grundbegriffe. Alber. Freiburg/Br. 1145-1159

Ryba, A., Ginati, D., Pauw, D. & Rietmann, S. (2014) (Hrsg.): Professionell coachen – konkret. Beltz. Weinheim/Basel

Ryba, A. (2018): Coaching und die Rolle des Unbewussten. Neurowissenschaftliche Erkenntnisse für eine wirksame Coaching-Praxis. In: R. Wegener et al. (Hrsg.): Wirkung im Coaching. Vandenhoeck & Ruprecht: Göttingen. 57-73

Sahle, R. (2004): Paradigmen der Sozialen Arbeit – ein Vergleich. In: A. Mühlum (Hrsg.), Sozialarbeitswissenschaft. Wissenschaft der Sozialen Arbeit. Lambertus: Freiburg im Breisgau. 295-332

Salomon, A. (1926): Soziale Diagnose. Die Wohlfahrtspflege in Einzeldarstellungen, Bank 3. Carl Heymann Verlag. Berlin

Sauer, S. (2012): Beratung als Kernkompetenz Sozialer Arbeit. In: Soziale Arbeit 61, Heft 7/2012. 249-254

Schäfter, C. (2010): Die Beratungsbeziehung in der Sozialen Arbeit. Eine theoretische und empirische Annäherung. Springer VS: Wiesbaden

Schefold, W. (2012): Sozialpädagogische Forschung. In: W. Thole (Hrsg.): Grundriss Soziale Arbeit. VS Verlag: Wiesbaden. 1123-1144

Schein, E. H. (2003): Prozessberatung für die Organisation der Zukunft. Der Aufbau einer helfenden Beziehung (2. Aufl.). EHP: Bergisch-Gladbach (Erstveröff. 1999)

Schermuly, C. C. (2016): Nebenwirkungen von Coaching für Klienten – Definition, Häufigkeiten, Kategorien und Ursachen. In: C. Triebel, J. Heller, B. Hauser & A. Koch (Hrsg.): Qualität im Coaching. Springer: Berlin. 205-214

Schermuly, C. C. (2019): Erfolgreiches Business-Coaching. Positive Wirkung, unerwünschte Nebenwirkungen und vermeidbare Abbrüche. Beltz: Weinheim/Basel

Schermuly, C. C. & Graßmann, C. (2016): Die Analyse von Nebenwirkungen von Coaching für Klienten aus einer qualitativen Perspektive [The analysis of side effects of coaching for clients from a qualitative perspective]. Coaching Theorie & Praxis 2. 33-47

Schermuly, C. C., Schermuly-Haupt, M. L., Schölmerich, F. & Rauterberg, H. (2014): Zu Risiken und Nebenwirkungen lesen Sie... – Negative Effekte von Coaching [For risks and side effects read ... – negative effects of coaching]. Zeitschrift für Arbeits- und Organisationspsychologie 58. 17-33

Scherpner, H. (1962): Theorie der Fürsorge. Vandenhoeck & Ruprecht. Göttingen

Schilling, J. (2000): Anthropologie. Luchterhand: Neuwied

Schinzilarz, C. (2016): Potenzial-Coaching mit Kindern und Jugendlichen. In: R. Wegener et al. (Hrsg.): Zur Differenzierung von Handlungsfeldern im Coaching. Springer: Wiesbaden. 115-123

Schlittmaier, A. (2009): Normative Implikationen sozialarbeitswissenschaftlicher Theorien – Diskussionsstand, Vorschläge, Visionen. In: B. Birgmeier & E. Mührel (Hrsg.): Die Sozialarbeitswissenschaft und ihre Theorie(n). Springer VS: Wiesbaden. 319-330

Schmelzer, D. (1997): Verhaltenstherapeutische Supervision. Theorie und Praxis. Göttingen/Bern/Toronto/Seattle

Schmidbauer, W. (2007): Das Helfersyndrom. Rowohlt: Berlin

Schmidt, H.-L. (1981): Theorien der Sozialpädagogik. Schindele: Rheinstetten

Schmidt, H.-L. (1992): Prolegomena zur Bestimmung der Sozialpädagogik in ihrem Verhältnis zur Allgemeinen Pädagogik anhand der tradierten „Not-Hilfe-Relation". Unveröffentlichte Habilitation. Eichstätt

Schmidt, H.-L. (1994): Die „Janusköpfige Sozialpädagogik". In: M. Fell, H. Hablitzel & M. Wollenschläger (Hrsg.) (1994): Erziehung – Bildung – Recht. Festschrift für Philipp Eggers zum 65. Geburtstag am 9. Juli 1994. Duncker & Humblot: Berlin. 182-206

Schmidt, H.-L. (1998): Menschen in krisenhaften Lebenssituationen. Überlegungen zu Aufgaben und Grenzen der Sozialpädagogik. In: H.-W. Jendrowiak (Hrsg.): Humane Schule in Theorie und Praxis. Peter Lang Verlag: Frankfurt/M. 182-206

Schmidt, H.-L. (1998 a): „Und so weiter – Warum gerade ich?" Normalbiographie, Krise und Sozialpädagogik. In: H.-L. Schmidt & E. Hischer (Hrsg.): Eichstätter Sozialpädagogische Arbeiten (ESOPA). Band 3: Pelzl, C.: Psychoonkologische Fragestellungen und sozialpädagogischer Handlungsbedarf bei Krebserkrankungen. BPB-Verlag: Eichstätt. V-XIX

Schmidt, H.-L. (1998 b): Soziale Arbeit und Ethik. Auch ein Beitrag zur Effizienz- und Effektivitätsdebatte. In: R. Reindl (Hrsg.): Effektivität, Effizienz und Ethik in Straffälligenhilfe und Kriminalpolitik. Lambertus: Freiburg/Breisgau. 32-71

Schmidt, H.-L. (1999): Zur Renaissance des Zwangs im Umgang mit Menschen – eine pädagogische und sozialpädagogische Kritik. In: W. Nikolei & R. Reindl (Hrsg.): Renaissance des Zwangs: Konsequenzen für die Straffälligenhilfe. Lambertus: Freiburg/Breisgau. 27-57

Schmidt, H.-L. (2000): Ethische Überlegungen zum beruflichen Selbstverständnis der Bewährungshilfe. In: Zeitschrift für Bewährungs-, Gerichts- und Straffälligenhilfe 47/2000. 282-301

Schmidt, M. & Mußlich, S. (2016): Wie mit Coaching Depressionen von jungen Langzeitarbeitslosen reduziert werden können. In: R. Wegener et al. (Hrsg.): Zur Differenzierung von Handlungsfeldern im Coaching. Springer: Wiesbaden. 237-249

Schmidt-Lellek, C. (2003): Coaching und Psychotherapie – Differenz und Konvergenz zu einer Beratung zwischen arbeits- und persönlichkeitsbezogenen Fragestellungen. In: OSC 10/2003. 227-234

Schmidt-Lellek, C. (2011): Life-Coaching als Anleitung zur Selbstsorge. In: B. Birgmeier (Hrsg.): Coachingwissen. VS Springer: Wiesbaden. 325-337

Schmidt-Lellek, C. & Buer, F. (Hrsg.) (2011): Life-Coaching in der Praxis. Wie Coaches umfassend beraten. Vandenhoeck & Ruprecht: Göttingen

Schmidt-Lellek, C. (2015a): Coaching in Relation zur Psychotherapie. In: A. Schreyögg & C. Schmidt-Lellek (Hrsg.): Die Professionalisierung von Coaching. Springer: Wiesbaden. 119-134

Schmidt-Lellek, C. (2015b): Hermeneutik für das Coaching. In: A. Schreyögg & C. Schmidt-Lellek (Hrsg.): Die Professionalisierung von Coaching. Springer. Wiesbaden. 203-216

Schmidt-Lellek, C. (2015c): Die professionelle Beziehung im Coaching – Polaritäten und Paradoxien. In: A. Schreyögg & C. Schmidt-Lellek (Hrsg.): Die Professionalisierung von Coaching. Springer Fachmedien: Wiesbaden. 71-83

Schmidt-Lellek, C. (2018): Ethik und ethische Kompetenz im Coaching. In: S. Greif et al. (Hrsg.): Handbuch Schlüsselkonzepte im Coaching. Springer: Wiesbaden. 173-180

Schmied-Kowarzik, W. (1974): Dialektische Pädagogik. Kösel: München

Schneider, H. & Kauffeld, S. (2011): Einflussnahme in Beratungssituationen? Entwicklung des Beobachtungs- und Analyseverfahrens act4strategies. In: E.-M. Graf, Y. Aksu, I. Pick & S. Rettinger (Hrsg.), Beratung, Supervision, Coaching. Multidisziplinäre Perspektiven vernetzt. Springer VS: Wiesbaden. 189-201

Schneider, A. (2020): Was die Erfahrung lehrt. Empirie in der Sozialen Arbeit. Beltz Juventa: Weinheim/Basel

Schneider, N. (1998): Erkenntnistheorie im 20. Jahrhundert. Reclam: Stuttgart

Schneider, S. & Heidenreich, T. (2011): Therapie und Soziale Arbeit. In: H.-W. Otto & H. Thiersch (Hrsg.): Handbuch Soziale Arbeit. Ernst Reinhardt: München. 1661-1669

Schönig, W. (2016): Duale Rahmentheorie Sozialer Arbeit. In: S. Borrmann et al. (Hrsg.): Die Wissenschaft Soziale Arbeit im Diskurs. Opladen. 179-195
Scholl, W., Greif, S. & Möller, H. (2018): (Wie) Können Coaching-Praktiker*innen von Wissenschaft lernen? In: S. Greif et al. (Hrsg.): Handbuch Schlüsselkonzepte im Coaching. Springer. Wiesbaden. 11-21
Scholl, W. & Schmidt-Lellek (2018): Verstehen und Verständigung und ihre Bedeutung im Coaching. In: S. Greif et al. (Hrsg.): Handbuch Schlüsselkonzepte im Coaching. Springer. Wiesbaden. 631-638
Schreyögg, A. (1999): Coaching. Eine Einführung für Praxis und Ausbildung. Frankfurt/M./New York
Schreyögg, A. (2007): Coaching. In: F. Nestmann, F. Engel & U. Sickendiek (2007) (Hrsg.): Das Handbuch der Beratung. Band 2 (Ansätze, Methoden und Felder). dgvt-Verlag: Tübingen. 947-957
Schreyögg, A. (2011): Die Wissensstruktur von Coaching. In: B. Birgmeier (Hrsg.): Coachingwissen. VS Verlag: Wiesbaden. 49-62
Schreyögg, A. (2015a): Coaching und/oder Supervision. Zum Verhältnis der beiden Formate. In: A. Schreyögg & C. Schmidt-Lellek (Hrsg.): Die Professionalisierung von Coaching. Springer: Wiesbaden. 105-117
Schreyögg, A. (2015b): Life-Coaching: Dynamiken der Herkunftsfamilie. In: A. Schreyögg & C. Schmidt-Lellek (Hrsg.): Die Professionalisierung von Coaching. Springer: Wiesbaden. 373-388
Schreyögg, A. (2015c): Die potenzielle Rollenvielfalt des Coachs. In: A. Schreyögg & C. Schmidt-Lellek (Hrsg.): Die Professionalisierung von Coaching. Springer: Wiesbaden. 245-256
Schüler, U. (2015): Coaching in Projekten. In: A. Schreyögg & C. Schmidt-Lellek (Hrsg.): Die Professionalisierung von Coaching. Springer: Wiesbaden. 149-166
Schütz, A. (1977): Der sinnhafte Aufbau der sozialen Welt. Suhrkamp: Frankfurt/M.
Schumacher, Th. (2013): Lehrbuch der Ethik in der Sozialen Arbeit. Beltz Juventa: Weinheim/Basel
Schurz, G. (2006): Einführung in die Wissenschaftstheorie. Darmstadt
Schwarz, W. (2011): Eigenschaften/Relationen. In: S. Jordan & C. Nimtz (Hrsg.): Lexikon Philosophie Reclam: Stuttgart. 68-70
Schweidler, W. (2018): Kleine Einführung in die angewandte Ethik. Springer: Wiesbaden
Schweda, M. (2015): Joachim Ritter und die Ritter-Schule. Junius: Hamburg
Seiffert, H. (1992): Handlungstheorie. In: H. Seiffert (1992): Einführung in die Wissenschaftstheorie. Band 3. Handlungstheorie – Modallogik – Ethik – Systemtheorie. 2. Auflage. Beck: München. 15-32
Sichler, R. (2017): Hermeneutik. In: G. Mey & K. Mruck (Hrsg.): Handbuch Qualitative Forschung in der Psychologie. Springer: Wiesbaden. 1-19
Siebert, H. (2005): Pädagogischer Konstruktivismus. Beltz: Weinheim/Basel
Siebert-Blaesing, B. (2021): Geduld als Ressource der Gesundheitsförderung junger Erwachsener im Einzelcoaching – Qualitative Befragung im Freiwilligen Sozialen Jahr (FSJ) *(im Erscheinen)*
Siebold, A. (2015): Coaching, Supervision und Prozessbegleitung von Beratungsstellen für Sexarbeiterinnen. In: Soziale Arbeit und Prostitution. Professionelle Handlungsansätze in Theorie und Praxis. Springer: Wiesbaden. 225-242
Sommerfeld, P. (2013): Die Etablierung einer Sozialen Arbeit als Handlungswissenschaft – ein notwendiger und überfälliger Schritt für die Wissenschafts- und Professionsentwicklung. In: B. Birgmeier & E. Mührel (Hrsg.): Handlung in Theorie und Wissenschaft Sozialer Arbeit. Springer VS: Wiesbaden. 155-172
Spatscheck, C. (2009): Use After Reading. In: B. Birgmeier & E. Mührel (Hrsg.): Die Sozialarbeitswissenschaft und ihre Theorie(n). VS Springer: Wiesbaden. 209-217
Spatscheck, Chr. & Borrmann, St. (Hrsg.) (2021): Architekturen des Wissens. Beltz Juventa: Weinheim Basel
Sperling, J., Augustin, A. & Wegge, J. (2018): Krisen als Problem im Coaching. In: S. Greif et al. (Hrsg.): Handbuch Schlüsselkonzepte im Coaching. Springer: Wiesbaden. 325-333
Spiegel, H. v. (2013): Methodisches Handeln in der Sozialen Arbeit. Beck: München
Spohn, W. (2011): Kausalität. In: S. Jordan & C. Nimtz (Hrsg.): Lexikon Philosophie. Hundert Grundbegriffe. Reclam: Stuttgart. 151-154
Staub-Bernasconi, S. (1995): Systemtheorie, soziale Probleme und Soziale Arbeit: lokal, national, international oder: vom Ende der Bescheidenheit. Haupt: Bern

Staub-Bernasconi, S. (1998): Soziale Arbeit auf der Suche nach autonomen Paradigmen. In: F. Seibel & W. Lorenz (Hrsg.): Soziale Professionen für ein Soziales Europa. IKO-Verlag: Frankfurt/M. 61-100

Staub-Bernasconi, S. (2007): Soziale Arbeit als Handlungswissenschaft. Systemtheoretische Grundlagen und Praxis der Profession Sozialer Arbeit. Haupt: Bern

Staub-Bernasconi, S. (2009): Soziale Arbeit als Handlungswissenschaft. In: B. Birgmeier & E. Mührel (Hrsg.): Die Sozialarbeitswissenschaft und ihre Theorie(n). Positionen, Kontroversen, Perspektiven. VS Verlag: Wiesbaden. 131-146

Staub-Bernasconi, S. (2012): Soziale Arbeit und Soziale Probleme. In: W. Thole (Hrsg.): Grundriss Soziale Arbeit. VS-Verlag. Wiesbaden. 267-282

Steckelberg, C. & Thiessen, B. (Hrsg.) (2020): Wandel der Arbeitsgesellschaft. Soziale Arbeit in Zeiten von Globalisierung, Digitalisierung und Prekarisierung. Budrich: Opladen

Stein, M. (2009): Allgemeine Pädagogik. Reinhardt. München

Steiner, M. et al. (2013): Evaluierung „Jugendcoaching“ Endbericht. Wien (https://irihs.ihs.ac.at/id/eprint/3846/1/JU-Endbericht-IHS-%C3%BCberarbeitet.pdf; Abruf: 04.06.2020)

Steinert, H. (1998): Reflexivität. Zur Bestimmung des Gegenstandsbereichs der Sozialwissenschaft. In: ders. (Hrsg.): Zur Kritik der empirischen Sozialforschung. Ein Methodenkurs. J. W. v. Goethe Universität: Frankfurt/M. 15-28

Steinke, I. & Rauen, C. (2018): Entwicklung von Business Coaching Competencies. Online unter: https://www.coatrain.de/wp-content/uploads/2019/02/Steinke__Rauen_2018_Entwicklung_von_Business_Coaching_Competencies_1_-2.pdf (Stand des Abrufs: 24.07.2019)

Stelter, R. (2014): Third-generation coaching: Reconstructing dialogues through collaborative practice and a focus on values. In: International Coaching Psychology Review, 9(1). 51-66.

Stelter, R. (2016a): Third Generation Coaching. In: R. Wegener et al. (Hrsg.): Coaching als individuelle Antwort auf gesellschaftliche Entwicklungen. Springer VS: Wiesbaden. 265-276

Stelter, W. (2016b): Begleitwort zur Zweitauflage. In: R. Wegener, M. Loebbert & A. Fritze (Hrsg.): Coaching-Praxisfelder. Springer: Wiesbaden. xi-xiv

Stelter, R. (2018): Sinn als Thema im Coaching. In: S. Greif et al. (Hrsg.): Handbuch Schlüsselkonzepte im Coaching. Springer: Berlin. 533-542

Stelter, R. & Böning, U. (2019): Coaching als mitmenschliche Begegnung. Springer: Wiesbaden

Stimmer, F. (2012): Grundlagen des methodischen Handelns in der Sozialen Arbeit. Kohlhammer Verlag: Stuttgart. S. 289-293

Stober, D. (2006): Evidence-Based Practice: A Potential Approach for Effective Coaching. In: International Journal of Evidence Based Coaching an Mentoring, Vol. 4. 1/2006. 1-8

Stober, D. R. & Grant, A. M. (Hrsg.) (2006): Evidence based coaching handbook: Putting best practices to work for your clients. Wiley: New York

Stölzel, T. (2015a): Coaching als philosophische Beratung, Selbsterkenntnis und Selbstsorge. In: A. Schreyögg & C. Schmidt-Lellek (Hrsg.): Die Professionalisierung von Coaching. Springer: Wiesbaden. 167-181

Stölzel, T. (2015b): Was sich zeigt – Phänomenologie als reflektiertes Wahrnehmungswissen für Coaches und Berater. In: A. Schreyögg & C. Schmidt-Lellek (Hrsg.): Die Professionalisierung von Coaching. Springer. Wiesbaden. 217-232

Storch, M. & Krause, F. (2007): Selbstmanagement – ressourcenorientiert. Grundlagen und Trainingsmanual für die Arbeit mit dem Zürcher Ressourcen Modell ZRM. Huber: Bern

Storch, M. & Kuhl, J. (2017): Die Kraft aus dem Selbst. Hogrefe: Bern

Stummbaum, M. & Birgmeier, B. (2009): Gesundheitspädagogisches Coaching. In: Blätter der Wohlfahrtspflege. Jahrgang 156 (Heft 6). 227-230

Straub, J. & Werbik, H. (Hrsg.) (1999): Handlungstheorie. Begriff und Erklärung des Handelns im interdisziplinären Diskurs. Campus: Frankfurt/M.

Surzykiewicz, J., Birgmeier, B., Hoffmann, M. & Rieger, S. (Hrsg.) (2021): Supervision und Coaching in der VUCA-Welt: multiprofessionelle und interdisziplinäre Zugänge. VS Springer: Wiesbaden *(im Erscheinen)*

Thaler, T. & Birgmeier, B. (2011): Sozialforschung und Soziale Arbeit: Für einen methodologischen Pluralismus. In: E. Mührel & B. Birgmeier (Hrsg.): Theoriebildung in der Sozialen Arbeit. VS Verlag: Wiesbaden. 187-198

Theeboom, T., Beersma, B. & van Vianen, A. E. M. (2014): Does coaching work? A meta-analysis on the effects of coaching on individual level outcomes in an organizational context. The Journal of positive Psychology, 9(1). 1-18
Thiersch, H. (1986): Die Erfahrung der Wirklichkeit. Perspektiven einer alltagsorientierten Sozialpädagogik. Juventa: Weinheim/München
Thiersch, H. (1990): Zur geheimen Moral der Beratung. In: E. Brunner & W. Schönig (Hrsg.): Theorie und Praxis von Beratung. Pädagogische und psychologische Konzepte. Lambertus: Freiburg. 129-151
Thiersch, H. (1992/2014): Lebensweltorientierte Soziale Arbeit. Juventa: Weinheim/München
Thiersch, H. (2004b): Lebensweltorientierte Soziale Beratung. In: F. Nestmann, F. Engel & U. Sickendiek (Hrsg.): Das Handbuch der Beratung. Bd. 2: Ansätze, Methoden und Felder. dgvt: Tübingen. 699-709
Thiersch, H. (2005): Theorie der Sozialarbeit/Sozialpädagogik. In: D. Kreft & I. Mielenz (Hrsg.): Wörterbuch Soziale Arbeit. Juventa: Weinheim/München. 965-970
Thiersch, H. (2007): Sozialarbeit/Sozialpädagogik und Beratung. In: F. Nestmann, F. Engel & U. Sickendiek (Hrsg.): Das Handbuch der Beratung. Band I. dgvt-Verlag. Tübingen. 115-124
Thiersch, H. (2011): Bildung. In: H.-U. Otto & H. Thiersch (Hrsg.): Handbuch Soziale Arbeit. Ernst Reinhardt: München. 162-173
Thiersch, H. (2012): Lebensweltorientierte Soziale Arbeit. Aufgaben der Praxis im sozialen Wandel. Beltz Juventa: Weinheim/Basel
Thiersch, H. (2014a): Lebensweltorientierte Soziale Arbeit. 9. Auflage. Beltz Juventa: Weinheim/Basel
Thiersch, H. (2014b): Über Entwicklungen und aktuelle Bezüge des Konzepts einer lebensweltorientierten sozialpädagogischen Beratung. In: P. Bauer & M. Weinhardt (Hrsg.): Perspektiven sozialpädagogischer Beratung. Empirische Befunde und aktuelle Entwicklungen. Beltz Juventa: Weinheim/Basel. 310-330
Thiersch, H., Grunwald, K. & Köngeter, S. (2002): Lebensweltorientierte Soziale Arbeit. In: Thole, W. (Hrsg.). Grundriss Soziale Arbeit. Springer: Wiesbaden. 161-178
Thiersch, H., Grunwald, K. & Köngeter, St. (2012): Lebensweltorientierte Soziale Arbeit. In: W. Thole (Hrsg.): Grundriss Soziale Arbeit. VS Verlag: Wiesbaden. 175-196
Thole, W. (2012): Die Soziale Arbeit – Praxis, Theorie, Forschung und Ausbildung. Versuch einer Standortbestimmung. In: W. Thole (Hrsg.): Grundriss Soziale Arbeit. VS Springer: Wiesbaden. 19-71
Tillmann, J. (1994): Der Gegenstand der Sozialarbeitswissenschaft. In: Evangelische Fachhochschule Hannover (Hrsg.): Annäherung an eine Sozialarbeitswissenschaft – ein Lernbereichskonzept mit Anmerkungen. Eigenverlag: Hannover. 65-76
Tippelt, R. & Reich-Claassen, J. (2010): Stichwort: Evidenzbasierung. In: DIE magazin IV/2010. 22-23
Traue, B. & Pfahl, L. (2016): Die (Psycho-)Macht des Therapeutischen und die Optionalisierung des Handelns. In: R. Anhorn & M. Balzereit (Hrsg.): Handbuch Therapeutisierung und Soziale Arbeit. Springer Fachmedien: Wiesbaden. 249-261
Uhlendorff, H. & Prengel, A. (2013): Forschungsperspektiven quantitativer Methoden im Verhältnis zu qualitativen Methoden. In: B. Friebertshäuser, A. Langer & A. Prengel (Hrsg.): Handbuch qualitative Forschungsmethoden in der Erziehungswissenschaft. Beltz Juventa: Weinheim/Basel. 137-148
Ukowitz, M. (2016): Auf dem Weg zu einer interdisziplinären Praxeologie – Interventionsforschung in der prozessorientierten Beratung In: R. Wegener et al. (Hrsg.): Coaching entwickeln. Springer VS: Wiesbaden. 45-54
Ulich, D. (1987): Krise und Entwicklung. Zur Psychologie der seelischen Gesundheit. Psychologie Verlags Union: München Weinheim
Vogelauer, W. (2000) (Hrsg.): Coaching-Praxis. Führungskräfte professionell begleiten, beraten, unterstützen. 3. Auflage. Luchterhand: Neuwied – Kriftel
Volk, H. (2002): Spezialisten für die diskret – individuelle Pflege der Leistungsfähigkeit – Weshalb Coaching so an Bedeutung gewonnen hat. In: BWV 10/2002. 219-223
Volz, F. R. (1993): „Lebensführungshermeneutik". Zu einigen Aspekten des Verhältnisses von Sozialpädagogik und Ethik. In: neue praxis (23. Jg.), Heft 1+2, 1993. 25-31

Volz, F.R. (2009): „In aller Freundschaft“ – Thesen zu Personwerdung und Vermögensbildung. In: E.Mührel & B.Birgmeier (Hrsg.): Theorien der Sozialpädagogik – ein Theorie-Dilemma? Springer: Wiesbaden. 287-306

Von Kardorff, E. (2016): Zur Transformation der Therapeutisierung und Psychiatrisierung des gesellschaftlichen Alltags: auf dem Weg der (nicht ganz) freiwilligen Selbstoptimierung. In: R.Anhorn & M.Balzereit (Hrsg.): Handbuch Therapeutisierung und Soziale Arbeit. Springer: Wiesbaden. 263-298

Von Sassen, H. & Vogelauer, W. (2000): Coaching – ganzheitlich gesehen. In: W.Vogelauer (Hrsg.): Coachingpraxis. Luchterhand: Neuwied Kriftel. 9-40

Von Schumann, K. (2014): Coaching im Aufwind. Springer VS: Wiesbaden

Von Wright, G.H. (2002): Erklären und Verstehen von Handlungen. In: R.Stoecker (Hrsg.): Handlungen und Handlungsgründe. Mentis: Paderborn. 49-64

Walter, O. (2019): Zum systemischen Denken in Training, Coaching und Beratung. Ein Metamodell zur Orientierung im systemischen Frageraum. Auer: Augsburg

Wansing, H. (2011): Definition. In: S.Jordan & C.Nimtz (Hrsg.): Lexikon Philosophie. Reclam: Stuttgart. 61-63

Webers, T. (2015): Systemisches Coaching. Psychologische Grundlagen. Springer: Wiesbaden

Wegener, R. (2016a): Arbeitslose sollten einen Coach haben wie Sportler. In: Schweizer Gemeinde. 12. Jg, 38-39

Wegener, R. (2016b): Roger Federer hat einen Coach – wieso haben Arbeitslose keinen? NZZ a.S., 10.07.2016. 15

Wegener, R. (2017): Lebenslagenwissen – Hemmschuh oder Erfolgsfaktor im Coaching. Vortrag zur 3. Impulstagung – Coaching in der Sozialen Arbeit. „Lebenslagen im Fokus“

Wegener, R., Deplazes, S., Hänseler, M., Künzli, H., Neumann, St., Ryter, A. & Widulle, W. (2018): Einführung: Über die Notwendigkeit institutionell verankerter Coaching-Forschung. In: dies. (Hrsg.): Wirkung im Coaching. Vandenhoeck & Ruprecht. Göttingen. 15-24

Wegener, R., Fritze, A., Hänseler, M. & Loebbert, M. (Hrsg.) (2018a): Coaching-Prozessforschung. Vandenhoeck & Ruprecht: Göttingen

Wegener, R., Fritze, A., Loebbert, M. (Hrsg.) (2012): Coaching entwickeln. Springer: Wiesbaden. 157-169

Wegener, R., Loebbert, M. & Fritze, A. (Hrsg.) (2016): Coaching-Praxisfelder. Springer: Wiesbaden

Weingärtner, E. (2014): Coaching in der Sozialwirtschaft. Springer VS: Wiesbaden

Wendt, W.R. (1982): Ökologie und soziale Arbeit. Enke: Stuttgart

Wendt, W.R. (2018): Wirtlich handeln in Sozialer Arbeit. Budrich: Opladen

Widulle, W. (2015): Coaching als Beratungsformat in der Sozialen Arbeit: Handlungstheoretische Perspektiven. Videolecture zur Impulstagung „Coaching in der Sozialen Arbeit“ am 20.11.2015. Olten: Hochschule für Soziale Arbeit FHNW. URL: https://tube.switch.ch/videos/5fc979b4; Zugriff 27.02.2020

Wiethoff, C. (2016): Coaching mit Jugendlichen beim Übergang von der Schule in die Ausbildung. In: R.Wegener et al. (Hrsg.): Zur Differenzierung von Handlungsfeldern im Coaching. Springer Fachmedien: Wiesbaden. 250-257

Wildfeuer, A.G. (2011): Praxis. In: P.Kolmer & A.G.Wildfeuer (Hrsg.): Neues Handbuch philosophischer Grundbegriffe. Alber: Freiburg im Breisgau. 1774-1804

Wilhelm, E. (2006): Abschied von der großen Erzählung. In: Schweizerische Zeitschrift für Soziale Arbeit 1/2006. 37-46

Winkler, M. (1988): Eine Theorie der Sozialpädagogik. Stuttgart

Winkler, M. (2003): Theorie der Sozialpädagogik – eine Rekonstruktion. In: Zeitschrift für Sozialpädagogik 1, Heft 1/2003. 6-24

Winkler, M. (2011): Erziehungs- und Bildungsziele. In: H.-U.Otto & H.Thiersch (Hrsg.): Handbuch Soziale Arbeit. Reinhardt: München. 353-365.

Wittchen, H.-U. & Hoyer, J. (2011): Klinische Psychologie und Psychotherapie. Springer VS: Wiesbaden

Wolf, K. (2020): Wer Sozialpädagogik nicht kennt, muss permanent von Therapie reden. In: B.Birgmeier, E.Mührel & M.Winkler (Hrsg.): Sozialpädagogische SeitenSprünge. Beltz Juventa: Weinheim/Basel. 243-249

Wulf, C. (1994): Zur Einleitung: Grundzüge einer historisch-pädagogischen Anthropologie. In: ders. (Hrsg.): Einführung in die pädagogische Anthropologie. Beltz: Weinheim/Basel. 7-21

Wulf, C. & Zirfas, J. (2014): Homo educandus. Eine Einleitung in die Pädagogische Anthropologie. In: dies. (Hrsg.): Handbuch Pädagogische Anthropologie. Springer VS: Wiesbaden. 9-24

Yalom, I. (2000): Existenzielle Psychotherapie. EDP: Köln

Zechner, K. (2012/2016): Coaching fernab der Elite. In: R. Wegener et al. (Hrsg.): Coaching entwickeln. Springer Fachmedien: Wiesbaden. 178-188

Ziegler, H., Schrödter, M. & Oelkers, N. (2010): Capabilities und Grundgüter als Fundament einer sozialpädagogischen Gerechtigkeitsperspektive. In: W. Thole (Hrsg.): Grundriss Sozialer Arbeit. VS Springer: Wiesbaden. 297-310

Zirfas, J. (2018): Einführung in die Erziehungswissenschaft. Ferdinand Schöningh: Paderborn

Christian Reutlinger |
Benedikt Sturzenhecker (Hrsg.)
Den Sozialraumansatz weiterdenken
2021, 340 Seiten, broschiert
ISBN: 978-3-7799-6420-9
Auch als E-BOOK erhältlich

Das Buch geht aus von Ulrich Deinets theoretischen Positionen, Forschungen und praxisrelevanten Handlungsorientierungen zum Sozialraum- und Aneignungsansatz. Grundbegriffe der sozialräumlichen Aneignungstheorie, Handlungsfelder und methodische Konzepte werden vorgestellt, zudem die historische Entwicklung des Ansatzes. Damit bietet das Buch für Disziplin und Profession der Sozialen Arbeit, der Kinder- und Jugendhilfe und der Kinder- und Jugendarbeit komplexes Wissen und vielfältige Anregungen, die Erforschung und Stärkung sozialräumlicher Aneignungsweisen von Kindern, Jugendlichen, Erwachsenen und Älteren voranzubringen.
E-Book mit farbigen Abbildungen.

www.beltz.de
Beltz Juventa · Werderstraße 10 · 69469 Weinheim